欲望的美學

心靈世界的陷阱與門徑

彭明輝——著

獻給
尋找心靈入口的人

心靈的捷徑不在洞窟裡，
不在良知裡，
而在文學、藝術、哲學鋪成的文化史中！

序

心靈使用手冊

這本書的首要企圖，是打開讀者的心靈視野，看見各種精神和情感上的可欲和滿足；它也摘要指出人類在追求各種憧憬、嚮往、理想時，如何墮入各種以真理和正義為名的陷阱與罪行——莫須有的靈肉對立，自以為是的普世道德，自欺欺人的天理，吃人的禮教，乃至於兩次大戰與蘇聯集中營裡各種喪盡天良、泯滅人性而令人髮指的罪行。

它企圖扮演一本精簡版的心靈使用手冊，提醒讀者心靈世界的廣闊淵深，以及它的崇高與邪淫。對於喜歡《生命是長期而持續的累積》這本書的讀者而言，它是一本進階版的續集，從更深刻、寬廣的視野進一步詮釋「生命是長期而持續不斷的累積」這一句話，勾勒出值得嚮往、追求的生命願景，以及值得我們花一輩子去累積的能力。

人有各種可欲：飲食男女、聲色犬馬、功名利祿、精神與情感上的昇華，以及體現生命的意義與價值。他必須學會跟所有的可欲相處，才能安頓心靈，感到幸福和滿足。

這個古老的問題，人類為它艱苦探索了五千年，卻經常不知該如何是好，時而跌跌撞撞，時而窘態畢露，老是把自己折騰到狼狽不堪。

原始佛教把一切可欲都看成煩惱根，早期基督教把一切欲望和情緒都看成魔鬼的蠱惑，宋明理學把許多種可欲都視同違背天理。然而佛洛依德（Sigmund Freud, 1856-1939）卻告訴我們，不當地壓迫欲望會導致各種精神疾病，聖人有時候只不過是自欺欺人的病人。當自然科學一再突顯傳統哲學與宗教的謬誤之後，許多人乾脆認定人的本能欲望都是源自造物主的意志，抗拒它們才是違背人性且不道德。而尼采（Friedrich Nietzsche, 1844-1900）則敏銳地覺察到，當一個社會的核心價值違背人性與生命的事實時，不但會導致對人性與生命的壓迫，最後還必然陷入徹底的虛無——生命中真正可以被實現的一切被既有的價值體系所否定，而既有價值體系所標榜的一切又不可能被實現，以至於生命徹底落空而找不到可行的出路。

反覆折騰的結果，人類終於被自己徹底搞糊塗，既不認識自己，甚至不知道該從何認識自己。心理學家用老鼠與鴿子的實驗來理解人類的行為，腦神經學家用果蠅的性荷爾蒙實驗去解釋人類的愛情，完全無視於人類與老鼠、鴿子、果蠅的距離有多遠。

偏偏兩次世界大戰又顯示出愛國情操可以為慘無人道的意識形態服務，人類因而陷入理性與感性皆不足恃的窘境。結果，卡繆（Albert Camus, 1913-1960）在《薛西弗斯的神話》裡劈頭就說：「只有一個真正嚴肅的哲學問題，那就是自殺。衡量人生是否值得活下去，意味著回答哲學的根本問題。」

很多人胡亂地在哲學書裡找答案，然而哲學的主要功能是協助我們釐清概念和思緒，而不必然有助於我們瞭解自己的情感、潛在的可欲和複雜的人性事實。康德（Immanuel Kant, 1724-1804）與邊沁（Jeremy Bentham, 1748-1832）就是理性分析能力驚人，但是缺乏情感深度的典型；只有像尼采、齊克果（Søren Kierkegaard, 1813-1855）這樣的少數哲學家，曾經深入探索自己內心複雜的情感和最深層的渴望。

有些人在大眾心理學裡尋找答案，然而心理學的研究對象多半跟常人一樣渾渾噩噩地過活，鮮少覺察到自己內心的活動和深層的可欲。期待從這樣的實證研究找到生命的真相，或者瞭解自己內心最深層的渴望，有如問道於盲。

真正專注於探索人性事實與內心情感活動的，是文學家、畫家和音樂家；最擅長呈現人類內在情感與精神世界的，也是他們——雖然他們的能力參差不齊，探索與表現的深淺差距甚大。然而在我們這個偏重知識與知性思考的社會裡，絕大多數人都鮮少接觸嚴肅的文學與藝術創作，更別說是從文學、藝術的接觸經驗裡培養出自我覺察的能力，以及對人類深層情感、精神與人性的瞭解。可惜的是，這種能力的匱乏，卻成為我們瞭解自己的一大障礙。

人類太容易輕信，也太容易自欺欺人而不自知，連五百年一聖的哲人都難逃其陷阱。而所謂的「安心」，往往只不過是海市蜃樓的幻想，甚至悖逆人性的妄信——數個世代皆以為顛撲不破的真理，往往數百年後就變成證據昭然的輕信與妄想。

更糟的是，由於對自己的內心欠缺敏銳的覺察能力，對人性的事實欠缺瞭解，對人類的能力極限嚴重地高估，許多既往的理想變成是在追逐海市蜃樓，或者用悖逆人性的道德法則去苛求自己和親人，形成對人性沒必要的迫害。

直到康德晚年，才仔細釐清理性的能與不能，而指出希臘形上學與中世紀神學的誕妄，卻也因而摧毀了希臘與中世紀建立的所有信念與價值。後來維根斯坦（Ludwig Wittgenstein, 1889-1951）又徹底檢視語言的能與不能，進一步撼動康德哲學所建立的一切信念。

他們的著作清晰而確鑿地指出思辨哲學的最大貢獻，不是指出生命的道路，而是幫我們排除一廂情願、自以為是的輕信與妄想；至於生命的道路，要在別處尋找。

所幸，在齊克果、尼采、梭羅（Henry Thoreau, 1817-1862）、托爾斯泰（Lev Nikolayevich Tolstoy, 1828-1910）、杜斯妥也夫斯基（Fyodor Dostoevsky, 1821-1881）、卡繆等人的著作裡，我們可以找到許多深入心靈底層且睿智、清晰的線索。更可貴的是，散文與小說的語言和結構已經非常發達，足以讓他們揭露許多人性與心靈底層的事實，讓我們藉以照亮自己內心幽微難察的各種活動與事實。比起言簡意賅而很容易被曲解、附會、渲染的禪宗公案，這些線索顯然更可靠，且更能發揮引導和啟發的作用。

此外，在達文西（Leonardo da Vinci, 1452-1519）、林布蘭（Rembrandt Harmenszoon van Rijn, 1606-1669）、塞尚（Paul Cézanne, 1839-1906）等人的繪畫作品裡，我們看到文字語言所難以刻劃的另一種心靈空間，可以更直透地體驗他們內心的懷疑、自我詰問，後來的篤定與確信，以及最後在畫面上所呈現出來的神秘、莊嚴、崇高、神聖與幸福洋溢的色彩，也使我們有機會直接感受到精神與情感的昇華。

我在人文與藝術領域摸索了將近五十年後，確實在前人的生命裡感受到深刻、莊嚴、崇高的情懷，並且篤信唯有文學與藝術的薰陶，能培養出個人對自己情感與精神活動的敏銳覺察，並且因而獲得精神與情感上的滿足，促成個人的心靈成長和精神、情感的昇華；也唯有在培養出這些能力之後，才能自主地調節個人與生俱來的生理與心理欲望，跟自己所有的可欲和樂相處，而不會對人性產生不必要的壓迫，或者積壓潛在的不滿足。

這本書就是這些心得的精華，扼要爬梳哲學、文學與繪畫世界裡對我最具啟發的作品和線索，力求將它們寫得自成體系、由淺入深、思緒流暢，且具有最大的可讀性。

據說神依祂的形象打造我們的身體，可惜並沒有附贈「人體使用手冊」，我們因而經常扭傷，甚至以不當的飲食招惹病痛。據說祂也跟我們分享祂的靈，然而卻沒有附贈「心靈使用手冊」，以致我們在自由意志與亞當、夏娃的原罪裡朝夕折騰，走不出靈肉衝突的煎熬。

我們需要一本「心靈使用手冊」，以便瞭解如何跟自己的各種可欲相處，以及如何善待身周親人的可欲和軟弱——在必要的時候，給予自己和他們關鍵的支持和鼓勵，而不是誤導他們去飛蛾撲火；在自己和他們軟弱時，給予諒解和安慰，而不是苛責或縱容。

這本書就是獻給有這種需要的讀者，作為他們的第一本入門手冊，並且在書中大量引述經典，註明出處，以利他們在讀完本書之後的延伸閱讀。

目次

第二部

歷史的智慧與諫言——完美世界的陷阱與幻覺

第三部

人文的底蘊，心靈世界的門徑

1

楔子

剪不斷，理還亂——千古難題，靈欲之爭

塵世的欲望有如海水，喝得愈多就越口渴。

——伊本・阿拉比（Ibn Arabi, 1165-1240）

就像每一種生物，人類關心很多事物，尤其是那些影響其存在的，譬如食物和居處。但是，跟其他生物恰成對比的，人類有精神性的關切——認知的、美感的、社會的、政治的。

——保羅・田力克（Paul Tillich, 1886-1965）

每一百萬人中只有一個清醒到可以有效地運用他的心智，而每一億人之中只有一個能活出如詩般優美、神聖的生命。

——梭羅

在所有生物中唯有人類會抗拒他的本性。

——卡繆

文化是人類自發地表現他們生命中的喜悅，他們工作中的喜悅，如果這些喜悅不存在，文化就無法存在。喜悅是一種精神性的特質，一種難以捉摸的特質，這種特質也是無法從外部強加的。它必須是內心一種無可避免的狀態，誕生於生命最基本的過程，人類自然成長的副產品。

——赫伯特・里德（Herbert Read, 1893-1968）

總體而言，人想要成為好人，但不是太好，也非無時無刻都是好人。

——喬治・歐威爾（George Orwell, 1903-1950）

人有很多種可欲，除了飲食男女與功名利祿，還有各種精神與情感上的渴望。譬如陶淵明（365-427）的「採菊東籬下，悠然見南山」，梭羅《湖濱散記》裡的「如詩般優美、神聖的生命」，禪宗傳說中的「見性成佛」，和基督教傳說中的「靈魂的救贖」。

飲食男女的欲望往往讓我們在一時的激情之後留下終生的悔恨，必須學會審慎的拿捏和應對。但是睿智的哲學家也有可能把我們帶進一廂情願的幻想，癡人說夢地度過一生——中世紀有許多思想家沿承亞里斯多德（Aristotle, BC384-BC322）的思想，以畢生心力建構荒唐無稽的宇宙論和形上學；中國有過許多人皓首以窮一經，卻不知那是偽經。反過來說，一輩子畏畏縮縮地活在看得見、摸得著，絕非虛構的現實世界裡，很可能會錯過生命中更美好的一切可能。

人跟動物的最大不同，是他有夢想，想要改造世界，甚至改造自己——讓自己昇華為更高貴，更有靈性，更有價值的存在，以圓成他的人生意義。然而這些夢想卻讓他一再追逐想當然爾的、虛幻的願景，毫無必要地自我折磨，甚至只敢在潛意識裡追求本能欲望的病態性滿足。歷經兩千年的靈肉之爭，我們依舊狼狽地深陷於許多千年未解的糾紛裡。

譬如，人類曾經有過的可欲之中，有哪些是真正有可能實現的願景，哪些是純屬虛構或訛傳的妄想？人類是否真的能夠擁有如詩般優美、崇高的生命？在可以被實現的願景中，什麼是最值得嚮往、追求的？我們又該如何運用理性與感性來對這些可欲進行評價與取捨？

還有，就算人真的有機會體驗到崇高、偉大的情懷，是否就真的可以從此不再沾染人間煙火，像不退轉法輪那樣日以繼夜，永不稍懈、軟弱？此外，為了追求精神與情感的昇華，我們又可以把自己的本能欲望壓抑到什麼程度，而不至於從聖人變成病人？

更難理解的是，動物不會對自己的可欲感到羞愧，人卻為何不只會「羞於啟齒」，甚至還必欲徹底剷除自己本性的一部分？我們把人的某些可欲貼上各種負面的標籤（淫穢、噁心、不知羞恥，乃至於「罪惡之首」），這樣的「文明」是否有過當之處，甚至會不會是被人類所虛構出來的矛盾與對立所愚弄，或者被荒誕的意識形態洗腦而不自知？

兩千年來我們始終跟這些問題糾纏著，因為我們一再誤把臆測當事實，把思辨中的想當然爾誤認是真理，結果希臘形上學與中世紀哲學裡暗藏太多悖逆事實的抽象思辨，宋明理學過度輕信自以為是的天理與良知，而康德則誤以為理性萬能且感性一無是處。

根本問題在於，過去的哲人都未曾徹底瞭解人性與生命的事實，以及人性的可能與不可能，便急於妄下斷言。他們把人類的感性簡化成僅僅只是感官欲望和易於失控的盲目衝動，而不知道在文學與藝術的領域裡有一條通往心靈底層的道路；也不曾親自體驗理性與感官本能所無法觸及的精神與情感世界，只能用理性的想當然爾虛構出海市蜃樓般的理想。

這一章讓我們先扼要勾勒人類目前的精神困境，後續各章再由淺入深地鋪陳通往心靈世界的曲徑，以及人性事實的梗概，作為拿捏、評價與取捨各種可欲的參考依據。

生也有涯，欲也無涯——欲望的取捨與抉擇

效益（功利）主義之父邊沁曾說，人生的目的（與最大的善）是：「最大的快樂，最少的痛苦。」依據此說，只要納粹屠殺猶太人時所獲得的快樂遠超過猶太人所經歷的痛苦，這個大屠殺就會變成是值得肯定的善。這個推論何等荒唐？

顯然快樂與痛苦的程度（強度與延續度）並非取捨抉擇時的唯一考量，還有其他同等重要或更重要的因素需要考量。

伊比鳩魯（Epicurus, BC341-BC270）在〈致梅瑙凱〉這封信裡提醒我們：「我們必須要省思欲望的種類，它們有些是虛幻的，有些是自然的；自然的欲望中有些不是必要的，有些是必要的；在自然且必要的欲望中，有些是達到幸福所必要的，有些只是為了緩解身體的不適，有些則僅僅只是為了確保生存。能清楚分辨這些欲望的人，將會把一切的選擇和規避導向身體的健康和心靈的寧靜，並將這兩者視為幸福人生的總和以及最終目標。」

的確，人必須認識欲望的種類，善加揀擇與取捨。然而就像尼采質問過的，為什麼人生的首要目的不是無畏於痛苦與艱難，竭力追求生命的價值與意義，以及人性的尊嚴，而是只想要身體的健康和心靈的寧靜？如果人生只是為了心靈的寧靜，而沒有其他值得追求的，生有何歡，死何足懼？

聖嚴法師（1931-2009）曾說過跟伊比鳩魯類似的話：「需要的東西並不多，想要的東西非常多；需要的東西應該要，想要的東西不重要。」問題是，需要跟想要的界線在哪裡？我們又憑藉什麼方法、準據去研判需要跟想要的界線？

山下英子（やましたひでこ, 1954-）的「斷捨離」，似乎也跟聖嚴法師相呼應。她畢業於著名的早稻田大學，卻因為太在乎別人的看法而一輩子活得很辛苦。年輕時她一心要逃離母親的壓力，三十六歲時又逼著先生搬出婆家，逃避有高度操控欲的婆婆。後來姊姊和外甥女的過世，才讓她覺悟到自己最大的負擔是太在意別人的看法，整個心裡都被塞滿了不適合自己的成見。

接著父親與公公相繼過世，媽媽和婆婆相繼罹患癌症，先生的健康和自創的公司都有問題，通通需要她幫忙，於是她只好在崩潰邊緣又苦撐了十一年。有一天她獨自到佛寺靜修，知客僧給了她一套僧服，她突然覺悟：「原來我需要的東西，竟是如此之少。」於是她決定放下內在與外在所有不必要的包袱，輕鬆自在地為自己而活。

婆婆過世後，她毅然決然離開先生的公司，挪出時間來實現自我，並且用自己的心得協助鄰居走出各種困境。後來她又把母親接來住，因為她已經學會跟母親相處的訣竅。

斷捨離是手段，而不是目的。捨離不必要的可欲和責任，以便有時間和精力活出自己；捨棄次要的，避免它們排擠了更重要的。

然而什麼是「實現自我」？為什麼實現自我比一切的責任都更重要？人生可以有的選擇那麼多，你要如何取捨，如何評量它們的價值與先後？譬如，離開丈夫的公司而接來母親，還有時間去關心鄰居的主婦，這樣的取捨是對的嗎？斷捨離的最終目的是什麼？

如果只是為了輕鬆自在，不如出家。不出家，就是因為世間還有值得追求的人生目標，還有一些責任就是不該輕易放下。另一方面，假如斷捨離之後有機會培養出新的能力，甚至找到更值得追求的人生目標，讓生命的意義和價值獲得提升，這顯然是值得的。不是嗎？

聖嚴法師的四要只是解決貪念和得失心，而沒有回答在家眾更根本的難題——如何分辨眾多可欲和責任的輕重、先後，甚至找到比既往更值得追求的人生目標？

事實上，人生的困擾不是因為需要，而是因為沒找到真正值得追求的可欲。若把想要都當成煩惱與無明，它似乎不重要；然而人類就是因為想要，才創造出豐富的精神文化，提升生命的價值。所以，想要的並非都不重要——釐清想要、安頓好想要，才能安頓人生的意義與價值，從而安頓心靈與煩惱。

緣此，斷捨離只是緩解當下超載的痛苦，捨離可有可無的欲望和滿足，以便看清楚生命裡最想要且最重要，同時又是最值得追求的目標——就像齊克果二十二歲時在《日記》裡說的：「重要的是瞭解我自己，瞭解神真正要我做的事；重要的是找到屬於我的真理，以及我可以為之生，為之死的人生目標。」

問題是，那是什麼，去哪裡找？我們又怎麼確定它是真正值得「為之生，為之死」的？

其實這是一個古老的問題，很多睿智的先哲都曾談過，答案鋪滿中西文化史。問題是這些答案通常只是一得之見，既包含著啟人深思的智慧，也往往從可靠的事實逐漸過渡到一廂情願的妄想，以及想當然爾的幻覺。

太美好以至於不可能——想當然爾的幻覺，一廂情願的願景

柏拉圖（Plato, BC427-BC347）的《對話錄》聚焦在：「什麼是人生真正值得追求的目標？」他回答唯有哲學的智慧才能兼具真實、善與美，因而最值得追求；至於人類的激情與感官的欲望，

經常都是在追求虛妄的目標，且不顧善惡，因此不值得追求——歐洲從此陷入兩千多年的靈肉之爭。後來奧古斯丁（Aurelius Augustine, 354-430）把情欲與性行為都看成是魔鬼的印記，使得靈肉的對立進一步變成水火不容。事實呢？他們都誤把臆測當事實，而所標榜的理想根本悖逆人性的事實。

後來佛洛依德指出：對肉體欲望的不當壓抑，有可能會導致人格的扭曲與精神上的異常。歐洲人才驚覺聖人有時候也可能是病人！

純粹屬靈的生命若是可能，當然值得追求。可惜的是，那只不過是「太美好而不可能」的妄想，而且還會對人性造成沒必要的壓迫與傷害。至於靈肉的對立，更是抽象思考和抽象語言所虛構出來的對立，兩千年來歐洲人卻因而冤枉地折磨自己。

人類所創造的一切精神文明，都是企圖追求比本能欲望更值得追求的可欲，以及精神與情感的昇華，同時成就生命的意義與價值。然而在這過程中，我們卻經常虛構出悖逆人性的理想，以及子虛烏有的矛盾與對立。

一輩子陷溺在飲食男女、聲色犬馬與功名利祿的本能欲望裡，會辜負生命潛在的意義與價值；但是在追求精神與情感的昇華時，卻又很容易墮入各種自欺欺人的陷阱。

如何找到精神與情感的昇華管道，同時又避免重蹈前人的覆轍，這才是根本的問題。

卡繆曾在《薛西弗斯的神話》裡說：「只有一個真正嚴肅的哲學問題，那就是自殺。衡量人生是否值得活下去，意味著回答哲學的根本問題。」

從荷馬史詩以來，歐洲有過無數的理想，譬如，文藝復興以降的人文主義，啟蒙運動的理性主義和浪漫主義，以及當代的哲學、文學與藝術，俯拾皆是人類智慧、情感與精神的結晶。為什麼到了二十世紀卡繆還在問那樣的問題？

因為，我們的價值、信念與理想必須吻合人性的事實，否則浮沙建塔必然倒塌。可惜的是，再睿智的先哲也都難免有所不知，而一再誤把臆測當事實，把直覺當真理。結果，激勵過無數世代的理想往往只不過是一廂情願的妄想，歷代訛傳後成為自欺欺人的信仰；最後經不起新的證據檢驗和後世的批判，而一一被歷史淘汰——人類的歷史變成一個不斷嘗試錯誤的過程，許多人因而徹底懷疑起曾經有過的一切理想。

尼采因而尖銳地指出：虛無主義的根源，就是迷戀來世或「太美好以至於不可能」的理想，而否定了真正可以在此世成就的生命意義和價值。

所幸笛卡兒（René Descartes, 1596-1650）以降的歐洲哲學已經對此有深刻的反省，維根斯坦的著作更致力於揭露人類抽象思考中遍在的各種陷阱。可惜的是這些經典通常晦澀難懂，不是哲學系外的文青所能吸收；而二手的入門導讀也往往偏重抽象的思辨和知識，難以引導文青跟自己的生命現場對話，也無助於化解他們內心的靈肉之爭。

歐洲傳統思辨哲學的另一個嚴重盲點是：自柏拉圖以迄於康德，都極端信賴抽象思辨而貶抑感性與激情，認定它們必然是盲目的，必須無條件地交由理性管束。

然而就生命的事實而言，理性真的有能力指揮感性嗎？大衛・休姆（David Hume, 1711-1776）徹底懷疑這種主張，因而在《人性論》裡指出，理性只能讓我們預見行為的後果，至於要不要接受該後果根本是感性的裁決。他說：「理性並沒有產出衝動，它只是導引後者。」「只依賴理性不足以產出任何行動或決斷，我因而推斷純粹依賴理性也不足以阻斷行動的意志，或者跟情感、情緒衝動爭論好惡。」他的結論是：「理性僅僅只是、且應該是情感的奴隸，除了為後者服務之外不可能假裝它有任何其他的職能。」

更早的時候，巴斯卡（Blaise Pascal, 1623-1662）就已經說過：「人心有它自己的法則，而理性對此一無所知。」「理性的最後一項功能，就是覺悟到有無限多的事物都超越了它。」「有兩種極端是同等危險的：完全拒斥理性，或者除了理性之外什麼也不接納。」

尼采更曾尖銳地指出，感性與生命的意志緊密聯繫在一起，用理性否定感性時也將連帶否定生命的意志，使生命失去最根本的可欲和驅動力，而墮入厭世與虛無。

因此，面對各種可欲的抉擇時，理性與感性各自該扮演什麼樣的角色？如何才能避免理性與感性沒必要的對立？這些根本的問題又不是傳統思辨理性所能回答的——因此才會有現象學與存在主義的崛起，重新探索被理性主義漠視的生命事實。

康德認定感性的偏好必然粗鄙、盲目，然而這只是他的個人偏見，而非必然的事實。美食家、品酒師仰賴的不是理性，而是敏銳的味覺和高度的自我覺察能力。同樣的，文學與藝術的品味，仰賴的是對於內在情感與精神的敏銳覺察與細膩的分辨能力——飢不擇食的生理滿足，迥然不同於從容地細細品味美食。而櫻花樹下品茗、讀詩的雅興；夜闌人靜時聆聽蕭邦（Frederic Chopin, 1810-1849）《夜曲》的靜謐、優雅、圓潤；在柏林愛樂廳裡感受貝多芬（Ludwig van Beethoven, 1770-1827）《第九交響曲》最後樂章裡近乎狂喜的生命禮讚；或者面對聖母峰與群山時那種肅穆、崇高、敬畏的情懷，這四種感受都截然不同於飲食男女的本能欲望。更重要的是，後面四者不但不需要理性的管束，還有可能把人帶到超乎理性所能企及的精神與情感高度。

早期基督教曾有一批虔誠的教徒隱居於沙漠，想要透過禁欲與苦行降服肉體的欲望，以確保靈魂的純潔。他們如果再世，而且培養出對藝術的敏銳感受，說不定會發現《葛利果聖歌》（Gregorian Chant）能安慰憂傷、悲苦的心靈；巴哈（Johann Sebastian Bach, 1685-1750）的管風琴音樂能喚醒崇高、聖潔的情懷；而高第（Antoni Gaudi）的聖家族教堂更處處為他們營造莊嚴、美麗、偉大的情境。說不定在建築、藝術、詩歌、音樂的浸染下，他們的心靈會被聖潔的情感所充滿，比在沙漠裡苦行更有益於靈性的成長與精神的昇華。

從這角度看，培養精神與情感上昇華的能力，會不會比苦行更值得？

提倡人文素養的人一致認定它可以涵養情操，變化氣質，洞察生命真諦。可惜我們的教育體系嚴重地偏重知性，以至於文學與藝術都退化成與情感無關的知識和理論，無助於提升我們的情感與精神。結果，文學、史學、哲學的典籍浩瀚，其中有幾本能涵養智慧與情操，透露出「生命的消息」？而人文領域每年的畢業生數以萬計，其中又有幾人曾經讀出「生命的消息」？退而求其次，能夠變化氣質的又有幾人？

彙整科學、人文與藝術的事實，化解千年的靈肉之爭——本書的結構與視野

過去兩千年來，人類確實累積出無數關於心靈與生命的智慧，開闢了許多精神與情感的昇華管道，揭露了抽象思考中遍布的陷阱。可惜它們散落在科學、哲學、文學與藝術的各個角落，而且跟各種想當然爾的臆測雜混一處，不易區辨。結果，許多文青依舊跟五百年前的王陽明（1472-1529）一樣，「苦於眾說之紛撓疲薾，茫無可入」。

為了讓老少文青能夠較容易突破前述困境，這本書針對生命現場的需要，汲取科學、人文與藝術的關鍵事實，用以勾勒心靈世界中情感、欲望與靈性的概貌，和人類理性與感性的可能極限，期望有助於讀者瞭解生命中各種潛在的可欲和價值。此外它也扼要勾勒隱藏於理性、感性與人類語言中的各種陷阱，期望能幫助讀者避免重蹈歷史覆轍。

它摘錄梭羅、陶淵明和華茲華斯（William Wordsworth, 1770-1850）作品中的精華，用以刻劃心靈與精神世界的實況；它借助托爾斯泰、杜斯妥也夫斯基和卡繆的小說，以及塞尚、梵谷（Vincent Van Gogh, 1853-1890）和貝多芬的書信與作品，用以呈現人類內心世界的淵深、遼闊與崇高，而避免抽象、空洞的形容。它同時力求避免晦澀抽象的術語和繁瑣的反覆論證，而直接摘述科學與哲學界

的重要發現與歷史事實，深入淺出地勾勒人性的關鍵事實。

本書第一部以梭羅、華茲華斯、陶淵明、彌爾（John Stuart Mill, 1806-1873）和《詩經》為例，揭露隱藏在大自然、文學與文化史中的精神與情感昇華管道——事實上「如詩般優美、神聖的生命」確實是梭羅的真實生活寫照，就像陶淵明「採菊東籬下，悠然見南山」一樣寫實，而非純屬文學的修辭與想像。同樣的，華茲華斯在〈亭潭修道院〉裡說：「我一直是大自然的崇拜者，樂此不疲地禮拜它，或者毋寧說是滿懷著熱愛——噢！懷著極端深刻的神聖情感。」這也同樣是他真實生活的寫照。

他們以自己的一生印證了一個事實：掌握到精神與情感昇華的人，確實可以在自願的貧窮中獲得比聲色犬馬、功名利祿更大的滿足。而彌爾的生平則印證了另一個事實：精神與情感的昇華仰賴後天習得的能力，並非「生而知之，不學而能」，因而絕大多數人感受不到它們的存在；這種能力迥異於抽象思辨的能力，因而連康德與邊沁都跟它們無緣。至於如何涵養這樣的能力，則是本書第三部的主題。

本書的第二部旨在勾勒人類理性與感性的能力極限，以及抽象思考與人類語言中的各種陷阱。其中彙整許多歷史事實與代表性的例子，檢討科學的證據與盲從實證科學的流弊，並且用康德與維根斯坦的精華去闡述「人類一思索，上帝就發笑」這一句德語猶太人的俗諺。

耐心閱讀第二部的人將會發現：靈肉之爭的痛苦，天理與人欲的水火不容，以及理性與感性無解的對立，都只不過是抽象思考和語言的虛構，根本沒必要為了它們而自我折磨。

文化史不只是知識，而是四處蘊藏著各種有益於生命、精神與情感的養分，以及通往心靈世界的門徑。為了讓讀者親自體驗這些事實，並且具體勾勒通往心靈世界的門徑，第三部分別以現象學、文學、繪畫與音樂的代表性作品為例，討論它們如何以各自的獨特方式在草繪心靈世界的某些側面，以及如何用這些不同的側寫相互發明，來擴大、加深我們對心靈世界的體認。

一本書當然不足以鉅細靡遺地刻劃心靈世界的完整事實，唯願本書能稱職地扮演心靈世界的導覽手冊，協助讀者找到通往心靈世界的門徑，避過沿途的各種陷阱，從而持續不斷地獲得心靈與情感的啟發與滋潤。

第一部

如詩般優美、神聖的生命

2 另類的可欲，更高的嚮往——如詩般優美、神聖的生命

絕大多數人可以清醒到能幹體力活，每一百萬人中卻只有一個清醒到可以有效地運用他的智性，而每一億人之中只有一個能活出如詩般優美、神聖的生命。

我到樹林裡去，因為我想要完全清醒而自覺地活，徹底專注於生命中絕不可或缺的本質，看看我能不能從中獲得教誨，而不是在臨終時才發現我根本未曾活過。

——梭羅《湖濱散記》

齊克果曾在三十歲那一年的日記裡寫下：「哲學家說，人生必須透過回溯去理解，這絕對是真理。但是他們忘了另外一個命題，人生必須活向未來。」年輕的最大本錢是對生命還有嚮往與熱情，渴望找到比聲色犬馬、功名利祿更值得追求的人生；而年輕的最大困擾，就是不知道要如何找到比聲色犬馬、功名利祿更值得追求的人生。不僅常人如此，連王陽明都曾有「悔錯用功二十年」的浩歎。

王陽明年少時興趣廣泛，於棋藝、詞章、武略無不涉獵，但獨獨以為學聖賢才是第一等事。十八歲那年聽到理學名家婁諒說「聖人必可學而至」，深信不移，從此更加勤研諸經。後來讀到朱熹（1130-1200）《大學章句》裡格物致知的道理，就認真地去格竹，卻格出一身病來。接著他遍訪天下師友，想要瞭解聖人之道，卻「苦於眾說之紛撓疲薾，茫無可入。」灰心喪志下，他自認「聖賢有分」，跟自己無緣，開始認真求功名。然而考上進士第七名並開始仕途後，始終無法忘懷對人生究極意義的懸念，因而開始研習道家養生術，甚至一度辭官去山洞裡修練。後來被貶為龍場驛驛丞，隨從皆病倒，他才在九死一生的困境中有所領悟，時年已經三十七，因而感慨地說：「其後居夷三載，始見聖人端緒，悔錯用功二十年。」

王陽明是明朝唯一可以跟宋儒抗禮的儒學大家，其聰明穎悟遠超乎常人。此外他精讀兵書，擅長謀略，四十五歲以後陸續平定危害沿海各省十數年的頑寇；又以弱勢兵力降服寧王的十萬大軍，而平定「宸濠之亂」；年近六十時還征服廣西土酋而開拓南疆，綏靖邊陲，絕非顧炎武筆下的清談誤國之士。為何連這樣的人才都還會「悔錯用功二十年」？

此外，山下英子是日本名校早稻田大學文學部的畢業生，卻被母親等人的成見和價值觀綁架數十年，四十七歲那年才決心要斷捨離。為什麼需要這麼久的折磨才能覺悟？

更令人費解的是，人性無非愛欲、傷悲、憧憬、嚮往、軟弱、自卑等，它們每天都在我們內心裡糾纏、激盪。人性就在我們心裡，朝夕相處，為什麼卻又「日用而不知」，甚至想從書裡讀出一點人性或生命的消息都那麼困難？

關鍵就在於我們所接受的教育都偏知性，從來不曾學過如何覺察自己內心的感受。我們聽說過一些職場和政壇的爭權奪利，以為那就是所謂的人性，卻不知道那只是人性較卑劣的下半部，也沒機會認識人性的上半部——人心底層的感動、憧憬、嚮往、絕望、悲悽、衝突、矛盾和掙扎。我們對人性的瞭解，有如我們對他人容貌的瞭解，止於最膚淺的表層。我們或許聽過一些畫家、音樂家、哲學家、宗教家、文學家的小故事，但往往也止於表象，而沒有機會真切領略他們心靈底層的感受，以及他們曾經有過的孤獨、困頓、懷疑、嚮往、領悟與最終的自我肯定——我們也許說得出法式、義式、日式和台式飲食的異同，卻始終不知道各種型態的人生有著多麼不同的滋味。

此外，我們從來不曾瞭解人生有多少種可能的選擇，也從來不曾真正選擇過我們想要的人生。我們就像是走進人潮洶湧的量販店，挑了一雙最多人搶購的鞋，不管尺寸合不合就硬把腳給塞進去，然後勉勉強強地走了一輩子——我們在乎的不是自己舒不舒服，我們甚至不曾學過如何覺察自己的舒服與不舒服，只是一廂情願、想當然爾地以為每一個人都羨慕我們腳下的那一雙鞋。我們從不曾想過要離開群眾，去其他的精品小店裡尋找更吸引自己、也更適合自己的鞋，更別說是嘗試著親手為自己設計、製作一雙鞋。

梭羅在《湖濱散記》裡說：「數以百萬計的人可以清醒到能幹體力活，每一百萬人中只有一個清醒到可以有效地運用他的心智，而每一億人之中只有一個能活出如詩般優美、神聖的生命。」

如詩般優美、神聖的生命！是不是很值得嚮往？孔子（BC551-BC479）在《論語・述而》篇裡說：「飯疏食飲水，曲肱而枕之，樂亦在其中矣。不義而富且貴，於我如浮雲。」他甚至在《論語・里仁》篇裡說：「朝聞道，夕死可矣！」那又是怎樣的一種生命情境？

歷史上有過許多種人，和各種差異懸殊的生命情境，有些人只求活得自在舒適，還有極少數人則戮力活出生命的極限，並且展現出動人的生命風采。我們不見得有足夠的稟賦和機緣去達成那樣的生命境界，但是何妨把歷史看成一座人性的舞台，各種不同生命風采的人各自展演著他們生命的巔峰與谷底，也讓我們看見生命的各種可能發展和挑戰，感受百味雜陳的生命滋味，見證生命的可能與不可能？司馬遷（BC145-BC86）在《史記・孔子世家》裡說：「《詩》有之：『高山仰止，景行行止』。雖不能至，然心嚮往之。」透過歷史的鑑照，讓我們在看見人性的升揚與燦爛時得到激勵和喜悅，在看見人性的陰暗面時知所警惕或同情。

齊克果無奈地說人生只能在回溯裡被理解，可是生命卻必須朝向未來。所幸，這不是無解的困境。如果我們可以透過歷史看到生命的各種可能，將會有助於我們為自己的人生作出更好的選擇，而不必然要跟盲從的群眾去搶購不適合自己穿的鞋。

歷史就像一座人種博物館，展演著各種不同的生命風采，也記錄著各種人性的窠臼與陷阱。我們既可以從歷史中找到自己最想要，最值得追求的人生，也有機會從中學習如何辨識（避免）各種窠臼與陷阱。

這一章裡，讓我們先以梭羅為例，來看看「如詩般優美、神聖的生命」究竟有著什麼樣的底蘊。

遠方的鼓聲，心靈的召喚——另類的喜悅和滿足

在一八四五年的美國獨立紀念日那天，梭羅搬到華爾騰湖畔的森林裡，自己搭建了一間小木屋，開始過著自給自足的簡樸生活——他想要藉此證明物質生活可以有多簡單，而這種生活型態下心靈又可以多富足。後來他把這兩年多的生活見聞與思想寫成了《湖濱散記》，這本書成為後來美國文壇「回歸自然、親近自然」與「靈性生活」的經典名著。

梭羅到森林裡去不是為了要與世隔絕，他只是要跟社會保持適當的距離——華爾騰湖離最近的小鎮在散步可到的距離。他在《湖濱散記》裡說：「活出生命是如此的重要，我一刻也不想活得跟生命脫節。」「我要活得深刻並吸吮生命的精華，我要活得踏踏實實，像斯巴達五百壯士那樣，不讓任何跟生命無關的事物侵入。」然而很少人是隨時隨地認真而清醒地活，絕大多數人的人生反而「都被浪費在無關緊要的細節裡。」

梭羅不是第一個嘗試獨居生活的人。西元二到五世紀期間，有成千上萬的基督徒到人跡罕至的沙漠裡苦修，想要透過節食、禁欲、獨居降伏一切生理與心理的欲望，以便淨化靈魂，遠離原罪和魔鬼的誘惑。這些人後來被稱為「沙漠教父」。

梭羅對靈性的關懷，不下於沙漠教父們，但是他沒有去寸草不生的沙漠，而是在華爾騰湖畔享受四季的優美景色，以及小動物和鳥鳴所帶來的驚喜和情趣。他不是在孤獨中跟人類的本性抗爭，企圖消滅與生俱來的本能欲望，而是要去追求更高的可欲和滿足。他在湖畔獨居，但不覺得孤獨，「有時候我能感受到，即便是最可悲、厭世、憂鬱的人，也可以在大自然的事物裡發現最甜蜜、溫柔、最純真而鼓舞人心的社群。」因為，只要保持著心靈的敏銳覺察，微風吹皺湖面的同時也輕撫著內心，帶來淡淡的喜悅；雨滴輕擊著屋頂或地面的水窪時，悅耳有如誰在撫弄琴弦；陽光照耀下的嫩葉新芽，往往帶來難以言喻的喜悅；更別說是雀鳥交鳴，或者松鼠、小鹿探訪的時刻。因此，「有時候，當我拿自己和其他人比較時，會覺得神祇對我的眷顧超過他人。」

他無家產，不是為了抗拒貪欲，而是想要吸吮土地上的精華又同時不淪為房地產的奴隸。房產的精華是周遭的景色，然而你不需要產權就可以欣賞它；反倒是擁有產權的人，必須先為產權而做牛做馬數十年，之後還得要日夜辛勞地維護它的價值，因而失去身體與心靈的自由，還因而沒有機會培養出欣賞那美景所需要的能力。梭羅把農場主人比喻為以苦行贖罪的海克力斯（Heracles），一輩子被囚禁在一座農場裡，當牲畜的奴僕；而他寧可在林間流浪，四處啜飲大地上不同的美景。他說，詩人把農場的精華萃取出來，保存到詩和記憶裡，有如從牛奶裡萃取出乳酪，把殘渣留給農場主人，「我常看到，詩人享受完一座農場最可貴的部分之後揚長而去，農場主人卻誤以為他只摘到幾顆（苦澀的）野生蘋果。」

「一件物品的代價，是我為了換取它而遲早要付出的生命。」然而「多餘的財富只能買到多餘的事物。靈魂所需要的並非用錢購買的。」因此，他刻意簡化物質性的需要，為的是避免成為財產的奴隸，擁有心靈最大的自由，並且用這自由去提升他心靈的敏感度，使他可以像奧林帕斯山上的神祇那樣，感受凡人所無的喜悅。他形容自己在華爾騰湖畔所聽到的風聲：「風吹過我的屋頂，有如吹拂過山脊，帶來斷斷續續的歌聲，有如從人間音樂裡擷取出不屬於人間的片段樂章。晨風不休止地輕拂著，創造的詩篇也不曾間斷，然而聽得到它的耳朵卻如此稀有。離開塵寰，無處不是奧林帕斯山。」

他遠離人群，親近大自然，為的是能夠在靜謐中沉思，探索心靈世界裡的廣天闊地，因為「唯有自由享受著廣天闊地的人，才是真正幸福的。」他用讀書、沉思、寫作探索內心世界，從而達到精神的昇華。「時間和處所都改變了，我居住在更接近歷史上最吸引我的時代與地點。」他在歷史中凝想，如同一個牧羊人追隨著他的羊群，爬到遠比他的思想更崇高的山巔；甚至把人世拋到腦後，住到夜空裡最遙遠的星座裡，與最閃亮的一等星為伍。

他隱居在遠離塵囂的森林裡，期待著每天被內心的精靈喚醒，傾聽著來自天上的音樂，聞著空氣裡的芳香，充滿靈感與新生的力量；他想要用大自然的美和歷史的靈感來充滿心靈，從而獲得情感與精神的昇華，讓自己的生命一天比一天更接近最崇高的事物。因此他說：「我對大自然的愛等同於別人的宗教。」「如果一個人不再相信每一天都有一個更早、更神聖的瑰麗曙光，超過他凡俗的生命所曾親歷的，那麼他就是已經對生命感到絕望，並且走上一條逐漸下沉而越來越黝暗的道路。」

他盡可能把時間都用來提升靈魂的高度，增加心靈的寬廣度與深度，因而捨不得花時間去追逐外在的成就。「在你的內在世界裡扮演一個發現新大陸的哥倫布，鑿通思想的海峽而非貿易的海峽。每一個人都擁有一個廣闊的天地，跟它比起來，沙皇治下的帝國只不過是個渺小的省，一個冰雪融化後遺留下來的小小山丘。」

他不願意讓心靈淪為身體與欲望的奴隸，因為精神和心靈的世界更吸引他，而不是因為他把身體和欲望看成邪惡、不潔的。因此，他沒有刻板的戒律，一成不變的規矩；他還會偶爾到鎮上的雜貨店、酒吧、銀行裡聽人閒聊，觀察人群的互動與牆上的布告，像蘇格拉底（Socrates, BC470-BC399）那樣跟他們對話。他生活簡樸，終生獨身，遠離酒精，認為「水是智者唯一的飲料」；他素食，因為不願意屠殺生命；他尊重內心裡動物般的欲望，但是當這欲望跟心靈或精神性的呼喚衝突時，他寧可遵從後者，因為那是內心深處「更高的法則」。

他不需要用外在的成就來肯定自己，因為內心早已富足；他表現得清淡寡欲，不是跟欲望對抗的結果，而是因為有更高層次的可望與滿足。「與其給我愛情、金錢或名氣，不如給我真理。我坐在擺滿美食與醇酒的桌旁，僕從巴結逢迎地隨侍著，唯獨沒有真誠與真理。我飢腸轆轆地離開這個不能以客為尊的餐宴。他們待客的冷淡有如寒冰，我想他們不需要冰就可以凍結了。他們跟我說酒的窖藏時間悠久，且那款酒的年份夙負盛名，然而我在想的卻是更加古老、更加新穎、更加純粹，更負盛名的酒，那是他們所沒有的，也不是買得到的。」

他渴望靈魂的昇華，遠離動物性本能，然而目的是精神上的成長，是在此世活出生命更高的可能性；而不是對於此世的厭棄，或者對於永生的渴望。「每一個人都用他的身體建造聖殿，用他自己獨有的方式向他的神祇禮拜，即便去雕鑿大理石的神像也無法取代這一項任務。我們都是雕刻家與畫家，用我們的血肉和骨骸當材料。任何高貴的表現都立即使他的特徵變得更美好，任何卑劣的表現或感官欲望都讓他變得更野蠻。」「不管你的生活有多窮困，迎接它，好好地活；不要迴避它，不要嚴苛地辱罵它。」「熱愛你的生命，即便貧困時亦然。即便是在一個貧窮的房子裡，你還是有可能歡度愉悅、激盪人心而榮耀的時刻。」

有人以為他是清教徒，然而他熱愛印度文化，熱情擁抱達爾文（Charles Darwin, 1809-1882）的進化論。「我對於宗教與哲學的派別沒有任何的偏好。」「對哲學家而言，所有的宗派、國家都無差等。我愛婆羅門、毗濕奴、佛陀、印地安人的大神靈，以及上帝。」他臨終時心靈平靜，面貌祥和，讓友人豔羨；當他姑媽要他跟上帝和解時，梭羅卻回答：「我想不起來何時曾跟祂吵過架。」

學而知之的可欲，勤習而能的幸福——聲色犬馬之外的心靈世界

梭羅不認為人生只有痛苦，也不認為人的渴望都必然導致煩惱。他不是用道德對抗本能欲

望，而是用後天習得的可欲和滿足來免除本能欲望的驅策和箝制——他從大自然與文學裡獲得滿滿的喜悅，和精神、情感上的昇華；與其在功名利祿與社交中獲得虛榮心的滿足，他寧可悠遊於歷史，跟先賢先哲進行精神上的對話，同時消解寂寞和孤獨。

梭羅選擇了自願的貧窮，因為他有比聲色犬馬、功名利祿更值得追求的喜悅。這個例子告訴我們，人生確實有比飲食男女更值得追求的可欲和滿足，然而這種可欲和滿足需要後天習得的能力，不是「生而知之，不學而能」。因此，如果把一個不曾具備這種能力的人送到華爾騰湖畔，他只會在梭羅的簡樸生活裡感到無聊、厭倦與痛苦。

同樣的，孔子也有能力從歷史與大自然裡獲得精神與情感上的喜悅和滿足，所以才能無視於富貴的誘惑。根據《論語．先進》的記載，孔子曾經請弟子訴說個人的平生抱負，前幾個弟子志在軍事、經濟、禮樂教化等治國大事，唯獨曾皙（點）的願望與治國無關。因此，眾人說完後，他靦腆地說：「暮春者，春服既成；冠者五、六人，童子六、七人，浴乎沂，風乎舞雩，詠而歸。」孔子聽了「喟然歎曰：『吾與點也！』」

這段話裡有著活潑的人性和深厚的情感，卻被歷代的道學先生曲解得極端乏味。其實，認真想像兩千五百年前的北方，人力與物力都極其有限，冬天不太可能天天洗澡，厚如棉被的冬衣更不可能天天換洗，這樣的生活有多難受？終於熬到春暖，換上輕薄的新製春衫，跟至交親友一起帶孩子去沂水沐浴、戲水，在風景秀麗、視野開敞的求雨台上乘涼、談心，最後開心地歌詠而歸，這豈不是人間稀有的樂事？

我們可以據此推測，孔子和顏回（BC521-BC481）可以安於貧賤的生活而不受富貴的誘惑，是因為他們另有別的喜悅和滿足。如果一個人的快樂和滿足始終來自於「生而知之，不學而能」的本能欲望，恐怕很難想像他可以只靠仁義道德等抽象的理念和原則，而在陋巷中堅守——就像大衛·休姆在《人性論》裡說的：「理性僅僅只是、且應該是情感的奴隸；除了為後者服務之外，不可能假裝它有任何其他的職能。」

因此，真正的「理想」固然應該具有超乎現實利益的意義和價值，但也不該僅僅只是消極地否定現實和本能欲望。如果追求理想的結果無法帶來遠比聲色犬馬、功名利祿更高的可欲和滿足，很難想像誰能持續堅持下去。

宋朝真宗的例子就極具反諷意味，他在〈勸學篇〉裡說：「富家不用買良田，書中自有千鍾粟。安居不用架高堂，書中自有黃金屋。出門無車毋須恨，書中有馬多如簇。娶妻無媒毋須恨，書中有女顏如玉。男兒欲遂平生志，勤向窗前讀六經。」讀六經的目的，竟然只是為了滿足本能欲望！

這個被正史評為「英悟之主」的皇帝並非昏君，他是因為主持獄政的傑出表現而被立為太子；而且他父親一向注重皇子教育，早就親自遴選十數名飽學碩儒負責諸王及皇子府內的講學，還召見他們說：「諸子生長深宮，未知世務，必資良士贊導，使日聞忠孝之道。汝等皆朕所慎簡，宜各勉之。」真宗入主東宮之後，父皇太宗又請國子博士邢昺為他詳細講授《孝經》、《禮記》、《論語》、《尚書》、《易經》、《詩經》和《左氏春秋》；而且教法活潑，注重時事與活用，「據傳疏敷繹之外，多引時事為喻」。然而只靠抽象的聖賢之道，終究還是無法取代本能欲望。

畢竟，如果一個人只有能力從飲食男女和功名利祿獲得滿足，卻硬要他去節制、壓抑、否定這些本能欲望，那就有如鯀在治水，欲望總有潰堤的時候。反之，如果一個人有能力從哲學、文學、藝術、科學等活動裡獲得精神和情感上的滿足，他就不會在溫飽之後還耽溺於本能欲望，而會轉身去追求情感與精神的昇華。而且，他在精神和情感上的可欲和滿足獲得充分發展後，自然就會在本能欲望和各種情感、精神的可欲之間進行分辨、鑑賞、評價和抉擇，而發展出屬於他自己的「欲望的美學」。

開創北宋理學的周敦頤（1017-1073）似乎體認到這一點，因此當程顥（1032-1085）、程頤（1033-1107）就學於他時，就經常要他們去思索「仲尼、顏子樂處，所樂何事？」後來程頤說：「再見茂叔（周敦頤）後，吟風弄月以歸，有『吾與點也』之意。」可惜的是，這個觀點被後來的理學嚴重地忽略了。

理論上，藝術與文學的主題涵蓋人類內在各種深層的感受，包括美、醜、喜悅、孤獨、寂寞、絕望、空洞與虛無、期待與嚮往等，因此完整的人文教養有助於啟發年輕人對人類所有內在感受的敏銳覺察與分辨，甚至培養出他們對各種可欲的評價能力。唯有如此，才能讓人在本能欲望之外發展出精神與情感上的可欲和滿足，並且不再耽溺於本能欲望。

事實上，歷來對美感教育與人文素養的注重，就是希望循此培養出比本能欲望更高層次的喜悅和滿足，藉此擺脫本能欲望的控制，而涵養智慧，變化氣質與情操，獲得情感和精神上的昇華與自由，甚至洞察生命的真諦。

然而情感與精神上的可欲和滿足是透過後天的學習而發展出來的能力，是「學而知之，勤習而能」，而不是像本能欲望那樣「生而知之，不學而能」。可惜的是，我們的教育過份偏重知性教育以及職場技能的發展，藝術與人文教育又普遍淪為知識的背誦和技巧的練習，因而絕大多數人一輩子不曾認識精神與心靈的喜悅和滿足，也沒有能力去追求。

當一個人的可欲和滿足都來自於本能欲望時，自然會一輩子追逐聲色犬馬和功名利祿，用它們滿足虛榮心和肯定自我，甚至把它們當作自我實現的指標。

因此，真正的問題不是想要的太多，而是沒有能力感受、追求超乎本能欲望的可欲、嚮往和滿足。這種能力的普遍匱乏，恰恰見證著美感教育與人文教育的失敗。

譬如，我們的美術課從來都是美術史的資訊背誦，和自己在課堂上塗鴉、摸索，而不曾有人引導我們去認真欣賞任何一張名畫；我們的音樂課止於背誦樂理和術語，以及跟著老師唱些簡短的歌曲，而從來不曾有人引導我們去認真感受任何偉大的音樂。甚至連國文課的文學欣賞，也通常被簡化為國學常識的背誦，和文學術語的介紹，而不是如何從一篇散文或詩去領略作者企圖勾勒的情感、情懷——我們從來都只聽說「文學涵養可以變化氣質」，卻從不曾在課堂上被任何文章感動過，更別說因為國文課而擴展我們對生命與人性的具體感受，使我們找到比聲色犬馬、功名利祿更值得追求的滿足方式和人生目標。

簡言之，我們一直用認知（cognition）的方式在進行所謂的「美感教育」，而不是在設法提升我們對於文學作品、藝術品、大自然的敏銳感受，以及對於這些感受的自我覺察、分辨、評價與品味的能力——想像一個英國著名的漢學家，他熟讀陸羽《茶經》而不曾喝過中國茶，只能靠自己喝過的英國茶來想像、附會《茶經》的內容，那會有多荒唐、滑稽？

結果，不管學歷有多高，我們的一切可欲、快樂和幸福還是都來自於「生而知之，不學而能」的本能欲望，無怪乎我們的知性能力和創造力都被用來掠奪跟本能欲望緊密相關的財富、權力與名器。至於「學而知之，勤習而能」的情感和精神經驗，或者「人性的上半部」，永遠都停留在超乎生命經驗的空洞名詞，引不起任何深刻、崇高的情感。

當一個人只懂得「生而知之，不學而能」的欲望滿足時，野心就會被當作是理想。在這樣的前提下，不管你如何鼓吹道德、人品、氣質、涵養，它們都永遠只是一堆「言之成理、想當然爾」的抽象辯證和外在的行為規範，而無關乎個人的自發性動機，或情感與精神上的提升。其結果，自然是禮教吃人，陽奉陰違，或者口是心非，甚至自欺欺人。

此外，當一個人對自己的內在感受和情感狀態都嚴重欠缺覺察能力時，很難期待他會對別人的委屈、無奈、憂傷、悲哀、痛苦、期待、嚮往有敏銳而貼切的瞭解。在這樣的狀況下，所謂的「同理心」頂多等於彼此的私心與本能欲望，而「人文素養」則必然退化為「關於人文領域的專業知識與思辨」，又是與內在的情感徹底脫節，跟生命的體驗或人格的養成無關，既無助於「變化氣質」，更不可能促成精神的昇華和人性的升揚。

結果，我們就像佛洛姆（Erich Fromm, 1900-1980）在《逃避自由》這本書裡說的：「人類的大腦生活在二十世紀；但是大多數人的心還生活在石器時代。」或者像艾略特（T. S. Eliot, 1888-1965）在〈空洞的人〉這篇詩裡描繪的：

我們是空洞的人，
我們是稻草人，
緊緊擠靠在一起，
腦中塞滿了稻草。唉！
我們以乾澀的聲音相互耳語，
幾乎聽不見，也沒有絲毫意義。
就像風吹過乾燥的玻璃，
或者乾地窖裡老鼠走過碎玻璃的聲音。

只有空洞的輪廓而沒有實質的形象，
只有陰影而沒有色彩，
癱瘓而無力，只有姿態而毫無行動能力。

結語

康德認定感性是不值得信賴的，他在《實踐理性批判》裡舉例：「一個人會為了打獵而把一本還沒讀的書給歸還，即便他再也借不到；為了怕晚宴遲到，他會中途離開一個精闢的演講；他會為了賭桌上三缺一，而離開他評價很高的理性談話。」「當他作決定的時候，唯一的考量是快感有多強、多持久、多易得，頻率多高。」因此，「一個原本敏銳而有洞察力的人，竟然認為可以把人的可欲分成高級和低級的，這實在令人驚訝。」結論是「不管是否出於善意，人類的可欲都是盲目而欠缺自尊的；因此，在思索道德的問題時，理性不可以僅僅只是扮演著可欲的引導者，而是要不顧一切的可欲，完全只考慮實踐理性的裁決。」

然而，席勒（Friedrich Schlegel, 1772-1829）卻對康德的肅殺氣息強烈反彈，認為那是在扭曲、壓迫人性中優雅的成分。他在《論優雅與尊嚴》裡說：「在康德的道德哲學裡，義務的概念嚴厲地嚇走優雅，很容易誤導智力較弱的人步上陰鬱而苦行僧般的禁欲途徑，去追求道德的完美。」他認為如果先透過藝術的啟迪，使心靈脫離肉體欲望的的束縛，獲得精神上的自由，人的可欲就會**愉悅地**

跟理性的道德意見一致，這樣的道德才不會壓迫（辜負）人性中較優雅、可貴的那一面。因此，他在《美育書簡》裡說：「唯有透過美，我們才能獲得自由。」「藝術必須遠離現實。它必須讓自己昇華到高於肉體的需要與想要。」「義務，一個以『必需』為名的嚴厲聲音，必須緩和它那命令中的肅殺語調，對人的秉性表現出更大的尊重，以高貴的自信相信人的秉性是樂於遵守它們的。」

兩個人的看法為何如此相左？關鍵在於康德所說的感性是「生而知之，不學而能」的本能（inclination），而席勒說的感性是「學而知之，勤習而能」的後天教養。於是，雙方爭執的真正關鍵在於人的可欲、愛憎與好惡都是與生俱來，終身不變的本能？還是有一部分來自後天的習得與發展？

以吳寶春的故事為例，他成名前是個勤奮而沒有特色的麵包師傅，因為經濟不景氣影響到他麵包店的生意，只好向享譽業界的堂本麵包師傅陳撫洸求教。陳撫洸很快地發現，吳寶春因家貧而不曾吃過好東西，不知道什麼是好的滋味，因而做不出真正好吃的麵包。於是他先帶吳寶春去遍嚐美食，開啟他的味蕾和對於飲食的品味能力，從而奠定了吳寶春邁向世界冠軍的基礎。

我們面對各種可欲時的態度和抉擇，也是一樣的道理。當我們沒有能力感受（追求）精神與情感的昇華時，注定只好奮力去追求聲色犬馬和功名利祿，頂多在「道德」的名義和社會的輿論壓力下略為節制私心；但是一旦像梭羅那樣感受到精神與情感上更高的滿足，自然就會掙脫本能欲望的束縛，而奔向更值得嚮往的可欲。

然而人真的可以透過後天的涵養而改變他對各種可欲和本能欲望的態度嗎？人文與藝術的薰陶真的可以讓人「變化氣質」嗎？

下一章我將用英國功利主義的兩位代表人物作對比，以突顯一些造成這些差異的可能因素。這兩位都是百年罕見的知性天才，卻有著截然不同的後天發展和情感世界，並且因而深刻影響了他們的可欲和價值抉擇。

3

豬的快樂，貝多芬的痛苦——可欲與幸福的等級

奴隸或許快樂，但僅僅快樂是不夠的。狗和貓也可以快樂，但是我們不會因而推論說這樣的動物比人類更優越。

——赫伯特．里德

我的表層布滿了快樂，然而我底層的靈魂依舊是晦暗的。僅僅只是快樂還不夠，一個人需要的是滿足。

——雨果（Victor Hugo, 1802-1885）

有些快樂比其他型態的快樂更讓人渴望且更值得，這個體認跟效益主義的原則是一致的。就算是在衡量其他事物的價值時，我們也是會同時考慮質與量的差異。如果認定不同的快樂之間只有量的差異，而沒有質的差異，那是荒謬的。

——彌爾，《效益主義》

貝多芬在二十六歲的時候開始耳鳴，並逐漸失去聽覺而終致耳聾。經過六年的煎熬和折磨之後，他在三十二歲那年寫下著名的〈海利根施塔特遺書〉，揭露了內心長期的痛苦。為了不讓別人知道，他「被迫與世隔絕，去過離群索居的生活」，甚至被自己的兄弟說成是個「惡毒、頑固而又厭世的人」。音樂家通常被公認為擁有比常人更敏銳的聽覺，而貝多芬也「曾經在這種感官上擁有極致的完美，其程度是我那些過去與現在的同行中少有人能及的。」如果被人發現他失去聽覺，貝多芬將會變成同行與世人的笑柄，甚至威脅到他的經濟和生存。這個恐懼逼得他「不能與我的同胞輕鬆言笑，不能促膝談心，不能交流思想。我不得不幾乎是在孤獨中生活，就像一個被放逐的人。」更痛苦的是，他從偉大的天才變成一無是處，比任何人都更沒有價值，毫無意義地苟活著，因此他「被迫成為一個哲學家」，整天考慮活著的意義，以及要不要自殺。

豬不會有這種痛苦，豬不需要擔心這樣的事，豬可以無憂無慮地快活一生，頂多只有死前瞬間的痛苦和恐懼——被洗腦的納粹黨徒和邪教教徒也是如此。

豬和貝多芬哪一個比較幸福？創立效益主義的英國思想家邊沁應該會說「豬」。他曾經明確表示過，快樂沒有性質和等級的差異，重要的只有它帶給當事人多少的快樂和痛苦。他甚至明白表示過，蘇格蘭小孩子用圖釘玩遊戲時所獲得的快樂，跟知識分子從科學、藝術、音樂或文學創作時所獲得的快樂具有同等的價值。

效益主義第二個重要代言人彌爾曾深受邊沁的影響，但是他卻會說「貝多芬」。事實上他曾經在《效益主義》一書中明確說過：「寧可當一個不知足的人類，也不願意當一隻滿足的豬；寧可當一個不知足的蘇格拉底，也不願意當一個滿足的蠢人。如果蠢人或豬不同意這個觀點，那是因為他們只知道事實的一面，而人類和蘇格拉底則知道事實的兩面。」

為什麼同是效益主義最重要的兩個代表人物，卻在這問題的看法上南轅北轍？快樂真的有質性的差異和等級嗎？這會不會是彌爾的主觀唯心論或幻覺？還是說邊沁真的對情感與幸福感的質性差異欠缺某些關鍵性的分辨能力？

值得嘉許的殘忍、惡意與仇恨——泯滅善惡、無差等的幸福

邊沁是英國倫理學的重要思想家，也是法律哲學的先驅。他把「追求快樂，逃避痛苦」當作衡量一切善惡、價值的唯一原則，並且在《政府片論》的序言提出著名的道德法則：「衡量對錯的唯一標準是最多數人的最大快樂。」《道德與立法原理導論》更把這原則推到非常極端：「所有的快樂就其自身而言都是善的，而且快樂是唯一的善。」「所有的痛苦就其自身而言都是惡的，唯有痛苦是惡的。」「就算一個人的動機是仇恨、惡意、嫉妒、殘忍，他的動機仍舊是為了某種快樂——預見或想像著他的對手即將經歷的痛苦而產生的快樂。即便是這種可悲的快樂，就其自身而言也還是善的。」

用這樣的理論來當倫理學的基礎，後果可以很可怕：如果我折磨一個人所得到的快樂超越他

所感受到的痛苦，這事件對全人類而言就是一種善；而且，就同一個事件而言，我得到的快樂越強烈，他得到的痛苦越輕微，對人類整體而言就是越大的善。此外，如果消滅所有猶太人所帶給納粹黨徒的快樂總量超過猶太人所感受到的痛苦，就會被這主張視為善舉。

然而邊沁卻又是十分關心人權和動物福祉的人，他主張廢棄奴隸制、死刑和體罰，主張宗教與國家分離、言論自由、男女平等、離婚合法化、同性戀除罪化、動物福祉、犧牲小我以利大我，以及各種經濟與政治上的自由主義思想。讓人訝異的是，這些看似充滿人道關懷的主張，都是在極端清晰而冷靜的思維裡完成的，不帶絲毫感情，甚至不帶一點人味，完全不像是在思考跟人性有關的複雜問題，而比較像是商人在數算一筆交易的得失。

對他而言，人性簡單到只有「快樂」和「痛苦」是實質的，而所有的生理欲望、對金錢和權力的愛好都是中性的動機，而「殘忍」、「貪婪」只不過是用來表示反對快樂的空洞修辭。譬如，他認為毫無節制的情欲（lust）跟生理上單純的「性的欲望」（sexual desire）實質上完全一樣，唯一的差別是主觀上的同意或不同意。

因此，他在《道德與立法原理導論》裡說：「自然將人置於痛苦和快樂這兩個獨裁者的統治之下，只有它們能告訴我們該做什麼，並且決定了我們將會怎麼做。它們的權柄決定了是非的標準，也決定了因果的連結。它們統御了我們一切的言行與思想。我們用來擺脫這種支配的每一分力氣，最後都證明了我們無法擺脫它們的支配。……效益主義的原則認知到這種支配，並且以它為礎石，意圖用理性和法律這兩隻手建立起幸福的大廈。」

他甚至很認真地要把道德和幸福變成可以精確計算的量。他把快樂與痛苦加以分類，並且提供明確法則來計算它們對人類幸福指數的總貢獻。這些法則只考慮快樂與痛苦的強烈度、持續時間、確定性等關於量的因素，而完全沒有任何質的考量。

他把一切跟效益主義不同的道德論述都稱為「武斷主義」，意指「獨斷而未經證明的主張」。他認為當時的各種道德學說只不過是在反映論者的好惡，然而這些好惡一旦披上「道德」的外衣，就會變成無法容忍異己，甚至成為專制者鎮壓（剷除）異己的藉口。

他對「道德」與「武斷」之間的警言確實值得我們警惕，然而他的思想還是太極端，很容易淪為「泯滅善惡」。如果用這個理論來指引我們的言行和抉擇，或者衡量自己的幸福和人生，會很容易陷入價值上的「準虛無」狀態——沒有必要費心去追求精神性或更高層次的快樂，也沒有必要去發展更高層次的能力，因為生理、心理和精神上的快樂沒有層次的差異，只有強度和持續多久的差別；更重要的是，豬會比蘇格拉底更幸福，而殘殺猶太人會變成道德上的善行。

這個理論一旦落入經濟學家手裡，就會像馬歇爾（Alfred Marshall, 1842-1924）說的：「一個人為了滿足某種欲望所願意付的價格，就是經濟學所需要的量度。」於是，快樂、痛苦、善與惡全部都化簡為「錢」，人性、人生、幸福與自我實現也都被「錢」這個通幣取代。如果你不知道自己要的是什麼樣的人生？別擔心，先認真賺錢。等你賺到錢，不管你要的是什麼，或者恐懼、厭惡什麼，都可以用錢解決。人類所有的化約主義中，很難找到比這更嚴重的！

於是，我們有了一個詭異的二十一世紀——經濟極端發達，科技與醫療體系既延長了我們的壽命，又大幅度消除了我們生理上的痛苦和不適，然而人性卻萎縮、沉淪了。我們越來越不清楚磕藥、性交和愛情的差別，甚至越來越認定前兩者才是真實的，後者是空想的；我們用一生的心力去換錢，再用錢換取市場上可以買得到的幸福，卻失去了跟大自然對話、跟前賢對話，以及跟自己內心對話的能力和幸福。我們陷溺於「生而知之，不學而能」的本能欲望，只有大腦的算計能力跟得上科技的發達，情感的能力甚至有可能不如石器時代。

邊沁把原本極端複雜的道德、人性、政治、法律問題簡化到只剩快樂與痛苦，使得龐雜的人類公共事務可以用理性算計去分析與管理。如果沒有跨過這一步，經濟學家就沒有充足的理由和道德立場去用金錢數算世上的一切，我們也將很難想像要如何去維持今天這種事涉數十億人口的全球互動與決策，以及在這種分工體系下才能發展起來的醫療與科技。但是，如果不是因為跨過這一步，很難想像我們會對於遍及全球的災難、剝削、貧困和痛苦可以如此冷漠——教宗方濟各（1936-）所謂的「冷漠的全球化」（globalization of indifference）。

邊沁之所以能帶著人類走過這最艱難而關鍵的一步，是基於罕見的理性天才？還是可怕的無感與化約？或是兼而有之？過去一百多年來這個問題一直有研究者在認真的探問。

思想上的巨人，情感上的侏儒——超越善惡，或無感於善惡？

邊沁是個神童，三歲學拉丁文，十二歲進牛津大學，十五歲順利拿到學位。我們完全沒有資格懷疑他的智商，只能對他的思考能力感到望塵莫及。

彌爾的父親是邊沁稀有的密友，彌爾也從小跟邊沁有密切的接觸，後來還當了他實質上的秘書，幫他整理、出版了好幾本書。所以他是對邊沁知之最篤的人之一。他在〈論邊沁〉一文裡說，邊沁鄙視一切跟他的思想、經驗相左的論述，這使得他的理論嚴重局限在他個人的生命經驗裡。問題是，邊沁生活孤僻，心智單純而不曾受過任何心靈或心理上的折磨，因此外在生命經驗極其有限，內在的生命經驗更是貧乏。「他對逆境與順境沒有感覺，不瞭解熱情和貧困，甚至不瞭解生病的痛苦，直到八十五歲時都還像個孩子那麼健康。他不懂得沮喪、沉重的心情，人生對他而言沒有任何的痛苦或磨難。」在這個涵義上，「他始終像個孩子」，「對於人性中許多自然而強烈的感受他毫無同感的能力，他把自己生命中的重大經驗徹底切除了。」再加上「欠缺想像能力」，使他完全無法瞭解他人的思想和感受。「人類這種最複雜的動物，在他眼中是非常簡單的。即便是談同情這個主題，他的認知也不會延伸到比較複雜的感受——對於『愛』的喜悅，對於『同理者的支持』的需要，以及仰慕或崇敬的對象。如果他偶爾想到人性中任何較深層的感受，也只是把它們看成主觀好惡的古怪特質，不值得倫理學家或法學者關心。」

最後，彌爾說邊沁對人性的瞭解太淺薄，只適合研究抽象的法律學，而不適合研究關乎個人立身處世原則的倫理學。在提到出版委員會決定不出版《義務論》時，彌爾不禁說出一個深沉的感慨：邊沁的理論對於一個社會的精神發展不會有任何幫助。

此外，當代的研究發現，許多可靠的證據顯示邊沁確實嚴重欠缺情感的能力。他不只終生未婚，且厭惡與人互動；當他父親過世而留下可觀的遺產後，他立即「隱居」而跟社會隔離，只跟極少數人互動。他對自己和他人的情感都近乎麻木，對人性的理解簡略、粗糙到甚至把人看成與機器無別，而周遭的人在他眼中根本只不過是夏天的蒼蠅（無感或厭煩）。兩位精神病學家從各種文獻記載研究過邊沁的行為特徵，結果高度懷疑他是亞斯伯格症，因此他在知性議題上有過人的稟賦，但是對人的情感嚴重欠缺瞭解。

我們不需要給邊沁貼上特定的標籤，但是他的例子確實提醒我們一件事：有些人抽象思考的能力和智商都超乎常人，卻同時嚴重欠缺對人類（自己和他人）情感的感受能力。而且，以我在理工學院教書多年的觀察來看，社會上所謂的「聰明人」中不乏類似的人。

假如邊沁的特質是跟遺傳或生理特質有關，而無法靠後天的學習去強化，那麼對他而言確實沒有所謂的「學而後知，勤習而能」的幸福，而一切的快樂、痛苦都是無差別的、扁平的。然而還有一種人，他們的情感能力可以隨著學習和啟發而有層次與深刻度的變化，這樣的人不僅可以有「學而後知，勤習而能」的幸福，而且他們的幸福確實是有層次、等級的。彌爾自己就是一個典型的例子。

更快樂，更幸福——情感與滿足感的層級和能力

彌爾很可能是英國十九世紀最偉大的思想家，他的《政治經濟學原理》是十九世紀英美大學的標準教科書，被熊彼特（Joseph Schumpeter, 1883-1950）譽為十九世紀最成功的經典著作。此外，他出版過《效益主義》、《論自由》、《論代議制政府》、《論社會主義》和《女性的屈從地位》等倫理與政治學思想的著作，每一本都對十九世紀的英國具有深遠的影響。

毫不令人訝異地，他也是個神童，在父親的刻意調教下，三歲開始學希臘文，八歲時已熟讀許多古希臘的經典著作，包括希羅多德（Herodotus, BC484-BC425）的全部作品，柏拉圖《對話錄》的前六冊，以及好幾位古希臘哲學家的作品，並且開始學拉丁文、代數、幾何、物理和天文學。他同時熟讀英國史，在父親的教導下開始作詩。當他滿十二歲時，他所擁有的知識已經涵蓋史學、古典文學、哲學、經濟學和各種自然科學領域。唯一的問題是，他所有的教育都只重知性，完全沒有感性或情感方面的啟發。

二十歲左右的時候，他突然陷入精神上的危機，徹底懷疑起他從十五歲起就確信並且積極準備要獻身的人生目標：促進人類社會的福祉。根據他的《自傳》，在滿二十歲的那一年秋天，他突然毫無預警和準備地問自己：「假如你所有的人生目標都實現了，而你持續在思索的那些制度性的

改變和意見也在這一瞬間通通達成了，這會帶給你重大的喜悅和幸福嗎？」他在高度的自覺中不由自主地明確回答：「不！」就在這一瞬間，他的心直往下沉，他賴以建立生活秩序和核心價值的地基整個崩塌了。

他的心情越來越低沉、憂鬱、悲傷且不得稍息，他企圖從以前激勵、鼓舞過他的書裡尋找支撐，卻讀得索然無味。他向父親求助，卻發現父親是個完全仰賴抽象思考的人，因而根本無法理解他的精神（情感）狀態。

最後，他體認到父親給過他的教育全部都是抽象的知識和智性的分析能力，而他過去的追求動力完全是出於自負、虛榮和野心，他對自己過去所相信的美德和善實際上欠缺真正的喜悅和熱情，甚至對任何事物都不具有真正的感情——不管是自私或無私的感情。他形容自己是「一艘設備卓越的船，卻有舵而無帆」。

有將近半年的時間他完全逃不出這困境，甚至相信自己已經被過度早熟的智性教育扼殺了情感的發展機會，他相信自己無法在這種行屍走肉的無感狀態下活超過一年。在偶然的機會下，他翻閱法國史學家馬蒙泰爾（Jean-François Marmontel, 1723-1799）的《回憶錄》，讀到他對父親過世時的記憶，以及許願要取代父親的地位，補償家人喪父的一切損失。這時他突然被那種情感打動而潸然淚下，也在這一瞬間發現自己的心是活的，而不是像石頭那樣。這個體驗讓他對自己恢復了一點信心，他再度可以偶然地從陽光、藍天、閱讀、某些談話和公共事務裡得到輕微的喜悅，但是還無法徹底脫離內心的陰霾。

他從這個轉變契機裡體認到，人生的幸福不能僅僅只靠理性的思維和改善外在世界的行動，內在情感世界的充實也是幸福人生不可或缺的一環。此外，他也警覺到人的情感能力跟智性的能力一樣，需要引導、教育和啟發。因為他既往的人生體驗裡只有閱讀和思索，於是他從過去的閱讀裡找尋各種線索，希望瞭解文學與藝術是否可以涵養人的內在情感。

後來他回想起來，在陷入精神危機之前曾經在音樂裡體驗過激情昂揚的喜悅，雖然他當時並沒有特別重視。因此他重回音樂的世界，發現韋伯（Carl Maria von Weber, 1786-1826）的歌劇《奧伯龍》（*Oberon*）確實能引發他情感上的滿足和喜悅；然而他卻又同時發現音樂所能帶給他的喜悅是易逝的，而且會因為一再重複而失去新鮮感，逐漸變得平淡、乏味。這種體驗反而讓他擔心人類的一切喜悅會不會都因為一再重複而變得乏味、無聊，而他一向熱衷的社會改革會不會終究是一場空？他在《自傳》裡說：「如果社會與政府的改革者成功達成他們的目標，而社會中的每一個成員都獲得自由與生理上的舒適，當生命的喜悅不再源自於滿足匱乏和奮鬥時，人生會不會再也找不到任何喜悅？」

這個憂慮不時困擾著他，直到他閱讀華茲華斯的詩集之後，才獲得徹底的安頓。翻閱華茲華斯是出於好奇和偶然，他真正認真求助的第一個詩人是激情的拜倫（George G. Byron, 1788-1824），想藉由拜倫的激情來引發他情感上的喜悅和滿足，然而卻發現絲毫沒有任何幫助。他說拜倫的作品是：「一個人在磨損掉一切生命的喜悅後所寫的輓歌，而這個人似乎認為生命中一切的善都注定是乏味、無趣的，而這恰恰是我當時的想法。」至於華茲華斯的作品，彌爾曾在陷入精神危機之前的兩、三年讀過長詩〈漫遊〉（Excursion），但是沒有什麼感覺。

感動他的，是華茲華斯一些描寫鄉村自然景色的小品，尤其是關於山嶺的崇高之美，讓彌爾回憶起他在庇里牛斯山時的體驗。他從這些詩裡得到啟發，學會穿透大自然表象的美，而感受到大自然深層、崇高的美，以及這些美所帶來的內在喜悅和滿足。「華茲華斯的詩對我當時的心靈狀態是一帖良藥，因為它們不只是呈現外在的美，同時還呈現出他被這些美所激發出來的感受，以及因為這些感受而顯得生動多彩的思想。這些詩似乎是孕育各種感受的沃土，且恰恰是我所需要的。在這些詩裡，我汲取著泉湧不絕的內在喜悅、共鳴與想像的樂趣。」這種愉悅和滿足是「每一個人都可以分享，不需要仰賴奮鬥或者匱乏，但是可以隨著人類身體與社會狀況的改善而變得益加豐富。我從這些詩裡似乎學到一種永不斷絕的快樂之源。」（彌爾《自傳》）。

其中讓彌爾印象最深刻的，是華茲華斯寫於三十四歲那一年的長詩〈頌：童年回憶中不朽的暗示〉，詩裡描述他如何失去童年時有過的感動，以及如何重新恢復情感能力。這詩篇的開頭就擊中彌爾當時的痛處，「曾有一個時期，如茵的草地、樹林、溪流、大地和各種常見的景象都蒙著天堂的光輝、榮耀與如夢般的清新。這一切都已隨時光流逝——不管我轉往何處，不論是白晝或黑夜，我的往昔所見如今再也不曾重現。」「不管我到那裡去找，有一種榮耀已然從世上消失。」「跟我們一同升揚的靈魂，那指引生命的星辰，已經墜落於不知名的地方。」「我們來自造物主，祂是我們的家，天上璀璨的雲彩是我們留下的足跡：天堂從嬰兒期就閒躺在我們身邊！」然而在我們的成長過程中，逐漸被各種事物吸引而越來越遠離精神上的故鄉。「最後，原本看得見星光指引的那個人逐漸死去，晨星的耀眼光芒也逐漸黯淡而與普通的光線無別。」於是，「人在塵世追逐，背負著各種的痛楚和桎梏，被世俗的重荷壓得喘不過氣來。所幸那生命的餘燼還可以聽到大自然的呼喚，因而重新拾回童年的記憶。於是那些往昔的珍貴熱情再度被點燃，猶如湧泉般散發著永不止息的光芒，重新引領我的視野和方向。」「感謝我們所賴以存活的心，感謝它的溫柔，它的喜悅，它的恐懼；如今，即便是隨風飄零的卑微野花，也能喚起我遠比淚水更深層的思緒。」

這個重回精神故鄉的真實故事，讓彌爾相信他也能跟華茲華斯一樣，走過看不見前途的生命低潮，重新找回精神性的愉悅和感情。而且他相信，只有那種情感才能帶給人真正的幸福，至於他自幼所追求的社會正義，只是消極地幫人解除痛苦，而不會有積極的作用。

後來，他進一步鑽研浪漫派詩人柯律治（Samuel Coleridge, 1772-1834）等人的作品，逐漸重新發展出對內在情感的覺察能力，而逐漸徹底度過精神上的危機，並且篤信快樂是有層次上的差異——不管是帶給人的滿足（幸福）程度，或者是倫理學意義上的價值。

他試圖把這一份感動和發現跟其他朋友分享，卻不幸地發現很多英國人習慣壓抑自己的感覺，只因為他們誤認為感覺敏銳的人會多愁善感而比別人更容易感到痛苦，也較容易耽溺於想像。

這個發現讓他對英國人感到婉惜。對他而言，他很清楚彩虹只是陽光在水氣下折射的結果，而非真實存在的物體；然而大自然美景在他內心喚醒的情感是真實的——重要的是這一份情感，重要的是有能力產生崇高情懷的心靈，而不是景色；或者說，大自然的美景只不過是喚醒內心的「外援」或「方便法門」，至於這景色是否真實，並不重要。

因此，他從此確信，智性的能力有其價值，但不能取代情感的滿足；唯有確保兩者的均衡發展，才能保障人生的幸福。「對我而言，這兩種能力的平衡現在變成是最重要的。感受能力的培養變成我倫理與哲學信條的關鍵要點。」

情感的品味與分辨，人格的涵養與轉化——美學素養與人文素養的迷思

彌爾的故事告訴我們，除了「生而知之，不學而能」的快樂和滿足之外，確實還有一種精神與情感的滿足是「學而知之」，甚至經常是「勤習而能」或「困學而能」的。此外，他的故事還告訴我們，當人的精神與情感能力提升之後，有可能會因而獲得更高的幸福。

他在《效益主義》這本書裡明確地表示：「有些種類的快樂比其他種類的快樂更讓人可欲，也更有價值，而這個事實跟效益主義的原理是相容的。我們在衡量其他事物時都會兼顧到量與質，如果在衡量快樂時卻只考慮量，那將會是很荒謬的。」

他認為，只要融入「快樂是有等級的」這個原則，就不需要再擔心「追求快樂，逃避痛苦」

的效益主義會導致人欲橫流。因為「牲畜會覺得伊比鳩魯的人生不如牠快樂，恰恰是因為牲畜的快樂並非人類認為的快樂。人類有些心智功能可以讓他超越動物的欲望，一旦這些能力成為自覺的，就會把快樂看成幸福的必要成分。」這些人類所珍惜而動物無緣感受的快樂包括「智性的快樂、情感與想像的樂趣和道德感的滿足，這些快樂的價值都遠高於僅僅只是感官的滿足。」（《效益主義》），他也相信，一旦這些（後天的）感受能力被充分開發出來，關懷他人的人將會比自私的人活得更積極，有更多讓他感到興奮的時刻；而心智活潑，熱愛思考、文學、藝術的人「將可以在他身周的每一件事物裡發現永不枯竭的樂趣——在大自然的各種事物裡，在藝術的成就裡，在詩歌的想像裡，在歷史的事件裡，在人類各種事務的過去、現在與未來的趨勢裡。」

這些關愛、熱情與好奇部分來自於天分，但還有一部分是涵養出來的。因此，「效益主義要達成它的目的，就必須先廣泛培養人們的高貴性格——即便每一個人都只能從他人的高貴受益，而個人的高貴則只會降低他自己的幸福。」而幸福的意義也被他改成「偶爾狂喜，短暫的痛苦，不乏各種快樂」。更重要的是，當一個人有內在自足的快樂之後，幸福將意味著「施多於受；不期望從人生得到更多，只期望能給予更多。」（《效益主義》），也就是說，他最終的幸福感來自於成熟的人格和情操，對事物的好奇與關切，能夠在求知與成長的過程中自得其樂。此外，他關心社會的進步與他人的幸福，因而樂於以自己的一生去改善社會，促進其他人的幸福。這種幸福觀超乎邊沁狹隘的快樂與痛苦，也不取決於外部世界的名利、權位、成敗和評價。

彌爾的幸福是以情感與精神能力的充分發展為基礎，他的道德感是源自情感上的認同，而不只是抽象的思辨和義務，更不只是行為後果的功利算計。這是一種成熟、自足、自主自立的人格，擁有高度發展過的「學而知之，勤習而能」的能力。這樣的特質，恰恰跟我們對「功利主義」的刻板印象相反，所以本書將它翻譯成「效益主義」。

表面上看起來，幸福與快樂是主觀的感受，因人而異；細究之，真正的差異來自於感受能力的豐富與貧乏、粗糙與細緻，以及深刻與膚淺。就邊沁和彌爾這兩個例子而言，他們對幸福的見解不同，很可能是源自於他們對於各種後天習得的可欲和滿足有不同程度的感受與覺察能力。邊沁所知道的快樂應該是純屬知性和與生俱來的本能欲望，而彌爾不僅可以感受到知性所帶來的各種快樂，還在華茲華斯等人的啟發下學會感受大自然的崇高之美，以及文學、藝術所能帶來的愉悅，因而認定真正的幸福來自於內在情感的滿足，而不只是知性的滿足，更不是生理欲望的滿足。

此外，許多文學與藝術作品裡充斥著無關乎內在情感的社會寫實，無目的性的嬉戲和娛樂，以及欠缺情感深度與精神高度的膚淺美感。但是文學與藝術最獨特而可貴的價值還是在於引領讀者和觀賞者超越日常生活的經驗層次，感受創作者生命中情感和精神的巔峰經驗，擴展、提升受眾的情感與精神體驗，使他們對生命有更豐富、深刻的體驗。

當一個人在這些精神與情感經驗的薰陶下培養出敏銳的感受與分辨能力後，他就有機會從哲思、文學、藝術、大自然之美中獲得情感與精神上的滿足，因而降低對聲色犬馬與功名利祿的渴望。這些精神與情感能力的培養，才是「人文素養」最可貴的精義。

這樣的情感昇華是絕大多數人不曾領略過的，但並非因而不可能。許多人都像二十歲以前的彌爾，他們並非沒有相關的潛在稟賦，而是他們的相關能力從不曾在既有教育體制下獲得啟發、培養。

幸運的是，彌爾在華茲華斯的作品中學會感受大自然的「崇高之美」，以及情感與精神的昇華。因此，下一章我們就以華茲華斯的作品和生平為本，看看要如何培養對大自然與內在情感（感受）的覺察能力，以及擴展、提升、深化情感與精神的體驗。

4

情感的昇華，精神的殿堂——崇高之美

我學會了凝視大自然，不再像不思不索的年少，而是經常聽到人性肅穆而悲傷的樂聲，不粗糙、不刺耳，而有著淨化與降服的強大力量。而且有一股力量出現，使我的思想昇華而充滿喜悅，在內心深處交織著莊嚴神聖的情感；它存在於夕陽的光輝裡、環抱的大海裡、生意盎然的空氣裡、藍天裡，還有心靈裡；它是一種活動、一種精神、鼓動一切有思想的東西及一切思想的對象，而且貫穿一切事物。

——華茲華斯，〈亭潭修道院〉

出生於一七七〇年的華茲華斯是英國浪漫主義的先驅，以謳歌大自然的崇高、神秘之美著稱，與莎士比亞（William Shakespeare, 1564-1616）、米爾頓（John Milton, 1608-1674）並列為英國三大文豪。他認為大自然不只能療癒人的心靈，撫慰人在喧囂塵世裡的空虛、折騰和磨難，還能引領人進入莊嚴、崇高的情感世界，使他感受到內心深處的偉大情操和更真實的自我，並且啟迪他高貴的情操，使他關愛家鄉與同胞。反之，工業革命和鐵路建設會破壞人跟大自然的關係，都會的文明則讓人心空洞、貧乏、墮落。

自傳體長詩《序曲》是他的終生代表作，〈亭潭修道院〉常被視為《序曲》的微縮版。桂冠詩人羅伯特．騷塞（Robert Southey, 1774-1843）評論他時，連續引了三十七行詩，然後說：「在我們的記憶中，英國的詩裡鮮少有比這些詩句更傑出的。」約翰．濟慈（John Keats, 1795-1821）稱頌華茲華斯的天分超越同儕，開拓了前人未曾窺見過的「黝暗路徑」，後世的詩人「只要活著並且認真思索，也將參與開拓未知的路徑。」而一位熱衷於贊助藝術的貴族則認為，該詩「比任何教堂的講道更能淨化人的心靈」。

要瞭解華茲華斯，必須讀他的詩。他的詩以聲韻優美著稱，但是譯成中文時很難保留。為了保留原詩的情感與意象，並求譯文流暢，本章將採用散文的風格，而割捨原詩的聲韻。

崇山峻嶺的啟示，溪水湍流的低語——解讀神諭的詩人

華茲華斯初次造訪亭潭修道院時才二十三歲，對法國革命與倫敦的藝文圈充滿激情與憧憬；五年後他跟妹妹一起再訪，並寫下〈亭潭修道院〉。但人事已非，他認為革命的理想已經被背叛，而倫敦的光環華而不實，唯一真實且不變的是他從大自然所獲得的感情。

「五年過去了，……我又聽到威河溫柔的低語，捎來湧泉與山嶺的問訊。我再度看見那些陡

峭而崇高的山崖，在杳無人跡的荒野景象裡刻印著加倍幽靜的思緒，並且把大地引領向寧靜的天空。」「炊煙裊裊如朵朵花瓣，從靜謐的林間升起，隱約暗示著空曠的林木中那居無定所的流浪者，或者獨坐在洞窟裡烤火的隱士。」

「在闊別的期間裡，這些美麗的景色並沒有從我眼前消失。當我被城鎮裡的喧囂長時間耗損，而回到獨處的室內時，它經常帶給我甜美的感覺，流淌在我的血液裡，直達我的內心，甚至流淌進我純潔的心靈。」「我深信自己還從這些美景裡得到另一項更為莊嚴崇高的禮物，在那被賜福的心境裡，難以捉摸的苦惱和荒謬世界裡折磨人的重擔都得以減輕。在那肅穆而被祝福的心境裡，一股神往的情懷引領我們昇華，直到這肉體的呼吸和血液的流動都近乎息止，身體開始沉睡，靈魂則活潑地甦醒。和諧與喜悅的深沉力量賦予我們一隻寧靜的眼睛，讓我們看見萬物背後的生命。」

這樣的情感與心境孕育於童年的經驗，但是當時懵懵懂懂，只有粗糙而直覺的激情，而欠缺質感與深度。「我無法清晰刻劃自己童年的模樣。激流的聲響在我心裡迴盪，猶似我的激情；高聳的岩石與山巒、深沉而陰鬱的森林，它們的色彩和形象是我當時的嗜好；那些感受與熱愛只是視覺所引發的情趣，而不曾借助思想，迂迴地增益它的魅力。」

年少時完全仰賴直覺的激情往往夾雜著強烈的痛苦與眩暈般的狂喜，欠缺深度與細膩度而難以持久，因而會隨著童年的逝去而消失。但是華茲華斯沒有為此感傷——隨著心智的成熟，他獲得更多的恩賜。「我已不再是個不思不索的少年，我學會了凝視大自然，經常聽到人性肅穆而悲傷的樂聲，不粗糙、不刺耳，有著淨化與降服的強大力量。而且有一股力量出現，使我的思想昇華而充滿喜悅，在內心深處交織著莊嚴神聖的情感；它存在於夕陽的光輝裡、環抱的大海裡、生意盎然的空氣裡、藍天裡，還有心靈裡：它是一種活動、一種精神、鼓動一切有思想的東西及一切思想的對象，而且貫穿一切事物。」

這種精神與靈性的充滿，源自大自然的啟發，但也需要有內心的敏銳覺察。「緣此，我依舊熱愛著草原、森林和崇山峻嶺，以及我們在這綠色大地上凝視的一切，一切呈現在我們眼前和耳際的雄偉世界——一部分是源自於它們的創造，一部分是源自於我們的覺察。在大自然和感性的語言裡，我欣然尋獲純淨思想的碇泊處，我內心與靈魂的保姆、嚮導、護衛，以及我全部德行的靈魂。」

大自然可以在心靈裡注入靜謐的純美，讓它充滿崇高的思想和信念，使它再也不會被身邊惡毒的口舌、魯莽的判斷、無聊的應酬和虛矯的客套所壓垮。所以，「當你踽踽獨行時，讓月光照亮你孤獨的路徑、讓濕潤的山風自在地吹拂著你。在往後的歲月裡，當忘我的狂歡變成成熟而清醒的喜悅時，你的心靈將成為一切美好景象的華廈，你的記憶將成為一切甜美樂音與和聲的寓所。」

寫下這詩篇時，華茲華斯已經決定跟妹妹一起隱居故鄉的山林，以歌頌大自然的詩人為終生職志。瞻望未來，他滿是期待。「你不會忘記我們曾在這令人喜悅的河畔並肩佇立，而我一直是大自然的崇拜者，樂此不疲地禮拜它，或者毋寧說是滿懷著熱愛——噢！懷著極端深刻的神聖情感。」

在他的詩裡，人與大自然交融而渾然一體，大自然的聲音也跟作者內心深處的聲音相互迴響而交融一片。譬如「激流的聲響在我心裡迴盪，猶似我的激情」，讓人分不清楚在內心裡激盪的究竟是熱情或湍急的溪流。此外，他的詩裡總是會有高聳入雲的崇山峻嶺、往上升揚的炊煙等具體形象，以及莊嚴偉大（grandeur）、崇高之美（the sublime）、昇華（lofty）等形容詞，希望藉由大自然莊嚴、崇高、偉大的形象讓讀者感受到心靈的昇華。

在《序曲》的最後一章裡，他刻劃二十一歲那年夏天到斯諾登（Snowdon）山頂看日出的景象與心情。那是一個濃霧低垂的夜晚，他們滿懷期待地在山頂靜候日出。數個小時後，腳下的大地越來越明亮，前方的草坡上突然閃出一道強烈的光芒，仔細一瞧，朝陽有如雲海中的明月，「高高懸掛在我們頭頂的天堂，我發現自己在浩瀚雲海的岸邊，腳下依偎著溫柔而靜謐的霧靄。千百座山巒的陰暗背影從雲海裡高聳而起，一座座迤邐向遠方，遙遠、更遙遠的遠方；雲霧湧向岬角與岬灣，瀰漫海上，直到看不見的遠方，真正的海洋在雲霧中顯得不再那麼雄偉、浩瀚。」當天晚上，他獨自回到山頂，默想著「我看見一個偉大心靈的完美形象，它吞啣著無限，因為感受到上帝或某種神秘、龐大事物的臨在而昇華」。

他把這種特殊的場景與時刻稱為「時間的場景」（spot of time），它們可以在心靈受到傷害或重荷時予以滋養、修復，這種「美好的特質會穿透心靈，強化我們的喜悅，在心靈低沉、墜落時揚舉我們，使我們的精神昇華到越來越高的層次。」「這樣的時刻值得所有的感激，它們四處散落，從我們的童年開始——或許在我們的童年時是最醒目的。」

一般人只知道賞心悅目之美（the beautiful），而感受不到崇高之美（the sublime），也沒有機會領略心靈的昇華。他在《序曲》裡提醒讀者，「但是我們的心裡還有一種更高的愛，它含著敬畏和瀰漫的情懷。你的愛是人性的，這種愛則發自於沉思中的靈魂，且是神聖的。」它在心靈深處被大自然滋養、涵育與感化，透過詩人的智性與想像而跟大自然合一，並且透過詩人的聆聽將大自然的低語轉譯成一般人能讀懂的語言。「大自然的先知，透過理性與真理的獻祭，我們將為人們訴說永恆的啟示；我們所愛的也將為人們所愛，而我們將教導他們如何愛，告訴他們人的心靈如何變得比他所寓居的大地千萬倍美麗。」

為了達成這樣的目標，一切的努力和過程中的痛苦都是值得的。就像他在《序曲》裡說的：「宇宙智慧的性靈！你的靈魂是永恆的思維，你賦予一切形式與景象永不息止的運動和呼吸，這一切不曾白費。從我童年的第一個黎明開始，你就用陽光和星光為我編織那建構人類靈魂的熱情；不是用人類卑微而庸俗的作品，而是用更高曠的目標和永恆的事物——用生命與大自然——淨化感受與思想的元素，並且藉由這樣的規訓讓我們的痛苦與恐懼成為神聖的獻祭，直到我們在內心的悸動裡辨識出雄偉莊嚴。」

可惜的是，這樣的情懷並非所有讀者都感受得到的。當時名聞倫敦文藝圈與海外的音樂史家兼作家查爾斯・伯尼（Charles Burney, 1726-1814）就指責華茲華斯的《抒情歌謠集》，「非凡心智的沉思：如詩的、美麗的、哲思的；但是卻充滿陰鬱、狹隘、與世隔絕的反社會思想，似乎認定人生來就該活在森林與荒野裡，老死不相往來。」

亮麗空洞的都會，遠離塵囂的孤寂與幸福

查爾斯・伯尼的故鄉舒茲伯利（Shrewsbury）一向是威爾斯的商業重鎮，難得跟大自然接觸，因而對大自然的崇高之美不易有深刻的感受。然而華茲華斯熟知劍橋大學，親自領略過倫敦的藝術、文化，也曾對劍橋和倫敦充滿激情、嚮往。他之所以會在後來厭惡一切人為的事物，乃是出於深刻的體驗和省思，而不是出於對學術、都會與人類文明的無知。

他出身貧寒，小時候往往是穿親戚贈與的二手衣物。後來八歲喪母，十三歲喪父，四個兄弟和小他一歲半的妹妹被拆散，分別寄居到不同的親戚家裡，不時遭受親戚白眼。但是他從小生長在英國風景最優美的湖區國家公園裡，朝夕沐浴在大自然各種賞心悅目之美與崇高、莊嚴之美裡，而被啟發出豐富、細膩而深刻的情感。中學時代他愛上文學的閱讀與創作，並且在老師的賞識與鼓勵下開始寫詩。

當他拿到劍橋大學的獎學金而去就讀時，原本對學術充滿嚮往，因而第一年的課業表現十分傑出。但是第一年底就發現當時的劍橋學風低劣，畢業的排名與出路都嚴重仰賴社會關係和逢迎，

這讓他覺得自己處於「不對的時機、不對的地點」。此外，他對大自然的情感不被老師和同學理解，因而變得很孤單。他在《序曲》裡形容自己「經常只有孤寂與我相伴，儘管是在人群之中。沒沒無聞，也欠缺深思，但我卻是富足的，擁有一個自己的世界——它完全屬於我，我創造了它；因為它存在於我的心裡，以及審視著我心靈的上帝。」

在畢業會考前夕的一七九〇年，他跟朋友一起去歐陸旅行，見證了法國大革命，也感染了「自由、平等、博愛」的革命激情。一七九一年他再訪法國，進一步被革命的精神感動而成為革命的積極擁護者。此外他跟法國女孩安妮特．瓦隆（Annette Vallon）相戀，並且讓她懷孕。為了養家活口，他回到英國，在倫敦出版了兩本詩集，卻毫無經濟效益。

寓居倫敦期間，他熱衷政治改革和宣揚革命理念，國會和政治圈內的辯論跟他內心對革命的熱情相互激盪著。此外他很興奮地擁抱都會豐富的歷史與藝術寶藏，劇場裡的各種演出讓他激情難忘，甚至連街頭的景象和法庭裡的辯論都充滿戲劇性，遠比四季如一日的鄉村生活更能引發他的激情和靈感。然而他的興奮之情在一七九三年秋天之後就一一被澆熄。

他在一九七三年偷渡回巴黎，親睹羅伯斯比爾（Maximilien Robespierre, 1758-1794）與雅各賓黨人屠殺異己的血腥統治，因而對革命開始抱著保留態度；後來逐漸瞭解法國平民在革命與拿破崙戰爭下的淒涼、困苦，因而對革命的激情逐漸淡化、破滅。

他也曾在一七九五年之前多次再訪倫敦，但是卻逐漸看透倫敦生活的豔麗表象，發現倫敦的人欠缺持久、深刻的情感，每天追逐著各種新鮮的刺激和訊息，而鄰居之間情感上猶如陌路。「心靈的分辨能力被麻痺了，它失去自主運作的能力，退化到近乎原始而麻木的狀態。」他在《序曲》裡形容倫敦「色彩、燈光和形象的紛繁快舞，巴比倫塔的喧囂，川流不息的人潮，車水馬龍的事物，一個小時又一個小時無休止的遊蕩。在遠離天空與浮雲的街道裡，財富、囂鬧與忙亂、熱切的渴望，亮麗的馬車和賞心悅目的駿馬、馬廄、獨輪推車、役夫，充塞街道。」這一切紛繁似錦，實質上人們只不過是「活在永無休止的瑣細事物之間，融解而退化成完全一樣的性格，僅存的差異是沒有規則，沒有意義，沒有目的。」

相較於他歷年來在大自然裡的心境和感受，這種生活恰是巨大的對比。「早年在各個地區跟上帝所創造的大自然對話時，專注、穎悟且記憶清晰；在心靈所熟悉的影響下，山巒的輪廓和它穩定的造型展現出純粹的雄偉莊嚴——尤其是在那些最醒目簡潔的地方，使得靈魂的尺度與視野也變得同樣雄武威嚴；這些形象有著古老山巒永恆不變的德性，他們的表情毫不遜色地擁有變化豐富的語言，鼓動數不盡的思潮，秩序井然而前後相銜。」「大自然的神靈降臨於我，純美的靈魂和永恆的生命成為一種慣常的習性，透過纖細的線條和色彩而擴散，並且壓制自毀的、曇花一現的事物——沉靜、穩定而高貴的和諧。」

對於一向注重情感的華茲華斯而言，倫敦猶如不適合滋養精神生命的荒原，一座情感上瀕於死亡的城市，一切都是瞬間流逝的幻影。對比之下，處身於大自然且融入於大自然的人才是美麗而值得關愛的，就像夕陽下的牧人、牧羊犬和他們的羊群。因此，他跟妹妹桃樂絲在一七九四年決心一起歸隱故鄉，以寫詩為終生職志，靠微薄的版稅過活。

一七九五年結識詩人柯律治後，兩人相知相惜，發願要一起創作出媲美米爾頓《失樂園》的長詩《隱士》（*The Recluse*），引領人類走出對法國革命的失望，以及工業革命所帶來的災難，重新跟大自然結合而回歸精神與情感上的伊甸園。從此以後他更加堅定要以寫詩為終生職志。

可惜事與願違，他每次的出版都招惹來如潮惡評，五十歲那年出版詩集《達頓河》（*The River Dudden*）時才第一次獲得盛譽。《歐洲雜誌》宣稱：「他顯然超越這時代所有的詩人，擁有最真實的崇高，最讓人感動的哀傷，最令人喜悅的單純，最深奧的哲思精神。」

然而讀者越冷淡、評論越惡毒，反而讓他越警覺到自己的與眾不同。他逐漸瞭解到，都會的人偶爾到鄉間、野外去郊遊，把大自然的美當作繁忙生活的調劑，淺嘗即止，隔日就已忘懷；因而只懂得大自然的表層之美，而始終感受不到更深刻的莊嚴、崇高之美；也無法讓大自然的感情深入心靈底層，陶冶性情、變化氣質，而讓人格與靈魂一起昇華。

他覺悟到自己是獨特的，擁有得天獨厚的成長過程和心靈，就像《序曲》的自述：「別人是靠著亮麗的散文激盪而進入忘我的狀態，那個從年少時就整天在樹林與田疇裡悠遊的人，早已跟活生生的大自然建立起親密的情感，並且昇華到與大自然合一的情感裡——而不只是在生疏、不務實的時刻裡。此外，從上帝這個偉大詩人所創作的大自然裡，他還用自己獨有的方法獲得知識，和持續增長的恆久喜悅。」這個體認強化了他的使命感，更加堅定一個信念：要透過他的創作，引領讀者去感受大自然的神聖、莊嚴、崇高，並且體會心靈的昇華，從而在內心深處找到跟大自然結合的神秘力量。

晚年時他執英國詩壇牛耳，不時有人來瞻仰、朝聖，並且在七十三歲成為桂冠詩人。然而他始終是孤寂的，卻又富足且幸福，就像〈水仙〉（原名〈我孤獨地漫遊有如浮雲〉）這篇詩裡的孤雲，在崇高而遠離塵囂的精神世界裡悠遊，擁抱著大自然的豐富情感，猶如傾聽天籟的先知：「我高高地悠遊於山谷與山巒之上，寂孤而自在，有如一朵浮雲。突然間看見一大群相互簇擁的金黃色水仙，在湖畔與樹下款款起舞。……在它們歡欣的陪伴下，詩人怎能不充滿喜悅。我凝視又凝視，再多的思想都比不上這一場演出帶給我的富足。當我躺在沙發上，心無雜念或者沉思的時候，它們在我內心閃耀，那是孤寂中的祝福；然後我的心充滿著喜悅，擁抱著水仙花一起共舞。」

賞心悅目與崇高莊嚴——情感與心靈的昇華

英國思想家艾德蒙．伯克（Edmund Burke, 1729-1797）在一七五七年寫了一本小書《崇高與美麗的觀念起源：一個哲學的探索》，從此開啟了啟蒙運動時期關於「崇高」與「美麗」的討論。他把人類對大自然的感受分成兩大類，其一是人們熟悉的自然美景，它們溫柔、精緻而量體、尺度都可親，可以舒緩人心，憑添喜悅，屬於賞心悅目之美（the beautiful）；另一類感受恰成對比，波濤洶湧的大海令人惶恐畏懼，險峻的山嶺和危崖峭壁讓人凜然生畏，它們隨時可能會奪走人性命，讓人膽戰心驚而心神不寧，絲毫引不起任何喜悅，因而他把崇高之美理解為「震懾人心，雄偉可畏」的景象。此外，康德在《判斷力批判》裡也把美的對立面理解為令人凜然生畏的力量，是「震懾人心，雄偉可畏」。

華茲華斯承認大自然包含前述兩種情境和情懷，然而他指出還有一種「崇高之美」的情景與情懷，它莊嚴、崇高而不可褻玩，但也不會讓人心生畏懼而不可親；它可以引領心靈昇華，帶給人更高層次的滿足與幸福，因而讓人孺慕、神往。他在《抒情歌謠集》的序言說：「即使沒有龐然大物凶暴猛烈的刺激，人的心靈照樣有能力被激盪而升揚，而且昇華的高度正比於那個人擁有這種能力的程度；不瞭解這些事實的人，對於美感和尊嚴一定只有蒼白的感受。」可惜的是，並不是每一個人都有機會認識這種情感和崇高之美。

首先這種崇高之美與心靈的昇華並非「生而知之，不學而能」，它必須長期浸淫在大自然的懷抱裡，藉此培養出敏感而成熟的心靈，並且融入人的智性（intellect）以及深刻而富有靈性的想像力，才能充分感受那種情境之美。華茲華斯甚至曾跟兒子說：「神不是外在的力量，而是寓居於人心深處的靈性，並且展現在人的思想與熱情裡。」因此，觀賞者必須先在心靈上有一定的成熟度與深刻度，才有機會感受到這種崇高之美。

此外，一個人可能要長期浸淫在一地的風景裡，才有機會巧遇最佳的天時、地利、人和而感受到那種崇高之美。譬如，他在〈崇高與美麗〉一文指出，一個人必須要從適當的距離和角度去觀賞湖區的山巒，才會感受到「印象深刻的崇高之美」；這個感受裡面含有三種成分，「其一是數種獨立、完整形象的感受，其二是持久、恆永的感受，其三是力量強大的感受。」「當這股力量在我們心裡喚起共感的能量，呼喚我們的心靈去摘取一個高不可攀但勉強可以觸及的事物時，這股力量就會喚醒崇高的美感。」當這股力量因觀賞距離太近而變得具有壓迫性或震懾人心時，也會只剩「震懾人心，雄偉可畏」的感受，而沒有莊嚴崇高的感受。此外，對該地風景的熟稔可以降低一個人的畏懼感，同時協助他去感受崇高、莊嚴、肅穆的景色，使他的心靈可以在較強大的力量提攜下昇華到近乎宗教情感的高度。「當懷著理解的敬畏取代恐懼，宗教的仰慕之情取代驚奇，心靈的狀態就會隨之昇華。」

而這樣的觀賞條件往往不是觀光客的「勝地一日遊」所能具有的：「一個對山區景色不熟悉的人，從到達的那一刻起就自然會尋找那些擁有崇高之美的景物；而他們幾乎總是要失望。我相信這些失望之情是沒有防範之策的；而且我也不希望有這樣的防範之策存在。」

緣此，他益加認定出生在湖區崇高的大自然之美裡是他的獨特禮物，而把這種崇高之美帶進英國文學和英國人的心靈裡則是他無可旁貸的責任。「只有一種方式可以證明藝術的天才，即面對一件有價值而前人無法完成的事，他可以圓滿達成；藝術的天才有一個絕不會被誤認的特徵，就是開拓人類感受能力的領域，讓人類的本性因而更加愉悅、高貴而受益。」「那個作者，如果他是偉大的且同時具有原創性，就必須承擔起創造品味的任務，以便後人可以欣賞他。」

然而華茲華斯五十歲以前出版的作品只換來零星的知音，和如潮的惡評，甚至辱罵他自戀、無知而自大、耽溺於幻想、偏激而不食人間煙火等。然而這些持續數十年的惡評並沒有改變華茲華斯的初衷，他也始終不願意改變自己的創作風格。

為了這一份堅持，華茲華斯長年忍受著經濟的窘困。他經常穿二手衣，遠行時總是坐在馬車外面最便宜的位置，家裡難得有葷食，連蠟燭都得省著用，而版稅收入一年只有七英鎊左右，靠親友的贈與和投資的微薄收入過活。四十二歲那一年兩個幼兒病死，太太和妹妹臥病而需要醫藥與營養，有鑑於他的經濟情況已經危及家人健康，他才想盡辦法去討得一份稅務方面的經常性工作，解決家庭經濟的困境，然而這件事又變成文壇攻擊他的話柄。

安貧常被用來檢視一個人是否有能力超越本能欲望，獲得情感與精神上的昇華和滿足。然而華茲華斯的安貧並非刻意壓抑本能欲望，也無意跟本能欲望對抗，他的安貧既有著另類的可欲和滿足在支持他，同時也是為了堅持活出個人所感受到的意義和價值——活在大自然所啟發的崇高情感和精神狀態裡，並且透過詩作跟世人分享這個精神與情感的昇華管道；這是一種生命風格的抉擇，是所謂的自我實現，而不是抽象思辨的結論或無歡可言的義務。

然而崇高的情感並非「生而知之，不學而能」，它需要後天的啟發、陶冶和醞釀。如果我們拿華茲華斯和拜倫的際遇來作比較，就會看得更清晰。

文學的品味，情感的評價，時代的喧嘩——生命的抉擇

華茲華斯在他創作巔峰的一八〇七年出版了代表作《詩兩卷》，其中包含享譽後世的〈水仙〉和〈頌：童年回憶中不朽的暗示〉，但是幾乎所有的評論都屬負面。當時極具影響力的《愛丁堡評論》主編法蘭西斯・傑佛瑞（Francis Jeffrey, 1773-1850）甚至惡毒地說：「如果不覺得印刷（出版）這種垃圾是對公眾品味的侮辱，我們恐怕也就沒有能力侮辱它了。」

然而比華茲華斯小十八歲的拜倫卻有天壤之別的際遇，他在二十四歲時出版第一本嚴肅的創作《恰爾德・哈羅爾德遊記》，三天內就賣完第一刷五百本，加印的三千本也在兩天內賣完，他開心地說：「我一早醒來，發現自己成名了。」而法蘭西斯・傑佛瑞則讚許它「思想與表現形式上獨特的自由與大膽，不時併發的力量和遣詞用字的幸福。」

這個強烈的對比，跟兩人的作品內涵有密切的關係，拜倫要表現的是情感內涵較接近生而知之的本能，而華茲華斯要表現的卻是鮮少有人能體會的崇高之美。

《恰爾德・哈羅爾德遊記》是敘事詩，主角是一個高傲而叛逆的年輕貴族，他厭倦了英國上流社會的迂腐、逢迎、虛假而空洞的生活，而遠走遊歷西班牙、葡萄牙、希臘，欣賞各地的美麗景色和風俗習慣，緬懷它們曾經有過的輝煌歷史，見證拿破崙鐵蹄下人民的苦難以及對自由的嚮往；他描述西班牙人對拿破崙的英勇抵抗，控訴英國對希臘古蹟的掠奪，謳歌土耳其統治下的希臘獨立運

動，在滑鐵盧追憶法國革命帶給歐洲的希望和拿破崙對革命的背叛，抨擊封建制度並且對自由激情地頌讚。整本詩充滿引人遐想的異國情調，豐富、活潑的故事，易於理解而又趣味盎然，革命、反抗與為自由而戰的主題充滿渲染力強的正義感，激盪年輕的心，而人民的苦難和對上流社會的抨擊又很容易獲得讀者的共鳴。

對比之下，華茲華斯對大自然的情感鮮少人能體會，而他對都會文明與工業革命的貶抑又與主流價值相違背，因而他的自許和情感常被看成是自戀、病態的幻想。

一八一四年華茲華斯發表了他成熟期的另一部重要代表作〈漫遊〉，再度遭遇到災難般的惡評。《愛丁堡評論》主編法蘭西斯．傑佛瑞說它：「雖然有著無可置疑的詩意情懷，卻同時以道德與宗教的狂熱主義作為它危險的靈感來源；再也沒有什麼比它們更容易陷入冗長不堪的沉悶，或圓潤甜美的誇張鋪陳，而讓不幸的作者絲毫覺察不到任何危險的暗示。他對自己的傳教成效擁有值得讚揚的熱情，卻在天性的誤導下把這種熱情看成詩的靈感。」

即便是英國史上最偉大評論家之一的威廉．哈茲里特（William Hazlitt, 1778-1830），起初也是對華茲華斯語多保留。比華茲華斯小八歲的威廉．哈茲里特在三十六歲時讀〈漫遊〉，他精準掌握到作品的文學特質，卻無法理解作者為何要貶抑人類的作為，來突顯大自然的莊嚴、崇高。他說，這部詩刻劃的湖區景色「廣闊且壯麗，卻又蕭瑟、荒涼而毫無秩序。那種力量震懾人心，卻又讓人有強烈的壓迫感。」他知道華茲華斯想要讓思想、情感與景色在詩中相互交融，但是又覺得哲學與詩的結合是非驢非馬：「與其說這是關於鄉村的詩，不如說是對鄉村的愛。與其說是對自然景物的描寫，不如說是這些景物引發的情感；與其說是刻劃鄉村生活的風格，不如說是詩人對鄉村生活的省思。」「他比任何詩人都更擅長刻劃自己對大自然的愛。盈滿於詩篇的力量讓我們感受到一份強盛的熱情，但時而流於過當，因而既是他的力量泉源，也是他弱點的根源。」他不無遺憾地說：「智性造就的強烈自負感吞噬了一切。」結論則是，作者有令人驚訝的原創性和表現力，但是在許多方面都還不成熟；因此可以對作者有所期待，而無法預測他的未來發展。

直到十年後的一八二四年，威廉．哈茲里特也已四十六歲，他才給予華茲華斯毫無保留的最高評價，說他的詩「可以用情感的力量將大自然中最微小的事物變得莊嚴、高尚。他賦予最平凡、膚淺的事物最深刻、崇高的感受。」「他不需要繆思女神的協助就已然莊嚴、崇高，他對自己和人類本性的沉思令人感傷；此外，他的風格自然而樸實，他的詩聲韻雄渾而富有表現力。」一年後的評論更說：「華茲華斯先生的詩純粹是時代精神的綻放。如果他是活在這世界的另一個時代，他將沒沒無聞。」「這是我們這個時代的創新之一。它參與並承擔了我們這個時代的革命浪潮：他以這個時代的政治變革為模型，在詩的創作上構思、進行他自己的實驗。」「在他眼中，沒有什麼比人類的希望更崇高，沒有什麼比人心更深刻。」

威廉．哈茲里特的例子告訴我們，即便是有能力欣賞華茲華斯的人，也需要時間去調整自己對於詩的期待，之後才有機會排除預設立場的干擾，充分釐清一本詩集在自己心中所喚起的情感與思想，並且較公允地評價。這個過程有可能長達十年，甚至更久。

關於這一點，華茲華斯倒是有很深刻的省思和堅持。他在一八一五年重新整理舊作，出版上下兩冊的《詩集》，其中收錄了〈附屬於序言的短文〉，文章裡說：「人類被賦予一種信念，或許他偏好把情感寄託於永恆的事物——那是人類本性的昇華，然而又是從稟性裡確確實實發展出來的（不是幻覺），暗示著生命的未來發展狀態；他也因而有資格參與永恆事物的神聖性。」而詩人的職責是聆聽並解讀大自然的神諭，他必須審慎覺察、分辨自己內心的聲音，不要把大自然所啟發的深刻、崇高情感跟粗鄙的人類欲望混為一談；他必須同時兼顧深刻的哲思與想像的昇華力量，將激情導向心靈的昇華與更高的存有，而不是像拜倫那樣，把精神性的激情跟生理欲望、本能衝動混淆一氣。因此，他堅持：「詩是強烈情感的自然流露，它的源頭是在寧靜中追憶的激情。」

然而這是極其艱難的工作，他用宗教所遭遇到的難題來比喻詩人所遭遇的難題：「人若要與造物主對話，就必須用貧乏去表現豐富，用有限去涵容無限的存有。從這個角度看，宗教和詩是極其相似的：宗教是用信仰去彌補理性的不足，詩是用熱情引導理性；宗教的組成元素是無窮，其終極的信任是至高的事物，然而卻必須向人的有限性屈服，妥協地接受替代品；至於詩，她的組成元素是超乎凡俗的美，以精神的昇華為最終目標，卻必須借助於感官經驗才能具體化它的存在。」此外，「就詩而言，它是借助語言來感染心，而語言的意涵卻面臨不止盡的擾動和任意的聯想。即便詩人的天才足以將這些因素融化而為自己所用，但是讀者若沒有能力在自己的心靈裡鼓起情感昇華所需要的能量，詩的語言在他心裡將維持著未被詩人融化前的原有形狀和性質。」

也就是說，讀者能從作者獲得的只是薄弱的暗示，他必須仰賴自己的情感、思想與想像能力，去克服一個巨大的落差——介於文字的有限性，以及大自然的莊嚴、崇高之美。詩人所能為他做的，僅止於「鼓舞、啟發他的精神，以便他可以不畏艱難地努力奮鬥」，並且靠自己的力量攀登心靈與情感的高峰，認識大自然與人類心靈的崇高、莊嚴。

他同時在〈附屬於序言的短文〉裡抱怨，許多讀者和評論家都只知道被動的文學欣賞模式，他們誤以為品嘗最極致、精妙的文學藝術也跟品嘗美食一樣，「只要具備足夠的背景知識，心靈就可以被動地感染到愉悅或痛苦的情緒，如同本能一般」。或者說，他們想要「像印度的王子或將軍，躺在他的轎子」，讓奴隸把他的心靈給抬進莊嚴、崇高的境界。但是，欠缺主動能量的心靈只能感受到膚淺、浮泛、庸俗的情感，被動的心靈不可能感受到「深刻和精緻的情感，崇高而浩瀚的思想和想像；或者日常用語裡所謂的悲憫與崇高」。「因為，如果沒有讀者心靈中配合的力量來發揮作用，就不會有吻合這些情感的同理作用；沒有這些輔助的情感脈動，情感的深度和昇華都不可能存在。」

也就是說，與日常生活經驗相近的作品和情感是不需要奮力提升自己就可以感受、理解的，但是深刻、崇高的情感需要仰賴讀者參與提升自己的精神和情感高度，否則無緣認識。其中所需要克服的困難和高度落差，因人而異，且差異懸殊。

一八〇四年時華茲華斯還是文壇的笑柄，然而桂冠詩人羅伯特．騷塞已經深富遠見地說：「華茲華斯將在身後留名，以他獨特的方式；他將會被評價為頂尖的詩人，或許擁有許多淩駕其他詩人的優越特質，而與莎士比亞並駕齊驅。」

更具有遠見的是一個十七歲的少年約翰．威爾遜（John Wilson），他在一八〇二年寫信給華茲華斯：「先生，我對您的人格認知有限，完全只緣於您詩作的說服力。雖然我無緣親自認識您，然而我幾乎要冒昧地宣稱，您靈魂中的特質於我並不陌生。在您的詩中我發現精緻感受的標記，仁善的性情，以及對於人性的瞭解，它們在我心裡烙下深刻的印象，永遠不會被抹除；我的靈魂因為這些詩裡的情感而變得更細緻、優美。」這個最早、最年輕的知音後來成為蘇格蘭著名的文學評論家，以及愛丁堡倫理學大學的教授；而他年少時的信顯然不是附庸風雅，而是出乎內心的敏銳感受。

《泰晤士報》的主筆托馬士．拜恩斯（Thomas Barnes）在一八一四年就認定華茲華斯的成就已經高於當時的桂冠詩人羅伯特．騷塞，因為他的詩作中持續展現出「心靈的昇華，感受的強度，觀點的深刻度，道德情懷的崇高」，「除了莎士比亞、米爾頓，和愛德蒙．史賓賽（Edmund Spenser）之外，無人能及。」「他從內心的神諭坐席上發聲，比阿波羅神殿上所有祭司的神諭更真實、神聖。」這個主筆後來成為《泰晤士報》總編輯。

一個前衛的文學評論家雷夫．杭特（Leigh Hunt）也曾在一八一四年氣憤地說，如果那些惡意的評論者「在華茲華斯的作品裡看不到任何美或偉大的特質，我們必須下結論說他們對於史賓賽和米爾頓作品之美的洞見純屬虛構，他們對於這兩位作家的讚譽一如他們對華茲華斯的貶抑，純屬鸚鵡學舌、附庸風雅。」

然而《愛丁堡評論》主編法蘭西斯・傑佛瑞還是在一八二二年繼續批評華茲華斯：「乏味冗長、過於嚴肅、晦澀含糊」、「可悲地從米爾頓與聖經襲取支離破碎的句子來裝飾，卻斧鑿過度而欠缺熱情，而且嚴重欠缺意義，徒賴激情和自大去填塞、彌補。」對於法蘭西斯・傑佛瑞一貫的惡評，後世學者的高度共識是，他墨守十八世紀新古典主義的成規，欠缺精神與情感的高度，感受不到神秘、崇高的情懷——當美學與藝術評論裡知識性與分析性遠遠凌駕情感上的敏銳覺察時，這是必然的下場。

結語

人的稟賦不同，對於崇高的情感與精神世界的存在有不同程度的覺察能力。理論上文學與藝術有機會啟發、培育、涵養我們對於心靈世界與崇高情懷的敏銳覺察，然而這個過程中也需要讀者的主動參與，積極提升自己的精神和情感高度，否則無緣認識。至於所需要克服的困難和高度落差，因人而異，且差異懸殊。

一位當代學者說：「華茲華斯的作品在一八一九年時是許多人鄙夷的對象，但在一八五〇年之前他已經被廣泛認定為那個時代偉大的英國詩人。」與其說這意味著文學的評價有其主觀性，不如說大自然的美與人類的情感有很多種層次，最表層是絕大多數人都能輕易感受到的，最深層則必須先天的稟賦與後天的薰陶才能感受到。因此絕大多數人都能輕易感受到拜倫的激情，而法蘭西斯・傑佛瑞這樣的評論家卻感受不到華茲華斯的崇高之美。

不過，既然英國人對華茲華斯的評價可以在三十年內有巨幅的轉變，就意味著有許多人是可以透過啟發與教育而逐漸懂得欣賞崇高之美。因此，只要懂得如何培育、涵養我們的情感與美感能力，許多人都應該有機會突破本能欲望的局限，而領略到聲色犬馬與功名利祿之外的生命經驗，並且有機會因而體驗到情感、精神與生命的昇華。

此外，當一個人有機會從大自然或歷史人物的精神裡感受到崇高、偉大的情感時，他會因而越來越堅信：崇高、偉大的不只是大自然和歷史上的典範人物，自己內心裡必然也有一種跟這些情懷相呼應的可貴質素，才會被大自然和歷史人物所感動。為了珍惜、捍衛這可貴的質素，他會抗拒一切與這種情懷相左的言行與欲望，而表現出一種生命的格調（品味）。

陶淵明就是一個鮮明的例子，他在兵荒馬亂的時代裡有志難申，卻寧可忍受飢寒交迫的艱苦也不願意屈就鄉里小人，跟晦暗的政治勢力同流。支持他的力量來自於大自然的喜悅與安慰，跟歷史人物神交時的鼓舞，也來自於他對於生命風格的抉擇，或他的生命美學。

下一章就讓我們用他的作品與具體事例，看看那是一種什麼樣的生命風采。

5

結廬在人境，心遠地自偏
——生命的風格與品味

結廬在人境，而無車馬喧。問君何能爾，心遠地自偏。採菊東籬下，悠然見南山。山氣日夕佳，飛鳥相與還。此中有真意，欲辯已忘言。

——陶淵明〈飲酒〉其五

陶淵明的詩文與人格從隋唐以來受到無數文壇領袖讚譽，光是唐宋兩代，就有自視過人的李白、蘇軾，以及杜甫、孟浩然、白居易、王安石、歐陽修、黄庭堅、辛棄疾等。白居易讚譽他人品高潔：「垢塵不汙玉，靈鳳不啄羶。」蘇軾最欣賞他的真摯：「欲仕則仕，不以求之為嫌；欲隱則隱，不以去之為高。飢則扣門而乞食；飽則雞黍以迎客。古今賢之，貴其真也。」並且在晚年〈與蘇轍書〉中說：「深愧淵明，欲以晚節師範其萬一。」林語堂則說：「陶淵明是整個中國文學傳統上最和諧最完美的人物，他的生活方式和風格是簡樸的，令人敬畏，使那些聰明與諳於世故的人自慚形穢。」「敬畏」一字用得好，因為所有「聰明與諳於世故的人」一跟陶公言行對比，馬上會露出矯情的馬腳。

陶淵明之所以「真」，就在於他有自己抉擇過的核心價值，但沒有預設的意識形態，更沒有抽象、刻板的教條要堅持，所以隨著年紀與家庭的需要、時局與際遇，和內在情感的變化而舉止、為文，沒有一成不變的窠臼。他的活潑與真誠，讓我們有機會超越刻板的教條和任意誇大的想像，一窺「安貧生活」的真實意義。

少時壯且厲，撫劍獨行遊——有志難伸的亂世

鍾嶸《詩品・卷中》稱陶詩為「古今隱逸詩人之宗」，陶詩中也常讚譽歷代隱逸之士，然而陶淵明並非始終不關心世事。他的〈擬古・其八〉詩說：「少時壯且厲，撫劍獨行遊。誰言行遊近？張掖至幽州。」〈雜詩・其五〉也說：「憶我少壯時，無樂自欣豫；猛志逸四海，騫翮思遠翥。」然而陶淵明始終未能一遂抱負，這跟他所處的時局有很大的關係。

陶淵明生於東晉，然而東漢末年是亂世，司馬炎篡魏開創西晉以來也還是不曾歇止的亂世。朝廷被士族門閥壟斷，外則諸王擁兵自重，皇權難以伸張，隨時可能易手。司馬炎死後諸王爭帝位而有長達十六年的八王之亂，胡人趁機壯大，紛紛建立政權。八王之亂結束後，司馬越擅權而引起朝野不滿，懷帝下詔討伐，卻讓胡人趁機攻打洛陽，擄走懷帝，歷時五十年的西晉就此滅亡。殘餘的晉室與北方士族渡過長江，開啟了偏安江左的百年東晉。

東晉名義上由司馬家族承續帝位，實際上還是權臣與士族把持朝政，掌握軍權的桓氏則一心想要篡位，諸王與藩鎮長期勾心鬥角，相互掣肘。因此，在陶淵明出生前四十年，東晉才剛敉平企圖篡位的王敦之亂，以及緊接著的蘇峻之亂。

陶淵明出生於西元三六五年，當時獨攬軍權的桓溫野心勃勃，操縱文帝與朝政，誅殺異己，擬先取得九錫再篡位。由於謝安與王姓士族聯手牽制，才未得逞。桓溫卒後，謝安總覽朝政，取得王氏士族與桓氏的合作，在兩年後的淮南之戰擊退前秦十七萬雄兵，又在西元三八三年的淝水之戰擊敗前秦苻堅，收復黃河以南的江北故土。那時陶淵明十八歲，或許因為這兩戰的激勵，而「猛志逸四海」。然而謝安所營造的東晉盛世維持不到十年，謝安病故後士族間的猜忌與權力鬥爭再度白熱化，二十年後桓溫之子桓玄又逼晉安帝禪位；劉裕起兵聲討，殺死桓玄，恢復晉室，自己卻又在十六年後篡位。

總體而言，西晉與東晉都是亂世，諸王與群臣互結朋黨、勾心鬥角；權臣把持朝政、誅殺異己而伺機篡位；小人則趁機逢迎，排擠、陷害忠良。加上戰亂不止，苛政、荒旱與蟲害，民不聊生，因而陶淵明中年時東晉有平民造反的孫盧之亂，歷時十一年。

唐朝的劉良注《昭明太子文選》時說：「潛詩晉所作者，皆題年號；入宋所作者，但題甲子而已。意者恥事二姓，故以異之。」然而北宋初年的僧人思悅與清朝嘉慶年間的狀元陳沆都指出，陶詩的年號與甲子都是偶然之作，無必然規律，沒有「恥事二姓」的心結。

況且，曹魏與司馬晉都是篡位起家，其後諸王與權臣爭奪帝位只不過是仿效而已。而曹操挾天子以令諸侯，早已成為魏晉兩朝權臣榜樣，使得擅專、篡位、誅殺異己變成魏晉司空見慣之事。這樣的亂世裡，君臣之義紊亂模糊，而恥事二姓更會招惹殺身之禍。因此劉良的注解太過牽強附會，恐怕只是為了阿諛奉承當時的皇帝唐玄宗，而無關史實。

事實上，無巧不巧，陶淵明三十四歲時出仕於江州刺史桓玄，至三十七歲丁母憂而返鄉復耕，不久後桓玄就篡位而被誅。接著陶淵明在四十歲時復出，任劉裕的參軍，十六年後劉裕又篡晉建宋，為宋武帝。有這兩次教訓，陶淵明還能不警覺嗎？

陶淵明確實有匡世濟民之志和憂國憂時之情，因此即便辭彭澤令歸隱後，還在《讀山海經》裡讚嘆精衛、刑天與夸父以卵擊石，不計成敗的精神。但是他生逢黨爭、篡位與苛政不斷的亂世，小人逢迎勾結、各級官吏層層剝削、危害鄉里，出仕既無益於國計民生，還可能是為虎作倀。再三掙扎後，陶淵明從二十九歲至四十一歲五度出仕，每次都是因為「家貧，耕植不足以自給。幼稚盈室，瓶無儲粟」；但是又因「飢凍雖切，違己交病」而迅即離職，前後累計在官場約莫四年。這四年除外，陶淵明一生幾乎都是在飢寒交迫中過活。

量力守故轍，豈不寒與飢——守窮固節的生平

陶淵明是陶侃曾孫，但陶侃出身軍旅，被世襲的士族排擠；他又不結黨營私，因此諸子官位

都是跟著他履建戰功而有，孫輩除世襲長沙郡公和郴縣開國伯者外，已多半是平民。陶淵明的祖父是武昌太守陶茂，其父曾短暫入仕，唯其名已難考證，恐怕家道早已衰微；八歲喪父之後，家道益加艱難。陶淵明不是貪官，四年官場難有積蓄；四十四歲時又逢南畝之宅失火，全家暫棲於舫舟中，既有積蓄恐怕難有殘餘。偏偏四十五歲又逢盧循之亂，直接衝擊他所居住的潯陽。苛政、兵亂，再加上荒旱、蟲災，使得他跟家人都飽受飢寒之苦。

〈有會而作〉詩提到「弱年逢家乏」，這大概是他父親過世後的景況。五十一歲時自以為不久於人世，寫下〈與子儼等疏〉給兒子，自述「少而窮苦，每以家弊，東西游走」，又在〈飲酒〉詩第十首說：「在昔曾遠遊，直至東海隅。道路迥且長，風波阻中塗。此行誰使然？似為飢所驅。」能遠遊至東海隅，年紀應該已經不小，卻還是擺脫不了飢乏的窘境。

他大約在二十六、七歲時有了第一個兒子陶儼，約莫兩年後有了次子陶俟，很可能是因為家貧所以晚婚。〈飲酒〉詩第十九首說：「疇昔苦長飢，投耒去學仕。將養不得節，凍餒固纏己。是時向立年，志意多所恥。」因此他大概是在次子出生後，即將滿三十歲時第一次出仕。《宋書．陶潛傳》說：「親老家貧，起為州祭酒。不堪吏職，少日自解歸。州召主簿，不就。躬耕自資，遂抱羸疾。」可能也是指這一次的出仕。

後來他大約在三十歲喪妻，續絃翟氏，史載「其妻翟氏，志趣亦同，能安苦節。夫耕於前，妻鋤於後。」翟氏後來又為他生下三子。三十四歲那年冬天二度出仕於江州刺史桓玄幕下，一年半後乞假省親，又一年後銷假復歸原職；半年後又以奔母喪為由離開桓玄幕下，恢復耕給自足的務農生活。他在這一段期間的詩作，一再表示渴望回歸故里田園，或許這一年半的任職期間已經看盡桓玄的野心，和朝野的種種不堪。這時陶淵明已經三十七歲。〈癸卯歲始春懷古田舍．其一〉詩云：「在昔聞南畝，當年竟未踐。屢空既有人，春興豈自免？夙晨裝吾駕，啟塗情已緬。」這一年他將滿三十九歲，開始到只曾聽聞而不曾親歷的偏遠南畝墾荒，希望有助於脫離飢寒的困境。然而或許成效不彰，他在五十歲時寫〈與子儼等疏〉給兒子，說起他們的童年「僶俛辭世，使汝等幼而飢寒」。

四十歲那年擔任鎮軍將軍劉裕的參軍，並作〈榮木〉一詩，滿懷濟世的期許：「先師遺訓，余豈云墜？四十無聞，斯不足畏。脂我名車，策我名驥。千里雖遙，孰敢不至！」其中先師遺訓是指《論語．子罕》篇孔子說的：「四十五十而無聞焉，斯亦不足畏也已。」隔一年後轉任劉裕部屬劉敬宣的參軍，然而劉敬宣遭奸人讒言，為自清而上表解職，陶淵明也跟著在三月份重回故鄉。這一年他四十一歲，應該已經徹底看破時局與官場。但是「幼稚盈室，缾無儲粟，生生所資，未見其術。」又不好意思悍然拒絕親長的推薦，因此在該年八月份又勉強去彭澤擔任了八十多天的縣令，於年底辭職，再也不願意重回仕途。

辭彭澤令次年（四十二歲）或許是他經濟條件最好的時候，那年寫〈歸園田居〉，第一首說：「方宅十餘畝，草屋八九間。榆柳蔭後園，桃李羅堂前。」第五篇也說：「漉我新熟酒，隻雞招近局。」然而若仔細讀完〈歸園田居〉五首，就會發現溫飽有餘的生活是豐年加上勤於農事的成果，而不是仰賴祖產、田租。第一首說「開荒南野際，守拙歸園田。」第二首說「桑麻日已長，我土日已廣。」第三首說：「種豆南山下，草盛豆苗稀。晨興理荒穢，帶月荷鋤歸。道狹草木長，夕露沾我衣。」可見南畝地處偏僻，罕有人跡，所以步徑狹窄而兩邊草木茂盛；而且土地貧瘠，所以雜草茂盛淹沒豆苗。這也印證了我們前文所說的南畝遙遠且地貧，所以多年來只曾聽聞而不曾親歷。另一方面，這也說明「方宅十餘畝，草屋八九間」並不足以供養全家老少，才須到南山下墾荒。

所幸墾荒的結果，使得他在豐年時能有餘糧，四十多歲時作〈和郭主簿．其一〉，提到：「園蔬有餘滋，舊穀猶儲今。營已良有極，過足非所欽。」

然而墾荒終究是非常辛苦的，四十六歲作〈庚戌歲九月中於西田獲早稻〉，談到：「晨出肆微勤，日入負耒還。山中饒霜露，風氣亦先寒。田家豈不苦，弗獲辭此難。四體誠乃疲，庶無異患干。」身體雖然勞苦疲憊，卻不願意推辭，因為可以換得心裡的自由，遠離官場上的勾心鬥角和營營苟苟，也不會干犯橫禍（異患干）。五十歲作〈雜詩．其八〉，有云：「代耕（以官祿代替耕食）本非望，所業在田桑。躬親未曾替，寒餒常糟糠。」

尤其是遇到兵災、荒旱、蟲害時，更是飢寒交迫。五十二歲作〈飲酒〉詩，第二首說：「竟抱固窮節，飢寒飽所更。敝廬交悲風，荒草沒前庭。披褐守長夜，晨雞不肯鳴。」五十四歲作〈怨詩楚調示龐主簿鄧治中〉，提到旱災、暴風雨與蟲害：「炎火屢焚如，螟蜮恣中田。風雨縱橫至，收斂不盈廛。夏日長抱飢，寒夜無被眠；造夕思雞鳴，及晨願烏遷。在已何怨天，離憂悽目前。」即便窮困至此，當年被徵著作佐郎，他依然不就。

五十六歲寫〈詠貧士〉七首，有：「量力守故轍，豈不寒與飢？」其二云：「南圃無遺秀，枯條盈北園。傾壺絕餘瀝，窺竈不見煙；詩書塞座外，日昃不遑研。閑居非陳厄，竊有慍見言。」雖然已經困窮到有怨言了，但是仍不改其志：「敝襟不掩肘，藜羹常乏斟。豈忘襲輕裘，苟得非所欽。」「安貧守賤者，自古有黔婁。」「朝與仁義生，夕死復何求？」

六十二歲時又遇大旱與蝗災，作〈有會而作〉：「弱年逢家乏，老至更長飢。菽麥實所羨，孰敢慕甘肥。」以及〈乞食〉詩：「飢來驅我去，不知竟何之。行行至斯里，叩門拙言辭。主人解余意，遺贈豈虛來。談諧終日夕，觴至輒傾杯。情欣新知歡，言咏遂賦詩。」

雖然餓成這個樣子，江州刺史檀道濟帶美食來送他時，只因言語不歡就不肯吃。根據蕭統〈陶淵明傳〉：「江州刺史檀道濟往候之，偃臥瘠餒有日矣。道濟謂曰：『賢者處世，天下無道則隱，有道則至。今子生文明之世，奈何自苦如此？』對曰：『潛也何敢望賢，志不及也。』道濟饋以粱肉（精美的膳食），麾而去之。」

六十三歲那年知道自己大限已至，作〈擬挽歌辭〉詩及〈自祭文〉，十一月卒。其中〈自祭文〉回憶他的一生：「自餘（余）為人，逢運之貧，簞瓢屢罄，絺綌冬陳（冬天還穿著夏季的薄衫）。」但是他不怨天，不尤人，心甘情願地務農：「含歡谷汲，行歌負薪。」「春秋代謝，有務中園。載耘載耔，乃育乃繁。」偶然得閒時以讀書、作詩、彈琴自娛：「欣以素牘，和以七絃。」冬天曬著溫暖的陽光，夏天在冰涼的泉水中洗腳，這樣就足以讓他開懷：「冬曝其日，夏濯其泉。勤靡餘勞，心有常閒。樂天委分，以至百年。」

粗心的讀者質疑，若真家貧，何以能朝夕買醉？〈飲酒〉詩序說：「余閑居寡歡，兼比夜已長，偶有名酒，無夕不飲，顧影獨盡。」所以他固然好酒，喝酒卻是偶然，而且往往是慕名者前來請他喝酒。《宋書・陶潛傳》說〈五柳先生傳〉大致上是陶淵明的實況，其中提到：「性嗜酒，而家貧不能恆得。親舊知其如此，或置酒招之。」此外，《宋書・陶潛傳》也提到他中秋病酒，江州刺史王弘即時遣人送酒；此外，陶淵明六十歲時，顏延之赴任始安郡太守，特地路經潯陽去拜訪他，日日共醉，臨去還留下二萬錢給他喝酒。

陶詩裡有許多描繪自然景色的佳句，〈歸去來兮辭〉更提到「農人告余以春及，將有事於西疇。或命巾車，或棹孤舟。既窈窕以尋壑，亦崎嶇而經丘。」於是有人說陶淵明荒廢農事，卻把農家的辛苦給美化了。其實〈歸去來兮辭〉說的是冰雪初融，枝頭嫩芽新綠，趕快趁春耕前的短暫空檔去郊遊。「採菊東籬下，悠然見南山」則是往返南畝的路上，或者農忙時期的中場休息時間。事實上陶潛從不曾說稼穡是樂事，反倒說：「田家豈不苦，弗獲辭此難。四體誠乃疲，庶無異患干。」這四句透露出陶淵明百感交集的核心價值與堅持。

飢凍雖切，違己交病——貧士的悲喜與堅持

田家確實是苦，尤其是像陶淵明這樣沒有良田而必須墾荒的人，不只四體疲憊，而且經常飢寒交迫，連累老母、幼子。他有濟世之志，也對自己的才幹有信心，卻選擇貧苦的生活，最關鍵的原因應該是呼應孔子所說的：「危邦不入，亂邦不居。天下有道則見，無道則隱。邦有道，貧且賤焉，恥也；邦無道，富且貴焉，恥也。」

〈飲酒〉詩第二十首表面上在說孔子，其實也是自況：「羲農去我久，舉世少復真。汲汲魯中叟（孔子），彌縫使其淳。鳳鳥雖不至，禮樂暫得新。洙泗輟微響，漂流逮狂秦。」此詩大意是說，伏羲與神農的時代人們純樸率真，不會勾心鬥角，結黨營私。後來，孔子奔走列國，希望能透過禮樂教化還原人們的淳厚性情。雖然孔子的努力沒有換來「鳳鳥至，河圖出」的太平盛世，至少懷著善意而和諧相處的道理、情懷重新被世人瞭解。可惜的是，孔子死後他曾講學的洙、泗河畔再也聽不見大道的微響，秦始皇焚書之後，周公以迄孔子的理想從此湮滅。

這篇詩欲言又止的是，即便漢朝諸儒想要從今文經與古文經裡重建六經原貌，到了魏晉終究是君不君，臣不臣，誰也不曾認真看待六經；滿街車馬奔走、汲汲營營，為的都是私利私欲，沒有一個人像孔子那樣懷抱著濟世的理想。事實上魏晉的人心比春秋時更險惡，在官場而不跟人結黨營私，就有可能被當作潛在的敵人而招惹殺身之禍。譬如，竹林七賢之首的嵇康，他不願意結交司馬

家的親信鍾會，因而在鍾會的讒言下被司馬昭藉故誅殺。此外，司馬昭看中阮籍的女兒，欲替其子司馬炎提親，阮籍只好連續爛醉兩個月來迴避。

陶淵明也生不逢時，謝安在他二十歲時辭世，孝武帝與主攬朝政的司馬道子酗酒無度，大權旁落於小人王國寶。外戚王恭起兵欲誅王國寶，結果引發諸藩間複雜的離間、合縱、連横。桓玄因而伺機崛起，陸續擊敗諸藩之後意欲篡位，後來兵敗被殺。在這朝廷昏聵、小人當道，諸藩勾心鬥角、彼此猜忌、攻伐的時代裡，小人得意而君子賈禍，仕場文化讓陶淵明深惡痛絕，因而說出：「飢凍雖切，違己交病」，以及「四體誠乃疲，庶無異患干。」

因此，他寧可到谷底去汲水灌溉，肩負柴薪走漫長的歸途，照樣唱著歌、開開心心從事艱苦的勞役，因為唯有當身體勞苦的時候，才能忠於自己的核心價值，獲得心靈的安寧與自由。就像〈庚戌歲九月中於西田獲早稻〉所說的，「人生歸有道，衣食固其端。孰是都不營，而以求自安。」一個人必須先有能力衣食自給，才有資格談「志於道」；如果衣食仰賴他人，根本就沒資格奢談志氣。而農務的最大回報就是換取良心的自主與自由，以「勤靡餘勞」換取「心有常閒」。（〈自祭文〉）。

不過，生逢亂世而有志難申，生民塗炭而空負才華，還讓老母、幼子飽受飢寒之苦，當然會有悲切之時。作於五十歲左右的〈感士不遇賦並序〉就是一例，文中臚舉史上各種例子來質疑《老子》所說的「天道無親，常與善人。」伯夷、叔齊潔行積仁，卻餓死於首陽山；顏淵安貧好學卻早夭，還得仰賴孔子賣車來葬他。綜觀史實，俯拾皆是善人不得善終，而惡人卻飛黃騰達，使人無法理解天道究竟何在。然而天道難測，反而讓陶淵明更加認定，人生唯一可以堅持的唯有自己的心志。因此他「寧固窮以濟意，不委曲而累己。」「擁孤襟以畢歲，謝良價於朝市。」（寧隱而不願「待價而沽」）。

〈飲酒〉第二也說：「積善云有報，夷叔在西山！善惡苟不應，何事空立言？九十行帶索，飢寒況當年！不賴固窮節，百世當誰傳？」前面六句看似抱怨善無善報，「九十行帶索」是說隱士榮啟期九十歲時還窮得只能用繩索當衣帶；但是最後兩句卻話鋒一轉，用孔子困厄陳蔡時的談話當結論——當時子路埋怨孔子：「君子亦有窮乎？」（你自以為是君子，為什麼卻搞到無路可走？）孔子語帶反諷地說：「君子固窮，小人窮斯濫矣。」（君子在窮途末路時仍舊會堅持自己的核心價值，小人一困窘就會拋棄過去的信念。）

〈形影神三首．神釋〉表現出莊子的曠達：「縱浪大化中，不喜亦不懼。應盡便須盡，無復獨多慮。」然而他在〈飲酒〉詩十六自述「少年罕人事，游好在六經」，他的一生行誼更吻合孔子自況：「君子謀道不謀食。耕也，餒在其中矣。」（《論語．衛靈公》）和《論語．述而》篇說的：「飯疏食飲水，曲肱而枕之，樂亦在其中矣。不義而富且貴，於我如浮雲。」

五十六歲所寫的〈詠貧士〉七首，最能看見他身處亂世時的核心價值與堅持。第一首寫心志無人能解的孤單寂寞，「萬族各有托，孤雲獨無依。」「知音苟不存，已矣何所悲。」第二首說歷史上不乏先賢，足以神交與自勵，「閒居非陳厄，竊有慍見言。何以慰吾懷，賴古多此賢。」第三首舉春秋時的隱士榮啟期、孔子門生原憲，以及孔子的談話為例，說明「豈忘襲輕裘，苟得非所欽。」第四首以戰國時的隱士黔婁為例，說明「朝與仁義生，夕死復何求？」最後三首舉後漢著名的隱士和寒士為例，說出寧可飢寒、貧困的理由，「豈不實辛苦，所懼非飢寒。貧富常交戰，道勝無戚顏。至德冠邦閭，清節映西關。」

人沒有辦法選擇自己所處的時代，不得以時就隱退。人不必然能遇知音，還好歷史上有許多值得神交的人。〈五柳先生傳〉說：「好讀書，不求甚解；每有會意，便欣然忘食。」陶淵明經常引述歷史人物和典故，因為他從這些人的人品、情懷獲得很大的安慰和支持。

此外，陶淵明也有能力從大自然裡得到精神與情感上的提攜與滿足。〈歸園田居〉說：「少無適俗韻，性本愛丘山。」〈與子儼等疏〉進一步說：「少學琴書，偶愛閑靜，開卷有得，便欣然忘食。見樹木交蔭，時鳥變聲，亦復歡然有喜。常言五六月中，北窗下臥，遇涼風暫至，自謂是羲皇上人。」〈歸去來兮辭〉說：「世與我而相違，復駕言兮焉求？悅親戚之情話，樂琴書以消憂。農人告余以春及，將有事於西疇。或命巾車，或棹孤舟。既窈窕以尋壑，亦崎嶇而經丘。木欣欣以向榮，泉涓涓而始流。羨萬物之得時，感吾生之行休。」這是善用農忙之前的早春去親近大自然，其意頗近曾點和孔子「莫春」之志。

陶淵明能夠「固窮」，是因為他有能力追求比現實更高的情感與精神上的滿足，就像梭羅隱居湖畔，因為他想要「吸吮生命的精華」，「活出如詩般優美、神聖的生命」。陶淵明寧可忍受飢寒，是因為心靈的折磨與痛苦比身體的飢寒、疲憊更難忍受。

既自以心為形役，奚惆悵而獨悲——無悔的生命抉擇，安貧樂道的真實面貌

南宋真德秀以為：「淵明之學，正從經術中來。」清末的劉熙載更直言：「陶淵明則大要出於《論語》」。綜觀陶淵明的一生言行，十之八九吻合《論語》的精神。他雖一再表達回歸自然的渴望，又不時流露悲天憫人與濟世的情懷；而《讀山海經》讚嘆精衛與刑天以小搏大、以弱擊強、不計成敗的猛志，更酷似「知其不可為而為之」。他的言行為孔子與顏淵的安貧作了生動、感人的豐富詮釋，卻又同時表現出活潑而無所拘泥的情感和思想，截然不同於理學家筆下那個森嚴、肅穆、凜然不可侵犯而近乎刻板的孔子。

世風日下，他感慨知音難尋，但不曾謾罵過誰；官場晦暗，他既不怨世道，也不悔恨自己的抱負和出仕的決定。〈歸去來兮辭〉說：「既自以心為形役，奚惆悵而獨悲？悟已往之不諫，知來者之可追。實迷途其未遠，覺今是而昨非。」神情澹然、自在、無怨無悔，沒有任何的激情或糾纏；這不是修辭的結果，而是源自於內在情感的陶冶，和對於人事、己志的清晰省思。有些人的胸懷裡只有現實，當然就會怨天尤人，糾纏悔恨；有些人的胸懷裡有廣闊的天地，容得下歷史上無數值得神交、敬佩的人物，又覺察得到大自然、琴書與創作的喜悅和情感昇華，他們可以在精神與情

感的世界裡悠遊，自然就可以看輕塵世裡的得失——小人得志，犧牲的是自己的情懷與人品；君子困厄，照樣可以在歷史與大自然裡悠遊。

陶淵明展現的是個人生命的抉擇和表裡如一的風采，而不是想當然爾的抽象思辨，更不是欲強加於他人的道德教條。他的生命風格是可親的，令人感動而仰慕。昭明太子《陶淵明集》序裡說：「余愛嗜其文，不能釋手，尚想其德，恨不同時。」白居易〈訪陶公舊宅〉說：「柴桑古村落，栗里舊山川。不見籬下菊，但餘墟中煙。子孫雖無聞，族氏猶未遷。每逢姓陶人，使我心依然。」

瞭解陶淵明的人，要不愛他確實很難；就算無法像他那樣安貧固節，至少是「高山仰止，景行行止。」雖不能至，然心嚮往之。

生命的品味，情感的抉擇——是能力的養成，而不是強迫性的規範

梭羅、華茲華斯和陶淵明留下豐富的作品，加上其生平、際遇較容易考證，因此讓我們可以較清晰地認識他們的生命與內心世界。以他們三個人的生平和作品相互印證、發明，應該足以確信在人類的精神與情感世界裡，確實存在著比本能欲望更值得嚮往、追求的可欲，並且可以因為浸淫其中而獲得超乎聲色犬馬、功名利祿的滿足。

不過，他們都沒有把本能欲望或飲食男女當作敵人或罪惡；他們不耽溺於飲食男女，僅只是

因為生命有更值得追求的，而不是因為飲食男女等於邪淫逸樂或罪大惡極。所以，陶淵明不拒絕美酒，華茲華斯為了一家生計而央人為他爭取有給職的穩定工作，素食且滴酒不沾的梭羅不會因為偶有漁獵、肉食的衝動和誘惑而感到羞愧、罪咎。

亞里斯多德的《尼各馬科倫理學》也肯定地說：「任何一種技藝或思索，以及任何行動或選擇，其目的都含有一定的善（價值）。」他不排拒、否定任何能帶給人快樂的事物，譬如財富、姣好的容貌、矯健的體魄和勇氣等；然而他把關於永恆事物的哲思看成最值得追求的幸福，因為它最能發揮（體現）一個人的意義與價值。

表面上看起來，亞里斯多德的抉擇不同於梭羅、華茲華斯和陶淵明，實際上他們都是在戮力追求（體現）個人生命的意義與價值；對於他們而言，本能欲望不是罪惡，也不需要徹底戒除，只是要避免耽溺其中或受其驅策，否則會耽誤他們去追求（體現）生命中更高的意義與價值。另一方面，他們的抉擇也體現了文化（文明）的核心意義和價值：以後天的精神與情感涵養提升心靈的深度與細膩度，使自己有機會（經常）超越本能衝動與瑣細、無聊的日常生活，去感受神聖、崇高的情感，從而領略生命最高的意義與價值。

假如把他們的抉擇看成是一種「道德」的雛形，則他們的「道德」是一種精神與情感上「更好的抉擇或品味」，而不是「善惡」的抉擇或者對於本能欲望的徹底否定。

段玉裁（1735-1815）在《說文解字注》裡談到「欲」字時說：「古有欲字，無慾字。後人分別之，製慾字。殊乖古義。」他的解釋是：「感於物而動，性之欲也。欲而當於理，則為天理；欲而不當於理，則為人欲。欲求適可斯已矣，非欲之外有理也。」也就是說可欲無罪，只要在行為上有所節制就好。

清初戴震（1724-1777）則強調，聖王之志就是適度滿足人情之常的可欲，同時不讓它們淪為毫無節制的私心，而非徹底否定人欲。他的《孟子字義疏證》說：「夫堯、舜之憂四海困窮，文王之視民如傷，何一非為民謀其人欲之事！」「理也者，情之不爽失也。」「理者，存乎欲者也。」「理者，盡夫情欲之微而區以別焉，使順而達，各如其分寸豪（毫）厘之謂也。」

對於戴震而言，「欲之失為私，私則貪邪隨之矣；情之失為偏，偏則乖戾隨之矣；知之失為蔽，蔽則差謬隨之矣。」只要做到不私、不偏且不蔽就夠了，不需要像朱熹那樣堅持「革盡人欲，復盡天理」。因為，「不私，則其欲皆仁也，皆禮義也；不偏，則其情必和易而平恕也；不蔽，則其知乃所謂聰明聖智也。」

不過，戴震的主張雖然更貼近人性與人情之常，然而他跟宋明理學一樣，只想到要節制人的欲望，而未曾指出更值得追求的可欲，或者精神與情感上更高層次的滿足。

如果把亞里斯多德、梭羅、華茲華斯和陶淵明併在同一組，他們的共同特色顯然是為人類的精神與情感開創昇華的管道，讓生命有更寬闊、深刻的發展空間；而他們之所以能不為本能欲望所困，是因為他們有後天培養出來的情感、哲思，與悠遊於歷史和人文精神空間的能力。反之，不管是戴震或宋明理學，都只想找到一條善與惡（或過與不及）的分界線來節制、壓抑或否定人的本能欲望，而沒想過要積極的為情感、精神與生命開創更寬闊、深刻、細緻、崇高的可能性。

這個對比背後所隱藏的問題，不只是哪一種對待欲望的方式比較有效，或者哪一種對待方式比較人性化，而是一系列攸關人類文明的根本問題：人與動物的差別有何重大的意義和價值？原始與人文的差別有何重大的意義和價值？假如人跟動物的差別僅僅只是懂得用理性算計去節制本能衝動，從而獲得本能欲望的最大滿足和避免生理、心理上的痛苦，那麼人類頂多只不過是較聰明的動物，而不該自以為比動物更「高貴」；假如文明和原始比起來，只不過更少迷信，有更強的生產能力來滿足本能欲望所衍生的生理和心理上的滿足，那麼文明也不比原始更高貴。

如果把問題放到華人社會較熟悉的文化脈絡裡，孔子對管仲的評價也蘊藏著他對於文明與原始的價值思辨。春秋時代的管仲原本是輔佐齊國的公子姜糾，後來公子糾的弟弟公子小白跟他爭奪繼承權，管仲意圖以箭射殺公子小白而未果。後來，公子小白繼位為齊桓公，與袒護姜糾的魯軍對決；魯國兵敗後殺公子糾以謝罪，輔佐公子糾的大夫召忽也自殺殉死。唯獨管仲不但不義死，還在鮑叔牙的推薦下輔佐昔日對敵的齊桓公，多次討伐山戎與楚國而解決了諸侯長年的苦惱，使齊桓公成為春秋五霸之首。

對於管仲不能為公子糾死節這一點，子貢頗不以為然，他在《論語．憲問》篇裡質疑：「管仲非仁者與？桓公殺公子糾，不能死，又相之。」孔子卻為管仲辯護：「微管仲，吾其被髮左衽矣。

豈若匹夫匹婦之為諒也，自經於溝瀆，而莫之知也。」

就孔子看來，管仲輔佐齊桓公統一天下，得以維護華夏「文化」，這樣的作為遠比守節而死更有價值。那麼，周文化的價值是什麼，為什麼會比子貢和當時士大夫共同奉守的「君君，臣臣，父父，子子」還更重要？

文明與道德的價值僅僅只是節制人的言行與欲望，以維護族群、社會的共同秩序？還是為人類開創更值得追求的精神性價值和更深刻、細緻、崇高的情感？

或者，把問題放到歐洲文化的脈絡裡，以米開朗基羅（Michelangelo, 1475-1564）在西斯汀禮拜堂上繪製的〈最後的審判〉為例。為了呈現耶穌的權柄和最後審判的絕情、恐怖，原作以劇力萬鈞的人體線條和構圖突破傳統畫作的刻板、無趣，畫中人物姿態不一而表情各異，充分展示文藝復興時期的人文思想與情緒，因而獲得藝術圈的激賞和教宗保祿三世（Paul III）的支持。然而許多紅衣主教卻無法忍受男性絕大多數全裸，耶穌只有一條布遮蔽私處，而聖母之外的許多女性更是正面裸露上身；他們指斥該畫褻瀆神聖，構圖與布局違背《聖經》的描述，並且在特利騰大公會議（Council of Trent）決議：「所有淫蕩、好色的因素都要免除」、「人的形體和裝扮之美不可以撩撥起情欲」。

值得深思的是，同一個世代的教宗和紅衣主教本應看法相近，實際上卻對「褻瀆神聖」與「撩撥情欲」的看法如此歧異，是不是因為他們對藝術品的感受能力有嚴重的落差？如果一位紅衣大主教在〈最後的審判〉之前只有情欲被撩撥，而感受不到畫作中崇高、偉大、肅穆的情感，那是否意味著他的情感能力有問題？假如一個宗教團體只有提升信眾抽象的教義思辨，而無法提升信眾的情感，這樣的宗教還可不可以自稱為「偉大的人文宗教」？

更值得深思的是，文化（包含道德、藝術與宗教）的創作原本是為了要豐富人類的情感與精神生活，提升性靈與生命內涵，宗教也曾是藝術創作寶貴的靈感來源。為什麼後來宗教與道德卻變成藝術的對立面（審查官與戕害者），只會否定人類的本能欲望，壓抑人類的情感與生命力，而無助於開拓（提升）人的情感與精神內涵？

藝術與宗教、道德之間的對立（矛盾）是人性的必然，還是因為我們曲解了三者的具體內涵與彼此的關係？人文與文明的核心價值又在哪裡？

接下來讓我們來談談這些問題。

6

文明的初衷，情與欲的美學

——詩的無邪與淫奔

所有的社會都存在著另一種類型的技術，這種技術讓每個個體得以運用他們自己的靈魂去影響他們自己的思想和行為，透過這樣的途徑去轉化自己、調整自己，從而抵達某種完美、幸福、純粹、超自然的力量。

——傅柯（Michel Foucault, 1926-1984）

文化是人類心靈與精神的擴展。

——印度總理尼赫魯（Jawaharlal Nehru, 1889-1964）

文化是藝術，昇華為一系列的信念。

——美國小說家伍爾夫（Thomas Wolfe, 1900-1938）

除非透過教養而有了關於偉大的願景，否則道德的教育是不可能的。

——懷海德（Alfred North Whitehead, 1861-1947）

一個文明如果讓為數可觀的成員感到不滿足，以至於驅策他們進行反叛，它就沒有永續的前景，也不配擁有。

——佛洛依德

文明是一種行動而不是一種靜止狀態，是一趟旅程而不是一個港口。

——湯恩比（Arnold J. Toynbee, 1889-1975）

根據「自我並非外在賦予的」這個想法，我認為只有一個務實的推論：我們必須創造出自我，就像在創造一件藝術品。

——傅柯

孟子說：「人之所以異於禽獸者，幾希。」他還想當然爾地認定答案在惻隱之心、羞惡之心、辭讓之心和是非之心；而且，無法四者兼備的人都被他斥為「非人也」。

然而人跟動物的差異遠比孟子所能想像的更複雜、更模糊。根據珍古德（Jane Goodall, 1934-）的研究，黑猩猩社群內有親情、有喪葬儀式、有階級、會互助與利他，有語言，會用聲音、手勢和姿態表達情緒，能從鏡中分辨自己和他人，會製造工具去掏取蜂蜜和白蟻，會彼此學習和模仿，有狩獵的謀略和複雜的分工合作能力，會爭奪權力、地位和性的壟斷權，還會為了爭奪領地而跟其他社群進行戰爭——過去被人類學家視為人類獨有的「文化」，或者孟子所謂的惻隱之心與辭讓之心，黑猩猩的社群裡也都有類似的雛形。

此外，孟子嚴重漠視了「仁之四端」中所夾雜的歷代偏見與成見，沒能警覺到自己的主張中藏著一廂情願的輕信和妄言。譬如，《尚書．周書》記載武王伐紂的牧野之戰，說死傷無數，血流成河，因而「血流漂杵」（旗竿漂在血泊上）。孟子駁斥這個記載，認定「仁人無敵於天下，以至仁（武王）伐至不仁（紂王），而何其血之流杵也？」

然而任何人只要親歷二戰末期的硫磺島之役，就會知道這種「仁人無敵」的信心有多天真。當時日軍大本營到處發動侵略戰爭，軍隊恣意濫殺平民與戰俘，其手段之非人遠遠凌駕商紂。但是日軍將領欺騙硫磺島軍民，說美軍對待俘虜手段殘酷，遠遠超乎人所能忍受；因此日軍死守坑道而不投降，或者詐降時以手榴彈跟美軍同歸於盡。為了避免傷亡，美軍用火焰槍焚燒遍布該島的所有坑道，以致全島煙火籠罩，空氣裡瀰漫著人體燒焦與汽油彈的濃重臭味，被火焰槍焚燒的日本軍民哀號聲不絕於耳，場景淒厲有如地獄，許多美軍因為無法忍受這種慘絕人寰的景象而終生罹患戰爭創傷後遺症。

人的羞惡之心和是非之心不盡然是生而知之且終生不變，它們可以被洗腦與改造。日軍把南京大屠殺當作軍人的榮耀，一次大戰和二次大戰裡許多殘忍的「非人」暴行都是以「至善對抗至惡」的名義行之，甚至出自高貴、偉大的愛國情操。證諸兩次世界大戰中令人難以置信的各種滅族與大屠殺，孟子的性善說顯然是把極其複雜的事實給過度簡化了。

回顧過去兩千年來的歷史，人跟動物最大的差別或許在於：人會評價自己的可欲，甚至把本能欲望貼上各種負面標籤；而黑猩猩則順著本性發展，不會否定牠的本能，更不會把禁欲當美德。從這個角度看，人類文明的起點就是提出「理想中的自我形象」，用以評價和治理自己的本能欲望——譬如孔子所謂的君子或仁者，柏拉圖所謂的真善美和哲學家皇帝，或者釋迦牟尼所謂的覺者與超脫生死輪迴。

然而這些聖哲對人性的理解止於個人的內省和對於他人的有限觀察，他們的理想欠缺實證的檢驗，不時夾雜著想當然爾的臆測，往往超乎人的實際能力所能及。而後人在分歧複雜的詮釋過程中，更一再摻入各種一廂情願的想像，以及悖逆人性的苛刻要求。因而歷經無數代的傳承與擴充後，這些評價標準與是非時而更清晰，時而更模糊，時而顛倒錯亂。

譬如，人得要把自己的本能欲望壓抑到什麼程度，才算得上是有德？美國文化評論家孟肯（H. L. Mencken, 1880-1956）譏刺：「道德是一種理論，它認為人類的每一個行為都可以被歸類為是對的或是錯的，而且百分之九十九的行為是錯的。」蕭伯納（George Bernard Shaw, 1856-1950）反諷：「當一個英國人認為自己有德時，他只是在讓自己不舒服。」《追憶似水年華》的作者普魯斯特（Marcel Proust, 1871-1922）也揶揄：「我們成為有德者，當我們不快樂的時候。」

話雖戲謔，卻吻合許多人的直覺：每當我們想起「欲望」一詞，就會立即聯想起一些難以抑制的渴望和快感，同時也聯想起罪惡感和道德，以及它們如何森嚴地防範我們從欲望的滿足中汲取快樂——道德幾乎就是本能欲望的反面；或者更貼切地說，道德像警察，欲望像盜賊。問題是，如果我們的快樂不會傷害他人，為什麼還要壓迫自己的本能與可欲？

答案很可能是：**文明的起源，就是想要用「更好」的方式滿足我們的可欲；或者在本能欲望獲得適度滿足之後，追求更有價值（意義）的可欲。**

佛洛依德說：「文明的起點就是，生氣的人開始拋出一句話，而不是一顆石頭。」而文明的持續發展，則是用越來越精緻細膩的方式來滿足可欲，和處理各種情緒。譬如，原本用石頭解決衝突，轉為用語言彼此辱罵，再轉變成族群中的長老或族長來主持公道，繼而發展為法院裡依據明文的法律進行審理。再譬如從生食到熟食，到「一樣米，百樣料理」，乃至於如同藝術創作般講究色香味，以及三者間細緻而複雜的呼應與調和。

然而文明最積極的意義，還是在於提出自我的理想形象，並且一再自我檢討，以避免落入自欺欺人的偽善，或者對人性形成沒必要的壓迫與傷害。梭羅在一封信裡說：「不要太道德。否則你的人生或許會有一大部分是在自欺。你的目標要高於道德。不要僅僅只是當個好人，要成為一個值得的人。」「做你真正熱愛的事。認識你自己的脊骨（稟賦），好好啃它，把它埋進土裡，再挖出來，再好好啃它。」也就是說，文明的積極價值不只是更好的物質生活，和戰戰兢兢地克制本能欲望、謹小慎微地「做個好人」，以免跨越道德的紅線；而是充分挖掘自己潛在的可能性，使自己的生活變得更有意義、更有價值。「我沒有任何關於社會，或者大自然，或者神的構想。我僅僅只是我自己。」或者用法國當代思想家傅柯的晚年說法，讓自己成為一件藝術品，讓自己的一生成為一個不斷探索、開拓與昇華的過程。

但是當人開始構思自我的理想形象時，他卻一再陷入輕信、一廂情願的高調，不自覺的自欺等種種陷阱，以至於所謂的「理想的自我形象」一再地過當、被扭曲或幻滅，而必須根據人性的事實與人類的能力極限去調整、重塑、再創新。

因此，文明是一個動態的過程而非靜止的狀態，是一個不斷認識自我，不斷更正錯誤，不斷重新創造、描繪新的「理想自我」的過程。就像英國史家湯恩比所體認到的：「文明是一種行動而不是一種靜止狀態，是一趟旅程而不是一個港口。」

而堯、舜、禹、湯、文、武、周公、孔孟的道統傳說，恐怕隱藏著太多的曲解與想像。

蹣跚學步的希臘，牙牙學語的美學——自我的想像與發明

米歇爾・傅柯無疑是二十世紀末最具影響力的法國思想家，甚至是他那個世代裡最著名的歐美思想家，對當代史學、人類學與哲學都有深刻的影響。

在一場題為「主體性與事實」的一九八〇年演講中，他把人類社會發展出來的技術分為四大類：操縱物質與能源的生產技術、操縱符號與意義的表意技術、操縱他人的宰制技術，以及自我管理與自我完善化的自我技術。他所關心的課題原本聚焦在表意技術和宰制技術，尤其是社會如何定

義和管理「溢出社會常軌」、「不能融入社會」的人（痲瘋病人、精神病患、罪犯等「他者」）。從《性意識史第二冊》開始，他轉為關切人類如何看待自己以及對待自己，並且以「古希臘城邦如何看待與對待性行為」為例，比較古典希臘和基督教倫理中的自我技術——他的這個轉變被學術界稱為「倫理學」的轉向。

這個研究過程帶給他很大的震撼，因為他發現從畢達哥拉斯（Pythagoras, BC569-BC475）到希臘城邦沒落為止的古希臘世界裡，對待欲望的態度迥異於中世紀以來我們所熟知的道德規範。儘管中世紀、文藝復興、啟蒙運動以迄於當代的許多行為規範都是企圖規範（或規訓）他人，古希臘哲人所關切的只是少數精英（自由公民）要如何管理自己的欲望——如何在欲望與快樂的利弊間取得最佳的平衡。中世紀的基督教把欲望的滿足看成不潔與罪，古希臘把欲望的適度滿足看成是好事，但是擔心過度的耽溺會傷害身體以及弱化一個自由公民的自我控制能力。中世紀的基督教關心的是靈魂的救贖，古希臘關心的是如何成為一個理想的公民，以便有能力參與城邦政治、管理奴隸與家族產業；而婦女與奴隸並不被期待具有理想公民的特質，因為他們只需要服從而不需要管理他人。

用傅柯在《性意識史第二冊：快樂的享用》的說法，這些行為規範所關切的問題並非「在一個人所感受到的欲望和一個人的行為中，哪些是被允許或者被禁止的，而是關於一個人如何安排與控制這些行為的慎思、反省與算計。」而他們所關切的核心課題是「你是自己欲望的奴隸，或者主人？」然而「成為欲望的主人」並不是要消滅欲望，而是有能力適切享受快樂而不被欲望所控制。

傅柯引述色諾芬（Xenophon, BC430-BC354）的話說：「他適量進食以便讓飲食成為一種喜悅，他在最適當的時候進食使胃口變成最佳的調味品；而他所飲用的一切都讓他感到愉悅，因為他只在口渴的時候飲用。」他並附加說明：「對於希臘人而言，這些『適時』和『適量』的主題始終具有可觀的重要性，它們不只是道德的問題，同時也是科學與（自我）技術的問題。」

史賓格勒（Oswald Spengler, 1880-1936）曾在《西方的沒落》裡說，希臘人理想中的美是在不同的質素之間保持最佳的均衡與和諧，而不落入任何極端；而中世紀的理想則是毫無節制地追求最極致（最極端）的表現。因此，古希臘的代表性建築是雅典衛城的巴特農神殿，在一個由屋頂與廊柱定義出來的有限領域內，追求量體與空間、光照與陰影間的最佳均衡與韻律感；而中世紀的代表性建築是哥德式教堂的塔尖，企圖朝向天空無限制地伸展。此外，希臘追求的是理性與感性的最佳均衡與和諧，而中世紀追求的是靈魂對肉體的徹底否定，或者信仰對理性的徹底否定，以及靈魂的昇華。希臘彩繪陶罐的奧運選手顯露出和諧而充滿韻律感的體魄，迥異於當代健美先生那種肌肉橫生、青筋虬露的極端剛強。

傅柯也在《性意識史第二冊》指出柏拉圖反對身體過度鍛鍊而靈魂卻孱弱、欠缺鍛鍊，或者過度無微不至地呵護身體，他說在希臘人的觀念中：「身體的養生之道必須吻合廣義的存在美學的原理，其中身體的均衡只不過是適切的靈魂架構中的條件之一」。他還引述對話錄《理想國》裡蘇格拉底的話說，一個明智的人「不只是不會讓野獸般的快樂宰制他的身體」，「也不會只是想要健康，他重視強壯、健康與美麗是為了要達到適切而不流於極端的節制。」「他陶冶身體的和諧，為的是要促進靈魂的和諧。」

傅柯為前述引文加了一個他的註腳：這一切為的是「讓他的言行可以如同一個真正的音樂家。」——和諧、優美、均衡而富有韻律感。同時，節制欲望與快樂的目的「並非為了淨化自身，而是因為他們想要自由且保有自由。」——不受欲望、激情、他人，或其他城邦的宰制，成為真正有能力與資格去管理他人（婦女、奴隸等）、參與決定公共事務的自由公民；而避免自己濫用權力與自由去傷害自己和他人，成為欲望的奴隸和家庭、城邦中的暴君。「先滿足這些前提要件，才有資格管理他人並領導他們。」「為了要在運用個人自由時吻合善、美、高尚、可敬、值得記憶與效法等信條，一個人必須用可觀的心力去陶冶自己。」因此，一個人必須「瞭解知道的需要（瞭解自己所不知道的，瞭解自己的無知，瞭解自己的本性），有效地管理和照護自己，並且鍛鍊和轉化自己。」

此外，「照料與管理自己這本身就已經是倫理；只不過這些自由的信條裡也包含著照料他人，因而前述的倫理也意味著跟其他人保持著複雜的關係。」在一篇題為「自我關照的倫理：作為自由的履踐」的一九八四年訪談裡，傅柯敘述他理解中的希臘精神：「在柏拉圖與蘇格拉底的角度下，自我關照當然也是自我的知識，然而它也同時是關於一系列行為準則的知識，或者關於真理與規範原理的知識。就在這個地方，行為規範被連結到真理的遊戲裡。」在《性意識史第二冊》裡，傅柯把這些知識和自我技術整理成三大類：其一，適切得宜意味著把真理（logos）安置在至高無上的位置，且有能力調節欲望和控制人的行為；其二，當一個人在主宰他自己的快樂時，有能力根據需要、時機和情境而適切地調整；其三，對自己進行本體論層次的瞭解——至少在蘇格拉底的觀點裡，一個人必須要瞭解才能實踐美德和節制欲望。就像傅柯對古希臘的認識：「統御自己的快樂跟讓快樂服從真理的管轄這兩件事情是二合一的。」「一個人必須要有一定的知識才有可能履踐節制，這起碼是一個基本條件。除非一個人同時成為一個知識的主體，否則一個人不可能在享用快樂時成為倫理的主體。」

基督教早期的禁欲思想與靈肉之爭，都受到古希臘哲學與社會實踐的深刻影響，這應該是歐洲文科學者耳熟能詳的事。不過，傅柯在研究古希臘的性意識史時還是受到很強烈的震撼，以至於他偏離了原本在《性意識史第一冊》裡規劃的研究和寫作方向。

傅柯發現，相對於中世紀倫理學和康德道德哲學的絕對性和不可違抗性，古希臘的言行準則給予個人更大的自由，也更在乎人性的事實。他在《性意識史第二冊》說，古希臘不會想要把最尊貴與最卑微的人都套進同一套禁欲的普世法則裡，「恰恰相反，在這個世界裡每一件事情都需要根據當時的情境與個人的地位進行必要的調整。」「在這裡，調節欲望的要求是遵循當事人自我規範的法則，不是被當作每一個人都必須遵從的普世律令，而是只適用於那些想要賦予個人存在最優雅與圓熟的形式的人，作為他們形塑個人風格的指導原則。」以希臘人賦予自己的性行為法則為例，

「希臘人覺得他們可以自由選擇、調適、發展，以及最重要的是——創造。對於他們，在道德的領域內省思自己的性行為，並不等於把外部強加於每一個人的禁令加以內化、合理化或形式化；反之，它是一種自我發展的方法，一種**存在的美學**、一種實踐自由的技藝、一種權力運作的藝術——而且它只適用於人口中的一小部分，限於成年的自由公民。」

在《性意識史第二冊》，傅柯經常把「**自我的技術**」與「**存在的藝術**」當作兩個可以交替使用的術語，它們意味著「一些刻意且自主的行動，人們不只藉此設定自己的言行規範，並且企圖藉此轉化自己，在他們獨特的存在中改變自己，同時將自己的一生言行當作一本具有美學價值的創作集，使它吻合某些風格的判準。」「這是一種生活的方式，它的道德價值並不取決於恪守某些（外加的）行為規範，也不取決於自我淨化的努力」，而是取決於某些享用快樂的形式性原理：「透過真理、透過理性以及人與相關真理的關係，這樣的人生致力於維護和複製一種形上的秩序；此外，對於那些有能力看見美並且在心靈中保存鮮活記憶的人而言，這種人生保有著美的某種耀眼光彩。」可惜的是，「這種『存在的藝術』，這種『自我的技術』被融入早期基督教的僧侶權力運作後，無疑減損了它們的重要性與自主性，之後在教育、醫療、心理學的實踐中，又進一步減損了它們的重要性與自主性。」

在題為「關於倫理學的系譜學：概述進行中的作品」的一九八三年系列訪談記錄裡，傅柯感概地說：「讓我感到震撼的事實是，在我們的社會裡，藝術已經變成僅只跟物品有關，而跟個人的自我或生命無關。藝術已經變成是藝術家的專長或者專業者的作為。但是，難道一個人的人生不可以變成是一件藝術品嗎？為什麼只有燈具或房屋可以是藝術的載具，而我們的人生卻不可以？」

當代學者肯尼斯．丹佛（Kenneth Dover, 1920-2010）曾在《希臘同性戀》裡說，希臘人不認為神聖的力量曾向人類啟示一套律令，用以規範性行為。「面對著比他們的文化更古老、更豐富的多種文化，以及它們之間懸殊的差異，希臘人感受到自己可以自由選擇、調整，和更重要的——創新。」傅柯據此在前述一九八三年的系列訪談裡說：「根據『自我並非外在賦予的』這個想法，我認為只有一個務實的推論：我們必須創造出自我，就像在創造一件藝術品。」「在希臘社會裡，性欲的節制是一種趨勢或變遷，一種源自高度有教養的人的哲學性變遷，目的是賦予他們的生命更多的認真投入、更多的美。二十世紀亦然，為了產出更美麗的人生，人們努力地揚棄社會與童年裡的性壓抑。」

把性解放說成是一種美學的創作或許讓一些人難以接受，因為解放與自由只不過是為美學的創作作準備，是一種前提或手段，不是一種成果或目的（結局）。我們應該要進一步問的是：如果希臘的存在美學是要追求靈與肉的均衡、和諧與美麗，同時吻合人類本性中潛在的最高意義和價值（善與真），那麼二十世紀的性解放（以及各種解放）是在為了什麼作準備？這些解放的最終目的是什麼？它們如何確認自己吻合人性最高的真實、美麗與善（意義和價值）？可惜的是傅柯在訪談後一年的一九八四年過世了，沒有留下更進一步的線索。

此外，古希臘哲人認為欲望的節制必須吻合人性的本然，以事實（真理）為基礎，而不是毫無憑據、毫無節制地徹底否定本能欲望，以至於悖逆人性的實然，或者淪為與人欲橫流相反的另一種（不智的）極端。這些主張確實值得取法，問題是並不容易落實。

在人類文明肇始的時期裡，所謂的「真理」和「人性」往往夾雜著個人的體驗，以及未經證實的想像和臆測。譬如，奧古斯丁在《懺悔錄》裡追憶起青春期時性器官無意識地勃起而造成莫大的困窘，以及他後來荒淫無度的性生活，最後明確指出人的性器官會違背他的意志，令人困窘地勃起；當他想要坦蕩蕩地履踐生兒育女的天職時，卻反而要仰賴邪淫的情欲去激發必要的生理反應。他不禁自問，為什麼人的自由意志可以任意指揮他的身體活動，卻完全無法支配他的性生理反應？如果這個獨特的器官並不受人的意志所操控，那麼到底是什麼在操控它？後來他從亞當與夏娃的故事裡得到啟發，認定是魔鬼利用人的情欲在操縱他的性器官；而亞當的後代都是在魔鬼的蠱惑與情欲中誕生的，意味著亞當的後代都在血液中流淌著原罪的血液——唯一例外的是藉處女懷胎而降生的耶穌。

從當代人的認知來看，奧古斯丁的原罪論將事實與臆測混為一談，難以取信。然而當時的神學界在歷經數十年的激烈爭辯之後，最後接受他的原罪論。此後歐洲人的情欲和性行為變成是原罪的印記和魔鬼的操弄，必須竭力抗拒，而不再是值得遵循的人類本性。

無獨有偶，周朝禮教原本是根據既有風俗習慣而略加增刪、修改，因而對人性的本然有一定的尊重和包容；宋明理學卻以抽象的思辨否定人性的事實，終而淪為吃人的禮教。

天使斷翼——思無邪與淫詩，「發乎情，止乎禮」的創作與泯滅人性的絕對價值

孔子說：「詩三百，一言以蔽之。曰：『思無邪』。」然而朱熹卻在《朱子語類》裡說《詩經》有許多篇是「淫詩」：「衛詩三十有九，淫奔之詩才四之一。鄭詩二十有一，而淫奔之詩不翅（不啻）七之五。衛猶為男悅女之詞，而鄭皆為女惑男之語。」「鄭聲之淫，有甚於衛矣。」言下之意，所有情詩都是淫詩，女悅男之詩更是淫蕩之極。朱熹對男女之情的看法不但違背當代人權意識，恐怕連周公和孔子都會對他搖頭。

讓我們先以《詩經》的〈關雎〉為例，來看看孔子如何看待《詩經》裡的男女之情。這一篇全文如下：「關關雎鳩，在河之洲。窈窕淑女，君子好逑。參差荇菜，左右流之。窈窕淑女，寤寐求之。求之不得，寤寐思服。悠哉悠哉，輾轉反側。參差荇菜，左右采之。窈窕淑女，琴瑟友之。參差荇菜，左右芼之。窈窕淑女，鐘鼓樂之。」乍看之下就很像是男悅女的情詩，然而因為這篇詩位居《詩經》與十五國風的第一篇，似乎地位特殊，因此西漢初年的《毛詩正義》到歷代的解釋都說這一篇詩另有道德上的隱喻，絕非男悅女的情詩。

不過，近年來戰國時代的楚國竹書《孔子詩論》與馬王堆帛書《五行篇》相繼出土，記載了一些孔子對《詩經》的論述，可信度直追《論語》。其中證據顯示，朱熹的「淫詩」一說和歷代對

〈關雎〉篇的解釋很可能嚴重乖離孔子的原意。

根據《孔子詩論》與《五行篇》，孔子說〈關雎〉篇是「以色喻（闡明）禮」、「以琴瑟之悅擬（比擬）好色之願」、「以鐘鼓之樂……」（缺後文，「鐘鼓之樂」據推測是指婚禮）。因此今日學界咸認該詩應該是描寫年輕男子對一個女子的愛慕、思戀、求婚直到成婚的過程。大意如下：河畔沙洲上的魚鷹（雎鳩）在求偶的儀式裡相互唱和地鳴叫著；美麗的女子，也是好男子想要追求的（但是他沒有像魚鷹那樣，一看到就直接在野外求歡）；河上滿是美麗的荇菜花，讓人很想撈回家；美麗的女子也讓好男子動心，想要把她帶回家（但是他不能未經良媒、雙方家庭協商與婚禮的過程，直接要求那女子跟他私奔）；因為不能馬上得到她，所以他日思夜夢，在床上翻來覆去睡不著；河上長滿參差不齊的荇菜花，讓人忍不住隨手摘下；但是你不能如此粗率地對待美麗的淑女，要像琴瑟和鳴那樣取得她的同意，兩情相悅才能和諧的白首共老；還要經過良媒的中介，婉轉表達雙方家長的心願和顧慮，最後才可以在鐘鼓之樂裡迎娶，在兩個家族的祝福與喜悅中完成心願。

仔細揣摩就可以理解在農業時代的父系社會裡，一個女子的出嫁會造成原生家庭勞務結構與情感關係的大缺口，還要擔心女兒出嫁後能否跟另一個大家庭和諧相處；夫家則多了一個參與勞務、情感網絡的新人，同時還很可能帶來生育、養老與財產繼承等問題。因此，男女的結合不是單純只牽涉兩人的事，不能像魚鷹的求偶，更不能像對待河上的荇菜花那樣隨意採擷。如果男女的結合未經家庭協商與莊重的約定，而任憑好惡與衝動，結果可能會對當事人和雙方家庭造成勞務、經濟與情感上的嚴重傷害。因此，《孔子詩論》認為這一篇詩是用美色、情欲與婚禮講解人類文化的深層含意。它是源自情欲，順乎情欲，但是避免讓情欲成為傷害當事人或雙方家族的肇因，企圖為情欲找到較和諧、圓滿的滿足方式和程序。

從這個角度看，周朝禮樂實質上比較像是音樂、舞蹈一樣的文化創作，它不一定體現視覺和聲覺的美感，但是它跟音樂、舞蹈一樣在為人的內在感受服務，在為人的可欲創作出最佳的表現形式。或者說，禮樂的起源是一種欲望的美學、人性的美學，猶如古希臘一般。這種理解可以和《史記》對周公的相關記載相互印證。

《史記．魯周公世家》說：「魯公伯禽（周公的長子）之初受封之魯，三年而後報政周公。周公曰：『何遲也？』伯禽曰：『變其俗，革其禮，喪三年然後除之，故遲。』太公亦受封於齊，五月而報政周公，周公曰：『何疾也？』曰：『吾簡其君臣禮，從其俗為也』。及後，聞伯禽報政遲，乃嘆曰：『嗚呼，魯後世其北面事齊矣！夫政，不簡不易，民不有近；平易近民，民必歸之。』」姜太公五個月就可以回京敘職，周公的長子卻要花三年，因為後者硬要用一整套「周禮」強加給魯國民眾，改變他們既有的禮俗。而周公對禮樂的態度是要「平易近民」，避免擾民。由此可見，周公制禮作樂時對各國的風俗有著一定的尊重，沒有要把一套刻板法度一成不變的硬套到所有國家。

從文化史與制度史的角度看，文化的變遷是漸進的，從「紂無道」到周公的制禮作樂也應該是漸進的變化，不是像突變一般用「至仁」取代「至不仁」。因此，孔子也在《論語．為政》篇說：「殷因於夏禮，所損益可知也。周因於殷禮，所損益可知也。其或繼周者，雖百世可知也。」既然如此，周初的禮樂就應該含有對既有風俗民情的相當尊重。

那麼，「思無邪」該作何解？北大學者常森根據最新出土的文獻考證，認為「思無邪」的意思是「無所遺漏」、「無所不包」。這個詮釋呼應了孔子在《論語．陽貨》篇說的：「小子何莫學夫詩？詩可以興，可以觀，可以群，可以怨，邇之事父，遠之事君，多識於鳥獸草木之名。」——讀《詩經》可以認識人性寬廣的事實，避免落入個人或一時、一地的偏見與成見，猶如《論語．子罕》篇的「勿意，勿必，勿固，勿我」，或者《論語．為政》的「君子不器」（不像器皿那樣囿限自己）。從這角度看，孔子對《詩經》的重視，首要目的是增廣學子對人性的認識，而不是要把一套生硬的軌範硬套到所有學子的頭上。

然而朱熹認定該詩出自後宮，為側室所作，才會有「求之不得，輾轉反側」的痛苦；而且這種痛苦與個人情欲無關，純粹只是憂心君王被美色所誘而忘了賢德。《朱子語類．詩二》更進一步說，這一篇詩有多層次的比喻，「詩意只是疊疊推上去，因一事上有一事，一事上又有一事。如關雎形容后妃之德如此；又當知君子之德如此；又當知詩人形容得意味深長如此，必不是以下底人；又當知所以齊家，所以治國，所以平天下，人君則必當如文王，后妃則必當如太姒，其原如此。」經朱子這麼一說，美麗的情詩頓然失色，猶如灰土；而人的生理本能頓然消失無蹤，猶如君子與后妃都是不食人間煙火的神仙。

比較《孔子詩論》與《朱子語類》的評論，就會發現孔子是以人性的實然為出發點，為情欲尋找較佳的表達形式和滿足的方式，而不去貶抑情欲或否定情欲；因而既不會壓迫人性，還可以讓人性獲得比原始社會更周延的表現。但朱熹的態度卻是以抽象的「后妃之德」為出發點，牽強附會地塞進一堆臆測，先貶抑真實的情欲與人性的事實，再把男女情感與兩個家族的勞務、經濟、情感關係排除盡淨，最後再硬套上一堆理學的教條，使得禮樂不再是為人性服務，而是為理學家的抽象道理服務，無怪乎最終會淪為罔顧人性的吃人禮教。

再以《詩經・鄭風》的〈子衿〉篇為例，它的第一句「青青子衿，悠悠我心」被朱熹理解為「女悅男」的「淫詩」。然而西漢初年的毛亨說「青衿」是周代學子的衣著，因此〈子衿〉是在譏刺教育場所（學校）與禮樂因亂世而同時被廢。後來曹操在著名的〈短歌行〉中寫到：「青青子衿，悠悠我心。但為君故，沉吟至今。」該詩把「青青子衿」比喻為良才，用以表達渴慕良才之情。據此，民初的復旦大學教授陳子展將它翻譯成白話詩：「青青的是你的衣領，悠悠不斷的是我的憂心。縱使我不往你那裡去，你難道就不寄給我音訊？青青的是你的佩玉綬帶，悠悠不斷的是我的心懷。縱使我不到你那裡去，你難道就不到我這裡來？溜啊踏啊，在城闕啊。一日不見，如三月啊！」

就算這篇詩沒有其他寓意，純屬情詩，但是如此含蓄還能叫「淫詩」嗎？

更何況女子渴慕男子乃人情之常，憑什麼說它違背天理？比朱熹早生四十六年的李清照就寫了很多名垂青史的情詩，讓我們從而認識女性情懷的細膩與糾葛。陸游也在表妹兼髮妻被迫改嫁後數度寫過懷念她的詞，有何不可？

孔子曾在《論語・八佾》篇裡讚許〈關雎〉：「樂而不淫，哀而不傷。」這話該如何理解？東漢許慎的《說文解字》說「淫」字有兩種意思：其一，久雨不止；其二，水漬逐漸往四周浸染開來。前者是看不到盡頭的陰雨讓人煩躁，後者是水漬不斷地往外擴散，兩者都是毫無節制。因此「樂而淫」就是毫無節制地追求欲望的滿足，有如吸毒或酗酒般失去自制；「樂而不淫」則是有所節制地追求快樂和欲望的滿足，而不耽溺或失控。同樣的，「哀而傷」也是哀戚到失控而難以抑止，以至於傷害身心。

此外，《詩經・國風》裡的篇章原本有詞也有歌，是可以唱的。因此有些學者以為孔子在〈八佾〉篇裡談的是〈關雎〉的音樂。如果這是事實，那麼「樂而不淫，哀而不傷」應該要當作「音樂評論」來理解，而柴可夫斯基（Pyotr Tchaikovsky）的第六號交響曲《悲愴》恰恰可以說明「哀而傷」和「哀而不傷」在音樂表現上的具體意涵。這個曲子裡的旋律有很多不和諧的音程，而不同聲部組成的和聲也經常是不和諧的，從而引發聽眾的悲情愁緒。然而有些樂團指揮會要求弦樂、竹管樂與銅管樂把音色控制得較柔和，從而讓旋律與和聲都顯得較溫柔、婉約、含蓄；有些指揮則要求樂團成員故意採用撕裂的、淒厲的音色，從而增加聽眾內心的傷痛感。前者就是典型的「哀而不傷」，後者就是「哀而傷」的典型。至於指揮要採取哪一種表現，就反應了他對於人類情感表現的拿捏與評價——藝術不只是「美」或「真實傳達內在情感」的問題，它還牽涉到我們對於情感表現的拿捏、衡量和評價；因此，「美學」不只是哲學思辨的問題，更是（尤其是、首要的是）情感的拿捏與品味。

如果我們用音樂、舞蹈、藝術的角度去理解周朝的「禮樂教化」，那麼「禮樂教化」就會是權衡「情感與欲望的最佳表現形式」，是美學、藝術與創作的問題，而不是一成不變的絕對價值與森嚴的規範；是在家族與社會的複雜關係中尋找情感與欲望的最佳言行表達，而不是用抽象的思辨去壓抑、否定、棄絕情感與欲望。

沿著這個角度去理解《論語．泰伯》篇的「興於《詩》，立於禮，成於樂。」它的翻譯將會是：在《詩經》的文學與音樂裡培養出對情感與欲望較深刻、細膩的感受能力，以及對人性、人倫與社會關係較周全的認識，之後在言行上仿效禮而思索出較周延、美好的表現形式，最後成就崇高、美好的情感（與人格內涵）。至於《論語．八佾》的「人而不仁，如禮何？人而不仁，如樂何？」或許該被翻譯成：一個人如果沒有美好、崇高的情感，只是給他外部強加的禮樂規範，那怎能期待它發揮任何實質作用？——「仁」可能是一種後天教養出來的情感與情懷，而不是冰冷、無情、先驗的「天理」或與生俱來的「良知」；當情感被當作人欲而一一壓抑、消弭之後，很可能「仁」也跟著被消滅了，只剩下空洞的禮和樂。

結語：文明的初衷，跌跌撞撞的理想

文明肇始之初，對於人類的本能欲望有一定的重視，且反應著人類的七情六欲，因此個人言行的法則往往前後不一，欠缺一致性。譬如荷馬（Homer）史詩裡的神祇，喜怒無常，經常嚴重違背當代意義下的「倫理」秩序。《舊約．創世紀》裡耶和華和許多「義人」的舉止也常讓現代人難以理解，譬如諾亞時代的人類犯罪，神卻降下大洪水，讓其他無辜的動物一起被毀滅；所多瑪城的人罪惡滿盈，神降天火焚城時，只有羅得事先得到警告而帶著妻子和兩個女兒及時逃走，接著兩個女兒卻為了繁衍子嗣而輪流跟父親同房。

至於印度，雖然印度教、耆那教與佛教都有禁欲和苦行的傳統，然而更早的《吠陀經》時代卻熱愛此世，以子嗣環繞、牛羊成群與無盡的財富為榮。即便是孔雀王朝時期，婆羅門教的三大經典依舊同時擁抱靈與肉，代表德行的《摩奴法典》彙整歷代的宗教信仰、哲理和律法，《政事論》討論政治、軍事與財富，而婆羅門學者撰寫的《愛欲經》則嚴肅地討論如何盡情享受性愛的歡愉並避免危險的性——在他們心中，人類的可欲沒有一項被視為齷齪、邪淫，連宗教聖典《摩奴法典》也說：「吃肉、飲酒、做愛不應該有罪惡或過錯，因為它們是人類的自然行徑，即使有人認為擺脫它們會得到快樂。」

回到中國的商周之交，根據《尚書．牧誓》與當代的研究，商紂很可能沒有像《史記》所記載的那麼荒淫無道，其「罪」主要是酗酒、違背慣例而重用不具貴族血統的平民，以及仗勢天命和聽信小人讒言。種種跡象顯示商朝還沒有固定的言行軌範，武王滅商之後，周公才開始構思「以德配天」的行為規範，用以取代商朝所信靠的「天命」。

而孔子所認可的人倫秩序，也是以人性的本然為依據。《論語．先進》說：「顏淵死，子哭之慟。從者曰：『子慟矣。』」孔子反過來說：「有慟乎？非夫人之為慟而誰為！」以及「顏淵死。子曰：『噫！天喪予！天喪予！』」孔子的哀痛程度一點都不含蓄，甚至超過他自己主張的「樂而不淫，哀而不傷。」

此外，子路擔任衛大夫孔悝的家臣時，衛靈公庶子蒯聵謀反而挾持孔悝，子路為了搶救孔悝而被殺。根據《禮記．檀弓上》的記載，孔子聽到子路的死訊後「哭子路於中庭。有人吊者，而夫子拜之。」在中庭直接哭出來，這是違背周禮的失態表現；而有人在子路靈堂前弔唁，孔子卻像家屬般回拜答禮，可見得已激動到有如喪子，忘了自己跟子路只是師生。《詩經．毛序》說：「發乎情，民之性也；止乎禮義，先王之澤也。」孔子的表現卻是「真情流露，恰如其分」，而我們則感動於他對子路的疼惜與傷痛。

文明的發展過程有如人類的自我成長，我們懷著各種美好的自我想像，作為個人言行的準繩。然而這些願景中難免會夾雜著時代與地域的成見，以及一廂情願、想當然爾以至於「太美好而不可能是事實」的想望。因此我們必須根據既有經驗的累積，逐漸修改這個願景與期待，避免悖逆人性的事實，刪除不可能的想像，以便在嘗試錯誤的過程中找到最值得追求的可欲，以及跟各種可欲最適切的相處之道——避免飛蛾撲火的衝動，避免耽溺於欲望的滿足而妨礙我們追求生命裡更高的可欲與價值，也避免在形塑生命願景時陷入一廂情願的自我陶醉，或自欺欺人的幻覺裡。此外，在節制本能欲望時，還要能同時睿智地加以疏導與適切的滿足，避免對人性造成沒必要的壓迫與傷害。

事實上，文明的發展跟個人的成長一樣，都是跌跌撞撞、迂迴曲折的過程，中間充滿各種陷阱，以及自以為是的窠臼。唯有坦蕩、無欺、不預設立場地省思自己的過去，我們才能找到自己未來的路；同樣的，唯有敞開胸懷去擁抱歷史，我們才能在前人生命最輝煌燦爛的時刻裡找到最值得追求的可欲，同時認識人類曾經有過的慘痛教訓。

這是本書第二部的主題。

第二部

歷史的智慧與諫言——

完美世界的陷阱與幻覺

7

靈性的渴望與幻覺——人性與聖潔的最短距離

在每一種禁欲的道德裡，人把自己的一部分當成神在崇拜，因此他必須把自己的其他部分看成是邪惡的。

——尼采

肉體強旺的程度恰等於靈魂的羸弱程度，而靈魂強旺的程度恰等於肉體的羸弱程度。

——沙漠教父但以理（Abba Daniel）

（耶穌說）「若有誰要跟從我，就當捨棄自己。」彼得否認耶穌時說：「我不認識這個人。」使徒必須把這一句話用在自己身上。自我否定絕非僅僅只是一系列不相連屬的苦行與禁欲。……否定自我是覺悟到只有耶穌而沒有自己，只看到他在前面而沒有任何道路，在我們而言是太艱難了。

——潘霍華牧師（Dietrich Bonhoeffer, 1906-1945）

清醒的靈魂憎惡整體生命中屬於潛意識、肉體、本能的那一部分活動。當這一部分活著時，另一部分就死亡，反之亦然。但是腦筋清楚的人至少企圖在兩者之間達成平衡。那些腦筋不清楚的基督徒告訴人們，他們必須把自我的一半丟進廢紙簍裡。現在，科學家和生意人過來，告訴我們要把基督徒留給我們的那一半再丟掉其中一半。但是我不要死去四分之三。我寧可活著，完完整整活著。時候到了，應該要為了生命和它的完整性而起義、抗爭。

——赫胥黎（Aldous Huxley, 1894-1963，著有《美麗新世界》）

猶太傳統觀念認為已婚者比獨身者更有靈性，沙漠教父聖傑羅姆（Sant Jerome, 340-420）卻說：「已婚的人是塵世，童貞的人是天堂。」奧古斯丁更在《獨語錄》（*The Soliloquies*）裡說：「女人的愛撫與生理上的交合是婚姻的一部分，也是最能讓男人靈性沉淪的力量。」男人必須藉情欲之助才能行房、生育，假如情欲真的那麼淫穢、卑劣，還會導致靈性的沉淪，為何《舊約》總是以「子孫有如天上繁星」作為獎勵和許諾？

《舊約》並不強調獨身，摩西有兩個太太，似乎並不影響他跟耶和華溝通。耶穌在《馬太福音》說人可以為了天國的緣故而單身，但是「這話不是人都能領受的，惟獨賜給誰，誰才能領受。」使徒保羅獨身，並且在《哥林多前書》說：「按我的意見，若常守節更有福氣。我也想自己是被神的靈感動了。」因為這樣可以「為主的事掛慮，要身體、靈魂都聖潔」。但他也同時說：

「與其欲火攻心，倒不如嫁娶為妙。」如此看來，獨身與否要看個人稟賦與際遇，太過勉強反而可能會有得不償失的流弊。

不過，基督教早期還是有數以萬計的教徒奮不顧身地到沙漠裡苦行，立志要降伏自己的肉體和欲望，以追求靈魂的聖潔。這些人懷著罕有人能及的堅定信仰，和超乎常人的熱情與堅強的意志，如果連他們都無法降服人的本能欲望，其他人更不可能。因此，這些人以具體實踐所創下的禁欲記錄，可以被看成是人類禁欲能力的極限——他們做不到的，我們不該拿來要求任何人；他們做得到的，我們也不可以輕易就拿來要求任何人。

譬如，我們就可以根據這些記錄而篤定地說：天理與人欲的關係遠比宋明理學所想像的更複雜，知與行的距離也遠比王陽明所想像的更遙遠。我們還可以從這些沙漠教父的言行裡體認到，除非虛心地從實證角度去認識人性的極限，否則光憑想當然爾的「天理」或純粹理性的「絕對命令」就去苛責他人，隨時都有可能會流於悖逆人性的殘忍。

挑戰靈性與禁欲的極限——從羅馬神殿到哥德式教堂的塔尖

羅馬帝國從第一世紀開始迫害基督徒，有些基督徒選擇叛教，有些以身殉教（即「紅色殉教」）；還有些選擇到非洲沙漠去，為拯救靈魂而犧牲一切肉體、感官的快樂，過著勞動、禁欲、苦行、禱告的隱居生活，號稱「白色殉教」。君士坦丁大帝（Constantine I）在三一三年宣布《米蘭敕令》（*Edict of Milan*）而結束了紅色殉教，但進入沙漠修行的基督徒卻持續增加，在第四與第五世紀期間達到巔峰，光是尼羅河畔就可能有超過五千人。

他們靠自己的勞動換取食物，以編織麻繩、籃子等工作克服貪懶和閒散。他們各據斗室但比鄰而居，一起祈禱，相互鼓舞，向以德行與智慧聞名的教父請益，又同時保有大量獨居的時間與空間，以便在靜默中祈禱、省思。後世籠統地以「沙漠教父」稱呼他們。他們的修行方法、心得與生活模式成為中世紀修道院取法的對象，也影響了後來的基督教神學。

史賓格勒在《西方的沒落》裡說，希臘世界追求的是完美、有限、自制而高度和諧的精神，猶如其神殿的建築風格一般；至於基督教世界，則不受任何節制地追求著無限的可能性，猶如哥德式教堂的塔尖，直指無垠的天空。從許多方面看起來，史賓格勒的觀察確實入木三分。譬如，在面對心靈與欲望的時候，希臘人追求節制、和諧與均衡，但是沙漠教父卻毫無止境地想要徹底剷除一切被視為不潔的欲望和念頭。

以斯多葛學派（Stoic School）為例，它是希臘、羅馬時代禁欲主義的代表，企圖透過對飲食與性生活的節制來強化自我控制能力，但是他們的飲食規範遠比沙漠教父寬鬆，對性生活的控制止於禁絕同性性行為。至於犬儒學派（Cynicism），他們想要擺脫對物質與欲望的倚賴，獲得身體與心靈上的自由，因而生活得像一條沒有家而在街上乞食的狗；他們的規範止於行為而不涉及內心的欲望與思想，但是已經被視為過分極端與憤世嫉俗。

對比之下，沙漠教父的禁欲範圍卻無所不包，不但放棄財產，離開城市、權位、名利、婚姻、家人與性伴侶，還企圖在長期的獨居中控制自己一切「不潔」的思想和情緒，包括憤怒、嫉妒、貪念、無聊、懶散，甚至還想要控制睡夢中的一切行為與夢境——許多沙漠教父連夢遺都想要予以根絕，並且始終無法達成而認定自己終究是個罪人。

他們把衣食和睡眠等生理需要壓抑到僅足以維生，以自己的身體和心靈進行嚴苛的人體實驗，挑戰人性的極限與不可能。他們每日攝取的平均熱量僅約一千大卡，且只吃穀物和水，以鹽和少數香草調味，而禁絕任何美食。有人聲稱每天只吃一餐，據說有些人每天只睡一小時，以便日夜等待聖靈的降臨。

他們有些是樸實的文盲，能記得的經文有限，重視的是實踐與篤行，而非理論的建構與闡述。有一位修士請他的導師給予教誨，導師說：「全心全意愛神——你的主。」他領了這個教誨就離去，二十年後才再回來說：「我已竭力奉行你的教誨，請再賜我一言。」這種實踐的精神與自我檢視的徹底，使他們有機會突破自欺而面臨人性真實的極限——我們或許可以說，歐洲的實證精神萌芽於沙漠教父，而不是始於培根（Francis Bacon, 1909-1992）。

他們原本以為離開了城市、家庭與人群之後，聲色犬馬、功名利祿與各種虛榮心、嫉妒心的誘惑就會消失。事實上卻發現，都會生活的外在誘惑消失後，內在的欲望與情緒卻在獨處中變得更加鮮明與頑強。一個隱修的人發現自己很容易動怒，就移居到遠離一切人、事、物的洞穴裡獨居，藉此遠離憤怒的根源。有一天，他從水罐裡倒水時水濺出來，他氣得不自覺地將水罐砸毀，事後才懊惱地發現：「天哪！就算是獨居，我還是被憤怒征服了。」

情欲的頑強與惱人更甚於其他情緒，鮮少有人能克服。最有名的沙漠教父聖安東尼（St. Anthony the Great, 251-356）說：「在沙漠中孤獨修行的人可以免除聽、說、看這三種內心的交戰，他只剩一個內心的交戰，那就是淫念。」一個隱修士說：「我該怎麼辦？這些淫念簡直要我的命！」另一個隱修士說：「我可以怎麼做呢？我的心裡總是充滿姦淫的念頭！我連一個小時的安寧也沒有，而我的心始終因而受苦。」即便是一個充滿智慧而聖潔的教父，也可能因為遇見一個婦女而被引發情欲。著名的護教士特土良（Tertullian）出生於西元一六〇年，這位西方教會的神學創始人就曾說過，女性的容顏就足以燃燒起男人的情欲，甚至撩撥起性的遐想。聖傑羅姆出生於三四〇年，被尊為西方教會四大聖師之一，他也曾說過，當一個禁欲的男人遇見女性時，「她們的容顏有可能會留駐在你的思想裡」。

《沙漠教父言行錄》有許多則在告誡隱修者不要過分親近同修，還有教父帶弟子去市集時刻意跟徒弟保持距離，以防閒言閒語。這些記錄似乎在暗示同性戀並非罕見，因而跟過分親近女性一樣危險。甚至還有些段落似乎在暗示連驢子都有可能引發隱修者的情欲。

當這些隱修士在洞穴、斗室裡獨自默想時，內心卻源源不絕幻化出生平不曾有過的淫念，他們因而認定是沙漠裡的魔鬼在作祟。許多隱修士都說魔鬼變化成美女來引誘他們犯罪，聖傑羅姆也說：「當我孤身在沙漠中，僅有毒蠍與猛獸為伍時，卻經常發現自己被一大群美女環繞。」著名的沙漠教父聖亞賽熱（St. Arsenius）拒絕為一位婦人祈禱，她回去後向一位主教抱怨，主教回答：「妳是否沒有覺察到自己是女人，而魔鬼會利用女人攻擊聖人？」

沉睡時的遺精最讓他們困惑難解，不確定這是像流鼻涕那樣的自然現象，還是失去童貞的具體證據。出生於三三〇年的聖巴西略（Basil of Caesarea）是東方拜占庭教會的三大聖師之一，他就把遺精視為男性失貞的確鑿證據，並且坦承：「我不知道女性的情況，但我並非處子。」

關於這個問題，出生於三六〇年的約翰．卡西恩（John Cassian, 360-435）特別感到為難而不知如何是好。他年輕時曾經在沙漠中苦修十數載，並寫了《埃及隱士生活》和《隱修生活規律》，對聖本篤（Saint Benedict）創立的隱修制度有深遠影響。約翰．卡西恩知道男性生殖器的勃起不必然跟情欲有關，譬如嬰兒性器官的勃起，或者年輕男性無意識地勃起，都被他視為身體的自然反應。但是他仍舊把夢遺跟自淫劃歸為同一類的「姦淫」，其罪等同於性交和「心靈裡的姦淫」。另一方面，他有時又認為只要沒有跟情欲相關的影像出現，沉睡時的遺精不算犯了「姦淫」的罪。後來，他乾脆明確定下一個規則：如果遺精的頻率低於每兩個月一次，就算是自然反應而與「姦淫」無關。

約翰．卡西恩後來歸納出戰勝情欲的六大階段性目標（境界）：首先是停止一切有意識的性行為，其次是拒絕一切的淫念，第三是看見婦女都不為所動，第四是睡覺以外的時間都不會再有勃起現象，第五階段是讀到經文中有關姦淫的文字時完全不為所動，如同在閱讀造磚的文件一般，最高階段則是不再有任何春夢與夢遺。

根據一九四四年一項針對三十二位健康男性所做的實驗，當他們每天攝取熱量低於一千四百大卡並持續六個月之後，包括情欲、春夢，以及遺精等性的活動就全部停止了。沙漠教父也從自己的經驗發現類似原則，因而鼓勵新來的修行者節食或不定期的禁食，以降伏情欲和夢遺的困擾。約翰・卡西恩還記載下與當代科學發現一致的現象：開始節食的時候，情欲與性的幻想反而會高漲。令當代學者訝異的是，即便沙漠教父的平均攝取熱量只有一千大卡，且通常必須透過勞動來自給自食，卻仍舊被夢遺嚴重困擾著。

當節食的手段仍不足以徹底剷除一切欲念時，更嚴厲的手段就被開發出來。一個迷路的婦人在夜裡敲一個隱修士的門，她被接納下來過夜。但是這位隱修士卻因室內有女人而淫念不止，只好徹夜用蠟燭燒灼自己的手指，讓不息的痛楚壓制內心的火焰。

根據當代醫學的瞭解，遺精的頻率不只跟攝取的熱量有關，也會伴隨年齡的上升與男性荷爾蒙分泌的減少而下降。因此，在這一場被視為靈與欲的戰爭裡，老年人無形中佔了上風，而年輕的男子無形中居於下風。有些隱修士直到老年才得以歡慶夢遺的結束，一位著名的沙漠教父在五十四歲臨終的那年欣慰地說，他已經持續三年免於遺精的困擾。有些隱修士一再挫敗後只能懇切祈禱神來幫他閹割，還有些隱修士始終擺脫不了夢遺的困擾。

許多人在長期的實踐與嚴格的自省之後，發現只能控制行為，而無法控制思想和欲念。一位隱修五十載的老者聲稱他可以消除淫亂、貪婪和自大，教父亞伯拉罕便問他，如果有個女人躺在你斗室裡的席上，你能無動於衷，猶如她不是女人嗎？他回答：「不可能，但是我會跟我的欲念爭鬥，使我不去觸摸她。」亞伯拉罕就說：「所以你並沒有消除淫念，只是控制著自己，不讓它操縱你的行為罷了。」亞伯拉罕又問，如果你在路上看到黃金、石頭和貝殼，能將它們一視同仁而不為所動嗎？老者說：「不可能，但是我會跟欲念爭鬥，而不去撿拾黃金。」於是亞伯拉罕又說：「所以你的貪念還在，只不過被控制住而已。」最後，亞伯拉罕問老者，如果兩個弟兄來找他，一個愛他，另一個恨他且說他壞話，他能否同等愛他們？老者回答：「沒辦法。但是我會跟自己的情緒爭鬥，以便同等和善地對待他們。」亞伯拉罕就說：「所以激情還活在你心裡。即便是聖人，也只是能夠控制情欲而已。」

一個年輕的修行者向某位教父求教：「我有很多犯罪的誘惑，並且隨時面臨著危險。」教父帶他到戶外，叫他：「用你的肺吸滿空氣，讓風靜止吧。」年輕人回答：「我做不到。」教父說：「如果你做不到這件事，那麼你也無法阻止誘惑的來臨。你的工作是抗拒它們。」

在歷經這些長時間、大規模的人體實驗之後，有些人終於覺悟到人類沒有能力仰賴自己的意志力去克服所有的欲望，必須要仰賴神的恩典才有可能。一位隱修士因而說：「除非神的恩典保護我們免於人性的弱點，否則沒有人能克服得了敵人陰狡機慧的攻擊，也沒有人能澆熄或降伏身體內自然產生的熊熊欲火。」

在沙漠中長期跟隱修士一起體驗靈欲之戰後，約翰．卡西恩仍舊堅持神在造人時賦予了他善的火花，卻又不得不承認這顆善的火種仰賴神的恩典才能完全發揮作用。聖奧古斯丁則認為，自從亞當犯了罪而被逐出伊甸園之後，他的所有後代就通通流淌著原罪的血液而不可能完美，不可能憑藉自己的意志而完全擺脫罪的誘惑，其中尤以情欲最難降伏。因此，唯有上帝特別眷寵的人，才能夠在神的恩典下脫離所有的罪。好幾位沙漠教父則見證說，他們夢見天使為他們去勢，從此以後才得以擺脫情欲和夢遺的糾纏。

把戰勝欲望理解為神的恩典，等於是宣告人性與自由意志的有限性，或者在靈欲之戰裡宣告自己是有待援助的弱者。然而這是一場雖敗猶榮的戰爭，由於沙漠教父毫無節制地挑戰人性的不可能，因而讓歐洲的基督徒證據確鑿地看見人性有其極限。

當鐘擺到達頂點之後——浮士德精神的轉向

許多沙漠教父是文盲，只靠口誦默記聖經的零碎片段，理解經文時難免會斷章取義。如果再加上個人因素，就很容易走上極端。譬如，沙漠教父「矮子約翰」曾說：「一個人飽食之後去跟一個男童講話，就已經是在思想上對他犯了姦淫的罪。」他曾經天真地想要模仿天使，不吃不穿整天在沙漠裡敬拜上帝；一星期後他回到同修的弟兄那裡敲門，並自稱是「你的弟兄約翰」，結果同修譏諷他「約翰已經成為天使，不在人間了」。

然而在他們不懈的自省與苦修下，終究還是看清楚欲望的頑強與人類意志的有限性，也警覺到過分的刻苦自勵可能會有不良的後果，讓謙卑、柔軟的心變得剛愎、堅硬而泯滅人性。因此他們並不鼓勵過當的苦行，面對自己的成就和他人的軟弱時也加倍謙卑。

一位長者告誡年輕的隱修士說，曾有一位著名的教父把自己懸掛在峭壁上，想要藉此戰勝睡魔，結果睡著而摔下去。還好天使過來救助他，並且囑咐他不許再這樣做，也不許這樣教導別人。另一位教父乾脆說：「一切過當的事都是源自魔鬼的蠱惑。」

沙漠教父聖安東尼據說活了一〇五歲。傳說中他長年在杳無人跡的沙漠裡苦行，靠著勉強足以維生的水和麵包果腹，忍受各種生理與心理上的折磨和痛苦，以及各種幻覺與魔鬼的蠱惑，最後終於降伏了肉體和欲望，戰勝魔鬼，因而被東方教會與西方教會一致奉為最精通禁欲與靈修的聖人。晚年時有許多仰慕者聚集到他的隱居處附近苦修，希望隨他學習降伏欲望和魔鬼的訣竅。因此他也常被尊為基督教所有隱修士之父，並且有許多關於他的傳說。

據說，有個獵人看見聖安東尼與隱修士們在嬉樂，憤而指責他們的苦行是虛有其表，盜名欺世。聖安東尼就請他試著張滿弓射出一箭，然後請他再試著射得更遠，如此反覆好幾次。最後，獵人不得不說：「如果我再把弓張得更大，它就要折斷了。」於是，聖安東尼對他說：「與神有關的事業也一樣。如果我把弟兄們給繃到超過他們的極限，他們也會立即崩斷。所以我們偶爾也要鬆弛一下，滿足他們的需要。」

另一方面，不管自己有能力克服多少欲望與軟弱，他們都記得自己還有多少做不到的，以及自己在過程中犯過多少錯，因而不忍心責備其他人。隱修士馬卡里烏斯（Macarius）被尊稱為「沙漠之燈」，據說他跟耶穌一樣庇護著眾人、擔當著世人的罪，因此「若有人犯了罪，他會裝做不知道。」在另一則故事裡，眾人要公審一位犯了罪的弟兄，一位曾經是盜匪的隱修士就用籃子裝滿沙子到現場去，跟眾人說：「我的罪像籃子裡的沙子一樣，瀉滿我背後曾經走過的路，我又怎能評斷我的弟兄呢？」

還有一位來自埃及的教父，對肉體的痛苦與欲望的誘惑擁有讓人驚嘆的堅忍能力。他在大齋戒期間混入一個修道院，以他的堅忍讓所有隱修士感到汗顏。後來，修道院的院長將他請到修道院外，對他說：「您已經給我們所有人上了一課，讓我們受益匪淺。現在麻煩您離開，以免這裡的隱修士過分挫折，因而灰心喪志。」

切勿在家模仿——剃刀邊緣的聖潔，走鋼索般的靈性展演

沙漠教父為我們刻劃出來的靈性極限，很像是人性的金氏記錄或奧運記錄，任何人想要超越都很困難，甚至不可能。如果我們信服康德所說的「**應然**必須以**做得到**為前提」，那麼沙漠教父也大致上為我們描繪出道德律令的極限。從這觀點看，宋明理學叫人「革盡人欲」的念頭根本就是不知天高地厚的一廂情願，禁不起人性實驗最嚴厲的檢證。

此外，少數沙漠教父所能企及的人性極限，往往還是遠遠超越常人所能及的極限，不應該貿然拿來要求一般人。甚至把視野縮小到神職人員，儘管他們已經是基督徒中獨特的少數，卻也不是人人都能成功地奉守，甚至還因而一再傳出性侵幼童的弊端。

天主教的神職人員今天都被要求堅守三大誓願：守貞、守貧、服從。從沙漠教父的經驗來看，能守貞就可以戒掉最難戒除的情欲，能安貧就可以戒除一切的物欲，能服從就可以戒除虛榮、自大、憤怒等情緒——能堅守這三大誓願，幾乎就能降伏所有生理與心理的欲望。但是要不要規定所有神職人員都堅守「單身」的規範，教會史上曾有過漫長的爭議。

耶穌的門徒多半是有家眷的，而基督教早期的神職人員也多半是有家的。文獻顯示，一、二世紀的神職人員不需要獨身，只要堅守一夫一妻制即可，而且還被告誡不得反對婚姻。曾經被東方與西方教會奉為聖人的教父克里門（Clement of Alexandria, 150-220）就不喜歡未婚的人來擔任他的教會執事，他說：「獨身與結婚各有它們的獨特功能，以及對救主的服事。」「如果任何人能夠為了榮耀救主的肉身而堅守貞節，就讓他謙卑地如此做；如果他因此而自傲，就走上了歧路；如果他將此事告知樞機主教之外的任何人，他就腐敗了。」

在羅馬帝國迫害期間，各地教會對聖經的解釋不一，對神職人員的規範也不一致。被天主教尊為主保聖人的殉教者游斯丁（Justin Martyr）曾在二世紀時倡導要戒絕與生育無關的一切性行為。盛行於二至四世紀的馬吉安派（Marcion）也認定婚姻是邪淫的，故只為獨身、鰥寡和離婚的人施洗。為了尋求各地教會的共識，君士坦丁大帝於三二五年在尼西亞召開第一次大公會議。會議期間，西班牙的主教提議要求所有神職人員都要嚴守完全的貞潔，埃及地區的主教聖彭諾許（St. Paphnutius）卻持反對意見。聖彭諾許終生獨身，曾經跟隨聖安東尼修行七年，並且為了堅守信仰而被羅馬帝國迫害，失去右眼、一腳癱瘓，還在礦坑裡做苦役。他相當清楚禁欲和守貞的實情，因而在會議上表示西班牙主教的提案魯莽而有欠深思，實際上難以落實，還會把屬於自願的貞節變成外在強加的規範而失去其原本的意義。因此，這個提案並沒有通過。

《米蘭敕令》頒布之後，基督教在君士坦丁大帝的護教下變成時尚，教會又容許神職人員擁有婚姻與家庭，以至於有些信仰不純正的人魚目混珠擠入神職人員之列，甚至將教會的資產納為私人財產而贈與家人。為了杜絕這些亂象，五世紀前後的好幾位教宗都寫信給主教們，諭示神職人員要守貞，至少在彌撒之前要戒絕一切的性行為。

但是這些諭令的實際作用有限，許多神職人員把妻子稱為管家或教會的工作人員，將她們安置在教堂內，或者把家人安置在教堂外而繼續既往的家庭生活。七世紀的文獻顯示法國大部分神職人員是已婚的，八世紀的德國樞機主教和其他神職人員很少獨身。結果，羅馬教會在八世紀彙整教會法規時，並沒有收錄獨身的規定。直到十二世紀的兩次拉特朗大公會議（Council of the Lateran），才明確宣告神職人員的婚姻是違反教規且無效的——唯有單身者才可以被授予新的聖職，而已婚的神職人員必須跟過去的配偶終止夫妻關係。

然而這兩次大公會議的決議還是沒有立即落實，直到十六世紀教會法成為眾所皆知的規範後，大部分教會的神職人員才遵守獨身的規範。但是仍有許多神職人員違背規定，讓妻子以管家的名義住在一起，以至於新上任的主教往往在到任報告裡形容教區內的神職人員「道德敗壞」。此外，神職人員請求教會承認其私生子的情況相當普遍，而羅馬教廷也樂於藉此收受他們高昂的贖罪金。

馬丁．路德（Martin Luther, 1483-1546）和喀爾文（Jean Calvin, 1509-1564）在十六世紀推動新教改革，但是他們都反對獨身。馬丁．路德認為人始終懷著原罪與激情，只有婚姻可以讓他避免犯罪；至於獨身的必要性則是教會法的產物，不但違背聖經的教訓，而且本身就是一種罪——而馬丁．路德本人也成為六個孩子的父親。喀爾文則主張，確實有些人會被神召喚而獨身，但是獨身不該成為一種外部強加的規範，獨身的人也不該被視為比已婚的人更聖潔、崇高。此外，喀爾文也抨擊聖傑羅姆誤把性行為跟心靈的貞潔混為一談，而扭曲聖經的原義。

宗教改革者的主張和質疑讓羅馬天主教廷從此鐵了心，為了跟新教區隔，在歷時將近二十年的特利騰大公會議（Council of Trent）裡宣布：終生獨身是有可能的，它是以聖經的教訓為本，而且守貞確實是比結婚更值得肯定的選擇。然而英國國教與基督新教依舊不堅持神職人員要獨身，有些教派甚至鼓勵神職人員結婚。至於俄國東正教與希臘東正教，樞機主教必須獨身，但是較低階的神職人員並沒有被要求獨身。

到了當代，歷任教宗堅持著神職人員必須單身的規範，卻一再傳出神職人員性侵孩童的醜聞。根據《波士頓環球報》（*The Boston Globe*）二〇〇二年的深入報導，波士頓地區有五位神父數十年來連續性侵幼童，而天主教樞機主教等高階神職人員則運用教會對教友的影響力長年掩蓋事實，還讓這些神父調到其他教區而未加以解職，使得受害人數持續擴大。這些受害者往往在成年後無法面對被性侵的事實和曾經有過的宗教信仰，而以酗酒、吸毒、自殺等手段殘害自己，許多受害者稱自己為「倖存者」，日夜承受著精神上的折磨。該報導刊出之後引起連鎖效應，許多被神父性侵過的男童、女童紛紛出面指控，據說累積人數高達數千人，被性侵時的年齡最小的僅三歲；而涉案的神職人員包括許多神父和修女。

為了瞭解確實情況，美國天主教主教會議（United States Conference of Catholic Bishops）在二〇〇二年委託約翰傑刑事司法學院（John Jay College）進行全面性的調查研究。主持這項研究的凱倫・泰瑞（Karen J. Terry）教授在二〇〇八年發表一篇期刊論文，指出在此前五十二年期間內，全美國共有近四千四百名天主教神職人員被指控性侵，比例約為當時神職人員總數的百分之四；而被性侵的人數超過一萬名，可能高達一萬四千名，美國天主教會支付的和解金超過十億美元。被性侵的人中有百分之四十是十一到十四歲的男童，有百分之十一是十一到十四歲的女童，還有百分之二十七是十五到十七歲的男女童。

由於被性侵的人有百分之八十一是男性，百分之五十一是十四歲或更小的男女童，我們難免要懷疑這些性侵案有很高比例是因為長期壓抑情欲——過度被壓抑的欲望有可能會以變態的方式尋求滿足，佛洛依德的這個學說看來絕非空穴來風。

許多社會改革運動的人一再呼籲天主教會放棄「違背人性」的單身規範。沒料到二〇一九年初澳洲卻傳出樞機主教屢犯性侵罪的消息，而且被裁定有罪。

結語

回顧上述從沙漠教父到十二世紀的基督教守貞史，就可以發現：人的欲望有它自己的法則，並非主觀意志可以任意操縱的；過度壓抑的結果，有可能反而遭致欲望的反撲，衍生出原本不存在的問題，而必須花費更多的時間和心力去跟欲望戰鬥——最壞的情況是還可能會傷害別人來滿足自己變態的欲望。

我們必須謹記：理論上對的事，現實上不必然做得到，甚至還可能會有反效果。

譬如，耶穌與保羅鼓勵獨身，原本是為了減輕現實的負擔，以便有較多的心力專注於精神和情感的昇華。而耶穌會會士巴爾塔沙．葛拉西安（Baltasar Gracián, 1601-1658）也在他的名著《智慧書》（*Oráculo manual y arte de prudencia*）裡說過：「一個人只要解除了口渴，就會轉身背對水井。」

因此，對待本能欲望時必須考量人性的極限，適可而止。如果為了對抗欲望而耗盡所有心力，無心追求情感與精神的昇華，或者其他有益於人生與人群的事，反而是因小失大，本末倒置。

南丁格爾曾經譏諷「苦行是狂熱分子用來發洩精力的無聊瑣事」，「只因為他們沒有任何夠偉大的目標需要克服或者發揮自己。」這句話絕對有值得深思之處。

此外，人的能力因人而異，因時而異，因當時的情境、脈絡與當事人的身心條件而異。不該以同一套標準千篇一律地拿來要求所有的人——極少數人做得到的事，很可能是絕大多數人都做不得到的；一個人偶爾做得到的事，不必然一輩子都隨時可以做得到；同樣的，曾經懇切恪守過的戒律，不必然能終生奉行而始終沒有絲毫的差池；偶然犯過的錯誤，也不應該被看成人格上的永恆汙點。緣此，道德上的「應然」不該被看成是絕不可逾越的戒律，而應該被當作勉勵與期許，甚至是「大德不踰閑；小德出入可也。」

避免心靈被肉體的欲望所俘虜固然重要，避免心靈被謬見和盲從所俘虜而流於極端，或許還更重要，且更艱難。尤其是當我們不自覺地陷入靈肉對立的矛盾時，很容易自以為是在捍衛「天理」或「善」，實則是在對人性進行沒必要的迫害，甚至殘忍、自欺而不自知。

下一章讓我們來看看一些具體例子。

8

「滅盡人欲」的代價
——虛無、偽善，且不幸福

道德的本質是關於何為道德的探問，而人類生命的決定性舉動是不休止地使用一切的照明去尋找善與惡之所以會對立的根源。

——巴代耶（Georges Bataille, 1897-1962）

立基於觀念和理想的道德，是徹頭徹尾的惡。

——勞倫斯（D. H. Lawrence, 1885-1930）

美德並非本性使然，但也不違背本性。

——亞里斯多德

有些人想要使用強制性的手段去消滅道德上的惡，他們所造成的傷害和慘劇確實有可能會超過企圖做壞事的人。

——海耶克（Friedrich Hayek, 1899-1992）

別太躁急地信任或仰慕道德的教師們；他們談論得像天使，但是生活得像人類。

——詹森博士（Samuel Johnson, 1709-1784），著有《詹森字典》

有節制的自制是最好的。沒有節制的自我節制會傷害自我節制的最終訴求，而有節制的自制則可以協助它抵抗沒有節制的不知自制。

——馬克吐溫（Mark Twain, 1835-1910）

「羞惡之心，義之端」，本是善，纔過，便至於殘忍。

——朱熹

二十世紀末的一本台灣小說封面醒目地寫著：「假如人活著，不能純然而成聖，那麼——所有人都是在墮落中的。」在小說的結局裡，主角絕望地死去，宛若精神上的自殘，只欠服毒和割腕而已。都已經二十世紀末了，為什麼還會有文青懷著「成聖」的天真妄想，並且用「墮落」這種極端的措詞去譴責人類與生俱來的天性？

一九二一年的諾貝爾文學獎得主阿納托爾．法朗士（Anatole France）曾在小說《天使的反叛》（*The Revolt of the Angels*）裡有段對白：「想要建構道德的自然法則幾乎是系統性的不可能。大自然沒有（這一類的）原則。她沒有賦予我們任何理由去相信人類的生命是值得尊重的。善與惡對於大自然而言沒有任何差別，她漠不關心。」這一段話不必然意味著道德上的虛無，它的重點在於人類的道德並非大自然所賦予，而是他自己的創作。既然是自己創作的，就沒理由要悖逆人的本性，還硬把這樣的人為建構說成是「天理」。

對比之下，歐洲雖然也一度陷入悖逆人性的道德想望，但他們不是止於空話，而是實踐篤行，因此沙漠教父就已確知人不可能靠自己的努力克服一切人性的軟弱。後來教廷的腐敗與墮落成為文藝復興的助力，自然科學終於將中世紀神學教條一一推翻；接著歷經佛洛依德精神分析的啟迪，以及人類學與社會學對各種社會組織與權力的深刻分析之後，在七〇年代發起一系列的解放運動，全面性地反對以悖逆人性的道德對人性進行沒必要的壓迫。

然而「聖人必可學而至」的天真信念，還如幽靈般縈繞在許多華人文青的胸懷。這個信念始於北宋理學家程顥、程頤，記載於朱熹的《二程外書》，而傳之於王陽明。在那個實證科學與批判性思考都不發達的科舉時代裡，難免充滿未經嚴格審視的信念。然而到了二〇一九年，一位以第一志願考上頂大中文系的新生還自豪地說他志在「為往聖繼絕學」。被問到中國有何絕學是其他文明所沒有的，他信心滿滿地說：「倫理道德！」

這孩子大概沒讀過魯迅的《狂人日記》，也不知道吳虞曾在百年前的《新青年》雜誌發表過〈吃人與禮教〉，提到：「孔二先生的禮教講到極點，就非殺人吃人不成功，這真是殘酷極了！一部歷史裡面，講道德、說仁義的人，時機一到，他就直接間接地都會吃起人肉來。……我們應該明白了：吃人的就是講禮教的，講禮教的就是吃人的呀！」

他大概也還未曾認真自問過靈與欲都是與生俱來的人性，我們憑什麼認定其中一部分必須被壓抑或消滅，而另一部分則應該被鼓舞、發揚？假如人類實際上必有軟弱的時刻，卻又一意孤行堅持「除惡務盡」，會不會反而引起欲望的反彈，或者產出更大的罪惡？

理想可以引領我們邁向生命更高的可欲，活出生命潛在的意義與價值。但是它也可以覆舟，一旦理想陳義過高而不可能時，就會變成空想（妄想）。一旦理想變成對人性的不當壓迫與傷害時，就會遭遇到人性的反撲，或者逼迫大家陽奉陰違，言行相背，或者適得其反而傷害無辜，甚至還可能成為泯滅人性的殘忍與絕情。

我們可以在中國與歐洲歷史上找到罄竹難書的例子，以下僅列舉一二。

好心好意害死人——惡意霸凌是惡霸，善意霸凌是善霸

美國的禁酒運動始於一八二六年，原本是把節制欲望（abstinence）當美德的一種自發性宗教活動，以教育和組織互助團體為主要手段，但是也在許多州促成寬嚴不一的立法。當時在伊利諾州擔任眾議員的林肯警覺到它潛在的危險，因而在州議會裡表示：「禁酒令會對節制這項美德產生莫大的傷害。它本身就是一種欠缺自我節制的行為，因為在它企圖透過立法去控制人們的胃口時，就已經逾越了理性的界線。禁酒令將會嚴重毀損我國政府所賴以建立的根本原則。」馬克吐溫也在一八六七年寫到：「禁酒令只會驅策酗酒者躲在門後和暗處，而不可能解決問題或緩解問題。」

然而十九世紀的美國有太多人因酗酒而癱瘓了意志與養家活口的能力，衍生數不盡的家暴，飢寒交迫的婦女、兒童，以及各種鋌而走險的暴力、犯罪。許多新教徒認為美國人原本既純潔且團結，唯獨酒精腐蝕人心並分化社會，使得美國人的道德日漸敗壞。因此，在道德感與宗教使命感的支持、催促下，企圖推動全國性的禁酒令以消彌社會上的各種罪惡。後來美國在一九二〇年通過了全國的禁酒令，禁止烈酒、葡萄酒、啤酒與一切酒類的「製造、販售、運輸和進出口」，並以一年的過渡期讓大家消費已經儲藏的酒。

禁酒令施行的結果，地下酒吧逐漸取代原本的酒吧，先是以私人聚會的名義消費被偽稱為過去已經窖藏的酒；後來因為零售價格暴漲三、四倍，就乾脆把相對輕微的罰款看成經營成本，肆無忌憚地銷售各種酒品。由於市場對酒品的需求絲毫未減，結果私釀酒業猖獗；此外各種酒品的運銷都被視為嚴重違法，有能耐跟警力對峙的黑道便壟斷運銷管道，並且用運銷所產生的龐大利益賄絡各級政客、法官、檢察官和警察體系，使得黑道的組織益加猖獗、壯大。雖然仍有少數執法者堅持掃蕩犯罪，但是黑道武力強大，而警匪對決時所傷害的往往是街頭上的無辜百姓。事與願違地，大量警力和法庭資源被用來懲處偶然到地下酒吧消費的善良公民，和那些因為酒廠失業而轉釀私酒的普通百姓，而無暇處理更嚴重的盜竊、搶劫、重傷害等犯罪行為。此外，許多人私下買到劣質假酒，所得低而沒有能力戒酒的工人是最主要的受害者，並且因而造成嚴重的公共健康問題。

後來，葡萄酒莊發展出應變策略，使得他們的葡萄生產面積擴張七倍——他們把葡萄去梗、去皮後壓製成隨時可以發酵的「葡萄磚」，並且在產品包裝上以警語提示消費者：「以一加侖水將本產品稀釋之後，絕對不要讓它在櫥櫃裡置放達二十天，否則它會變成酒。」

結果，美國的酒精消費總量不減反增，酗酒的人照樣酗酒，家暴問題也沒有獲得改善，犯罪的問題更是嚴重惡化。最讓反對禁酒令者難以忍受的是，整個司法體系與政治圈被黑道收買，許多人不再相信司法體系；還有很多政客公開表示支持禁酒令，卻轉身就到奢華的地下酒吧歡宴，虛偽之風甚囂塵上，瀰漫整個社會。英國首相邱吉爾（Winston Churchill）在禁酒令期間訪美，就「入境隨俗」請醫師給他開了一張處方：「謹此證明邱吉爾爵士傷後復原期間必須飲用烈酒，尤其是在用餐之時。所需酒量沒有上限，但是不得低於兩百五十毫升。」另一位訪美的英國作家則寫道：「當代的道德和禮儀壓抑所有自然的本性，讓人們無從得知關於本性的事實，使得他們依據妖怪的童話去打擊酗酒。」

最後，在「終結偽善之風」的號召下，禁酒令終於在一九三三年被廢止。專欄作家富蘭克林．亞當斯（Franklin P. Adams）立即寫了一首打油詩：「禁酒令是一場糟糕透頂的失敗，我們愛它。它無法阻止它想要阻止的，我們愛它。它沿途劃出一道噁心的黏液，它什麼都阻止不了，它讓我們的土地充滿惡習和罪行；儘管如此，我們熱愛它。」

「通往地獄的道路是用善意鋪成的」，一廂情願的善意可以導致難以估量的罪惡；好心好意也可以害死人。禁酒令很可能是美國歷史上最愚蠢的立法，甚至有可能是人類歷史上最愚蠢的善舉，無怪乎邱吉爾批評禁酒令是「對人類整體歷史的侮辱」。

鯀無法阻止水往下流，同樣的，沒有任何法令或道德規範可以改變人的本性。墨西哥總統文森德．福克斯（Vicente Fox）曾說：「禁令在伊甸園裡沒有效。亞當吃了蘋果。」諾貝爾經濟學獎得主米爾頓．傅利曼（Milton Friedman）則說：「對於那些有酒癮的人和我們而言，禁酒令只是讓它企圖解決的問題更加惡化。」因為，「想要讓禁酒令發生作用，就像要讓水往高處流；它違背事物的本性。」

歷史的教訓是，若把違背人性的事看成理所當然的道德規範，硬要用法令或輿論逼迫人人恪守，結果必然是整個社會陷入言行不一的偽善而不自覺，以至於誠實面對自己的人憤恨不滿，甚至採取另一種極端來對抗虛偽的道德——薩德侯爵（Marquis de Sade, 1740-1814）就是典型例子。

薩德侯爵：貴族、罪犯、情色作家、縱欲主義與自然主義思想家

薩德侯爵出生於一七四〇年，只比康德小十六歲，卻跟康德恰成兩極化的對比。康德是理性主義與道德義務論的代言人，薩德侯爵卻是各種惡德與邪淫的代言人——英文裡「虐待狂」（sadism）一詞的字面意義就是「薩德主義」。

他的手稿今天是法國的國家珍藏，然而他的作品曾是全歐洲的禁書，因為他毫無節制地倡導惡德。以詩集《惡之華》聞名後世的波特萊爾（Charles P. Baudelaire, 1821-1867）說：「欲對邪惡有所

瞭解，必須重訪薩德。」解構主義的先驅巴代耶說：「如果有人想要深入人性底層一探究竟，薩德的作品不但值得推薦，且是必讀之書。」而當代藝評傑森．法拉戈（Jason Farago）則在〈誰怕薩德侯爵？〉這篇文章裡自問自答：「他無所不在，而且至今讓我們感到毛骨悚然，為什麼？」因為「在這一個政治、經濟與生態都瀕於崩潰的極端社會裡，人性的陰暗景象越來越具有讓人毛骨悚然的可信性。」

然而薩德侯爵並非天生的極惡之人，他的父親是法國的伯爵和路易十五的外交官，其貴族血統至少可以追溯至十二世紀，而他的母親是法國波旁王室的後裔和宮廷的侍從女官。他從小住在宮廷裡，當一位王子的玩伴；十歲進入貴族精英學校路易大帝中學，從而培養出對智性思考的愛好，以及上流社會的儀表風範。十五歲起他就讀貴族的軍事學校，畢業後在九年軍旅生涯裡被升遷為龍騎兵團上校，並且在一七八九年的法國大革命後被選為巴黎一個行政區的首長，以及國民公會的國會代表——十足是貴族中的傑出精英。

然而他不斷進出不同的監獄和收容罪犯的精神病院，原因包括欠債、褻瀆宗教、粗暴地對待僕人、性虐妓女等。他跟小姨子的偷情有可能獲得妻子默許，但卻激怒了丈母娘，而設法從法國國王取得一份無須具體罪證與罪名的監禁令；從此以後他一再被各地警方追捕、監禁。他在作品中刻劃各種怪誕、殘忍的性行為（各種酷刑與虐待，強暴自己的幼女，一群貴族輪姦彼此的女兒，甚至為了達到性高潮而殘殺受害者），揭露人性與社會的黑暗面，並且鼓勵社會底層以犯罪來抵抗上流社會的壓迫，因而被拿破崙下令逮捕與處死。

他在四十一歲那年寫信給太太：「是的，我是縱欲者，我坦然自在地承認。我竭盡所能想像著各種滿足欲望的方式。但是我絕對不曾不加取捨地實踐我曾想像過的所有淫行，我也不該如此做。我或許是個縱欲者，但我絕不是罪犯，我從不曾謀殺。」

他竭力闡述罪惡的必然性與必要性，但卻絕非「十惡不赦之徒」。雖然他在革命期間掌握大權，卻不曾用來報復那迫害他一生的岳母；在一七九二年的「九月大屠殺」裡，他寧可被認定為「敵人的奸細」而被判處死刑，也不願意配合掌權的極左翼進行血腥屠殺；此外，他還參與一個人道委員會，研究改善醫院的環境。

他的著作充滿色情、性虐待的情節，各種驚世駭俗的粗野性交模式。在《索多瑪的一百二十天，或淫樂者的學校》裡，代表上流社會的公爵、法院院長、主教和銀行家在一個與世隔絕的城堡裡享受各種匪夷所思的性淫樂，包括強姦綁架來的童女，強姦自己的幼女和已出嫁的女兒，集體輪姦彼此的女兒，性虐被綁架來的童男童女（以各種酷刑施於他們的身體和性器官），最後甚至殘殺這些無辜的受害者。在《茱汀娜，或喻美德的不幸》和姊妹作《茱麗葉，或喻邪惡的喜樂》裡，他以最極端的方式揭露人性與社會的黑暗面，論證惡的必然性與必要性，以及「美德必帶來厄運，惡德必換來幸福」。

後來，拿破崙下令逮捕這兩本書的作者，薩德侯爵也因而被判處死刑。與其說原因在於這兩本書「違背社會道德」，還不如說它們揭露上流社會的偽善與欺壓底層，同時鼓舞底層群眾以犯罪的手法反抗上流階級：「假如我們的不幸、我們忍受不幸的耐心、我們的善意以及我們的逆來順受都只能夠增加我們的銬鐐，我們的犯罪就變成了他們的產物；我們如果拒絕用犯罪來減輕他們套在我們頭上的枷鎖，我們就大大地上當了。」雖然他最後逃過死刑，卻因而在監禁中度過人生的最後十三年。

但是薩德侯爵從不覺得罪有應得：「我只不過是模仿其他人的惡德，就因而換來我的不幸。」的確，害他一再被監禁的淫蕩行為是當時上流社會的普遍現象，法律禁止數種性交模式但又不敢輕易取締，貴族經常誘姦與性虐僕人後給予金錢補償，妓院中有數量驚人的皮鞭，巴黎估計有四萬人涉及同性性行為，而一七七六年過世的孔蒂親王（prince de Conti）則留下數千個戒指，每個戒指代表一位跟他上過床的女人。至於薩德侯爵的書中情節，往往只是在監獄中取悅自己的性幻想，而不必然是他的實踐：「就像鐘錶中的發條，幻想是驅動一切的力量。……人豈不是因為幻想而懂得喜悅？最激烈的狂喜豈非誕生於幻想？」

他的縱欲和特殊的性癖好或許一部分出自家族遺傳，一部分出自欠缺家庭教養、不幸的際遇以及上流社會的普遍習染。他的父親就是一個棄家不顧，縱情聲色且男女不拘的浪蕩子。四歲的時候他因為毆打一位王子而被送到法國南部去跟叔父住，但是這位擔任修道院院長的長輩不但自己縱情聲色，同時跟一對母女同居，還誘導年僅六歲的薩德侯爵享受聲色之娛。就讀路易大帝中學期間他被形容為「具有善良的心地」，但是「充滿激情，熱衷享樂」。不幸的是，他在這一所學校裡經常被任教的僧侶鞭打，或許因而發展出他後來酷嗜虐待與被虐待的樂趣。他說：「沒有痛苦的性行為，就像沒有味道的食物。」「唯有透過痛苦，一個人才能得到快樂。」

與其說薩德侯爵代表人性中不可被壓抑的陰暗面，不如說是被扭曲的人性；與其說造就薩德侯爵的是原本單純的本能欲望，不如說是那個充滿偽善與言行不一的社會。

羅素（Bertrand Russell, 1872-1970）譏諷假道學：「事實上我們同時存在兩種道德，一種被我們用來說教，但不實踐；另一種我們確實履踐，但鮮少用來說教。」「那些被看成是道德榜樣的人，他們放棄尋常的歡樂，並且以阻撓他人的歡樂來當作補償。」喬治．歐威爾更尖刻地說：「他帶著面具，他的臉逐漸長得跟面具吻合。」假道學的最後，必定會徹底扭曲自己。

無獨有偶，隱藏在宋明理學中那些悖逆人性的天真想像（所謂的「天理」），也在明清發展成極為扭曲、顛倒的價值觀，桎梏整個社會，使得曹雪芹說出：「滿紙荒唐言，一把辛酸淚。都云作者癡，誰解其中味。」

淫亂貪墨理當諒解，真情至性禮教難容——價值倒錯的紅樓夢世界

康熙皇帝崇尚理學，還把朱熹靈牌抬進孔廟，讓他跟孔門十哲並列。然而他也曾多次公開譴責理學家的表裡不一：「自有理學名目，而彼此辯論。朕見言行不相符者甚多。終日講理學，而

所行之事，全與其言背謬，豈可謂之理學？」「凡所貴道學者，必在身體力行。見諸實事，非徒托之空言。今漢官內有道學之名者甚多，考其究竟，言行皆背。」「使果系道學之人，惟當以忠誠為本，豈有在人主之前作一等語，退後又別作一等語者乎？」

然而最令人感到震撼的，卻是《紅樓夢》裡「只許長輩作奸犯淫，不容子女真情流露」的價值倒錯。成人世界的淫亂邪僻、貪墨弄權、刻薄下人都能得到彼此的包容與體諒；反而賈寶玉和林黛玉的真情至性卻屢遭物議，不被容許，以至於一個出家，一個殞命。

老僕焦大說寧國府裡：「爬灰的爬灰，養小叔子的養小叔子。」而柳湘蓮也說寧國府裡「除了院前那兩個石頭獅子乾淨，只怕連貓兒狗兒都不乾淨」，連如此齷齪的事都可以被包容、隱忍，為什麼真摯的情感和坦率的言行卻反而要被責備、物議，以至於潔身自愛的人幾乎沒有一個有好下場？要說荒唐與辛酸，恐怕人間再也沒有比這更荒唐、更辛酸的了！

曹雪芹透過賈府上下對待情與欲的態度，展演一齣又一齣價值倒錯的戲碼給我們看。警幻仙子說淫欲有兩種：一者純屬肌膚之欲而無關感情，「悅容貌，喜歌舞，調笑無厭，雲雨無時，恨不能盡天下之美女供我片時之趣興」；一種是因為感情而自然衍生的欲念，「如爾則天分中生成一段癡情，吾輩推之為『意淫』。」偏偏曹府上下容得下肌膚淫欲，卻容不得癡情的意淫。

賈寶玉在秦可卿房裡的春夢，以及他和襲人的初試雲雨，就是一個典型的對照。秦可卿是仙界轉世，又兼具釵玉之美：「其鮮豔嫵媚，有似乎寶釵。風流裊娜，則又如黛玉。長大時，生的形容貌娜，性格風流。」這樣的可人，既是賈母「重孫媳中第一個得意之人」，公公賈珍更忍不住染指，賈寶玉當然會喜歡。寶玉愛讀《西廂記》而對男女情事懵懵懂懂，進入秦可卿的臥房後聞著疑似她遺留的體香，因而想入非非還春夢一場，這是自然的生理與心理反應，無可厚非。況且寶玉在房內時秦可卿特地吩咐小丫鬟們「在廊檐下看著貓兒狗兒打架」，實則見證她跟寶玉間的清白，用以杜絕揣測和閒言閒語。然而這一場春夢若被他父親知道，就算沒被打死，恐怕也得扣上「亂倫」、「畜牲」的帽子。

反之，襲人跟寶玉並無男女情愫，而成為寶玉初試雲雨的對象；這件事若傳揚開來，大家只會視為理所當然，甚至當作趣談。為什麼單純的春夢可以被扣上「亂倫」的帽子，而純屬肉體的歡愛卻上下都不介意？真情與本能的意淫有罪，純屬肉體的歡愛倒成了「人之常情」，這豈非「現行犯無罪而思想犯有罪」？此外，寶玉的春夢萬萬不敢張揚，染指媳婦的賈珍卻在秦可卿死後高調表示要「盡我所有」為她辦一場「恣意奢華」的喪事，還說出「恨不能代秦氏之死」。前者低調而後者肆無忌憚，又是另一個價值倒錯的鮮明例子。

至於賈府的「只問權勢與好惡，不論是非與黑白」，也讓人印象深刻。姑且不提賈母史太君的極端，連寶玉的母親也是如此。她明知兒子跟丫鬟經常瘋言瘋語地調笑，也應該知道貼身大丫鬟金釧兒的為人，卻只因聽到寶玉跟金釧兒的戲言，便突然認真起來，指控金釧「下作小娼婦，好好的爺們，都叫你教壞了。」她立即下令把金釧遣出賈府，即使金釧婉轉暗示一出賈府就無生路，這個吃齋念佛的老太婆還是鐵了心，以致金釧最後不堪屈辱與汙名而投井自盡。而她抄查大觀園時，藉口說是要驅逐帶壞寶玉的人，實則輕輕放過襲人和傳聞中跟寶玉有染的婢女，而硬把潔身自愛的晴雯給逼死——只因為她是最漂亮的婢女。

更荒唐的是賈政棒打寶玉的那一幕。賈政恪守儒家教訓，立志當忠臣、嚴父、孝子，按理應該要明於是非。金釧自殺後，寶玉的異母弟弟賈環向他誣告，說起因是寶玉強姦未遂。結果這個當父親的竟然不問事實，直接喝令把寶玉「堵起嘴來，著實打死！」下人打了十幾板他嫌太輕，自己奪起大板「咬著牙狠命蓋了三四十下」，甚至還叫人拿繩索來要勒死寶玉。真正逼死金釧的王夫人來求情時，也不敢說出事實，只是用賈母來威脅賈政：「打死寶玉事小，倘或老太太一時不自在了，豈不事大！」最後賈母來了，同樣不問事實與是非，只流著眼淚大喊：「先打死我，再打死他，豈不乾淨了！」一見母親動怒，賈政竟然馬上陪笑道：「母親也不必傷感，皆是作兒的一時性起，從此以後再不打他了。」一人命關天，卻沒有人想過要先問清楚事實。這樣的賈府和《紅樓夢》世界，還有什麼是非可言？

更匪夷所思的是，寶玉癡情、意淫，卻是賈府最不可能強姦婢女的人；而道貌岸然的賈政竟然搞不清楚這個事實，實在是對「知子莫若父」的最大諷刺。

偏偏，這樣的賈府卻是清朝官宦世家的寫照，甚至今日的台灣社會都還到處可以看到如此陋習。追究起來，關鍵在於「革盡人欲」的道德標準嚴重超越了人的能力所及，因而所有讀書人都落入「說一套，做另一套」的雙重標準裡。一方面是每一個人在晚輩面前與公開場合都道貌岸然，另一方面是每一個人都做不到自己揭櫫的道德標準，因而都有見不得人的「虧心事」，怕被揭穿。於是，「彼此體諒」與「不能互揭瘡疤」逐漸變成默而不宣的社會共識，而「直言無諱」反倒是社會的禁忌與無知的表徵。行之既久，真相只能「心照不宣」而不能公然追根究柢，是非黑白也就越來越模糊。最後，彼此姑息變成社會上共同遵守的「倫常」，真情坦率或堅持是非反而變成社會的共同禁忌。

尤其在賈府裡，掌權的媳婦時而要是非分明地懲治下人、管束晚輩，時而要顛倒是非地討好長輩，時而要對身邊的各種淫穢、貪墨裝聾作啞。這樣的人不只要精明，還要藏匿得了個人的好惡，甚至最好是冷感、絕情，沒有核心思想和明確的價值觀。於是，情感深藏不露而「隨分從時」的寶釵成為榮國府當家媳婦的不二人選，而「孤高自許，目無下塵」反而成為黛玉注定要焚稿斷痴情的「性格缺點」。

活在這樣的社會裡，純真無辜的人性受盡蹂躪，人性的敗壞與齷齪倒受盡體諒。活在這樣的社會裡，只能扼殺真情，或出家，或者才女薄命。如果把較可貴的人性稱為「人性的上半部」，而較陰暗、齷齪的部分歸為「人性的下半部」，那麼「人性的下半部」在紅樓夢的世界裡得到充分的體諒、包容而盡情地展演，反倒是「人性的上半部」徹底被壓抑了。

無怪乎黛玉的〈葬花辭〉裡說「一年三百六十日，風刀霜劍嚴相逼。」在賈母的呵護下沒人敢明著欺壓她，但是冰雪聰明的她卻深知整個社會都容不下她這樣的性情。也無怪乎曹雪芹會「滿紙荒唐言，一把辛酸淚。都云作者癡，誰解其中味。」

許多人把禮教吃人看成「封建餘毒」，而沒警覺到封建社會不見得就必然有吃人的禮教，禮教吃人也不必然只出現在封建社會。結果，紅學百年有餘，大家只籠統地把《紅樓夢》當作封建時代的悲歌，以及現實與理想的必然衝突，而看不見其中的價值倒錯，也警覺不到這樣的價值倒錯還繼續統治著我們今天的社會倫常和潛意識。

然而這樣的是非不分與價值倒錯，並非自古皆然或始於孔子，而是始於宋明理學。因此該怪罪的不是孔老二，而是自以為懂得天理人欲之辨的宋明理學。

百年後仍在吃人——死而不僵的禮教，殘忍絕情的天理

宋明理學最為後人詬病的，就是耽溺於抽象的「天理」，而罔顧人性的實然。譬如，程頤反對寡婦改嫁，理由竟然是「餓死事極小，失節事極大。」朱熹也加碼說程頤的主張「自世俗觀之，誠為迂闊，然自知經識理之君子觀之，當有以知其不可易（更改）也。」

禮教之所以會吃人，是因為宋明理學把天理與人欲看成無法共存的對立面，沒有中間選項，也沒有灰階地帶。譬如，朱熹說：「人之一心，天理存，則人欲亡；人欲勝，則天理滅，未有天理人欲夾雜者。」「人只有箇天理人欲，此勝則彼退，彼勝則此退，無中立不進退之理。」因此「學

者須是革盡人欲，復盡天理，方始是學。」這種強調二元對立的極端態度，很容易會淪為無限上綱；當它與抽象的思辨結合時，更容易導致罔顧人性的絕情與殘忍。

有人問朱熹：「飲食之間，孰為天理，孰為人欲？」他回答：「飲食者，天理也；要求美味，人欲也。」有學者因此為朱子辯護，說他並沒有徹底否定人的生理需要。然而他確實說過：「聖賢千言萬語，只是教人明天理，滅人欲。」「學者須是革盡人欲，復盡天理，方始是學。」因此，在他心裡天理與人欲是不兩立的，問題只是界線在哪裡。

有人問程頤：「於理似乎不可以娶寡婦？」他說：「然！凡取（娶），以配身也。若取失節者以配身，是己失節也。」這人又問：「或有孤孀貧窮無托者，可再嫁否？」他說：「只是後世怕寒餓死，故有是說。然餓死事極小，失節事極大。」最後這一句話引起清末民初許多人的撻伐，最後終於有「禮教吃人」的譏刺。

程頤堅持的理由是：婚姻是終生之約，不該背信。他說：「凡人為夫婦時，豈有一人先死，一人再娶，一人再嫁之約？只約終身夫婦也。」然而這一套說詞根本就違背當時的社會共識！宋朝女子再嫁的例子比比皆是，陸游的元配被迫離婚後改嫁，李清照在丈夫死後改嫁。王安石的兒子罹患精神病而多疑，屢次想殺自己親生骨肉，最後還真把孩子給嚇死；王安石對媳婦的遭遇不忍心，便把她當女兒一樣改嫁到一個自己遴選的好人家。范仲淹的母親守寡未滿三年就改嫁，范仲淹也在兒子死後把媳婦改嫁給自己的學生。范仲淹設立的「義莊」還規定要資助寡婦的改嫁。由此可見，

「寡婦不嫁，鰥夫不娶」並非宋朝社會之共識，也就沒有道理硬要說男女婚嫁的許諾是從生前延續到死後。

此外，范仲淹的母親之所以改嫁，是因娘家不肯救濟，孤兒寡母難以為生而不得已。在那封建保守的社會裡，類此情景在不算富裕的家庭裡想必相當普遍，不改嫁往往就是母子俱亡。就算再重承諾和意氣，也不該要兒子給自己陪葬，順便斷了夫家的血脈吧？就算是思想極端封建的人，也會記得「不孝有三，無後為大」；不管是避免遺孤為自己陪葬，或者是為前夫保存血脈，其重要性絕對遠高於未曾明確承諾的守寡。因此，即便是元朝，元曲《望江亭》、《柳毅傳書》，以及《合同文字》也都還是正面看待寡婦改嫁。

事實上，寡婦不可改嫁是宋明理學倡議的結果。民初學者董家遵依據《古今圖書集成》中各代的烈女傳進行統計，得出五代之前載入史書的節烈婦女只在數位至數十位之間，宋代劇增至百位，明代守寡的節婦暴增至兩萬七，而守貞殉死的烈婦還有八千多位。這些數字並不等於各代貞節烈婦的實際數目，但是足以顯示寡婦守節的普遍是始於宋代而大盛於明朝。清初方苞就曾在〈巖鎮曹氏女婦貞烈傳序〉上說：「嘗考正史及天下郡縣志，婦女守節死義者，秦、周前可指計。自漢及唐，亦寥寥焉。北宋以降，則悉數之不可更僕矣。蓋夫婦之義，至程子然後大明……而『餓死事小，失節事大』之言，則村農市兒皆熟焉。自是以後，為男子者率以婦人失節為羞，而憎且賤之。」

由此可見，「寡婦不能改嫁」確實是程頤和朱熹藉「天理」之名強加給寡婦的義務。此外，明朝守寡節婦之所以劇增，是因為國家有明確的規定，會給寡婦糧米供應，以保障其基本生活。這樣的完整配套，遠比程朱「餓死事極小，失節事極大」的空話更有人性。

再者，程頤、朱熹既然自居為天理的捍衛者，豈不是應該要有能力跳脫他們所處時代、社會的盲點和惡習？如果他們跳不出當時的惡習，不也就彰顯了他們不知天理，也不該仗恃天理去苛責別人與生俱來的本能欲望和生理需要？

朱熹自己曾說：「羞惡之心本是善，纔過，便至於殘忍。」也說過程頤的主張是「自世俗觀之，誠為迂闊」，卻偏偏選擇堅決支持程頤，因而招致千古罵名。為什麼？

禮教之所以會吃人，首先是太信任抽象的道理，並且過度牽強地硬要將所有經典納入一個體系井然的理論架構，而忽略現實生活和人性的完整事實；其二是人類的思維再周密都會有所疏漏，但理學家卻普遍對此欠缺足夠的警覺。

戴震遠比宋明理學更能警覺到人皆有所蔽，不可能在天理與人欲間找到絕不會犯錯的界線，因此他在《孟子字義疏證》裡說：「在孟子言『聖人先得我心之同然』，固未嘗輕以許人，是聖人始能得理。」既然唯有聖人能得天理，那麼理學家的「天理」就註定要落空，「其所謂『存理』，空有理之名，究不過絕情欲之感耳。」「于是辨乎理欲之分，謂『不出於理則出於欲，不出於欲則出於理』，雖視人之飢寒號呼，男女哀怨，以至垂死冀生，無非人欲，空指一絕情欲之感者為天理之本然，存之於心。」

他也指出，一旦所謂的「天理」在實質上悖逆人性，其結果將比酷吏更加殘忍：「人死於法，猶有憐之者；死於理，其誰憐之！嗚呼，雜乎老、釋之言以為言，其禍甚於申、韓如是也！」「此理欲之辨，適成忍而殘殺之具，為禍又如是也。」當他譏諷程朱是「酷吏以法殺人，後儒以理殺人」時，強調的就是兩者都只顧法理，而犯了「絕情」的錯誤。

結語

天理與良知都不足恃，因為它們都有可能只是想當然爾的輕信，一廂情願的幻覺。事實上，只要人類還懷有理想，渴望真理，想要為人生建立起確鑿不移的信念，作為衡量一切可欲與價值的基礎，他就有機會陷入想當然爾的輕信而不自知。不僅十九世紀的美國清教徒如此，宋明理學家如此，從柏拉圖以迄於二十世紀的頂尖科學家亦皆如此。

下一章我們將回顧歷史上俯拾皆是的輕信例子，用以突顯「知之為知之，不知為不知」是多麼難落實於實踐的，也用以警惕自己千萬別淪為「善霸」而不自知！

9

最危險的魅惑
——想當然爾的真理，自以為是的良知

人類是輕信的動物，他必須有所信仰；如果沒有證據確鑿的信仰基礎，他會滿意於薄弱的證據。

——羅素

人類的本性裡有一種病，就是相信自己擁有真理。

——巴斯卡

一個有信仰的人比懷疑論者更快樂，這個事實就好比爛醉的人比清醒的人更快樂。就其性質而言，輕信所帶來的幸福，是廉價而危險的幸福。

——蕭伯納

只有一個真實的智慧，那就是瞭解到自己的一無所知。

——蘇格拉底

面對宗教教條，如果一個人可以毫無批判地讓自己接受攤在眼前的一切荒謬，甚至還漠視教條之間的矛盾，我們就不需要對他那智性的孱弱太過訝異。

——佛洛依德

過去兩千年來，人類心靈的最大敵人不是本能欲望的誘惑，而是輕信——因為輕信，我們毫無止境地縱欲；因為輕信，我們毫無止境地禁欲，乃至於自殘；也因為輕信，我們陷溺在各種自欺欺人的假象和窠臼裡，耗盡一生精力去追求。

甘地（Mahatma Gandhi, 1869-1948）所持信的印度耆那教（Jainism）跟佛教有很多相似點，包括禁欲，不殺生且不使用暴力，不妄言不惡語，相信業報，渴望靠修行跳出生死輪迴以獲得解脫。其中有一個支派極端強調禁欲和苦行，他們在思想、言語和行為上戒除一切情欲，從內在與外在拋棄一切的執著（包括放棄對身體執著），企圖靠冥想追求靈魂的解脫。其中最受爭議的苦行是逐漸減少飲食，直到死亡，藉此脫離對身體的不捨和生死的輪迴。耆那教學者認為它是一種修行的方式，而不是自殺；然而印度最高法院還是在二〇一五年宣布這種儀式是自殺，而予以禁止。

印度第六世紀左右的怛特羅（Tantra）秘教有許多魔法，他們相信男女交合時分泌的體液具有神秘的能量。他們發展出一套男女群交的儀式，以便產出精液來奉獻給神祇，並且在儀式結束後飲用以汲取其神秘能量。後來這些儀式被賦予新的解釋，變成是利用性高潮時的狂喜（ecstacy）來突破靈肉的分離，跟宇宙精神結合。這些儀式在當代的歐美社會被商業化為「怛特羅式性愛」，宣稱這套密術可以讓人在性愛中感受至高無上的幸福。英美的當代威卡教（Wicca）也吸收這些儀式並加以轉化，納入神秘的魔法集。狡黠的印度「靈修大師」（guru）則從印度聖典和西方哲學裡斷章取義，將性愛包裝成「身、心、靈」統整的最高境界，在歐美財經與高科技界吸引無數慷慨解囊的富豪級信徒。

有人相信毫無節制地禁欲可以導致靈魂的救贖，也有人相信性愛的高潮可以讓靈魂衝破肉體的束縛而跟宇宙能量結合。只要願意，人類幾乎什麼都可以相信，甚至相信活人獻祭所流的鮮血，可以讓失血的夕陽在第二天清晨恢復光明，重新照耀大地。

印度南部在五、六世紀開始一種「神奴」（deva-dasi）的制度，上層社會的家長把幼女「嫁」給廟裡的神祇，作為一種奉獻。這些女孩在廟裡學習各種特殊的舞蹈和音樂，以便在神聖儀式裡取悅神祇；她們擁有崇高的社會地位，被視為神的眷屬，不可以跟凡間的男人有任何性關係。後來原本的政治與經濟結構崩壞，神廟失去穩定的經濟來源，這些女孩開始成為貴族的情婦；下層社會的家長也把幼女送給廟裡的神祇，從事各種打掃、清洗、烹煮、布置的雜務，甚至提供性服務而成為「廟妓」。近千年來這樣的性服務被視為宗教信仰的一部分，早期的「廟妓」把性服務視為對神祇的奉獻與神聖的工作，許多男客也把這種性關係視為與神的化身結合，因此難以杜絕。在歷經一、兩百年的激烈爭議之後，印度最高法院才在二〇一四年宣布類似習俗為違法，要求各邦立法禁止且嚴格取締。

神奴實質上已經淪為性奴，卻仍舊以為自己的作為是神聖的奉獻——性愛從來都不是單純的生理行為，不但牽涉到心理作用，還包括各種的想像與信念；而且這些（虛構的）想像與信念還回過頭來影響當事人的生理反應和心理感受，從而強化他們的信念。

不管是稱它們為民俗信仰或宗教，它們的根源都是「輕信」——沒有確鑿的證據可以支持當事人的信念，甚至有許多線索讓旁觀者拒絕他們的信念，然而當事人依舊堅信不移。

更值得警惕的是，類似的輕信照樣潛藏於當代各種「高階人文宗教」與哲學裡，幾乎無所不在。從某個角度看，人類文化史有很可觀的一部分就是在對抗、揭露、批判、舉證反駁各種輕信；但是一種輕信被駁倒之後，馬上又化身為更難以覺察的形式，繼續潛藏於我們最不曾懷疑、覺察的心靈角落裡——這似乎是一場永無止境的角力和挑戰。

德爾菲的神諭，蘇格拉底的堅持——自我批判與「我一無所知」

蘇格拉底的哲學始於質疑（批判）古希臘人普遍堅信不移的信念，他為此留下了一句名言：「未經審慎檢視過的人生是不值得活的。」希臘德爾菲山上的阿波羅神殿刻著祂的神諭「認識你自己」，蘇格拉底常用這個神諭提醒跟他對話的人，要充分警覺到自己的無知，不要陷入自以為是的陷阱。

當蘇格拉底與柏拉圖在世的時候，希臘有一批擅長詭辯的人自稱為擁有智慧，他們以傳授詭辯術營生，只要給予報酬就願意為任何人、任何立場辯護（很像今天唯利是圖的律師）。這些人紊亂是非，卻受到許多貴族子弟青睞而從之者眾，因而讓蘇格拉底和柏拉圖同感痛心與不恥，亟欲矯正這樣的流俗。或許不妨說，希臘哲學就是誕生於這種思想上的亂世。

蘇格拉底經常在市場或其他公共場所攔下年輕人，跟他們攀談，引導他們去反思他們輕信的人生價值與信念。他也跟傳聞中有智慧的雅典人（包含前述詭辯術士）逐一對話，表面上是要印證自己不如他們聰明，實際上則難倒他們，以顯示他們跟自己一樣無法確知任何事。後面這一項作為讓許多人顏面無光而意圖報復，因而蘇格拉底被指控不敬神和惑亂青年人的心靈，最終面臨死罪。

根據柏拉圖的《答辯篇》，蘇格拉底很清楚這些指控背後真正的動機，並且至死無畏的堅持要扮演自己的角色。他說：「我是諸神賜給雅典人的牛虻，而且他們一旦殺了我就再也不會有另一隻（來取代我）。……雅典城邦是一匹雄偉而高貴的駿馬，但是因為太龐大而行動遲鈍，需要刺激才能生氣盎然。我就是被神安置在城邦身上的牛虻，不論何時何地都緊緊吸附在你們身上，喚醒你們，說服你們，數落你們。」

在生死攸關的一場答辯裡，蘇格拉底仍舊企圖提醒參與審判、旁聽的所有雅典公民，絕對不要因為輕信而誤以為自己知道真理，或全部的事實。他以自己為例說：「德爾菲神諭說我是希臘最有智慧的人，因為全希臘只有我一個人清楚認識到自己的一無所知。」反面的意思就是：如果在場的任何一個人自以為知道任何真理，他就很可能是在自欺欺人。

最後，蘇格拉底被多數決判處死刑。他坦然以對，因為他依舊很清楚地知道兩個事實：沒有人知道死後是一無所有，或者有另外一個世界，因此也沒有人知道生死之間哪一個是較佳的結果。然而他也很清楚地在整個審判過程中繼續堅持自己（和所有雅典人）的無知，因為那是他唯一確知的事。因此，《答辯篇》的結尾是蘇格拉底對所有參與審判、旁聽的雅典公民說出最後一句話：「分別的時刻降臨了，我即將邁向死亡，而諸位將繼續活在世上。我們之中誰的歸宿較佳，只有神知道。」

然而像蘇格拉底這樣堅持到底的人，是歷史上的極端少數，甚至是極其稀有的例外——兩千年來或許只有維根斯坦能跟他匹敵。

柏拉圖繼承蘇格拉底的志業，質疑一切常識與感官現象的可信性。然而他夢想著跟幾何學一樣完美、明晰而確鑿不移的真理，而且以為自己找到了一條通往真理的道路——相當反諷地，他成為第一個被當成揭示真理的哲學家和先知。

不懂音樂與幾何學者，嚴禁入內——哲學方法的誕生

柏拉圖相信幾何學本身就是真理，而且它還揭示著通往真理的寬敞大道。他發現，完美的圓只存在於觀念中，而現實世界裡的每一個圓都只不過是它的粗劣模本。此外，如果你在紙上畫正三角形的三條內角平分線，很可能會發現它們無法交於一個共同點；作為強烈的對比，當你在腦海

裡進行嚴謹的幾何學演繹時，卻能確鑿不移地證明這三條內角平分線會交於一個共同點（內心）。同樣的，當你試圖在紙上畫出正三角形的內心（角平分線交點）、外心（垂直平分線交點）與垂心（三個高的交點），這三個心似乎不在一起；然而透過幾何學的演繹和證明，你卻可以在腦海裡清晰映現一個完美的正三角形，其中三個心是位於同一點的。緣此，柏拉圖認定感官與物質世界只會妨礙我們認識真理，唯有探索觀念界，才有機會獲得真確無誤的知識。

據此，他進一步認定真正值得追求的（兼具真、善、美三種特質的）對象都只存在於觀念界，而現實世界裡的一切都只不過是它們的粗劣模本——木匠所打造的一切木器都源自於他觀念中的藍本，卻又一定比他觀念中的藍本更拙劣；哲學家皇帝統治下的城邦，其實際政治運作必然遠比他觀念中的想像更拙劣而令人不滿。

另一方面，如果木匠積極改善他觀念中的木器藍本，使它逼近完美，則他打造出來的木器也會間接獲得改善，雖然仍舊比那個接近完美的藍本更拙劣。同樣的，一個統治者的觀念如果極其拙劣，則在他治下的城邦政治一定更加拙劣、紊亂；因此寧可讓哲學家皇帝統治，也還是遠比被內心虛假、惡劣、醜陋的人統治更好。

幾何學還有一個罕見的特質，它可以從極少數、有理性的人都必須同意的命題（公理或公設）出發，經由無可質疑的過程，演繹出無數條無可辯駁的命題——若有人無理挑釁，只會突顯自己的無知或無理性。可以想像得到，幾何學是唯一可以讓詭辯士啞口無言的利器。因此，傳說中柏拉圖學園的入口處寫著「不懂幾何的人請勿擅入」。

幾何學的演繹體系還有一個最吸引人的特質：它可以以簡馭繁，以一御萬。這意味著紛繁無序的萬象背後，可能隱藏著極其簡要的原則——而所謂的智慧，恰恰是要洞視萬象背後最根本的法則。同樣的，人的可欲萬千而難以抉擇，然而彼此之間或許隱藏著類似幾何學的主從關係，一旦掌握到一切可欲的源頭，就可以徹底釐清所有可欲的高低先後。反之，如果沒有掌握到最根本的可欲，將會在紛繁的欲望中枉費一生，始終得不到徹底的滿足。

因此，在《饗宴》與《理想國》（即《共和國》）這兩本流通最廣的對話錄裡，柏拉圖分別以「愛」和城邦治理為題，從常識的（以偏概全的、模糊凌亂的）一般性意見出發，經過一層又一層的反思，和不同角度的闡述，引導讀者去探索、覺察、發現自己的想法（可欲）背後更深層、周延的觀念（可欲），引導讀者看到各種可欲的表象後面有更值得追求的美、善與真，或者更理想的城邦治理模式。

譬如，《饗宴》就是企圖一層一層剝落愛情的表象，引導讀者由淺而深地進入愛情的核心與源頭。它以歌頌愛情為主題，讓第一個發言的人隨口說出愛情的可貴處（帶來幸福感和羞恥心而更加自愛、比較勇敢而願意為他人犧牲）。接著發言的人試圖分辨感官的愛與精神上的愛，「普通的愛情是未經區辨的鄙俗愛情，是男人的粗鄙感覺，……是對於肉體而非對於靈魂的愛。」「它只企圖達到目的，而不管手段是否高貴，因而在善與惡之間毫不加以區辨。」而精神性的愛與肉體無關，「它所喜悅的是勇敢和智慧的本性。」第三個發言的人強調愛的等級應該是像音樂那樣，依據節制、適切與和諧的程度來分等級，「音樂就是一種調節衝突而取得和諧的藝術，她解決高音和低音之間的不和諧來創造和諧。同樣的，節奏就是要設法取得長音與短音之間的和諧。」因此「僅當愛的運作是公正、節制並以善為目的時，愛才成為最偉大的力量。」第五個發言的人試圖分辨愛情的本質與屬性——譬如，愛情的本質是正義與節制，而勇氣則是愛情所衍生出來的附屬特質。最後，由蘇格拉底轉述一位女祭司向他揭示的訊息：「智慧是一切事物中最美的，而愛以美的事物作為其對象，所以，愛必定是智慧的熱愛者。」「愛的最終行為表現就是生育。因此，愛不是對美的企盼，而是在美的影響下企盼生育。但是為什麼企盼生育呢？因為只有透過生育，凡人的生命才能不朽。所以愛不是對美的企盼，而是對永恆的企盼。」「而那些在心靈而非肉體方面具有生育能力的人，會在其他心靈中播下自己的種子。」

儘管《饗宴》把智慧看成是比勇氣、節制、美更根本、更重要的源頭，而且還在《理想國》中揚言要把濫情的詩人驅逐出去，然而許多學者的解讀是，柏拉圖心目中的智慧是兼含理性與情感的和諧，而不是枯燥的邏輯思維與抽象思辨，也不是濫情的感性。此外，相傳有個人從來不曾學過幾何、音樂與天文學，但是卻到柏拉圖學園去，向掌管該學園的柏拉圖弟子色諾格拉底（Xenocrates）表達學習意願，色諾格拉底就對他說：「離開這裡吧，因為你沒有可以用來掌握哲學的工具。」由此可見，在柏拉圖的思想裡，理性是藝術情感的良伴，而不是對立者、審查官或統治者——唯有在兩者同臻成熟且合作無間時，才能夠洞視所有可欲的表象與根源，徹底滿足靈魂最深層的渴望。而老師所扮演的角色，並非傳授知識或智慧，而是協助學生發展出兼具理性與深刻情感的成熟人格或智慧。

譬如，根據柏拉圖的《泰鄂提得斯》（*Theaetetus*），蘇格拉底強調他只是在引導對話者進行反思，使他們發現潛藏在自己靈魂裡的智慧，而不是把自己的智慧傳授給對話者。他把自己的角色比喻成產婆，把對話的技巧稱為產婆接生術：「我的產婆接生術很像真實的產婆；僅有的差別是我為男人服務而非女人，而我關心的是處於生產陣痛的靈魂，而非肉體。而我這一項技藝最精彩之處是透過各種檢視之後，它可以研判一個年輕人的思想產出是屬於虛假的幻影，或者源自生命的直觀事實。我就像一個產婆，自己無法產出智慧，而別人對我的共同指責確實是對的——雖然我質疑他人，我自己也沒有能力發現任何真理，因為我根本就沒有任何智慧。原因是這樣的，神祇讓我只能扮演產婆，卻又阻止我生育。」

蘇格拉底留給西方哲學界的遺產中，最重要的是自我批判和堅持「我只知道一件事，那就是我一無所知」；這些堅持使他得以免於輕信和獨斷，也使得後來的科學界與學術界能夠從歷代傳承的迷思中逐一掙脫出來。可惜這種堅持往往會撼動（摧毀）社會秩序所賴以建立的核心價值，使整個社會瀕於（或陷入）虛無主義，因而經常被扣上懷疑主義與虛無主義的帽子，蘇格拉底甚至為此死節。

柏拉圖從幾何學領悟到殊異、紛雜的現象（可欲）背後有著共同的根源與主從關係，並且把蘇格拉底的方法進一步系統化，成為兼顧理性與感性的反思過程，以及觀念界與現象界之間以簡馭繁，以一御萬的關係。這種從紛雜中尋求簡單規律的企圖，迄今仍舊是科學界與學術界追求的目標，也是使得人類各種知識與情感經驗可以跨世代傳承的關鍵。

可惜的是，柏拉圖鄙視感官經驗與物質世界，結果埋下了後來基督教世界靈肉對立的種子，也埋下中世紀經院哲學只顧思辨而罔視感官經驗的惡習。

今天已經很少人關心柏拉圖學說的具體內容，然而他的反思方法仍舊深刻影響著歐洲的科學與人文領域。或者說，柏拉圖學說中屬於輕信的部分都在歷史中逐一被淘洗乾淨，留下來的是那些禁得起一再反覆檢視的部分——人文世界的歷史並非原地踏步，或者一再重新歸零，而是自以為前進十步，卻在輕信中走了九步冤枉路，最後還是往前推進一大步。

想當然爾的真理，一廂情願的確信——哲學與科學裡的輕信

柏拉圖不相信感官經驗，認定它不可能產出正確的知識，卻又同時輕信靈魂的不朽與觀念界的完美。然而康德親自見證自然科學預測彗星再臨的驚人準確性，和中世紀神學一一被自然科學推翻的事實，因而在《純粹理性批判》裡以巧妙的比喻譏諷柏拉圖：「輕盈的鴿子在自由飛翔時感受到牠劃過空氣時的阻力，牠可能會認為自己在真空裡會飛得更自在。類似地，因為感官世界為人類

的認知製造了太多的障礙，柏拉圖捨棄它，並且大膽地乘著觀念的羽翼超越感官世界，進入純屬理念的真空世界。他沒有注意到自己雖努力而實則沒有前進，因為事實是他沒有阻力，也沒有支撐，而他需要後者的撐持，以便施力於它來將自己的認知帶離地面。可惜的是，人類的理性在從事思辨時總是陷入習慣性的宿命，躁急地盡速構築完大廈，然後才開始研究是否已經為它準備好合適的地基。」

實證科學（positive science）之所以會興起，就是因為我們一再見證人類的抽象思辨是多麼不可靠，多麼容易陷入「想當然爾」的陷阱。然而若以為實證科學可以靠著精密的儀器、反覆的實驗和嚴謹的假設與演繹而徹底擺脫輕信的陷阱，那又大錯特錯了！

從亞里斯多德就開始強調觀察的重要性，希臘與中世紀的思想家卻仍舊相信天體是繞著地球作各種複雜的圓周運動，而且他們還根據實際的星象觀察去決定這些軌道的位置和直徑。哥白尼（Nicholas Copernicus, 1473-1543）雖然用日心說取代地心說，但是仍舊認定行星軌道一定是完美的圓形。他們堅持要用圓周軌道去整合觀察到的資料，論證的過程很簡單：天體的運行是永恆的，因此它們的軌道形式也必須是完美的，才能夠永不墜落；而一切的軌道形狀中，唯有正圓是完美的，因此所有天體的軌道都必然是完美的圓形。

後來中世紀經院哲學的思維模式一再被新的觀察動搖，而克卜勒（Johannes Kepler, 1571-1630）的老師又耗費畢生精力去進行精確的天體位置觀測，並彙整龐大的觀測資料，克卜勒才得以用他所擅長的數學去分析豐富、完整的觀測資料，終於證實了行星軌道是橢圓形的。

不只是擺脫中世紀的思維不容易，我們的腦海裡存在著太多過去累世傳承的想當然爾，想要擺脫其中任何一個都很不容易——即便是二十世紀最尖端的自然科學依然如此。

在普朗克（Max Planck, 1858-1947）發表他的革命性實驗之前，我們都相信物體之間所傳遞的能量可以是任何整數加任意的小數，沒有不可分割的最小單位，理由是「想當然爾」；當他用理論與實驗證明能量有不可分割的最小單位（量子化條件）後，物理學界的反應卻是非常反感。無獨有偶，在愛因斯坦（Albert Einstein, 1879-1955）發表相對論之前，我們認定空間與時間都是絕對的，因為「想當然爾」；相對論發表之後，物理學界遲遲不肯接受相對時間和相對空間，因為它們「荒誕不經，不可思議」——愛因斯坦從不曾因為相對論而獲得諾貝爾獎。物理學家原本認定能量與質量都守恆，因為「想當然爾」；在愛因斯坦發表質能互換公式之後，許多物理學家仍舊不相信質量與能量可以互換，因為那種想法「荒誕不經，不可思議」——將近三十年後，物理學家以高速質子轟擊鋰金屬片，才證實原子核可以分裂，質能可以互換。

即便是二十世紀下半頁裡最具革命性的物理學家，也還是無法徹底擺脫輕信的陷阱。李政道與楊振寧於一九五六年提出宇稱不守恆原理，因量子力學而獲得諾貝爾物理學獎的沃爾夫岡・包立（Wolfgang Pauli）知道後，卻在給友人的信裡堅持：「我不相信上帝是個輕微的左撇子。我準備拿一大筆錢打賭，實驗的結果一定會證實對稱律。」稍後他聽到吳健雄博士的實驗已證實宇稱不守恆原理時，照樣難以相信地說：「真荒唐！」

二十世紀的物理學尚且如此，在此之前各種言之成理、想當然爾的「真理」就更是不勝枚舉。不管是在哲學或現代物理的領域裡，所謂的「真理」也往往只是基於言之成理、想當然爾的輕信，或者「若非如此，不可思議」（Otherwise, it is unthinkable）。然而「不可思議」不等於「絕不可能」——以前我們認定生物必須要有氧氣才能存活，現在卻發現有許多微生物天生就活在無氧的環境裡；以前我們認定生物必須要靠陽光才能存活，現在卻發現暗不見天日的海底有許多生物靠著海底火山的熱能存活。

更重要的是，許多攸關人生的重大問題無法像自然科學那樣進行操控條件下的反覆實驗，甚至許多攸關物質科學的問題也沒辦法放進實驗室裡反覆實驗。在這種情況下，蘇格拉底對自我批判的堅持是我們唯一可以仰賴的武器。

偏偏，不管我們如何嚴防，輕信有如看不見的濾過性病毒，隨時可以侵入我們的心靈、思想與情感裡複製自己，然後滲透到我們情感、思想與心靈的每一個角落。或許我們可以從笛卡兒的真實故事知道它們有多難防範。

百年罕見的天才，難脫輕信的陷阱——始於懷疑一切，終於輕信一切

笛卡兒是法國百年難得一見的全方位天才，在數學、哲學與物理學上都有影響深遠的卓著貢

獻。直角座標、解析幾何和二元論都是他創立的，光學與古典力學裡也有他的貢獻。

他首開理性主義的先河，在科學方法、哲學與神學上深刻影響了十七、十八世紀絕大多數的哲學家與自然哲學思想家。或許更重要的是，他在成長過程中一再推翻自己曾經信賴過的謬誤，因此早就充分警覺到人類太容易相信直覺與判斷，而掉入想當然爾的陷阱，也因而以極端高度的警覺在防範輕信。緣此，他年輕時先投身數學與物理的研究，藉以鍛鍊自己的思想，而擱置他真正關切的人生問題。直到四十五歲時，他認為思想已經成熟，才發表那經營、擘畫多年的代表作《第一哲學沉思集》（早期的中文譯名是《沉思錄》）。

這本書是現代批判性思考的經典與標竿，它從懷疑一切開始，直到找到一個可以確信不疑的起點後，才開始透過嚴謹的批判性反思與演繹，希望能建立起一個跟幾何學一樣歷經千年而屹立不搖的哲學基礎。而他的失敗，見證了與經驗事實無關的抽象思辨是多麼容易隱藏著「想當然爾」的輕信，還瞞過自己和無數代的哲人。

笛卡兒先在《沉思錄》的第一章〈第一沉思：一切值得被懷疑的事物〉裡仔細闡述為何要「懷疑一切」，以及為何「我們所相信的一切都有可能是錯的」。仔細閱讀這一章，必然會驚訝於他自我審查的細密程度遠遠超越我們所能想像，而他對於犯錯的可能性更是遠超乎我們想像地警覺與高度提防。

在〈第二沉思：人類心靈的天性〉裡，他終於找到一個絕不可能會犯錯的確切起點：因為我在懷疑，因此我必然是在思考；既然我在思考，則我必然存在——由此誕生了著名的格言「我思故我在」。

然而在接下來的第三沉思裡，他卻不自覺地掉入想當然爾的陷阱，而武斷地認定——我有一個關於上帝的觀念，其中上帝是無限的；但是以我的有限性不可能自行產出一個無限的觀念，因此這個無限的觀念必然是由上帝加諸於我心靈的。他因而推論上帝必然存在。這個第三沉思在當時就遭到許多有力的質疑，在較具批判性思考的當代人眼中，更是欠缺說服力。至於他在第六沉思中斷言「靈魂駐在松果體內」時，更難以讓當代人信服。

假如連笛卡兒這樣的天才和高度的提防都還不自覺地引入他那個時代「言之成理」的可疑假設，顯然每一個時代的思辨哲學都有機會掉入「想當然爾」的陷阱——尤其是在欠缺經驗事實的充分佐證時。因此，在《沉思錄》發表之後將近一百五十年的時間裡，它的影響遠遠超過它所受到的挑戰、質疑。直到將近一百五十年後，康德在五十五歲那年發表他的第一本代表作《純粹理性批判》，才以更徹底的批判精神檢視理性所能論斷的極限，並極具說服力地斷言理性無法判斷四件事：上帝是否存在、靈魂是否不滅、人類是否有自由意志，此外，人類不可能擁有關於「物自體」的知識（見頁一九一）。

康德並且稱自己的哲學是史上第一個「批判哲學」，他還指出既往哲學的通病——沒有先研究理性思辨的能力極限，就一再針對理性所無法回答的形上學與神學問題輕率地發言，因而墮入獨斷論的陷阱。

如果仔細回顧歐洲歷史的發展，就可以發現每一個世代確信不移的「真理」，實際上往往都只不過是「想當然爾」的輕信——追求真理的渴望，總是蠱惑著我們去跨越「知之為知之，不知為不知」的界線，強不知而自以為知。

屋漏偏逢連夜雨——危機不斷的現代數學、物理與哲學

牛頓（Isaac Newton, 1642-1726）在一六八七年發表了他的《自然哲學的數學原理》，揭露了萬有引力和三大運動定律；接著哈雷（Edmond Halley）在一七〇五年正確預測了哈雷彗星將於一七五八年回來。珍妮紡紗機在一七六四年問世，使工人的產值至少增加八倍；一七六九年瓦特（James Watt）申請了蒸氣機的專利，以蒸汽為動力的全自動紡織機在一七七九年問世。英國街頭在一八〇一年出現蒸汽火車，一八二五年史蒂文生（George Stephenson）完成了從利物浦到曼徹斯特的三十英里鐵路。

自然科學成功揭露了許多大自然的奧秘，工業革命則展現了人類控制大自然的能力，歐洲人從此對理性的信心高漲，想不出有什麼是理性所不能的。一八五一年在倫敦舉行的萬國工業博覽會，展現的是日不落國的信心與驕傲，也是理性的驕傲。

在這背景下，很自然地有人想要以理性道德取代啟示宗教，並以理性思維審查、批判所有的傳統道德。於是，理性成為人類和宇宙一切事物的主宰。然而這一份「理性萬能」的信心卻很快開

始破滅。

數學一向被視為是顛撲不破的真理，也是康德心目中「先驗知識」的完美典型。偏偏數學家羅巴切夫斯基（Nikolai Lobachevskii）在一八三〇年假定「過線外一點，不存在任何平行線」，結果發展出一套跟歐式幾何完全不同的負曲率空間幾何學。接著，黎曼（Bernhard Riemann）在一八五四年假定「過線外一點，存在有無窮條平行線」，結果又發展出另一套正曲率空間的幾何學，因而震驚數學界。在這三套幾何學中，哪一個才是「真理」？這個問題讓頂尖的數學家感到困惑，並且逐漸體認到幾何學的公理（axioms）既非自明的（self-evident），更不是真理，而只是人為的假設。結果，幾何學變成只是一套人為假設出來的演繹系統，而不是顛撲不破的真理。

緊接著，在涉及無窮大與無限小的數學領域裡，以及集合論與數理邏輯裡，都一再出現各種令人困惑的詭論（悖論），讓人不免懷疑邏輯演繹方法是否存在著根深柢固的瑕疵。最後，葛特爾（Kurt Gödel）的證明確認了大家擔心的事——邏輯上一致的簡單數學系統中，存在著無法確知其真假的命題（不具完備性）。十九世紀的數學變成危機重重，羅素甚至說：「數學或許可以被定義為這樣一種學科，在這學科裡我們從來都不知道我們在談的是什麼，也不知道我們在談的是否屬實。」數學變成是與真實世界全然無關的形式演繹，純屬人類的主觀建構。

一八八三年時，二十四歲的胡塞爾（Edmund Husserl, 1859-1938）剛完成博士學位，卻感受到數學的基礎徹底被動搖，而開始研究哲學，希望為數學與人類知識奠定新的基礎。他所寫的《哲學與歐洲人的危機》、《現象學與哲學的危機》反映了當時歐洲知識精英深刻的危機感。

一九〇〇年，普朗克發表「量子化條件」，推翻「能量的變化是連續的」；五年後愛因斯坦發表狹義相對論，推翻了絕對空間與絕對時間。再過四年，拉塞福（Ernest Rutherford）的散射實驗證明原子不是「最小的、不可分割的物質」。一九二三年，將滿二十二歲的海森堡（Werner Heisenberg, 1901-1976）拿到博士學位，每天起床的第一件事是滿懷期待地看報紙，看看是否又有物理定律被推翻的新聞；一年後他發表量子力學理論，並因而獲得諾貝爾獎；一九二七年他發表了留名青史的測不準原理，為物理學劃下人類知識的極限。從此以後，物理學只有假說和原理，而沒有定律（law），沒有真理。在當代物理學家的心裡，所有的定律與真理都是隨時有可能會被推翻的。

一九三六年，七十七歲的胡塞爾出版了他「危機系列」的最後一本書：《歐洲科學與超驗現象學的危機》。

結語

一位思想史的作者說十九世紀是歐洲的危機時代，從科學到哲學，過去屹立如山的信念像骨牌般一一崩塌。更精確地說，在十九世紀崩塌的，主要是對理性的信心。

而預示著這一場信心崩塌的第一張骨牌，是康德的兩本代表作：一七八一年出版的《純粹理性批判》和一七八八年出版的《實踐理性批判》。這兩本書既標示著歐洲理性主義的最高峰，也標示著理性主義的極限，以及歐洲對理性的信心開始崩解的起點。

下一章讓我們來看看這一段歷史，以及它對當代思想的可能衝擊。

10

柯尼斯堡的象牙塔，可敬且可畏的人生
——聖潔而不幸福

哲學的責任是摧毀謬誤思想所產出的幻覺，不管這個闡述的過程會傾毀多麼讓人摯愛的希望和寶貴的期待。

——康德，《純粹理性批判》

哲學的精義就是瞭解理性的極限。

——康德，《純粹理性批判》

正確地說，道德觀並非關於我們如何可以讓自己幸福的學說，而是我們要如何才能有資格擁有幸福。

——康德，《實踐理性批判》

想要找出一套作為，期待它能必然地為任何一個理性的人增進幸福，這是一個完全無解的問題，……因為幸福並非源自理性的觀念，而只不過是以（有限）經驗為基礎的想像。

有兩件事，我們越是頻繁而冷靜地凝想，心靈越是充滿歷久彌新且與日俱增的敬畏和崇拜——在我們頭上星光閃耀的天空，以及在我們心裡的道德律。雖然它們隱蔽在暗處或我難以企及的超越性領域裡，我不需要去尋找或者臆測它們；它們出現在我眼前，跟我的存在的覺醒直接連結在一起。

——康德，《實踐理性批判》

如果要為歐洲兩千多年的哲學史找一個最關鍵的分水嶺，許多專家會說就是《純粹理性批判》這本書。康德從四十六歲那年開始思索這本書的內容，十一年後才發表。這本書以極為驚人的洞察力和精細分析能力徹底釐清了人類理性的能與不能，為人類的抽象思辨劃下一道不可跨越的界線，使得各種一廂情願、想當然爾的理性幻覺隨之破滅。

康德自己說，這本書之前的哲學都帶有獨斷論的成分（包括他自己的作品），而這本書則標誌著批判哲學的開始。在《純粹理性批判》出版之前，所有的哲學家都以理性為工具在尋找真理，卻沒有任何哲學家曾徹底質問過自己：「哪些問題是理性有能力回答的，哪些問題是理性沒有能力回答的？」而他所謂的獨斷論，就是跨越理性的極限，去斷言理性沒有能力解答的問題（包括神的存在、靈魂不滅、意志自由，和物自體的知識）。

由於物自體、神的存在、靈魂不滅和意志自由是希臘哲學和中世紀神學的四大支柱，因此《純粹理性批判》的結論等於終結了希臘哲學與中世紀神學各種無謂的爭論，以及在這四個支柱上所建立起來的一切價值和信仰。很多虔誠的基督徒因而把它看成是一切宗教信仰最大的破壞者，以及存在主義、虛無主義最重要的鋪路者。

接著，他在《實踐理性批判》探索人類意志的理性法則。他曾說過，這兩大批判的企圖是前後一貫地回答人生三大問題：「我能夠知道什麼」、「我應該如何行事」和「我可以**盼望**什麼」。《純粹理性批判》和《實踐理性批判》分別回答了第一個問題和後面兩個問題。關於「我應該如何行事」，他的回答是有理性的人應該按照普世皆能同意的道德法則行事。關於「我可以**盼望**什麼」，他說有理性的人應該**盼望**靈魂不滅，使得我們可以在永世輪迴裡無休止地力求德行的完美；而且**盼望**有一個公義而慈善的神，祂會讓每一個人所獲得的幸福正比於他的德行。

不過康德也坦承，後面這些**盼望**僅僅只是**盼望**，在現實上不一定會實現。在現實世界裡，有德的人不必然幸福，幸福的人不必然有德。對於虔誠的基督徒而言，這個結論或許又是對他們的信仰一個致命的重擊。然而康德並非無神論者，他只是一個精準的不可知論者——神也許存在，也許不存在，我們無法確知；靈魂也許不滅，也許會滅，我們也無法確知。因為理性既不足以肯定神的存在，也不足以否定神的存在；同樣的，理性既無法肯定靈魂不滅，也無法否定靈魂不滅。

包括柏拉圖和亞里斯多德在內，希臘哲學家都以為人生的目標是追求幸福。柏拉圖和亞里斯多德的貢獻，是指出人生最值得追求的目標不在感官與物質世界，也不在勇氣、節制等個人特質，而是這些特質背後更根本的智慧和對於實體世界（永恆真理）的認識。所以，柏拉圖和亞里斯多德的人生哲學、倫理學與幸福學合而為一，都是為了使自己成為值得被自己所愛的人，或者活出生命中潛在的最高意義與價值。

康德則認定人生最重要的既非追求任何可欲的滿足，也不是超乎個人掌控的幸福，而是履踐一個理性的人該盡的義務，成為一個有資格（配享）幸福的人——不管最後是否真的能獲得幸福。他嚴謹而細緻地釐清了理性思維的可能與不可能，也因而突顯了理性的有限與不足。而他的道德論徹底否定人類一切的感性，更使得人類的情感完全沒有可以安頓、立足之地，嚴重悖逆了人性的渴望。

結果，康德的學生赫爾德（Johann Gottfried Herder, 1744-1803）率先抨擊理性主義造成情感與生命意志的空洞化，並且努力揭露人類內心深層的情感、精神與美感經驗，試圖透過詩歌、民謠與藝術品突顯各種文化的獨特精神內涵和核心價值，強調生命的獨特性，並且駁斥理性主義所強調的普世法則。在他的影響下，歌德、賀德林（Friedrich Hölderlin, 1770-1843）與尼采等人開始深入探索人類的內心情感與深層感受，並逐漸發展出浪漫主義文學與思想，成為歐洲存在主義文學與哲學的先聲，與黑格爾的思辨哲學分庭抗禮。後來狄爾泰（Wilhelm Dilthey, 1833-1911）彙整前人的成果，主張人類的心靈世界跟物質世界性質迥異，不能適用相同的研究方法；因而倡議在人文領域裡以詮釋學取代歸納法，並且將人文科學與自然科學分流，以各自適用的方法研究各自的課題。

我們可以說，康德之前的歐洲關心的是超越時間與空間的永恆事物，康德之後的歐洲關心的是在時間之流中此時、此地、此世的生命發展與變化；康德之前的歐洲關心的是抽象、放之四海皆準的普遍法則，康德之後的歐洲關心的是每一個獨立的個體，以及他無可替代的具體生命經驗和具體生命情境。

康德哲學可以說是歐洲史上最具破壞力也最具進步性的理性哲學，他逼迫讀者放棄一切一廂情願、想當然爾的天真信仰，誠實面對理性與人類的有限性和不足，重新探索生命的其他可能出路。因此，他成為歐洲文化史的分水嶺。也因為這個緣故，我們有必要扼要瞭解康德哲學的主要重點——它攸關每一個人對各種可欲的取捨，也攸關每一個人的信仰和抉擇，而不是專屬於哲學系的冷門知識。

哲學界的哥白尼革命，批判哲學的誕生——理性的認知極限

康德不是天縱英才，更不是聖人再世，在很漫長的研究與著述生涯裡，他也是一個易於輕信而不自覺的獨斷論者，直到被大衛·休姆的《人類理解研究》驚醒為止。大衛·休姆在這本書裡揭露了一個既驚人又平淡無奇的秘密——儘管太陽每天早上都從東邊升起，但是我們不能據此推論說明天太陽必然會再度從東邊升起。

平淡無奇的是這個道理太簡單，誰都可以是第一個說出它的人；驚人的是我們從來都沒有覺察，總是想當然爾地認定明天太陽依舊會從東方升起。

康德說這個簡單的道理把他從獨斷論的沉睡中驚醒，他發現自己長期處於嚴謹的哲學思維裡，卻依然很容易輕信「想當然爾」和「言之成理」的法則。他也同時覺悟到所有的經驗知識都仰賴歸納，然而歸納法所獲得的知識都只有或然的正確性，而不具有必然的正確性——明天太陽**很可能**還是會從東邊升起，但是沒有人能保證它**必然**會再度從東邊升起。因此，所有的經驗知識都有瑕疵，不可能會有完美的確定性。

然而數學跟經驗知識卻成強烈對比，它們是完美的知識。一加一永遠是二，不受個人因素影響，也不會隨著時間、地點、種族或文化而改變。歐式幾何的正三角形一定是三心（內心、外心、垂心）共點，三個內角的合一定是一百八十度。這些知識純粹是人類心智的產物，它們先於經驗而存在（先驗知識，a priori），與經驗無關也與外在對象無關，所以才成為絕對不會錯的完美知識。而且，它們還可以發展出像微積分這樣的先驗知識，讓牛頓把宇宙中一切物體的複雜運動模式簡化成三條運動定律。因此，《純粹理性批判》第一個想要回答的問題是先驗知識如何可能？經驗知識（a posteriori）又如何可能？

康德熟知當時的幾何學、光學與天文學，並且花了許多時間深入思索「自然科學如何可能」，最後終於覺悟到感官經驗是由對象、感官以及人類心智（mind）三者構成，缺一不可。然後，他透過驚人的細密分析、反省與思辨，在《純粹理性批判》裡條理井然地詳盡刻劃前述三者的角色和作用，以及人類心智如何產出先驗知識（先於經驗），這些先驗知識又如何跟感官的作用結合去產出跟外在世界有關的經驗知識。他由此推論，由於感官和人類觀念範疇的中介作用，我們對於外在世界的認識已經有別於外在世界自身（物自體），因此人類不可能如其實地認識物自體。

這個論斷獲得當代科學的堅強支持。其一，我們的感官不完美，既看不到紅外線和紫外線的影像，也聽不到大象、蝙蝠和狗所能聽到的低頻與高頻聲音。其次，大腦替我們過濾掉太多資訊。譬如，當我們聽到不熟悉的外語時，大腦會把它當作背景噪音而自動過濾掉，因此很多人在看英語影片並閱讀中文字幕時，就會沒聽到其中的對白；等找出影片劇本來讀時，卻發現對白淺顯易懂。同樣的，當我們看著外界的景色時，大腦會隨著我們關注焦點的變化而把次要細節和周邊景物過濾掉或模糊掉，以至於我們經常有「聽而不覺，視而不察」的盲點。格式塔心理學（Gestalt psychology）的完形理論也指出，許多圖形都可以有兩種以上的可能解釋，我們如何解讀端依個人的心智狀態與生活經驗而定。

也就是說，我們所覺察的外在世界已經被感官與大腦的功能過濾、簡化、重組過，因而我們永遠不可能如實地瞭解外在世界。

同樣的，基於感官與人類心智的多重局限性，人類也不可能擁有關於神、靈魂與自由意志的確切知識。我們只能思索（think）它們的本然狀態（thing-in-itself），但無法認識（cognize）它們的本然狀態。簡而言之，神、靈魂、自由意志與物自體都不在理性可以斷言的範圍內，我們既無法肯定它們的存在，也無法否定它們的存在。

在《純粹理性批判》出版之前，哲學家只關心外在世界（物自體、神等）的究極真相；在該書出版之後，哲學家必須先釐清「什麼是我不可能認識的，什麼是我有能力認識的（我又憑什麼認定我真的有能力認識）。」哲學探索的焦點從「被認知的對象」（形上學）轉回到「人類的認識能力」（認識論），康德稱這個劇烈的改變為「哲學界的哥白尼革命」。

這個改變讓西方哲學家釐清了理性和人類認識能力的範圍，但是當他斷定理性沒有能力評斷任何有關物自體、神、靈魂不滅與自由意志的問題時，也等於宣布柏拉圖以來西方形上學與神學的所有主張都是獨斷論。這個宣告，幾乎等於摧毀了歐洲人過去兩千年來曾經堅信過的一切核心價值與理想。

有神論者緊抓著《純粹理性批判》裡說的：「我因此發現必須否定知識，以便為信仰保留餘地。」並且堅信康德是在捍衛宗教信仰，使它免於理性的攻擊。但是對無神論者而言，《純粹理性批判》讓希臘形上學和中世紀神學全部變成不值得相信的獨斷論；對於更多沒有預設立場的人而言，《純粹理性批判》使他們變成不可知論者——神或許存在，或許不存在，我們無法根據理性去評斷。不管是後面這兩者中的哪一者，都會因而質疑起自己曾經有過的信仰未免過於獨斷、輕信，甚至讓過去的信仰像骨牌般接連崩塌。

譬如，沙漠教父以自己的肉體和欲望為敵，期待著靈魂的救贖與永生。但是，如果沒有人能確定靈魂是否會消滅以及神是否存在，我們是否還有必要徹底剷除感官所帶來的一切愉悅和滿足？梭羅、華茲華斯與陶淵明的拿捏尺度會不會是更切合人性的選擇？

佛教禁欲，因為她認定欲望都是無明，唯有涅槃與寂滅才能消除輪迴、煩惱與痛苦。而類似思想下最極端的表現，就是耆那教的「死亡修行」（見前一章）。如果業、業報、輪迴與解脫都是無法證實的傳聞或想像，這種「死亡修行」就有可能只是一種殘忍的獨斷論。

同樣的，宋明理學家動輒以天理的名義譴責別人的「人欲」，我們真能相信他們手中握有天理嗎？他們又經常用聖人的名義而意氣凜然地斥責別人，但是孔子與孟子就真的懂天理嗎？理學家又如何確知自己對聖人的理解必然精準無誤？宋明理學家的「天理」會不會只是個人的成見，甚至於偏見？

放之四海皆準的命令，先驗道德法則的幻覺——《實踐理性批判》的絕對律令

完成《純粹理性批判》時，康德已經五十四歲，他以為自己的批判哲學已經完成，沒有未完的哲學工作。然而七年後他又發表了第二本代表作《實踐理性批判》，因為他發現人類的知性與意志是相關而不相同的兩種職能，而《純粹理性批判》只討論了客觀的「**認知**」（關於事實與是非、

對錯）如何可能，並沒有討論人類主觀的「**意願**」或「**抉擇**」（無關乎事實與是非、對錯）。

因此他在《實踐理性批判》裡討論一個理性的人應該如何決定自己的行為守則。不過，他探討的依舊是像幾何學那樣的先驗法則——它們的存在先於經驗，本身卻與任何具體的行動無關，因而可以像幾何學那樣絕對正確，讓所有有理性的人都不得不承認、認同；然而它們卻又可以被用來指導現實世界的行動，成為有理性的人所無法抗拒（不該抗拒）的「放之四海皆準」的「絕對命令」（categorical imperative）。

換句話說，實踐理性並不關心外在世界的事實，也不關心我們如何認識外在世界，他關心的是每一個有理性的人都願意服從的行動綱領。因為這些綱領是每一個有理性的人都願意服從的普世綱領，因而超越個人的主觀好惡，具有放之四海皆準的**客觀性**；同時，因為它們源自於超越個人的純粹理性，因此具有「絕對命令」的地位。緣此，康德把這些道德綱領稱為絕對律令或普世立法（universal legislation）。《實踐理性批判》就是在探討這些律令為何會存在，具有哪些內容等。

他並且在稍早出版的《道德形上學的基礎》裡具體提出三條絕對命令，認定它們足以指導一切具體情境下的道德判斷。第一，「你必須樂於將自己的行為準則視同普世準則」（這個原則等效於「推己及人」，或者「己所不欲，勿施於人」加上「己欲立而立人，己欲達而達人」；第二，「不管是對待自己或他人，不可以只視之為手段，而必須同時視之為其自身的目的」；第三，「普世的立法意志必須同時也是理性個體的意志」，這個原則常被稱為「自主性原則」。他相信這三個絕對律令可以用來推斷出所有必要的道德法則。

這三個原則大致上可以獲得廣泛的認同，也可以用來判定納粹的大屠殺何以不道德。但是若企圖用這三個原則去為一切行為建立起普世的道德法則，會不會一不小心就變成是在強迫別人接受我們的成見或偏見？我們真有機會罔顧個人差異，以及行為者所處的具體情境、脈絡，而建立起**先驗**的普世法則嗎？這個企圖會不會又是一個海市蜃樓？

譬如，康德把「不可說謊」當作絕不可以違背的「完善義務」，當時就有人質疑如果有朋友為了逃避殺人犯而躲在你家，而且該殺人犯追到你家門口，質問這朋友的下落，你要不要據實以告？康德在〈論基於善意而說謊的假想權利〉中明確地回答：「是的！你絕不可以說謊。」因為「永遠忠於事實，這乃是理性對我們下達的**神聖而無條件的命令**。」以及「關於正義的一切行為原則都必須包含著嚴格的真理，而**不可以有任何的例外**，因為例外會破壞普遍性——後者是它們被稱為原則的唯一理由。」康德進一步闡述，人只能知道行為本身的對錯，而無法預知行為的可能後果，因此不可以根據行為的結果而決定要如何作為。此外，若因你說實話而害朋友被殺，責任在殺人犯；若朋友因你說謊而被殺，責任歸你。譬如，你的朋友聽到你在門口跟殺人犯對話，而企圖從後門逃逸；同時殺人犯相信你的謊言而準備離去，卻因而碰巧撞見你的朋友而殺害了他，那麼責任歸你。

人的確是沒有能力預見行為的全部後果，然而真的可以極端到連一切可遇見的後果也都置之罔顧嗎？如果在某些情境下，不說謊必然使你的朋友被殺，而說謊或許有機會保全朋友的生命，你還是必須堅持著不說謊嗎？把「說真話」看成自己的義務，把朋友被殺看成和自己的作為無關，純屬殺人犯的責任，這種切割會不會太鴕鳥？英諺云「一切的規則都有例外。」不容許例外的「普世法則」，會不會在某些情境下變成迂腐或殘忍？

更重要的是，比康德小二十五歲的歌德已經發現自然界的一切生命都在持續地演化，根據生存環境的差異而發展出豐富的多樣性。那麼，人類的文化與精神生命，不也是應該要各依其時間、地點，與稟賦的差異而發展出其獨有的特色嗎？事實上，假如康德晚生兩百年，擁有我們今天的人類學知識，或許他對「普世立法」的信心會大打折扣。

以婚姻制度為例，它經常必須遷就勞動生產與生存的需要，很難有普世皆同的法則。在生存條件艱難的原始父系社會裡，財富是存續生命的有利條件，因而富人多一夫多妻，貧寒的男人往往終生未娶。根據人類學的實證研究，大約百分之九十三的原始人類社會是「一夫一妻為主，容許一夫多妻」的多偶制，而相對富裕的農業社會裡則有大約百分之四十採單偶制，譬如《舊約》裡的亞伯拉罕和摩西都有兩個妻子，睿智的所羅門王則有無數嬪妃。相反的，有些喜馬拉亞山脈的部落生活於陡峭地區，自然資源極端貧乏以致嬰兒存活率極低，故盛行一妻多夫制，以便降低嬰兒出生率，同時靠多位男主人的勞動產出提升嬰兒的存活率，這也間接達成生育控制和降低人口總數。西藏有許多遊牧族群長年生活在偏遠山區，因為難得見到家族之外的男性，一有陌生男子路過，必邀至家中款宴、留宿，並讓他盡量跟家族中的所有女性同房，藉此擴大家族基因庫，避免近親繁殖。

至於《古蘭經》裡的一夫多妻制，是因為創教之初的烏胡德之役留下許多孤兒寡母，乏人照顧，因此穆罕默德鼓勵倖存的男人多妻。而基督教的一夫一妻制雖承襲自希臘羅馬社會，然而希臘羅馬時代離婚與再婚很容易，且容許主人跟女奴、妓女有性行為，或許還容許納妾，因此實質上也是多重性伴侶的制度。即便是基督教，也是到了六世紀才正式宣告一夫一妻為唯一的合法形式。

面對這麼複雜、多變的生存情境，我們真的有辦法找到一套完整而又「放之四海皆準」的先驗道德法則，用以在變化多端的現實世界裡指導一切可能的行動嗎？

譬如，「不可殺人」為十誡之一，《舊約》卻經常歌頌以色列人在戰場上的勝利，大衛面對歌利亞巨人時更殘酷地說：「今日耶和華必將你交在我手裡。我必殺你，斬你的頭，又將非利士軍兵的屍首給空中的飛鳥、地上的野獸吃，使普天下的人都知道以色列中有神。」不獨《舊約》如此，荷馬（Homer）的《伊利亞德》歌頌驍勇善戰的阿基里斯（Achilles）和濫殺無辜的木馬屠城計。印度《梨俱吠陀》裡歌頌眾神之首因陀羅「摧毀一百座碉堡」、「殺死三萬名達薩人」。印度史詩《摩訶婆羅多》描述的是為了王位而手足相殘的故事，參戰的英雄阿周那（Arjuna）不願意跟敵對陣營的親友進行生死戰，毗濕奴化身的黑天則從很多角度勸服他參戰。戰爭的發生往往有許多不得以的原因，而強敵環伺的民族都難免以殺敵為傲，崇拜戰場上的血腥英雄，這些看似野蠻的行徑，卻往往是存活的必要手段。

參與二次世界大戰的美軍中有許多人懷著人道主義的精神，他們原本反對、抗拒戰爭的血腥，直到親身經歷敵軍慘絕人寰的手段之後才開始被動應戰。但是，等到他們親眼看到猶太集中營的人間地獄之後，不得不百味交雜地說：「沒有正義之戰，只有不得以的戰爭。」戰爭絕對必須竭力避免，但是又必須作為最後萬萬不得已時的選項，否則人間恐怕將沒有正義可言，並且會縱容更多慘絕人寰的屠殺和殘忍的凌遲。

康德思索理性道德的用心值得肯定與審慎對待，理性也確實有機會發展出許多值得參考的行動守則。然而生命現場的可能情境太複雜、多元且多變，如果對「普世立法」過分堅守而不知權變，很容易淪為吃人的禮教和戴震指責的「酷吏以法殺人，後儒以理殺人。」

理性的省思有助於釐清價值的抉擇，但是若罔顧生命現場的事實，妄想以抽象、懸空的理性思辨駕馭生命，恐怕是在扼殺生命，而非提升生命的價值，有如科學的化約主義——當代情境倫理、道德感性論與美德倫理學的興起，都是為了修正康德道德論的過當與不足。

普世價值的立法，理性背後的執念——生命的願景與海市蜃樓

在《實踐理性批判》裡，康德還耿耿於懷地想要解決三個《純粹理性批判》懸而未決的問題：神是否存在、靈魂是否不滅，意志是否自由。

讀者難免疑惑，既然這三個是**純粹理性**無法回答的問題，為什麼**實踐理性**有能力回答？關鍵在於純粹理性討論的是人類的「**認知**」（必須吻合「**事實**」），而實踐理性討論的卻是「**意願**」（與

事實無關，也與**認知**無關），康德認定這是兩個不相同的問題，譬如，我**不知道**神是否存在，但可以**選擇相信**祂的存在。

在回答這三個問題的過程中，康德首先在《實踐理性批判》裡指出：沒有任何感官或物質性的因素可以阻撓人類的理性去**認同**普世立法（道德律），這個事實就意味著理性賦予人某種的自由；而且，只要人是自由的，他就必然會接受普世立法（道德律）。

他以一個具體的例子說明這裡所謂的「自由」。假如一個人被他的王子要求作偽證，以便王子用這偽證摧毀一個可敬的人，「他應該會有能力克服對自己生命的不捨」，而冒死拒絕王子的要求；「他或許不敢貿然斷言自己會不會這麼做，但是他一定會毫不猶豫承認**有這個可能性**。」康德認為，類似的具體例子很多，足以證明道德律賦予人類某種抗拒生物本能和物質條件的自由，雖然有許多當代學者對於這個論證過程的嚴謹度極端不滿意。

康德知道，光有理性的指令還是不夠，除非美德可以導致幸福，否則道德律的作用仍舊等同於睿智的格言，不足以影響人類實際行為上的抉擇。因此，他企圖說服讀者：「美德和幸福合併起來構成一個人的**至高的善**，而**幸福的程度恰恰正比於美德**則是任何可能世界裡最高的善。」能兼具美德與幸福當然是值得期待的，然而這只不過是我們主觀的（一廂情願）期待，問題是現實世界裡美德與幸福不必然並存，甚至經常不並存，就像陶淵明在〈感士不遇賦並序〉裡指出的，有德的人往往困窘而死。

然而康德繼續用「美德加幸福」遊說（蠱惑）他的讀者。他說，美德加幸福等於「至高的善」，而且「人類的意志必然以在這個世界上實現最高的善為其必要目標」，因此有理性的人應該會追求完美的德性，並且期望著它會帶來至高的幸福。然而完美的德性只有在無限的時間內持續練習才有機會實現，因此「唯有**假定**靈魂不滅，至高的善（含德性上的完美）才成為實踐上的可能。」其次，儘管「幸福的程度恰恰正比於美德」是這個世界至高的善，但是「除非有一位神聖且慈善的造物主存在，且跟我有一致的意願，否則我無法妄想憑己力促成。」因此康德在《實踐理性批判》裡總結靈魂不滅和神的存在乃是實現「至高的善」（美德加幸福）所不可或缺的兩個「**假設**」——僅僅只是為了達成康德心目中的至善所需要的假設，而不必然是這個世界的事實。

乍看之下，這個結論似乎跟《純粹理性批判》的結論矛盾，原本被認定為不可論斷的自由意志、神的存在與靈魂不滅，似乎又借屍還魂地復生了？其實不然，這三者在《純粹理性批判》裡屬於「**不可知**」，在《實踐理性批判》裡則被看成「**期望**」——滿足理性人的渴望所需要的「**假設**」。就像康德在《實踐理性批判》裡說的：「關於神與靈魂的觀念，不管是它們的真實性或它們的可能性，我們都不能說自己有所**認知**且具有洞見。」「因此，從這個**實踐的角度**看，可以且必須假定它們是可能的。」這個**假定**乃是出於「一種**主觀上的需要**，一種純粹理性的需要」。更精準地說，這兩個假設吻合康德心目中有理性的人普遍的渴望。

對於謹慎地同情康德的讀者而言，除了在論證意志自由的過程太過粗率之外，康德算是相當認真恪守著「知之為知之，不知為不知」的哲學態度。他既非無神論者，也非有神論者，而是努力謹守人類本分的不可知論者。他試圖釐定「知道」與「盼望」的界線，讓知道的歸知道，不知道的歸不知道，盼望的歸盼望；不要因為熱切的盼望而假不知以為知，也不要用理性的有限性徹底否認人類最終的盼望。

然而他想盡辦法用「必要的假定」為名，在《實踐理性批判》裡把「自由意志、神的存在與靈魂不滅」再度偷渡回來；並且在行文間模糊掉「假定」的主觀性，而強調那是所有理性人都不得不接受的，從而讓它們蒙上模模糊糊的客觀性。這種迂迴的論證技巧，會不會只是以理性為名在捍衛（遮掩）個人的主觀渴望？譬如，尼采就在《偶像的黃昏》裡指控康德「終究是狡猾的基督徒」，以理性為名遮掩自己的宗教信仰。

身為批判哲學的倡議者，康德在《純粹理性批判》把神的存在、靈魂不滅和自由意志劃歸為不可知，因而摧毀了形上學與神學的基礎，卻也同時將人類從過去的一切思想威權中解放了出來，還給人類精神上極大的自由。然而在《實踐理性批判》他卻又以備受爭議的方式把它們給偷渡了回來，甚至還給道德律安上了「絕對律令」的森嚴氣象。好不容易才獲得解放的人性與感性，馬上又被套上更冷酷的枷鎖。

因此，尼采認為康德顯然不是理性思辨或批判能力不足，而是意志上的軟弱，因為無法忍受沒有普世價值的世界，而牽強地為「普世法則」辯護；因為害怕德行和幸福不成正比，因而渴望上帝的公義和至善。他在《權力意志》以鄙夷的口吻說：「康德，懷著他的『實踐理性』以及道德狂熱主義，是全然屬於十八世紀的；仍舊全然自外於歷史的運動；無視於那個時代的真實內涵，也就是革命；不曾感染過希臘哲學；對於義務的概念懷抱著遙遠的妄想；一個感覺主義者，在成長背景中充滿教條主義的細心呵護。」批判哲學變成是為預設的意識形態服務，「我們太習慣於絕對的威權，以至於變成需要絕對的威權——這個需要是如此強烈，即便是在康德那樣的批判時代裡，它都還勝過對批判的需要，並且在某種意義上俘虜了批判理性，讓它為絕對的威權服務。」

康德所謂的「實踐理性」與中世紀神學有著太多的相似處，因此尼采在《權力意志》裡繼續嘲諷它們是「根植於一種古老的習慣：假定人生的目標必須被忍受，被外界某些超乎個人的權威所授予、命令。」「道德的價值評量是一種宣判、否定的方式；道德是一種拒絕存在意志的方式。」「我沒看到有任何人敢於冒險對道德價值的感受進行批判性檢視。」最後他乾脆質疑康德的批判哲學——「一件工具會有能力批判地檢視它自己的適用性嗎？」

在《善惡的彼岸》裡，尼采進一步質疑：「哲學家所謂的發現，只不過是一個假設，一個直覺，實際上是某一種『靈感』——最常見的是被過濾且抽象化之後的內心渴望。」假如連康德的道德哲學都僅僅只是以理性為名在捍衛內心的某種渴望，那麼它就只是一種「言之成理」的偽裝，而背後主宰其意志的，終究還是特定時代基於特定文化脈絡而有的習慣或渴望，甚至於僅僅只是基於個人成長經驗與個人特質而有的執著或執念。倘若如此，它們憑什麼排擠跟它們異質的生命意志或渴望？

尼采質問時的措詞或許過於激烈，甚至偏頗，但並非盡屬空穴來風。因此，他的質問照樣值得我們審慎對待與思索。

結語

康德在《純粹理性批判》說：「我們的一切知識始於感知，進而發展成瞭解，最後成為理性的判斷。當我們在思想的最高統一中試圖理解直觀的材料時，沒有比理性更高的（心智功能）。」對他來說，理性的極限就是人類知識的極限。

康德確實是歐洲理性思維的最高巔峰和最重要的分水嶺，他的兩大批判釐清了理性的可能與不可能，也釐清了知道與渴望的界線。但是很多證據顯示他對感性的認知相當局限，因而嚴重低估了藝術與人文領域中情感與精神的昇華管道，以及感性的自我評價與抉擇能力。緣此，他的理想變成是「聖潔，但無歡可言」的人生。

譬如，他的《判斷力批判》雖然開啟了德國哲學界有關「美感」的探討，書裡卻局限於日常生活經驗的理性分析，而欠缺文學與藝術的情感深度和廣度，因而也是他晚年最不具影響力的作品。此外，儘管他在擔任講師期間努力爭取哲學方面的講座教授職缺，但是當柯尼斯堡大學在一七六四年詢問他是否願意擔任詩學講座教授時，他卻以該領域非其所長且非其興趣所在而婉拒。

或許因為這個緣故，他對人類的情感（感性）充滿負面的印象。在《道德形上學基礎》裡他說：「理性向人類呈現他有義務遵從的命令，它們本是值得敬重的；但是人類卻從他自己內在的需要與本能裡感受到一股強大的抗衡力量，他以『幸福』為名稱呼其中各種的滿足。」「從這裡升起一種自然的辯證，也就是在抗拒嚴格律令的義務時企圖將抗拒本身合理化，質疑嚴格律令的有效性，或者至少質疑它們的純粹性與嚴格性，以便盡可能將它們調整成適合我們的希望和本能，也就是從根本上腐蝕它們，剝奪它們的尊嚴。」

對比於康德對理性的極端偏執，以及漠視情感與精神上的另類嚮往，巴斯卡的警言變得更加值得深思：「人心有它自己的法則，而理性對此一無所知。」「理性的最後一項功能，就是覺悟到有無限多的事物都超越了它。」「有兩種極端是同等危險的：完全拒斥理性，或者除了理性之外什麼也不接納。」

問題是，要如何才能突破理性的森嚴與刻板，又不落入康德與柏拉圖所厭惡的濫情，而確實找到精神與情感上的昇華管道和滿足，這仍舊是一項極端艱難的任務。

於是，許多人在哲學界求助無門之後，只好求助於腦神經科學與心理學，甚至「幸福的科學」。然而這些扮演先知的當代實證科學真是可以信靠的救世主，或者只不過又是輕信的產物，乃至於愚弄眾生的神棍？

下一章讓我們來談談這個問題。

11

欲望的科學，取法乎下的幸福——科學的佐證與濫用

當科學守著約定俗成的物質主義，用神經細胞的活動模式來作為精神世界的終極解釋時，我認為人性的奧秘被科學的化約主義貶低得難以置信。這種信仰必須被歸類為迷信。……我們必須體認到我們是精神性的存在，我們的靈魂存在於精神世界，我們同時也是物質性的存在，我們的身體和大腦存在於物質世界。

——約翰・埃克爾斯（Sir John C. Eccles, 1903-1997，神經生理學家，諾貝爾醫學獎得主）

曾經欺騙人類數千年的系統性錯誤，幾乎都是以實際的經驗為基礎。占星術、咒語、神諭、魔法、巫術，巫醫的治病，以及現代醫學降臨之前的醫藥從業者，都曾歷經數百年的時間在公眾眼前以所謂的實際成效確確實實地發展起來。科學方法的巧妙構思，就是為了要超乎實際問題的現場情境，在更審慎控制的條件與更嚴謹的判準下，去闡述事物的本性。

——邁可・博藍尼（Michael Polanyi, 1891-1976）

> 許多這樣（假冒）的學說都把自己裝扮得像是某種獨特的科學。因為，即便成熟的科學也有機會不被信任，「科學」仍舊是大多數人所讚譽的。所以我們發現很多這樣的理論肆意地從真正的科學裡剽竊，更常見的是使用一些術語讓外行人誤以為它們確實是如假包換的科學用語。這些假冒的學說實際上往往是無法理解的；一旦仔細查驗所謂的學說內容就立即消散。但是對於我們之中如此眾多的人而言，真實的科學是如此難以理解，於是極端無法理解有可能會被當作是真實科學的標誌。可嘆的是，它甚至可以引發人的崇敬。
>
> ——蒯因（Willard Van Orman Quine, 1908-2000）

如果人類的一切渴望都止於動物性的本能，或許我們永遠不會有文學、藝術與宗教。後者之所以存在，就是因為還有許多人渴望真理，渴望靈魂的升揚，渴望「如詩般優美、神聖的生命」，渴望活出生命的意義和價值。如果沒有這一股渴望當動力，或許人類至今仍舊活在石器時代裡。

不過也不能忘記，前幾章的歷史事實告訴我們，當一個人開始追求情感與精神上的嚮往時，往往也就開始脫離現實的土地，隨時有可能會迷失在想當然爾的輕信，以及各種太美好、誘人的空想與幻覺，甚至還有可能因為妄信悖逆人性事實的願景而自殘，或者跨越自己的能力極限而變成貌似聖人的病人，乃至於殘忍地對待他人的需要而自以為是在捍衛天理。

緣此，面對自己的各種可欲，既要避免耽溺於本能欲望而辜負生命的潛在意義與價值，又要避免因輕信而墮入悖逆人性的虛妄信念。要想兼顧這兩個原則，就得先對人性的能與不能有充分的理解。就像蘇格拉底在對話錄《阿爾西比亞德斯第一篇》（*First Alcibiades*）裡說的：「我們必須先認識事物的本性與目的，才能夠適切地製造、修理和維護它。因此，關於生命，我們必須先瞭解自己的本性，然後才有可能獲得相關的技藝來提升它。」

由於自然科學一再以確鑿的證據推翻歐洲哲學、神學乃至於古典物理學的輕信，使得實證科學逐漸取代哲學與神學，而成為當代的另類先知。同時實證科學的方法與研究對象也逐漸跨出傳統的物質科學，而從心理學、腦化學、腦神經科學與基因科學等角度企圖窺視人類的心靈與生命的奧秘。

然而實證的研究結果不一定吻合專業學術界所認可的「科學」，在學術專業期刊上發表過的實證研究也良莠不齊而不盡可信，甚至連美國心理學會會長的專業著作也在心理學界激起許多強烈的反彈和質疑。

當我們在拿捏、評量自己的欲望、情感與精神的可望時，科學的佐證是重要的參考；但是也得提防科學文獻裡的過度臆測，和科普著作背後日益猖狂的商業利益和嘩眾取寵。

在這一章裡，讓我們從正、反兩面來看看一些實證科學的典型例子。

情不自禁的大腦，知與行的鴻溝——白髮三千丈裡的天理與良知

不管是希臘哲學、中世紀神學，或者先秦儒家與宋明理學，都難免會有未經檢證、想當然爾

的願景、理想。它們往往導致無中生有的靈肉對立，以及對人性的不當迫害。過去數百年來，歐洲藉著批判性思考與自然科學的實證研究而排除了許多似是而非的信念，從而還給人性很大的自由。相較之下，許多愛好宋明理學的人至今仍擁抱著良知、天理與人欲的學說，沒有積極清理其中違背人性事實的輕信成分。

譬如，王陽明把人欲與天理看成是本質上對立的範疇，不只要予以節制，還要從心頭徹底剷除：「天理人欲不並立」，「聖人之所以為聖，只是其心純乎天理，而無人欲之雜。猶精金之所以為精，但以其成色足而無銅鉛之雜也。人到純乎天理方是聖，金到足色方是精。」他還認為，只要努力致良知，就一定可以戰勝一切人欲：「心即理也。此心無私欲之蔽即是天理。」「若無有物欲牽蔽，但循著良知發用流行將去，即無不是道。」「知是行之始，行是知之成。若會得時，只說一箇知，已自有行在。只說一箇行，已自有知在。」然而沙漠教父的經驗告訴我們，人的欲望極其複雜，絕非可以任人操控的。

無獨有偶，朱熹也說：「人性本善，只為嗜欲所迷，利害所逐，一齊昏了。」「明德者，人之所得乎天，而虛靈不昧，以具眾理而應萬事者也。但為氣稟所拘，人欲所蔽，則有時而昏。然其本體之明，則未嘗息者。」「天理在人，亙萬古而不泯，任甚如何蔽錮，而天理常自若，無時不自私意中發出。」「大凡人心若勤謹收拾，莫令放縱逐物，安有不得其正？若真個捉得緊，雖半月見驗可也。」言下之意，只要有心，就一定可以降服欲望而事事吻合天理。然而當代的腦神經科學卻告訴我們，人類的知與行有許多難以克服的落差。

雖然人類被稱為理性的動物，然而他的大多數行動其實是出於本能和衝動，而不是深思熟慮的結果。在《快思慢想》裡，諾貝爾獎得主丹尼爾．康納曼（Daniel Kahneman）彙整心理學與腦神經科學的知識，把人類的決策與行為模式大略分成「系統一」和「系統二」，前者是由未經深思的本能衝動主導，後者是慎謀深思的決策與行動；雖然在兩個系統都被啟動時，「系統二」有較高的決定權，然而「系統一」的反應通常比較快，因而許多行動是由「系統一」下令的，等「系統二」覺察並完成判斷時，往往已經後悔莫及。

此外，腦神經科學的研究發現，吸毒成癮的人腦部化學機制已經異於常人，必須仰賴醫學的介入才能克服毒癮，無法只憑個人意志。跟宋明理學一廂情願的信念相反，知與行之間確實是經常有距離的，甚至是大到當事人所無法克服的。因此，人確實有可能一時軟弱或失控，而做出讓自己厭惡、悔恨、鄙夷的事。

康德曾在《單純理性限度內的宗教》中說：「道德的法則命令他成為好人，而道德只會要求我們做到能力範圍內的事。」《純粹理性批判》與《道德形上學的基礎》中也提過類似的原則。後世倫理學界將它精簡為：「**應然**以**能夠**為前提。」（Ought implies can）也就是說，道德的要求不可以超越當事人的實際能力範圍。

然而當我們陷入想當然爾的信念而不自覺時，就有可能會輕率地苛責人去做沒有人（或鮮少有人）做得到的事，還意氣凜然地自以為是在捍衛天理。

宋明理學措詞模糊，授予衛道者迂迴辯護的空間。對比之下，科學的知識確實經常有助於我們釐清人性的極限，讓我們避免想當然爾的陷阱。然而科學不等於真理，牛頓的運動原理被稱為定律（law），是因為當時的人誤以為那是不可違背的真理；相對論和量子力學裡只有原則（principle）和定理（thoerem），因為科學界已經知道科學的知識隨時可以被推翻。

如果我們誤把科學當真理，不加揀擇地信任所有實證研究的結論，有可能會誤把人類當成低等動物，以至於遺漏了人性較深層的事實。尤其當我們面對的是人類的內心時，適用於物質科學的方法不見得適用於探索人的欲望、情感，以及精神（心靈）層次的活動，連科學方法都有可能是在強化社會上原有的偏見。底下就是一些典型的例子。

蒼蠅的情欲，老鼠的心理——指鹿為馬，混淆是非的「科學」

二〇〇九年的《自然》期刊上，有一篇論文說生物學家即將可以把愛情化約成一系列的腦化學反應，並且據此研發出中世紀傳說《崔斯坦與伊索德》（*Tristan and Isolde*）的「愛情魔藥」。跟這個論斷有關的事實是：在蒼蠅的大腦滴上催產素，會激發多巴胺的分泌，從而讓雌蠅跟最接近牠的雄蠅交配，並且一輩子不會再換偶；其次，多巴胺可以激發牡羊的類似反應；此外，當人類看著情侶的照片時，大腦也會分泌類似的多巴胺。它因而大膽推論人類的戀情有可能是完全由腦化學控制的，可以據此原理研發控制戀情的藥物；而婚姻的穩定度可能受到基因的強烈影響，因此可以根據情侶的基因特徵研判他們適不適合結婚。

這種建議非常驚人，不但是拼湊有限的證據而跳躍式地下結論，而且將數量極其有限的人體研究跟昆蟲、動物的實驗結果編織在一起，忽略人類行為模式跟昆蟲、哺乳動物的巨大差異，漠視社會與文化因素的影響，將人類複雜的情感與社會行為簡化為僅僅只是基因和腦化學的作用。這種化約主義（reductionism）和生物決定論，竟然會出現在聲譽卓著、素稱嚴謹的《自然》期刊上，能不叫人訝異與擔心科學報告的可信度？

過去腦化學分泌的研究以昆蟲和老鼠為主，許多研究者也往往根據動物研究的結果大膽臆測人類的相關行為。近年來關於人類的功能性磁共振影像研究大幅增加，基本上已經足以推翻上述近乎機械論的觀點。「想要在一起的強烈渴望」伴隨著多處的大腦活動，包括與多巴胺有關的獎賞機制，也包括更高階的記憶、學習、聯想，以及自我認知，因而比較像是以過去經驗為基礎建立起來的抽象表現，而不是腦化學控制下的立即反應。甚至連性的欲望也不是單純的生理衝動或生物制約反應，而會牽涉到雙方的情感關係，以及預期中對方的可能反應等。愛情與性欲的關係也不單純，它們所活化的腦部區域有些相同，也有不同處。此外，戀愛的快感與毒癮不同，前者有對象性（跟個人偏好與文化教養有關），且會隨著時間而逐漸弱化，無法永遠維持；後者沒有對象性，其快感可以靠藥物無限制延長。

至於親密關係的維繫，應該是一個複雜的動態過程。它始於熱戀時大腦腹側主導的情緒性反應（偏重新鮮刺激、獎賞機制與緊急狀態的快速反應），透過皮質紋狀體迴路的中介作用，而逐漸轉移到大腦背側主導的認知與熟悉感反應（偏重過去經驗與可預測性）。這個轉移過程跟當事人的成長背景有密切關係，絕非生物決定論或基因決定論所能解釋。

還有許多學者憂心地指出：如果忽略了文化與社會層面，單純從生物決定論的角度去解釋功能性磁共振影像，其結論很容易淪為以偏概全、扭曲事實。譬如，許多研究者認定「催產素會影響一個人對他人的信任感」，但證據顯示信任感的建立還牽涉到其他大腦的機制，因此「催產素可以直接影響社會行為」的論斷是嚴重地過度簡化而不值得採信。

人是動物的一員，有一些類似動物的特質；但人不僅僅只是動物，他還渴望著情感與精神的昇華，成長與自我實現，以及生命的意義和價值。漠視這一層需要的人，就是罔顧人與動物的分際，誤把人類當成僅僅只是動物，甚至把人性化約成生化反應或機械作用的結果。

比康德小十六歲的薩德侯爵就認定自己只不過是造物主製造的精巧機器，有什麼外在刺激就會有什麼身心反應；至於道德與心靈，根本就是教會和貴族階級所捏造，用來強化他們對社會底層的剝削。他因此主張，如果人類以淫欲為樂，那只不過是順其天性，無對錯可言。如果有人對此有意見，該被抱怨的是造物主，而不是縱欲的人。這種機械論的觀點在當代演化心理學與腦神經科學裡有不少繼承者，他們認定人類的大腦像一塊電路板，而且石器時代的求生本能仍舊根深柢固地藏在我們的基因和大腦裡。

然而這種論點終究禁不起科學證據的嚴格檢視。腦神經可塑性理論（neuroplasticity）的相關證據就顯示，人類的大腦具有一定程度的可塑性，比較像是可以局部改寫與擴充的模組化軟體程式，而不是像電路板那樣在構造和功能上一成不變的硬體。譬如，大腦中不常用的功能或神經突觸會退化，常用的功能或神經突觸會增長；大腦在受到物理性傷害而失去局部功能後，可以透過反覆訓練改變一部分大腦區域的原有職能，以便替代受傷的腦部來職司原本已經失去的語言或肢體功能。

因此，人類的行為與心智既非百分之百被基因和本能欲望所控制，也不是個人主觀意志所能百分之百加以操控的。

以情欲、性欲和性生理反應為例，一個人對色情影片的反應不僅跟他的生理、心理、腦神經機制有關，也跟他原本的心情、審美判斷、價值觀、過去（愉快與不愉快）的性經驗等有關，甚至跟實驗室的環境布置有關。雖然男人性欲被撩撥起來時通常會伴隨著性器官的勃起，但是仍舊有為數可觀的實驗者只感受到性欲而沒有性器官的勃起，也有為數可觀的實驗者只有性器官的勃起而沒有感受到性欲。至於女性，性欲和性器官的生理反應之間的關係遠不如男性那麼顯著。影響人類性欲與性生理的機制之複雜，遠超乎常人的想像，因而性學家至今還在爭議該如何定義「性欲的激發」（sexual arousal）。

人類的本性與後天發展太複雜，即便歷經古典的宗教與道德，啟蒙運動以來的人文探索與反思，和當代科學的實證研究，我們的瞭解還是有限，許多爭議仍未平息。

以人類的性傾向（同性戀、異性戀、雙性戀）為例，基督教長期以來把同性性行為看成是自己選擇的邪淫罪行。然而當代的醫學告訴我們，古典觀念中的「天性」遠不足以用來描述其中複雜而難以掌握的完整事實；即便當代醫學極端發達，也還是無法篤定地回答同性戀究竟是純屬先天的生理特徵，還是有一部分後天的環境影響因素。譬如，一九五〇年代的美國心理學界把同性戀列為精神異常，在歷經一系列研究後，終於在一九七五年宣告同性戀不是精神疾病。一九九〇年代針對同卵雙胞、異卵雙胞，以及無血緣關係的領養兄弟進行一系列研究，結果顯示，在同一個家庭下長大的一對兄弟之中，如果其中一個是同性戀，則另一個也是同性戀的機率分別是：同卵雙胞的機率是五十二%，異卵雙胞的機率是二十二%，而無血緣關係的領養兄弟是五%。這個研究顯示同性戀受到染色體遺傳基因的明顯影響，但並非百分之百由染色體的基因遺傳決定。

更晚的研究顯示，影響性傾向的生理因素極其複雜，有細胞核內的染色體遺傳基因，還有細胞核外的粒線體（細胞核外遺傳機制），和母親子宮內的荷爾蒙成分（即「表徵遺傳機制」），可能還有後天環境的影響因素。

到了二〇一〇年，醫學界仍舊為同性戀的成因而爭議不斷。為了彙整既有證據，國際性醫學學會主辦的《性醫學期刊》由一位專業主編出面，邀請三位專家出具各方面的證據與論述，再由這位專業主編評論其可信度，之後由四位專家聯名發表一篇論文〈男同性戀：天性或文化〉。大致上的結論是，其一，性傾向是自然的（natural），而不是病；其二，有很可觀的證據顯示性傾向受到生理因素的強烈影響，但是仍無法排除有後天環境因素的影響；其三，雖然性傾向有可能受到後天環境因素的影響，但是要找到證據去支持或反對這個假說有研究方法上難以克服的瓶頸，因而至今無法達成確切的結論；其四，有證據顯示，男性的性行為模式可以被文化與社會制度改變，然而這是否可以解釋成「性傾向」的改變，也仍有爭論；其五，有些專家相信性傾向是在出生之後就無法被改變的，但是有些專家相信它是在出生後逐漸發展成形的；其六，目前有關性傾向的全部證據合起來，仍舊不足以釐清許多疑點，因而在許多議題上還不能下結論。

這些例子清楚顯示，人類的大腦複雜到遠遠超出自然科學所能完整解釋，必須合併人文與社會科學的知識和考量，才能免於草率、躁急的結論和過度簡化的解釋。

幸福的科學，或嘩眾取寵的神棍？——正向心理學的隱憂

有鑑於思辨方法太容易陷入想當然爾的陷阱，法蘭西斯．培根提倡以實證科學當作研究真理的新方法。後來笛卡兒警覺到，歸納與演繹方法都有可能被誤用來支持既有成見（先畫靶再射箭，為既定結論搜尋有利的證據而忽視不利的證據），必須加入批判性思考，才能進一步釐清盲點與成見。

早期的自然科學局限於跟人類價值判斷無關的物質世界裡，近年來由於腦化學與腦神經科學

探測技術的發達，使得自然科學逐漸侵入我們的腦部與內心，甚至有企圖取代傳統哲學、宗教與人文思維的趨勢。然而這個趨勢不但促成許多過分躁急、粗率、誇大的結論，甚至培養出許多別有居心的學者。

號稱正向心理學之父的馬丁・賽里格曼（Martin Seligman）曾在一九九八年擔任美國心理學學會的主席，倡議以實證研究的方法研究人類的正向心理。然後他在二〇〇二年出版了《真實的快樂》一書，宣稱已經用科學的方法掌握住幸福和快樂的秘密。這本書把人生分成三種等級，快樂的人生追求當下的生理快感，美好的人生追求可持續的心理滿足，有意義的人生似乎是更高層級的幸福，偏偏書裡卻以不到一章的篇幅語焉不詳地交代過去。然而美國的媒體已經迫不急待地把他的這本科普書稱為「幸福的科學」。

接著，他又在二〇一一年出版了《邁向圓滿》，宣稱前一本書有三大缺點：量測指標錯誤，量到的有七成是瞬間即逝的快感，只有三成是可持久的快樂；其次是沒有正確考慮到手段與目的的關係；最後是對幸福的理解太狹隘，局限於正向的情緒。因此新書用五個要素去間接量測幸福，包括正向的情緒、專注與投入的程度、正向的情感關係、意義和成就。結果，整本書的內容幾乎都是在介紹成功的例子，沒有明確陳述成功的例子具有哪些前提，以及是否已經嚴謹證實過其適用對象與範圍。此外，與美德和人生意義有關的內容只用四頁的篇幅草草交代，所謂的「幸福的科學」幾乎退化成「自我感覺良好」的科學。

如果用這本新書的五大要素來評量希特勒（Adolf Hirler）、甘地和鋼鐵大王卡內基（Andrew Carnegie）的人生，他們應該都會在五大要素上全部給自己滿分的評價——尤其是在正向的情緒、專注與投入的程度、成就，甚至正向的情感關係。把希特勒的幸福跟甘地的幸福混為一談當然很荒謬，把甘地跟卡內基混為一談也是同等荒謬。卡內基雖然號稱是慈善家，但他興辦的是血汗工廠，工廠內不僅工時長而工資低，還到處可見斷手、斷腳的工人；工人罷工要求加薪時，他被質疑默許助理以血腥的手法鎮壓。因此，當他捐款給一個教會時，牧師拒絕接受他的血腥錢。

即便是「意義」這一項，希特勒和卡內基也會給自己滿分。他們不僅會認為自己的人生和行事都很有意義，希特勒還會以為自己是在延續神聖羅馬帝國的光榮，開創德意志和人類的偉大未來；而卡內基則很可能以為，用賺血腥錢來創辦慈善事業是很值得驕傲的。

這本書的作者顯然一直沒有警覺到一個根本問題——在核心概念還沒釐清之前就草率進行實證研究，並且生硬地從統計分析裡萃取結論，原本就有許多方法論上的可議處，絕不是零零碎碎地修補理論瑕疵就能解決的。

譬如，如果有人嚮往「如詩般優美、神聖的生命」，其原因絕對不是馬丁・賽里格曼所以為的「更強烈、更持久的快樂」，而是因為內在感受裡的質性差異——「如詩般優美、神聖的生命」比聲色犬馬或功名利祿更能讓我們感受到情感、精神與生命的「昇華」，因而顯得更有價值、更有意義。這就像酒的好壞屬於質感的差異，而不是酒精濃度的高低（量的問題）。如果沒有把可欲和快感的性質差異（等級）納入評價的範疇，就會跟邊沁的功利主義一樣（因為納粹的快樂總量超過猶太人的痛苦，而把大屠殺當作是善舉），而嚴重扭曲幸福學、倫理學與人生哲學的本來面貌。

其實，打從最根本的出發點開始，想要用大量的實證研究去研究正向心理，卻沒有能力分辨內在感受的質性差異與質感優劣，就已經注定其結果必然是取法乎下——不需要研究就知道，本能欲望的滿足是「生而知之，不學而能」，好之者居人類的絕大多數；反之，情感與精神的昇華唯有少數人知道且有能力享有，因此在大量統計研究下對結果的影響微乎其微。易言之，這種研究的結果是事先可以預期的，它必然是壓倒性地反映本能欲望所帶給人的快感，而沒有能力呈現各種精神與情感昇華所能帶給人的可欲和滿足。

一個文青如果相信這種研究方法與程序的結論，將會是取法乎下，而不是取法乎上——徹底的反教育與反科學。因此，這種研究方法與程序所得到的結論，也是嚴謹的心理學者所無法忍受的。譬如，著名的心理學家拉扎勒斯（Richard S. Lazarus）就在退休後寫了一篇專文，厲詞抨擊馬丁．賽里格曼所領導的正向心理學，暗示這個所謂的「運動」充滿躁進的口號和噱頭，對心理學的發展不會有具體可累積的貢獻。二〇一一年時，美國心理學會也在官方刊物上對於正向心理學的躁進、粗率表達了強烈的憂心。近年來更有許多著名的心理學家明確指出快樂的人生不等於有意義（價值）的人生。《華盛頓郵報》也在二〇一六年刊出一篇報導，標題是「哈佛大學心理學家解釋何以強迫自己進行正向思考並不會讓你快樂」。

學術界的誇大渲染和噱頭可以換取政府、軍方和企業的委託研究，其中人事費有可觀的百分比會進入主持人的腰包裡；學術界的誇大渲染和噱頭還可以換取企業界的顧問費與科普書籍的版稅。當現實的利益淹沒學術界時，學者與神棍的界線將越來越模糊，不能不慎。

結語

以自然科學的方法研究人類的內在感受、價值抉擇和人生意義有其先天的局限與困難。首先，你在進行實驗室設計時必須充分考量到受訪、受測者的感受，而不能對他造成任何生理或心理的傷害，因此許多適用於動物的實驗都無法用在人類身上。其次，動物實驗喜歡用果蠅與老鼠，因為牠們的生命週期短，很快會看到反應；但是越大型、越接近人類的哺乳動物，生命週期就越長，越難在研究期限結束前看到可靠的實驗結果。其三，越接近人類的哺乳動物，其生理、生化與腦神經機制越複雜，越難以歸納出顛撲不破的實驗結論。

於是，有關人類內心世界的實證科學往往是以昆蟲與低等動物的大量實驗結果為基礎，去推測人類的可能實貌，這是一種「差以毫釐，失以千里」的猜測和詮釋，有如走高空鋼索一樣充滿風險。這些猜測與詮釋的品質跟研究者本人的人文涵養深度有關，然而理工與自然科學的研究者往往欠缺人文的涵養，拙於覺察人心中細微而關鍵的質性差異，結果有能力鑑別「人之異於動物者幾希」的學者往往變成被學術界漠視的少數邊緣分子。

法國現象學家梅洛龐蒂（Maurice Merleau-Ponty, 1908-1961）見證了科學界對人工智慧的狂熱，極端憂心科學的化約主義會模糊掉人與機器（物）的分際。他在〈眼睛與心靈〉裡批評：「科學操作事物，而不願意生活在它們之中。」「他們的思考模式刻意將自己簡化成一套人類發明的資料收集技術。思考等同於被檢驗、操作與改變——唯一的限制是，這些活動必須吻合實驗設計，以便聚焦在最『激盪人心』的現象，這些現象與其說是實驗儀器記錄下來的，不如說是實驗儀器製造出來的。」「『操作性』的思維已經變成一種絕對的人造主義，如同我們在模控學的意識形態裡所看到的，自然的資訊處理過程被用來導引人類的創作，以便研發出肖似人類的機器。」其中隱含的「根本偏見是對待每一樣事物都一如普通的物件——好似它們對我們不具任何意義，僅僅只是為了我們的巧思而存在。」「因為人類已經真的變成是他所以為的機器人，我們因而進入一種文化規約，而其中的人性與歷史再也沒有對與錯；我們因而進入一種睡眠或噩夢裡，永遠不會醒過來。」

如果要掙脫這噩夢，就必須設法回到生命現場，以及原初的完整知覺，他說：「回到現場，回到被覺知且被人為修飾過的世界所賴以存活的土壤，就如同那個世界是在我們的生命之中，且跟我們的身體緊密關聯——不是那個可以被合法地看成資訊機器的身體，而是屬於我的這個真實的身體。」而且其他人「不是作為生物學意義下跟我相同的物種，而是對我日思夜夢也讓我殷殷掛念的他人。」也就是說，我重新恢復為一個有情有義，懷抱情感、憧憬、嚮往，並且被這個世界與他人感動、苦惱的真實存在；而世界也不再退化為被操控、利用，或純屬知性的對象，而是「充滿著驚訝與讚嘆」(〈眼睛與心靈〉)。他還指出能協助我們達成這個目標的並非傳統的思辨哲學,而是文學作品與音樂、繪畫。

事實上,人文科學的核心能力在於敏銳覺察內在感受的質性與差異,並以此作為評價的依據,因此在人文世界裡每一個人都是獨特的;然而在實證科學的公式裡,必須先泯滅質的差異,才能進行大量的反覆量測與量化的推論,因而必須把對象看成同質、沒有差異的集體,只在乎類的總體特質而忽視個體的差異。偏偏欲望、情感與精神性嚮往的抉擇,本質上是「質感」的評價與分辨,因此用自然科學的方法去研究有如緣木求魚,問道於盲。

可惜的是,當人文領域過度重視抽象思辨時,往往也會忽略質感的覺察與分辨能力,而墮入跟自然科學一樣的盲點,甚至比自然科學更加壓抑、迫害人性的發展空間。

義大利思想家維科(Giambattista Vico, 1668-1744)比康德早出生半個世紀,他就已經尖銳指出理性主義和自然科學的謬誤:自然科學和笛卡兒的哲學都是以演繹方法為核心,其結果是把無法透過邏輯檢驗的情感與精神現象通通視為純屬虛構的想像或幻覺;然而這等於否定了人跟動物的一切差異,而把人等同於動植物,乃至於沒有生命的物質。此外,維科還進一步主張,只有創造者可以瞭解他所創造的一切,因此唯有神可以瞭解他所創造的世界,而人類頂多只能瞭解自己——偏偏人類卻用研究物質科學的方法否定了人類所創造的一切,因而連帶地無法瞭解自己。因此,他在代表作《新科學》特別指出來,人類有兩種智慧,除了自然科學與理性主義所強調的分析性智慧之外,還有一種詩的智慧，緊密聯繫著人類的創造、想像與各種精神、情感活動。唯有兼融兩種智慧，才有機會瞭解人類的觀念、風俗與行為在歷史中的發展與演替；掌握這三種歷史發展軌跡之後，才有機會進一步瞭解人類的本性。

這個倡議影響了康德的弟子赫爾德，他強調人的教育與文化的發展必須根植於情感，並且從土地（自然環境）裡汲取養分與靈感；如果讓理性與「放之四海皆準」的普世法則凌駕於情感之上，文化與人類的精神將會失去養分而蒼白、枯竭。對於赫爾德而言，人文的核心是能激發人情感與靈性的詩，而非抽象空洞的思辨哲學，因此他曾說過：「詩人為他身周的同胞創造了一個國度，他讓他們看到一個世界，並且親手牽引他們的靈魂，將他們帶到那個國度裡去。」接著，在赫爾德的率先影響下，歌德、尼采與狄爾泰等人逐漸發展出以詩歌、文學、藝術為基礎的人文方法，並且將它們跟哲學思想結合，形成獨具德國特色的人文科學和存在主義哲學。

然而我們也不能忘記，科學與理性主義的興起，恰恰是為了矯正中世紀與文藝復興時期人文主義的弊病——因為太一廂情願而陷入想當然爾的輕信。如果我們為了避免科學與理性主義的化約主義而重新回到柏拉圖或文藝復興的老路，那就會走不出歷史的覆轍。問題是，人類的輕信從何而來？如何剷除或對抗？

事實上，王陽明之所以會「苦於眾說之紛撓疲薾，茫無可入」與「悔錯用功二十年」，以及人類之所以會耗費兩千年而至今不確知該如何安頓自己的心靈，絕非單純只因為墮入理性主義與科學的化約主義，而是我們一再透過語言為自己虛構出各種「言之無物，不知所云」的理想，以及各種實際上根本不存在的對立與矛盾。

譬如，靈與肉的對立、天理與人欲的對立，乃至於理性與感性的對立，根本問題都在於我們跟語言的複雜而糾葛的關係裡。如果不先徹底釐清我們和語言的複雜糾葛，光是拋棄理性而重拾感性，恐怕只是在開歷史的倒車，於事無補。

令人驚訝的是，維根斯坦竟然可以透過對日常語言的剖析，就深具洞見地指出人類兩千年來的精神困境，基本上根植於我們內心對於超越性事物的渴望，當它跟語言的含混特質相結合之後，衍生了無數看似深奧、玄秘而實則無稽、荒唐的哲學思索。這個批評不只適用於希臘哲學、中世紀神學、康德以降的理性主義，其實也適用於自然科學和各種一廂情願的浪漫主義。

接下來的兩章，讓我們藉著維根斯坦的引導，去看看不同類型的偉大思想家為何都會陷入相同的陷阱，並且以類似的模式愚弄自己。

12

人類一思索，上帝就發笑
——理性的幻覺與矛盾（上）

一個人對自己的認識和瞭解越少，就越不偉大——不管他的稟賦有多了不起。因為這個緣故，我們的科學家並不偉大。

——維根斯坦

為什麼哲學家就該當國王——值得注意的是，這是柏拉圖的夢想。事實似乎是，我在每一個文化裡都會看到一個篇章，標題是「智慧」。然後我立即正確瞭解到接下來會是什麼：虛榮中的虛榮，一切都是虛榮。

——維根斯坦

沒有什麼事情像不自欺那麼困難。

——維根斯坦

哲學裡的難題在於不說自己不知道的事。

——維根斯坦

如果一個老師在教學時表現出優異的，甚至令人震驚的成效，仍舊不足以因而成為一個好老師。因為事實有可能是，當學生仍舊受到他的影響時，他可以將學生引領到超越他們自然狀態的水準，卻沒有將學生的實際能力開發到足以在那種高度下自主地思考；所以老師一離開教室，學生的水準立即下降。

——維根斯坦

哲學不是一套學說或主張，而是一種活動。

——維根斯坦

德語系的猶太俗諺說：「人類一思索，上帝就發笑。」這句俗諺想說的是什麼？米蘭．昆德拉（Milan Kundera, 1929-）如此詮釋：「因為人類思考的時候，真理就逃離他。因為人類越是思考，人與人之間的想法就越來越歧異。最後，因為人類永遠不是他在思考中所掌握到的那個模樣。」米蘭．昆德拉的語調或許有趣，然而他的態度是嚴肅、認真的。

為什麼說人類越思索，真理就離他越遠？因為我們的語言和抽象思維裡有著根深柢固的病源，當我們越是進行精細的抽象思維時，就越容易陷入抽象語言所虛構的矛盾、誇大與幻覺，還往往誤把語言和抽象思維所虛構的矛盾看成是這個世界的事實。

譬如，古希臘哲學家芝諾（Zeno of Elea, BC495-BC430）曾斷言：「阿基里斯（Achilles）永遠追不上烏龜。」阿基里斯是半人半神、刀槍不入的神話英雄，特洛伊戰爭中最偉大的希臘勇士，因此每個人都知道這個結論很荒謬，但是牛頓之前的哲學家都看不出芝諾的論證哪裡有錯。他說，假如阿基里斯跟烏龜賽跑，並且讓烏龜領先距離D；過了一段時間後，這個距離會縮小為$D/2$，然後再縮小為$D/4$，之後這距離會越來越小，變成$D/8$、$D/16$……D/N，依此類推。但是不管經過多久（不管N有多大），這個距離D/N永遠不會變成零，因此烏龜永遠都會在阿基里斯前面。這就是著名的「芝諾詭論」。

詭論（paradox）就是一系列的嚴謹推理，其結論明顯錯誤，但是沒有人知道前提和推理過程哪裡有錯。即便到了羅素的數理邏輯和當代的集合論，各種詭論始終不斷困擾著最頂尖的哲學家和數學家。它們的存在既是人類理性的一大挑戰，也往往是警訊——警告我們不可以對自己的理性和抽象思考能力過分自信。

最值得警惕的是，數學和邏輯已經是人類最清晰的語言和最嚴謹的演繹系統，卻還不斷出現著名的詭論；那麼，語言相對地含混而演繹過程又相對不嚴謹的倫理學、神學等領域，豈不是暗藏著更多言之成理、想當然爾，實際上卻大謬不然的信念、結論和斷言？

海市蜃樓的真理，眾說紛撓的困境——語言的陷阱與思想的病根

康德指責以前的哲學家以理性為工具去找答案，卻從不曾認識這個工具（理性）的特性和極限，於是陷入各種想當然爾的獨斷論。然而康德卻從來沒想過，既然他是用語言當工具在思索理性

的能與不能，是不是也應該先徹底瞭解語言的特性和極限，免得被語言的幻覺和病根所誤導，而淪為另一種獨斷論？

語言既是一切思考的工具，則語言與思想是一個硬幣的兩個面，互成表裡。語言的局限就是理性與思想的局限，語言的病徵就是理性與思想的病徵，語言的含混有可能導致思想的含混，而語言的誇大也可能會導致思維的誇大；更重要的是，語言的幻覺會讓思想把海市蜃樓當成普世真理，或者誤把語言虛構的矛盾看成是生命或人性的矛盾。

對於這些「百姓日用而不知」的語言陷阱，維根斯坦的警覺遠超過所有哲學家，因此他的後期哲學都是聚焦在語言相關的問題。他在《哲學探索》裡說：「哲學是一場戰鬥，我們用語言對抗智性的魅惑。」問題是，假如語言本身就是病根，哲學問題如何能解？

譬如，王陽明之所以會有「苦於眾說之紛撓疲薾，茫無可入」，與「悔錯用功二十年」之嘆，關鍵因素之一就是自然科學力求「言之有物」，但是人文領域卻經常「不知所云」。

以「心」字為例，醫學院的「心」就是「心臟」這個器官，對象明確，可以被具體觀察、反覆測試，以便彙整證據，驗證各種假說。而中國哲學裡的關鍵術語如「心」、「性」、「天理」等卻沒有明確的對象，往往隨著語境、脈絡而活潑變化，甚至各家詮釋不同，因而讓人捉摸不定，甚至不知所云。到頭來，連王陽明都始終無法確知自己三十七歲那年所悟的道，跟朱熹的格物致知究竟是彼此相通，還是彼此牴觸。

不獨中國哲學如此，西方哲學也曾長期陷入類似的困境。十三世紀的神學家湯瑪斯・阿奎那（St. Thomas Aquinas）被天主教視為史上最偉大的神學家，他在《神學大全》的第五十二個問題裡探討「是否有可能在同一個地點有數個天使同時出現」，他並且把這問題分成三個子題，臚列前人的回答，之後再逐一批駁並給出自己的論證和答案。

後來的英國作家為了取笑類似問題的繁瑣、無聊，而把它們改寫成「一根針尖上可以站多少個天使？」這個問題的荒謬處在於我們對「針尖」一詞沒有明確的概念，對天使的所知也僅止於《舊約》的傳說。既然一個問句中兩個關鍵的名詞（概念）都「不知所云」，當然就不可能有確切的答案，更不可能去設法驗證。

不只中世紀神學如此，笛卡兒所謂的「靈魂」同樣是個不知所云的名詞，我們既不知道它是否有重量（質量），也不知道它是否具有能量；事實上我們只有關於它的臆測和飄忽不定的想像，而沒有任何關於它的確切知識。而笛卡兒卻可以認定這個「不知所云」的東西就藏在松果體裡，當然是不可思議的妄言。

「言之有物」使得自然科學能夠跨世代傳承與累積，並且持續進步。而各種科學儀器的存在，就是為了要把「看不見、摸不著」的對象（現象）加以視覺化，使它變成可以被看到、被操作、被量測。相形之下，人文領域所討論的對象（核心概念）幾乎都是「看不見、摸不著」的，因而知識不易跨世代傳承與累積，也就難以持續進步。

再以芝諾詭論為例，如果我們脫離一切的日常生活經驗，完全仰賴抽象思考去論證距離 D/N 的大小，則必然會導致他的結論：不管 N 多大，D/N 永遠不會變成零，因此烏龜永遠都會跑在阿基里斯前面。如果我們像希臘哲學家那樣進一步把問題給抽象化，就會得到一個看似無可置疑的原理：「有不可能變成無，無也不可能變成有。」

而牛頓與當代數論之所以可以破解芝諾詭論，是因為他們在處理無窮級數與無限小的理論時，跳出抽象思考的迷霧而回到日常經驗的事實，並且用一套精確的術語規定：當 N 趨近於無限大時，D/N 趨近於零，且「D/2 ＋ D/4 ＋ D/8 ＋……＋ D/N」的和趨近於 D。

然而最頂尖的抽象思考天才卻忍不住一再建構出各種詭論，繼續惑亂自己和同儕。

大衛．希爾伯特（David Hilbert）是二十世紀最偉大的數學家之一，他曾提出一種由直線線段構成的連續圖案（即「希爾伯特曲線」），並且證明：當這種圖案細緻到每個線段的長度都趨近於「無窮小」時，希爾伯特曲線就會完全覆蓋住底下的平面，使得平面上的每一個點都和希爾伯特曲線上的一個點形成一一對應。根據集合論，這個圖形證明了「直線上所有的點所構成的集合」等於「平面上所有的點所構成的集合」。

這個結論牴觸我們直觀的事實：任何線段的厚度都為零，因此其面積也都等於零；然而平面的面積大於零，那麼面積為零的線段怎麼有可能完全覆蓋一個平面？經過許多的討論之後，數學家才警覺到希爾伯曲線的厚度雖然是無窮小，然而它的長度卻是無窮大，因此它的面積是「無窮小

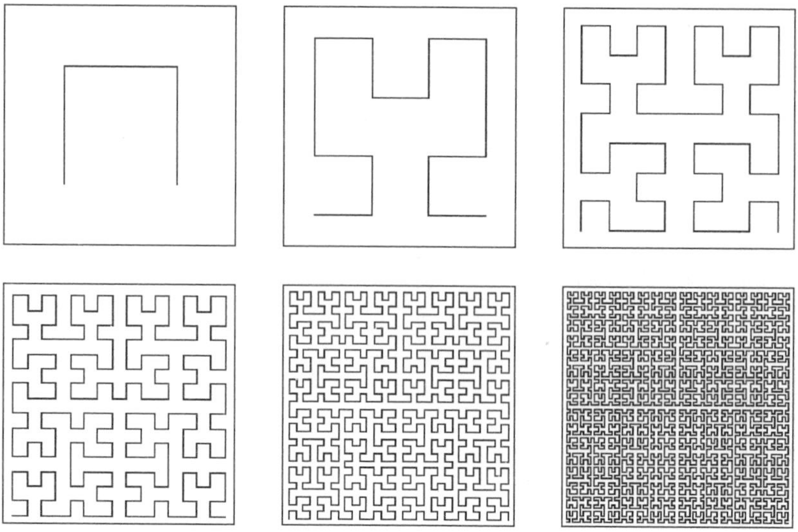

希爾伯特曲線

希爾伯特曲線是一種可以持續細化的連續圖案（如上圖所示，由左至右），當該圖案細化到每個線段的長度都趨近於零時，該圖案會覆蓋方塊內的每一個點。

乘以無窮大」，而其乘積不是我們既有的數學知識所能推斷的——我們對於「無窮小」和「無窮大」都只有含糊的想像，而沒有清晰、精確的認識。

此外，希爾伯特還曾提出一個異曲同工的「大飯店詭論」。假定有一個大飯店，它有無限個房間，且每一間都已經有人入住，但是仍有新的旅客要求住宿，怎麼辦？他的回答是將一號房的客人移到二號房，同時將二號房的客人移到三號房，以此類推，就可以空出一號房來安排一位新房客。接著，故技重施，就可以再接納一位新房客。以此類推，這間大飯店甚至可以在住滿房客的情況下再接待無限多個房客。如果用數學符號表示，上述推理意味著「$\infty+\infty=\infty$」！

這整個推理過程似乎很合理，唯一的問題是我們到底知不知道自己在說什麼？如果這間大飯店的房間被排成一排（如同一條數線），我們真的知道「無窮遠處」發生什麼事嗎？在第一個房間被清空的過程中，我們真的確定原本住在無窮遠處的那位旅客一定找得到新的房間去安插他嗎？我們一開始的時候不是已經說過「每一間都已經有人入住」了嗎？

由於數學基礎理論中一碰到「無窮大」與「無窮小」就會出現許多詭論，因此，當時德國數學界巨人克羅內克（Leopold Kronecker）認定我們對這兩個概念欠缺清晰的瞭解，並且率先反對浮濫使用「無窮大」與「無窮小」，也反對康托爾（Georg Cantor）的無窮集合（雖然他本人就是康托爾的博士論文指導教授）。此外，克羅內克也是現象學創始人胡塞爾念數學博士時的論文指導教授，而胡塞爾之所以會轉行研究哲學，就是因為數學界不斷出現詭論，顯示人類的語言和直觀的概念是浮沙建塔，隨時有可能會崩塌。

假如連語言最清晰且概念定義最嚴謹的數學界都陷入「不知所云」的困境，整天奢談本體論（ontology）的西方哲學家和整天奢談「天理」的理學家們，到底知不知道自己在講什麼？而沙漠教父們又真的知道什麼是「靈魂」，什麼是「魔鬼的蠱惑」嗎？

假如我們連「天理」都不知道是什麼，或頂多只有極其含混的想像，憑什麼說天理與人欲必然是矛盾、對立且水火不容？假如我們對於「靈魂」和「欲望」都只有含糊籠統的臆測和想像，憑什麼認定跟肉體有關的歡樂都必然是魔鬼的蠱惑？會不會這些對立和矛盾都是被語言（抽象概念）所誤導而有的幻覺，而想當然爾地把無辜的本能和可欲當惡魔——就像堂吉訶德（Don Quijote de la Mancha）和他的風車？會不會當我們在理性思辨中自以為越來越接近真理時，反而是越來越深陷於語言（抽象概念）所製造出來的幻覺？

維根斯坦既深知當代數理邏輯中的各種詭論，又長年在情感上深陷強烈的罪惡感，終於有一天警覺到：會不會他的罪惡感有一部分是語言的誤導所引發的？換句話說，如果一個人有能力徹底排除語言的含混性格，會不會他內心的罪惡感也就跟著消失了？至少在我看來，他的第一本代表作《邏輯哲學論》就是嘗試要回答這個問題。

言之無物，莫知所云——語言的邊界與思想的極限

在《邏輯哲學論》裡，維根斯坦把這個世界看成全部事實的總和，並且想像一種邏輯上完美的語言，其中每一個有意義的命題都對應著世界裡的某一個事實。因此我們可以根據該事實與命題的陳述是否吻合，來決定這個命題的真假值。

更具體地說，在這個理想的語言中，每一個名詞對應著一個物件，每一個命題對應著這個世界裡的一個事實——就像一局西洋棋（這個世界的事實）和有關於它的報導（命題），在記者的文字敘述（命題）中，每一個名詞（棋子的代稱）對應著棋盤上某一個特定的棋子，且文字敘述（命題）中任兩個（或多個）棋子的關係也恰恰對應著棋盤上相對應的元素（棋子）之間的關係。因

此，我們可以根據棋盤上的事實，明確判斷文字敘述（命題）是正確的（吻合事實）或者是不正確的。

但是，如果有任何命題（陳述）違背上述原則（譬如，用同一個名稱對應著兩個不同的棋子，或者用一個名稱去對應著不存在於棋盤上的棋子或關係），則這樣的命題是無法根據事實去加以肯定或否定的（或者說，無法判斷其真假值，甚至不具有真假值）。譬如，人類的價值判斷就是與這個世界的事實無關的命題，不具有真假值。

維根斯坦在《邏輯哲學論》的第四之一節說：「所有吻合事實的命題合起來就是自然科學的全部。」而且「瞭解一個命題就意味著，當這個命題具有真值時，我們可以藉由它而知道它所對應的事實是什麼。」在他的認識裡，「哲學不是自然科學的一部分」，因為它不陳述這個世界裡的事實，它應該只是研究理想語言的特性，以便明確釐定可以說和不可以說的界線。「哲學應該要劃定可以被思考的邊界，從而劃定不可被思考的邊界。」其具體作法是「清楚釐定我們可以說的範圍，從而釐清不可說的範圍。」因為「一切可以被思考的都可以被清晰思考，一切可以被說的都可以被清楚說出來。」他並且在序言裡說：「至於無法被說的，我們就該保持沉默。」

可惜的是，他在第四節中說：「哲學家的問題和命題大多數是因為我們不瞭解語言的邏輯所致。」「它們不是謬誤的，而是沒有具體意義的不知所云。」有如「善是否多多少少比美更具有唯一性」，這樣的問題既荒謬又與事實無關，「因此我們根本無法回答這一類的問題，只能指出它們沒有具體意義。」連帶地，「最深奧的問題事實上根本不成問題。」

康德在《實踐理性批判》裡想要藉由上帝存在與靈魂不滅等「**假設**」讓有德的人獲得幸福。然而維根斯坦卻在第六之四節裡一一加以駁斥：「這個世界的意義必然不屬於這個世界。」「在這個世界裡，一切事物只是如此地存在，一切事件只是如此地發生，這個世界不存在任何的價值。」「因此也不可能有倫理學的命題。」因為它超越了語言與經驗事實，屬於不可說的領域：「倫理學是超驗的（transcendental）」，「倫理學無法被表述」。而「善的意志與惡的意志無法改變這個世界」——至少「無法改變事實，無法改變那些可以被語言陳述的部分。」「死亡也是一樣，世界不會因此改變，而是終止。」用上帝來捍衛普世法則也是沒有意義的，因為「對於一個更高的存在而言，祂根本不在乎這個世界的狀態。神並不會在這個世界顯現祂自身。」

至於懷疑論，第六之五節說：「只要一個問題是可以被說清楚的，它就同時是可以被回答的。」然而「懷疑只存在於有問題的地方；而有問題的地方就會有答案，且答案的存在就意味著可以被說出來。」因此，懷疑論是「沒有意義」的。

這並不意味著人生的一切謎團都被解開了，而是問題跟答案會一起消失——因為它們都是無法被陳述清楚，因而該保持沉默的；或者說它們與事實無關，不存在「對」或「錯」的答案，因而無法被討論。「我們覺得，即便所有可能的科學問題都被回答了，關於人生的問題依舊未曾被觸及。當然也沒有遺留任何未解的問題，而這個就是（人生謎團）的答案。」「關於人生問題的解決，就在於問題本身的消失。」「的確存在著一些無法被表述的。它們展露自己，它們是神秘的。」因此，「哲學的正確方法應該如下：只說可以被說的，也就是自然科學的命題，也就是跟哲學全然無關的事物。然後，當有人想要談形上學時，要一貫地向他指明在他的命題中有哪些符號未曾被賦予任何意義。」

這本書的最後一節只有一句話：「一個人無法說（清楚）的，他就該保持沉默。」此後有三十年左右的時間維根斯坦都保持緘默，直到臨終前才交代友人發表生平第二本著作《哲學研究》。其中有一段很長的時期，他確實以為可以被說清楚的都已說完了。

然而這並不意味著為善或作惡都無所謂，只是意味著沒有獨立於人類判斷之外的客觀價值秩序與善惡（沒有獨立於人之外的、先驗的「天理」），因而也無法用語言對價值抉擇進行客觀的討論——我們只能靠自己的體悟去抉擇自己的人生與言行，而不可以把自己的體悟當作絕對的真理去強加給別人，或者企圖說服他人。

事實上，維根斯坦是在一次大戰服役期間構思《邏輯哲學論》的，那時他也隨身攜帶托爾斯泰寫的《四福音書簡要本》，逢人便狂熱推銷，以至於軍中夥伴戲稱他為「懷著福音的男人」。在同一個時期裡，他也反覆熟讀杜斯妥也夫斯基的《卡拉馬助夫兄弟們》，因而可以一字不漏地背誦其中許多段落，而他最愛的人物是小說中那個近乎聖人的曹西瑪長老，因為他認為這位長老「可以洞見他人的靈魂。」

或者說，維根斯坦不是不關心自己的言行與抉擇，而是認為價值的問題與言行的抉擇都無法被清楚陳述，屬於無法客觀討論與求證的「神秘範疇」。因此哲學家和其他人都應該對這些話題保持緘默，避免在注定不可能有確切答案時進行無謂的爭論。

回到中國哲學，當我們開口閉口說「天理」時，我們真的確定有個叫「天理」的東西客觀存在著嗎？還是說「天理」只不過是我們模糊、飄忽不定的想像？我們又真的有把握自己所謂的「天理」不曾夾雜個人的成見與偏見，或者繼承過去歷史的各種成見與偏見嗎？

戴震在《孟子字義疏證》裡批評宋明理學：「以理為如有物焉，得於天而具於心，因以心之意見當之也。」把自己的意見說成是天理，卻又沒有任何辦法可以客觀分辨誰的「天理」才是真正的天理，結果變成是憑氣勢、地位、口才在比輸贏。「於是負其氣，挾其勢位，加以口給者，理伸；力弱氣懾，口不能道辭者，理屈。」最後甚至發展成再笨的人都自以為擁有天理：「今雖至愚之人，悖戾恣睢，其處斷一事，責詰一人，莫不輒曰『理』者。」

戴震的批評與其說是偏激，不如說是漢儒歷經兩次亡國教訓之後的痛定思痛。所謂的天理，終究是個人的體驗。有如歷代禪宗大師說的「如人飲水，冷暖自知，不可向人說也。」如果是在師友間彼此切磋，或許不無啟發；若是硬要當作天理，彼此論辯以成普世不移的規範，甚至強加到他人頭上，結果必然淪為威權崇拜，還被當權者拿來捍衛封建統治——歷史教訓屢見不鮮，如中世紀神學成為捍衛教廷腐敗的工具，教皇被羅馬的貴族用賄選綁架而成為俗世權力的奴僕；康熙罵理學家「言行不相符」，卻又把朱熹抬舉為跟孔門十大弟子並列的聖賢，無非是因為朱熹的保守思想有利於封建統治。

錢穆（1895-1990）說孔子與朱子對後世的影響是「瞻觀全史，恐無第三人可與倫比。」朱熹對歷代儒學確實有獨到之見和卓越的貢獻，然而他的影響多半是拜八股科舉之賜。

漢武帝罷黜百家，獨尊儒術，然而各家思想照樣流傳於社會，歷代皇帝也是儒、法、黃老並用，並摻雜陰陽之術——漢儒實際上是雜家。魏晉思想多元，時興以佛法與黃老思想治儒學，名士更直言「禮教豈為我輩設哉」。唐朝皇室尚胡服胡語，而科舉考試重進士（考當世要事的對策），輕明經（考儒家經典），因此思想活潑。宋朝科舉經義與策論並重，強調活用經義以解決政務，因此文人思想不時有新意。但是元朝滅宋之後，以朱熹集注的《四書》為所有考試的指定用書，企圖以朱學統一思想，使「學者尊信，無敢疑貳。」明清兩代繼承這個方針，以至於文人之間「非朱子之傳義不敢言，非朱子之家禮不敢行」。

由於思想封閉，整個社會活在自欺欺人的幻覺裡，不願意面對社會上的困局，沒有能力構思變革的策略。結果，黃仁宇在《萬曆十五年》的序文裡說明代衰落不是因為「稅重民窮」，而是「二千年來，以道德代替法制，至明代而極，這就是一切問題的癥結。」

歐洲從十四世紀末的文藝復興開始擺脫威權崇拜，之後每個世代都在批判、質疑、駁斥前人的輕信、盲從與自大，寧可緘默而不敢妄言。中國儒生卻自欺欺人地把理學的桎梏說成是天理，把個人的私意說成是孔孟的道統，以至於宋、明兩朝相繼亡國於異族。奢言天理的代價何其高！只可惜立志要「為往聖繼絕學，為萬世開太平」者，至今照樣絡繹於途。

完美的幻覺，語言的巫術——自欺欺人的真理

維根斯坦完成《邏輯哲學論》後並沒有回劍橋大學，而是放棄龐大的家產，去當園丁和小學教師，在租來的陋室裡過著跟托爾斯泰晚年一樣簡樸的生活。將近十年之後，他聽了數學界的一場演講，對哲學有了新的思考方向和觀點，而在一九二九年重返劍橋大學，擔任哲學系的講師。約莫四年後，他在上課的講義裡表現出迥異於《邏輯哲學論》的新觀點，這些觀點最終發展成他晚期思想的代表作《哲學研究》。

維根斯坦在《哲學研究》的序言裡說：「在過去的十六年裡，我持續被迫體認到我在寫第一本書（《邏輯哲學論》）時所犯的重大錯誤。」然而這兩本書都認為既往的哲學是與真實世界無關的虛構，而解決哲學問題的辦法是清楚指出它們的「純屬虛構」，使它們因而消失，不再惑亂人心。譬如，《哲學研究》第一三三節說：「我們想要達成的清晰度的確是徹底的清晰，然而這只不過意味著哲學問題應該要徹底消失。真正的發現是讓我可以在想要停止哲學思考的時候就停止——那個發現讓哲學得以安息，不再被那個自行孳生問題的問題所折磨。」「問題被解決了（困難被清除了）。不只是一個問題。」

不過，兩本書闡述這個核心觀點的策略有著重大的差異。《邏輯哲學論》企圖用理想語言去釐清可說與不可說的邊界，然而這個虛構的理想語言也在誤導作者和讀者——當他們以為自己是在釐清「事實」的時候，其實又跟既往的哲學一樣，是陷入自己所虛構的幻象，成為圖像論（或投影論）的俘虜。

因此，《哲學研究》批評《邏輯哲學論》只是在語言的周邊製作一個框架，它所研究的僅僅只是一個空洞的畫框，裡面既沒有真實的世界，也沒有真實的語言。譬如，《邏輯哲學論》的第一句宣告：「這個世界就是所有事實的總和。」這句簡潔的話似乎清晰而神奇地界定了這個世界的全部事實，甚至可以像笛卡兒的《沉思錄》一樣據以演繹下去，直到釐清所有「可以說」和「不可以說」的邊界。然而仔細一想，這一句話其實什麼也沒有說，它既沒有告訴我們這個世界的任何事實，也無法讓我們據以判斷任何命題的真偽。

當代分析哲學家蒯因也提出過類似的觀察，他在《從邏輯的觀點看》中諷刺地說：「形上學的問題有一個令人好奇的特性，就是它的簡潔。它可以用三個單音節的英文字表述：『那是啥？』（What is there?）此外，它可以用一個詞加以回答——『一切』（Everything），而且每一個人都會承認這個答案是對的。」然而這個正確的回答根本空洞到等於是說：「我什麼也不知道。」

為了避免重新陷入空洞的抽象思考與討論而不自知，《哲學研究》發展出一套全新的策略，它不再給讀者一套抽象的理論，而是引導讀者去親自觀察、體驗跟語言、思考、心智活動有關的真實語言情境（維根斯坦稱之為「語言遊戲」），藉著這些精選的代表性例子，引導讀者去直接體驗人類從事抽象思考時會產生的幻覺，以及抽象思考、語言和真實生活世界之間的真實關係。該書中說：「要避免我們的斷言淪為無效或空洞，唯一的辦法是如其實地呈現真實語言的模型（例子），以便作為比較的對象，就如同一根標準尺一樣；而不是當作既成的觀念，硬是要強迫事實去吻合它。」對於後期維根斯坦而言，硬要強迫事實去吻合既成的觀念就是一種獨斷論——不管是像柏拉圖那樣要求事實吻合先驗的抽象觀念，或者像康德那樣逼迫人去服從先驗的道德法則。

譬如，《哲學研究》一開始就引述奧古斯丁《懺悔錄》裡的一段話，藉以呈現奧古斯丁對語言的一個見解：每一個名詞對應著一個具體可見的物體，因此我們可以藉由該物體而認識該名詞（維根斯坦稱此為「指物定義」）；然而關於我們內在的思想和感受，卻欠缺類似的方法來描述，因此沒辦法讓別人瞭解我們的內心。

接著，維根斯坦要讀者想像一個生活中的具體情境（語言遊戲）：一個沒念過小學的成人差遣念小學三年級的兒子，要他去隔壁雜貨店「買五個紅蘋果」。在這個情境裡，柏拉圖（以及奧古斯丁）會認為大人、孩子和雜貨店老闆都要先有關於「五」、「紅色」和「蘋果」的觀念，才能據以辨認孩子買到的是「五個紅蘋果」。然而這孩子、他父親和雜貨店老闆不可能會像哲學家那樣從事抽象的思考，也不可能先建構出關於「五」、「紅色」和「蘋果」的抽象觀念，之後運用它們去解決生活上的問題——他們根本就省略任何抽象的思考與抽象觀念的建構。對他們而言，「五」只不過是一個「數數」的語言遊戲，紅色和蘋果則是未經明確定義的籠統詞彙（它們對應著深淺不一且色澤不均的「紅色」，以及形狀、大小各異的「蘋果」），然而這一點也不會妨礙他們的溝通。

更鮮明的例子是，想像一家豆漿店裡有三種燒餅，老闆說：「橢圓形的包砂糖，圓形的包紅豆沙。」其實那個號稱「橢圓形」的燒餅很細長，更像是兩端磨圓的長方形；而那個「圓形」的燒餅跟幾何學意義下的「圓」相去甚遠，但是老闆與顧客都很清楚彼此在談的是什麼。而且，小學畢業的老闆連「橢圓」和「圓」的定義都說不清楚，甚至根本沒學過幾何學——幾何學的概念和問題只存在於幾何學家虛構出來的抽象世界裡，跟現實世界無關，如果硬要用柏拉圖的觀念論去分析豆漿店老闆的「心智活動」，根本就是牽強附會。

然而柏拉圖卻硬是說現實世界的一切圖形都是觀念界的拙劣模仿；而《邏輯哲學論》則堅持名詞跟物件必須毫不含混地一一對應，才屬於「可以說」的範疇。兩者都是「硬要強迫事實去吻合既成的觀念」的獨斷論。

奧古斯丁假定名詞跟物件之間有著固定的一一對應關係，有如一個班級裡，學生姓名跟學生本人之間的對應關係。然而真實的語言情境中，絕大部分的語詞都沒有固定不變的指涉，端視語言情境脈絡與發言者的語氣而定。譬如《哲學探索》就指出日常用語裡的「水！」「走開！」「救命！」「很好！」「不！」等都在表達內在的渴望或感受，並不是非要為每一種內在的感受命名不可。此外，「下指令，聽從指令——根據外貌或量測到的數據去描述一個物體，根據描述（或草圖）建造物件，報告一個事件，研判這個事件，建構並測試一個假設，用表格和圖形報告實驗的結果，捏造一個故事，讀一個故事，戲劇表演，猜謎……。」語言的型態不勝枚舉。「有數不盡的句型種類：我們所謂的『符號』、『語詞』、『句子』有數不盡的使用方式。而且這種多樣性並不是固定、一成不變的；我們或許可以說，新形態的語言和新的語言遊戲不斷誕生，還有些則過時而被遺忘。」因此，維根斯坦說：「一個字詞的意義就是它在語言中被使用的方式。」而不在語詞與物件的一一對應中，也不必然是在詞典的定義中。

指物定義或許是最不容易彼此誤會的語言運用方式，至於其他的語言運用方式，只要我們在該語言的母國生活夠久，就可以透過跟人的互動而逐漸瞭解它們在各種情境下的意涵和使用方式，也就是說語言的意涵和使用方式在真實的生活脈絡中，而不在詞典的定義中，更不在抽象的思辨中。所以維根斯坦說：「使用一種語言乃是某種活動的一部分，或者某種生活的形式。」「想像一種語言，意味著想像一種生活的形式。」也就是說，學會某一群人的語言，就是學會那一群人生活中的互動模式（就像學會某個幫派的暗語、行規與文化，以及他們約定俗成的默契）。至於語言分析或其他抽象思考（譬如語言學、語音學等），則是不屬於生活現場的「非時間性、非空間性」的想像。

奧古斯丁抱怨找不到可以表達內在感受的名詞，然而這些例子告訴我們，既有的語言型態遠比他的抽象理解更豐富。這些例子告訴我們，哲學家有一種職業上的慣性，想要把紛繁歧異的人生萬象歸納成有限的規則。然而在他們追求「以簡馭繁」、「以一御萬」的規則時，視野往往極其狹隘、以偏概全。當哲學家進一步想用這些以偏概全的「普世規則」去解釋人生或規範他人的言行時，就很難避免地會落入「硬要強迫事實去吻合既成的觀念」的獨斷論陷阱。

譬如，《邏輯哲學論》認為在「可以被說的」和「不可以被說的」範疇之間，有一個清晰的界線將兩者區隔開來。但是，在真實的語言情境裡，語詞的意涵是流動、變化的，連規則都可能是模糊的，只不過這些事實並不必然會造成我們彼此理解上的困難。譬如，想像一場真實的網球友誼賽，兩個人在努力地拉球，球穿越球網時的高度忽高忽低。後來，球越打越高，到了某一個時間點，其中一個人生氣地把球拍摔在地上說：「不打了！你根本就沒有在打球！」緊接著維根斯坦問讀者：「從什麼時候開始？」在真實的生活裡，我們只知道網球的高度必須超過網線，也知道當一個人老是把球往高空打時就表示他已經沒有在「認真打球」；問題是，從哪個高度開始算是「沒有在認真打球」？沒有人說得上來，但是專業級的國際網球賽也就這樣進行多年了，沒有遇到無法化解的困難。

《邏輯哲學論》的作者想要根據虛構的理想語言去釐定可說與不可說的邊界，對此，維根斯坦忍不住取笑過去的自己：「語言的工具和它們被使用的方式有著豐富的多樣性，語詞和句子也有著豐富的歧異性，如果我們拿這些事實去跟邏輯學家陳述的語言結構做比較（包括《邏輯哲學論》），將會很有趣。」

不過，語言邊界的模糊確實還是在某些關鍵的情境裡，為我們製造出許多的假象與混淆，而我們卻陷溺其中而不自覺。

譬如，《哲學探索》裡有一個「教孩子數數」的例子，他說想像著你在教一個孩子數數。「一、二、三、四、五、六、七……。」你一邊教，他一邊跟著唸。反覆非常多次之後，他終於可以自己從一數到九十九，中間不需要你引導，也沒犯過任何錯。你鼓勵他繼續數下去，他略為遲疑了一下，接著說：「一〇一，一〇二。」於是你很高興地說：「對了！你懂了！」這孩子獲得你的肯定之後也很開心，他信心十足地接著說：「一〇四。」這顯示他還不懂數數的完整要領。那麼，你剛剛跟他說「對了！你懂了！」時，是不是話說得太早，把自己的臆測當作客觀的事實？

這個故事的教訓是，我們經常從有限的經驗裡歸納出一些規則，然後將它們應用到大不相同的情境而不自覺。本章前面關於無窮大與無窮小的各種詭論，都是因此而起。我們甚至會從有限的抽象思考裡歸納出一些法則，卻宣稱它們是放之四海皆準的「普世法則」（就像康德的先驗道德法則）。

同樣，朱熹和王陽明真的能清楚看見天理與人欲那個飄忽不定的邊界嗎？

為了避免淪入抽象思考的各種陷阱，維根斯坦在《哲學研究》裡語重心長地一再提醒讀者：「再說一次：不要用想的，仔細看。」「不要用想的，仔細觀察！」「我們無法猜測語詞是如何作用的。我們必須去觀察它的實際應用並且從中學習。然而困難在於如何移除阻礙我們去觀察的預設成見。」「當哲學家使用一個語詞（知識、存在、物體、我、命題、物體名稱）且試圖掌握它們的本質時，你必須始終問自己：這個語詞是否確實曾經在語言遊戲（語詞的原始故鄉）裡被如此使用過——如此做就是要把語詞從形上的領域帶回到他們的日常使用（情境）裡。」

偏偏前述各種抽象思考的弊端是「我們在從事哲學思考時很容易陷進去」。關鍵在於抽象思考就是對事實的簡化，而且很容易不自覺地就往越來越抽象的層次去探究，以為答案在概念的背後的更背後，而沒有警覺到自己正在逐漸遠離事實。

結語

《哲學研究》的作者不斷提醒讀者，妨礙我們去瞭解語言（以及真實的生活世界和人生）的，是抽象思考本身。當我們在進行抽象思考時，經常會用過度簡化的概念或理論去取代複雜的事實，因而看不見事實的完整模樣，甚至只想瞭解抽象概念而不想去觀察完整的事實；最嚴重的時候，會像柏拉圖那樣用抽象的觀念否定真實世界裡的一切事物，或者像康德只相信先驗的法則而不相信真實的人生體驗，甚至像宋明理學那樣用天理否定人欲。

也就是說，哲學家之所以會一再用子虛烏有的問題折磨自己，是因為抽象思考本身就是問題的製造者。或者更適切地說，不是抽象思考有問題，而是誤以為答案在抽象思考裡，因而不願意去真實的生活世界裡找答案——就像《邏輯哲學論》的作者那樣，以及所有想要用理論去「洞察」、

「統攝」人生萬象的哲學家那樣，問題出在我們對待抽象思考時的態度。因此《哲學研究》也特別強調，該書裡用來指引讀者考察的例子都是「存在於時間與空間中的語言現象，而不是不屬於空間也不屬於時間的幻覺。」

緣此，解決哲學問題的辦法，不是建構一套更真實、精確、清晰的抽象理論，而是設法矯正（治療）哲學界面對抽象思考時的慣性態度。就像《哲學研究》說的：「我們的目標並非以前所未聞的方法去改善或完善化語言的規則體系。」「沒有哲學的方法，但是確實有一些方法，它們就像是治病的處方。」為了避免抽象的建構混淆了事實，我們必須「拋除一切的解釋，只保留描述。」「單純地把一切平鋪在眼前，既不解釋也不推論——因為一切都毫無遮掩地展現在我們的視野裡，沒有任何需要解釋的。」

他同時批評《邏輯哲學論》，「在從事哲學思考時，我們經常把語詞的使用方式比擬為具有固定規則的遊戲或微積分。」在「映像」（投影）理論的誤導下，《邏輯哲學論》幻想出一種實際上不可能存在的語言模式：「它必須像最純淨的水晶」，清晰透明而毫無雜質、瑕疵、暗痕。我們越是嚮往、執著於這樣一種「理想」的語言，就越是不滿意於日常語言（真實的語言），卻也越是步入難以覺察的危險：「我們已經走到光滑的冰層上，沒有摩擦力，因而在某種意義下是理想狀態，但是也恰恰因為這個緣故而寸步難行。我們想要往前走，因此我們需要摩擦力。」

於是，《哲學研究》呼籲讀者：「回到粗糙的地面去。」——回到真實的語言（日常語言）與真實的人生（而非抽象概念的世界）裡去！

然而要文青回到粗糙的地面是非常困難的，因為他們始終渴望「超越」，始終忍抑不住一再追問超乎語言邊界的「形上學問題」，然後建構出一堆自己也搞不清楚的術語（「實體」、「真理」、「天理」等「言之無物，不知所云」的形上學名詞），同時又搞不清楚語言與事實的邊界，而將兩者混為一談。

如果不徹底瞭解這個偏執的慣性，就走不出過去兩千年來的歷史覆轍。下一章讓我們來談談這些問題。

13

人類一思索，上帝就發笑——理性的幻覺與矛盾（下）

席勒在一封信裡提到過「如詩的情懷」。我認為我知道他的意思，我認為自己也熟悉那種情懷。那是一種樂於跟大自然融合的情懷，在那種情懷裡，一個人的思想有如大自然本身那樣鮮活、生動。

——維根斯坦

有一種想法認為，為了釐清一個通稱的意涵，我們必須要先找到該通稱的所有應用及其共通元素。這個想法阻礙了哲學的研究；因為它不只讓研究毫無成果，還讓哲學家把確鑿的例子當作無關緊要而不予理會——儘管唯有這些確鑿的例子可以讓他瞭解該通稱的用途。

——維根斯坦

我們應該要做的事情是，把語言從它們在形上學裡的應用帶回到它們在日常生裡活的應用。

——維根斯坦

哲學家的言談經常有如稚童，他先在一張紙上用鉛筆胡亂畫一堆線條，接著問成人：「這是什麼？」

——維根斯坦

如果上帝曾經研究過我們的內心，將會搞不清楚我們內心裡說的（上帝）究竟是誰。

——維根斯坦

我的企圖是：教你如何從偽裝的無意義過渡到顯明的無意義。

——維根斯坦

這年頭人們以為科學家的存在是要教導他們，詩人和音樂家等則是要娛樂他們。他們沒有想到後者有東西可以教導他們。

——維根斯坦

維根斯坦曾在他的札記本《文化與價值》裡說：「我讀到『哲學家跟真相的距離始終沒有比柏拉圖更近。』這是多麼奇怪的處境。柏拉圖竟然可以走得那麼遠，多麼令人驚訝！或者，我們竟然無法超越他，多麼非比尋常！難道是因為柏拉圖如此極端聰慧？」答案當然不是。在同一份筆記裡，維根斯坦說：「你們總是聽到人們說，哲學始終沒有進步，那些希臘人關注的問題至今仍舊困擾著我們。但是說這話的人卻不瞭解為何事情會如此。理由是我們仍舊使用相同的語言，並且總是誘拐我們去問同樣的問題。」「只要我們還繼續談論時間之流、空間的延展性等，人們就會繼續被同一批令人困惑的難題所絆倒，並且目瞪口呆地望著某種無法被任何解釋釐清的事物。」「此外，這（困惑）滿足我們想要超越的渴望，因為只要人類以為他可以看到『人類理解的極限』，他們就理所當然以為自己可以看到這個極限之外（的世界）。」

晚期維根斯坦想要解決的並非個別的哲學問題，而是「為何哲學始終無法進步」這個根本的問題，或許早期和晚期維根斯坦想解決的都是這個根本問題，只不過觀點與策略不同而已。而且他的研究成果豐碩，只不過許多學者至今不確知該如何解讀他所留下來的作品。表面上看起來，《哲學研究》聚焦於語言，實則透過所謂的「語言遊戲」，他企圖引導我們看到人類如何在語言遊戲裡愚弄自己，以及這種愚弄的背後藏著兩千年來不曾稍減的頑強渴望——始終想要超越確知的事實和人類能力的極限，探索隱藏在一切事物背後的那個神秘、超越的「永恆的實體」和「永世的真理」，而不曾（不願意）問自己所謂的實體和真理，會不會只是我們自己的臆測或虛構的幻覺與偏執。

事實上，不管是自然科學、社會科學或哲學，所有的抽象思考（理論、學說）都是從確知的事實出發，透過人類的理解、推敲、想像、臆測與附會，而逐漸建構出一個離事實越來越遙遠的理論、模型或假說，並且一不留心就會把事實與思考（包括詮釋、論證、思辨、臆測、想像和附會）混為一談，或把人類建構的抽象理論誤認為事實的一部分，因而愚弄自己——譬如，用果蠅與綿羊的性行為解釋人類的性行為，用鴿子和老鼠的行為模式解釋人類的行為、動機等。當這種事實與想像的混淆發生在自然科學與工程科學時，貽禍較小；當這種混淆發生在跟人類有關的課題時，往往會形成對人性沒必要的迫害，或者誤導人類去追逐海市蜃樓的願景，甚至飛蛾撲火地傷害自己（譬如，以天理的名義反對寡婦再婚，或者以禮教為名壓迫年輕人純真的感情。）

這不是說要無條件反對一切的抽象思考，畢竟我們是靠著抽象思考而建立起自然科學與各種當代農業、醫療與生產技術，並從而降低嬰兒的死亡率、延長壽命、減少病痛。關鍵是在於如何善用抽象思考而不受其害。其中一個關鍵的訣竅是，清楚分辨事實與想像的界線，不要將兩者混為一談——雖然就像前一章關於網球高度以及教孩子數數的例子所顯示的，要找到過猶不及的界線，始終是抽象思考與一切語言遊戲中最困難的事。

晚期維根斯坦曾經使用過很多種策略，企圖引導讀者在語言遊戲（與抽象思考）中看見事實與非事實的邊際。譬如，一九三一年夏天，他針對一本人類學著作寫下的一系列評論，非常精彩、細膩地引導讀者看見人類如何在抽象思考中一步步掉入自己虛構出來的陷阱。

事實、推測、想像與附會——抽象思考的陷阱

詹姆斯．弗雷澤爵士（James Frazer, 1854-1941）的《金枝：巫術與宗教之研究》是有系統地探討巫術與宗教的最早著作之一，然而它充滿歐洲人的偏見，以及作者的附會與想像。因此有些當代人類學家把這本書看成「醜聞」，不承認它是值得當代人類學參考的著作。

維根斯坦在年屆五十時針對該書隨手寫就許多則評論性的札記（後來被整理成〈評論弗雷澤的《金枝》〉一文），指出其中所犯的錯誤，藉以突顯人類在抽象思考時典型的謬誤。尤其是關於蘇格蘭五朔節蛋糕與篝火的例子分析，抽絲剝繭，條陳縷析地揭露人類如何在抽象思考中一步步混淆事實與想像的邊界，深具啟發性。

詹姆斯．弗雷澤寫作《金枝》時，懷著十九世紀末歐洲典型的歷史進步觀，以及對理性時代的盲目樂觀與自負。他認為原始社會因為無知而想用巫術去操縱各種自然現象，並發展出活人獻祭的儀式，想讓秋收後死亡的太陽在春季復活。後來人類的精神進化到足以認識巫術的無效，同時體認到大自然的偉大和人類的渺小，才逐漸發展出宗教，轉而祈求偉大的造物主改變大自然和人的命運：「人類精神上的進化是從巫術時代進化到宗教時代，兩者間關鍵的差異是：巫術想要直接控制自然現象，而宗教則求助於超自然的存有，希望在祂（們）的保護與幫助下間接控制自然現象。」於是宗教的祈禱和奉獻取代荒謬野蠻的原始巫術，直到最後科學的真知識又取代了宗教。不過，「某些野蠻的禁忌有可能還透過各種偽裝而潛伏在文明人的道德規範裡。」最後，他感慨地說：「如果人類一向都有邏輯精神與智慧，歷史就不會有漫長的愚蠢與罪孽史。」

在談到蘇格蘭五月一日的傳統五朔節慶典時，他特別描述各種有關五朔節蛋糕（Beltane cake）和夜間的篝火活動。相傳蘇格蘭人會在該日製作一個蛋糕，將它切成許多等份，並將其中一份用煤炭塗黑，然後悉數放在一個蘇格蘭帽裡，大家輪流抽出一塊來。誰若抽到被塗黑的那一塊，就會被獻祭給光明之神貝爾（Baal），以換取當年的豐收和人畜興旺。不過，在蘇格蘭和塞爾特人統治過的許多歐洲地區，這個儀式已經被改變，抽到黑色蛋糕的人只要在夜間三次跳過篝火就可以，其他人則喊「燒死巫婆」。敘述完這些傳說後，弗雷澤爵士加上這樣的評論：「毫無疑問地，這種慘無人道的獻祭曾在這塊土地上流行過。」

在這一段敘述與評論中，弗雷澤先是把前人的傳說不加檢證地當作事實，接著對這些傳說加以臆測，之後又緊接著把自己的臆測也當作是歷史的事實，最後再加上自己的道德評論，認定以前的人既愚蠢又殘忍。

最讓維根斯坦在意的是，這個過程充分展現人類在從事抽象思考時是多麼容易誤把自己的臆測、推論、想像當作事實，而恰恰是這種兩千年來的慣性，使得哲學家和學者一直在問一些無解的問題——猶如希臘哲學家與中世紀神學家那樣。

在〈評論弗雷澤的《金枝》〉裡，維根斯坦首先指出，現在的活人獻祭顯然是個象徵，兼具表演性與娛樂性，為何過去不可以也一直都是這樣？他質問：「如果五朔節的節慶一直以來都是像現在（或最近的過去）那樣，有什麼理由可以反對嗎？」理由似乎是在原始社會裡聚集那麼多的人力與物力，去辦一場只具有象徵性與表演性的活動，無法滿足當代人的理性預期和功利主義的思考。「這是不是有點像我看到一個廢墟，並且說那裡以前一定有過一棟房子，否則不會有人去鑿切出那麼多不規則的石塊，並且把它們堆成那個樣子？」有些人甚至可能會堅持：「就算他們想做的是廢墟，也一定是根據房子頹圮的模樣去堆積的。」柏拉圖就曾主張人類的一切作為都一定是先有觀念，再根據觀念的完美模樣去進行拙劣的模仿；因此要理解人類的任何作為，都要先找出其言行背後的觀念、動機。

問題是人類有許多行為都跟理性無關，甚至不需要理由。譬如，「燃燒一個人偶。親吻你所愛的人的照片。這些顯然都不是因為你相信它們會對照片中的人產生特定的效果。它們是為了要產生某種滿足，而且事實上也達成了那種效果。或者，它們也可能沒有任何目的；我們如此做，並且感到滿足而已。」表象往往就是事實的全部，背後沒有任何「更深層的、超越性的、神秘的」事實。

此外，〈評論弗雷澤的《金枝》〉指出，弗雷澤爵士顯然誤將人類的情感與學者的理性分析混為一談，而看不見兩者的界線。「弗雷澤說巫術的錯誤很難被發現，而這是它們可以長期存在的理由。」事實上，「當我對某件事生氣時，有時候我會用藤條搥打地面或一棵樹。但是很顯然我並不相信土地該被責怪或者搥打對事態有益。『我只是出一口氣。』而所有的原始儀式就是這樣。我們可以說這種舉止是人類的本能行為。」

原始部落的人當然可以清楚分辨事實與想像，因此，當他們真的要殺人時，不會去戳芻像，而會「技術熟練地製造箭矢，而非芻像。」「非洲的人會在雨季向雨王求雨。但是這顯然並不意味著他們真以為雨王可以降雨，否則他們會在一年中土地『乾旱有如沙漠』的旱季裡祈雨。」「此外，人們會在破曉前太陽即將上升的時候舉行日出前的儀式，而不是在夜晚。」——假如這些原始部落的儀式真的是出於愚昧無知，他們將會在旱季祈雨，在薄暮祈求太陽上升。

事實上，要從經驗歸納出一些自然現象的原則是輕易可以做到的，原始部落的人當然也不會誤以為他們的統治者可以改變自然的規律，「而統治者本人更是清楚知道他沒有這一份能力。」「關於他的能力的想像，當然是安排到足以吻合經驗——他跟族人的經驗。」真正荒謬的地方是，「弗雷澤把事情講得好像這些人對於自然現象的原因有種徹底謬誤（事實上，瘋狂）的想法，事實上這些人只不過是對這些現象有著看似怪異的詮釋。也就是說，如果他們把自己有關於大自然的知識給寫下來，這些知識不會跟我們的有根本上的不同。只有他們的巫術是不同的。」（〈評論弗雷澤的《金枝》〉）。

此外，弗雷澤顯然不瞭解「巫術表達的是願望」，而不是關於外界事物的主張，因此沒有對錯可言：「宗教的符號不是以主張為基礎。」而「錯誤只對應著主張。」就像人類的情感表現，本來就沒有必然的模式，也沒有對錯可言。「試著想像舒伯特（Franz Schubert）死後，他哥哥如何把他的總譜剪碎，讓每個學生都拿到幾個小節。就跟妥善保存總譜而不讓任何人碰觸一樣，這也是一種可被理解的虔敬表現。而且，如果舒伯特的哥哥把總譜給燒了，這仍舊可以被理解為是一種虔敬的表現。」因此，「巫術與科學間的差異可以如此陳述：科學裡有進步，但是巫術裡沒有進步。巫術自身的內部沒有發展的方向。」事實上歐洲的宗教儀式明明跟原始社會的儀式沒有根本上的不同，「祭司兼國王的宗教行為和宗教生活無異於今日任何真正宗教的實踐，譬如，教堂裡的告解儀式。」

就像〈評論弗雷澤的《金枝》〉說的：「原始人的典型特徵就是他的行動不根據任何主張（如同弗雷澤所設想的）。」然而「由於他的愚蠢和膚淺，弗雷澤無法想像有任何祭司不是我們這個時代裡的英國人。」也就是說，弗雷澤爵士把原始部落說得極其愚昧、無知、野蠻，然而那些愚蠢、無知、野蠻卻完全是弗雷澤爵士的想像、附會與虛構。因此，「弗雷澤遠比他的野蠻人更加野蠻，因為野蠻人不會比二十世紀的英國人更難以瞭解靈性的事物。他對原始儀式的解釋還遠比這些儀式本身的意涵更加粗野。」

牛頓力學成功預測了哈雷彗星的再臨，工業革命與當代科技讓我們擁有了改造環境與駕馭大自然的能力。這些數不盡的例子讓我們一再忘記一個簡單的事實：我們對一切現象的解釋終究只是「解釋」，而不等於事實或真相。大衛・休姆在兩百七十年前指出過的事實至今依舊是不易的事實：我們根據經驗與歸納法推斷太陽每天都從東方升起，然而這終究只是我們的推測，而不意味著太陽明天必然會再從東方升起。

就像維根斯坦說的：「每一種解釋都是一個假說。」就算這個假說在經驗上被證實了千百萬次，只要有一個反例就可以推翻這個假說——脆弱的不是歸納法，而是人類知識的有限性（一個我們經常忘記的事實）。天文力學的成功，與其歸功於人類的智慧，不如歸功於天體運動模式的單純與穩定；一旦把相同的牛頓力學用來預測地震或龍捲風的生成與路徑，其結果就慘不忍睹。至於用實證科學研究人體的結果，是至今我們仍舊無法確知膽固醇應該分成多少種類，哪些對人體有害，哪些對人體無礙。尤其是面對人類的言行舉止和內在的感受，我們更加必須極其嚴謹地區分事實（表象）和解釋，因為「解釋是很不可靠的」。

然而維根斯坦在《金枝》一書裡看到的並非某個作者或某個學術領域的愚蠢、粗糙，而是看到一種遍及所有思考工作者的慣性（惡習）——從兩千年前的希臘哲學，到今天的自然科學、社會科學與人文領域的學者。「如果不是因為弗雷澤的解釋最終迎合我們的某種天性，那些解釋根本就不算是解釋。」

神秘的、玄奧的、深不可測的真相——難以自抑的渴望

原始社會經常有關於火、四季循環、生殖崇拜等儀式，然而這些現象都是他們日常生活中司空見慣的，原本不足為奇。他們為何要故作驚恐、煞有介事地為這些現象設計出規模宏偉的儀式？「就其自身而言，沒有任何現象是特別神秘的，但是任何現象都可以讓我們覺得神秘。」以至於「我們幾乎可以說人類是祭典的動物。這裡頭或許有些是謬誤的，有些是荒唐的，但是其中也有些真實的部分。」「一個人大可以如此開始一本人類學的書：當一個人觀察過地球上各種人類的生活和行為之後，他會發現，除了飲食等或許可以被稱為動物性的行為之外，人類也實踐某些具有獨特性格的活動，或許可以稱之為儀式活動。」而我們自以為可以理解（詮釋）原始社會的儀式，那是因為我們可以在自己的社會裡找到跟原始社會類似的舉止，感受到類似的情緒，並且用我們自己的

舉止和情緒去「詮釋」原始社會的言行（儀式）。因此，〈評論弗雷澤的《金枝》〉中提到：「當我閱讀弗雷澤的書時，每一個步驟我都一直想說：這所有的程序，這些意義的改變都還經由語言而存在於我們之中。」

譬如，五朔節裡用蛋糕決定犧牲者和象徵活人獻祭的篝火活動，往往會讓人感到邪惡或深奧。然而「活人獻祭之所以會讓我們感到深奧和邪惡，根本的原因是什麼？單單只是被犧牲者的痛苦就可以引起這種深刻的感受嗎？各種疾病都可以引起相同程度的痛苦，卻不會引發如此強烈的感受。不，只靠我們對那些外在行為的歷史所擁有的認識，不足以自行產出這麼鮮明的感受；我們是基於自己的內在經驗而附會進去（重新導入）的。」

首先，我們認定這些儀式必然不是任意設計的，「它必須有無限寬廣的基礎才能持續被傳承。如果要我創作一個節慶活動，它要嘛很快地消逝，要嘛它會被改造來吻合眾人共通的天性。」「有些人可能會這麼說：任何人若想讓五朔節的故事烙印在我們心頭，他不需要對節慶的起源提出任何假說，他只需要提供我們材料（可以導致那個假說的材料）而不需要再說什麼。可能會有人想要接著說：『當然，之所以如此，是因為聽眾和讀者會自己作出他們的結論。』但是他們一定會明確作出結論嗎？真的會嗎？而那個結論又會是什麼？認為這樣子是有可能的，或者那樣子是有可能的？再者，如果他們自己會下結論，那個結論又為何能烙印在他們的心坎裡？」「讓他們印象深刻的是（他們自己或他人）表述過的假說，或者是材料本身就足以讓他們印象深刻？」「很顯然，讓我們印象深刻的並非五朔節的可能起源那個想法，而是因為那個想法的無限可能性。這一切都是我們從材料本身推測出來的。」

也就是說，五朔節中讓人感到殘忍與野蠻的並非儀式本身，而是我們對於儀式的附會、臆測和推論。「事實上我們所繼承的五朔節只不過是一齣戲，就此而言，它很像孩子們在玩的搶劫遊戲。不過，事實又不盡然如此。因為，即便儀式裡事先規定搶救被犧牲者的那一邊會贏得最後的勝利，就儀式所產生的結果而言，其中還是含有純粹戲劇表演所欠缺的某種情感成分。就算這個儀式純粹只是一場很酷的表演，難道我們不會焦慮地自問：這個表演的目的是什麼，它的意義是什麼？而且，撇開各種詮釋不說，它詭異的毫無意義就會讓我們坐立不安（這顯示了焦慮背後的可能理由）。」——我們對於深奧、神秘的意義的偏執，才是整個問題的源頭；如果一系列的事件（現象）背後確實只有表層的現象而沒有任何深層的含意，我們也會偏執地為它虛構出來，並且硬是附會給它。

「假如有人給了某種無害的詮釋：或許使用蛋糕抽籤的理由是為了娛樂效果，用來嚇唬某人說要將他丟進火堆裡，藉此讓他難受；那麼五朔節就會更像是一場惡作劇，參與的人群中有一個將會經歷某種殘酷的折磨，而這群人將藉此滿足某種需要。但是，透過這樣的解釋，五朔節將失去它全部的神秘性。就是這樣，如果小孩子在某天焚燒一個稻草人，就算有任何稍後的解釋，光是這個事實就讓我們不安。」我們忍不住會這樣想：「好怪！他們為何要在慶典中燒死一個人！」「這裡我想說的是：謎底不會比謎題本身更令人不安。」

當謎底被揭露時，原本籠罩著謎題的神秘性就消失了，原有的驚悚、深奧、神秘也消失了。但是我們的天性裡有著對神秘、深奧事物的執著——在天空迅速移動的光影可以是外星人的飛碟，也可以是遠處汽車燈光被空氣折射，偏偏很多人寧可相信是前者。

哲學家也一樣，甚至更加嚴重。他們無法滿足於事物的「表象」或者無意義，而想盡辦法要在不必然有意義的地方尋找「深層的意義」，甚至「玄奧的真理」。因此希臘哲學家費盡心思去揣測「表象」背後「永恆不變的實體」，柏拉圖則相信我們的靈魂被肉體拘束而無法洞視觀念界的真理，於是從此以後歐洲人有了敵視感官、厭惡感官的堂皇理由。

後來，奧古斯丁在《婚姻與原罪》論證性愛與原罪時說：「當我們身體無礙且處於健康的狀態時，眼、唇、舌、手掌、足，以及背、頸、側身都在我們的掌握之中，可以驅使它們做出適合它們的動作；唯獨當男人面臨必需執行他重要的生育功能時，那個專門為這目的而被創造出來的器官卻不會遵照人的意志而動作，情欲必須先等候在那裡為他啟動那個器官，就好像情欲對它有合法的指揮權似的。此外，這個器官有時候會拒絕按照人的意志動作，甚至經常違背他的意志而動作！」而且，不論是多麼虔誠、純潔的夫妻，當他們要接受神的祝福而繁衍後代時，「都沒辦法不仰賴惡魔而進行。」他又在《上帝之城》裡堅持：孩子和生育都是好事，然而它們卻是「在惡魔的參與下進行的」，於是歐洲人開始把各種性愛與情欲都烙印上罪惡的標誌，是亞當與夏娃附從魔鬼後留給永世子孫的原罪標記。

觀念或想法本身並不嚇人，因為它們終究只是一種可能性，也就是說，它們也有可能不是事實。嚇人的是所謂的「證據」，「包括那些看似與現象沒有直接關聯的——它們經由人類的思考與人類的過去而被摻雜進去，也經由我在自己與他人身上所看到的不尋常的、不可思議的事物，所有關於它的所見所聞。」（〈評論弗雷澤的《金枝》〉）簡言之，當事實、傳說、臆測、想像全部混成一團而不可分時，觀念就可以具有遠比事實更嚇人的能量；如果再加上我們對於深奧、神秘意義的偏執，就更加嚇人且不可解。

然而這並不等於說不可以有臆測、推理、假說，只要分得清楚臆測（推測）與事實的界線，臆測通常無害（自然科學就是善用想像、假說與人為建構的理論模型，才能協助我們建立起今天的物質文明）。要防範的是把臆測當事實，甚至用臆測去否定生命的事實，就像《文化與價值》裡記載的維根斯坦格言：「看在老天爺份上，別害怕說蠢話！但是你必須要注意到自己的愚蠢念頭。」

或者，就像維根斯坦在其中一則札記裡說的：「如果一個主題是非比尋常、意義重大，它之所以難以理解，並不是因為我們必須理解某些深奧事物的獨特指示。難題在於對該主題的理解，跟人們想要看到的之間存在著明顯的差距。因為這個緣故，最顯明的事物可以變成最難以理解的。需要被克服的並非智性的困難，而是意志上的困難。」就像國王的新衣，只有天真的孩子可以看透，自以為有智慧的成人則始終看不透，哲學家往往更加看不透。

形上學是一條死路，問題不在於「有沒有永恆的實體」，而是我們根本沒有任何確知的線索可以用來回答這問題。神學也一樣，問題不在於「這個世界是否有一個創造者」，而是我們沒有任何確知的線索，因而無法回答這個問題。因此，無可避免地，從我們開始發問的那一刻起，我們就隨時會離開確知的領域而進入純屬臆測的捕風捉影；笛卡兒的《沉思錄》就是一個鮮明的教訓，整本書只有第一個沉思「我在思考，所以我必然存在」是事實，其餘通通都是臆測，而笛卡兒卻誤以為整本書都像《幾何學原本》一樣受到演繹法的嚴謹保障，通通都是真理。

對於這一群習慣於「乘著思想的羽翼，在真空中飛翔」的思想工作者，要如何才能引導他們看見可說與不可說的邊界（言之有據和言之無據的邊界）？這是一個貫穿維根斯坦一輩子的哲學問題。在《哲學研究》裡，維根斯坦找到一個新的策略：不談實體，不談理性，不談思想，只談語言。因為，一切可以被說的都在語言裡，甚至連一切的思考也都在語言中進行，因此一切抽象思考的病徵都會反應在語言裡；然而思考是捉摸不定的，而語言則可以被具體描述。就像前一章裡討論過的數數和打網球的例子，可以清楚描述出我們如何從「言之有據」慢慢偷渡到「言之無據」。

就像他在《文化與價值》裡說的：「語言為每一個人設下相同的陷阱；它是一個龐大的網絡，其中藏著許多難以辨識的錯誤岔口。因此我們看到人們一個接連一個走過相同的路段，而且我們事先就知道他們會在哪裡步入歧途，他們會毫不猶豫地往前走而完全沒有注意到岔口的存在，諸如此類。所以我要做的是在所有歧道的岔口上樹立起路標，以便協助人通過危險的地點。」「難以建立的一種新的思考方式。一旦它被建立起來，舊的問題就會消失；事實上它們變得很難重新出現。因為它們是浸浴在我們表達自己的方式裡，一旦我們用新的表達方式來當作（表顯自己的）外衣，舊的問題就會跟隨舊的衣服被一起拋棄。」

如何讓蒼蠅看見玻璃瓶的出口——哲學的魅惑與除魅

弗雷澤爵士曾在《金枝》裡說：「馬來族把人類的靈魂想像成一個小人，大約一個拇指大而幾乎看不見，它隱藏在人的身體裡而且在形狀、比例，乃至於膚色都跟它寓居的那個身體一模一樣。」維根斯坦在這一段話的下面寫上註解：「在現代理論中，靈魂還是身體的翻版，這個稀釋過的版本能多幾分真實性呢。」「弗雷澤沒有警覺到我們在這裡所面對的就是柏拉圖與叔本華。我們在當代哲學裡重新遇見所有孩子氣的（幼稚的）理論；只不過失去了童真的魅力。」後來，維根斯坦還對他的學生約翰．威斯頓（John Wisdom）說：「令我們不安的是傾向於認定心靈有如內在的小人。」

為了徹底擺脫這種「玄奧」的傾向，《哲學研究》刻意把所有的討論都擺在日常生活的場景裡，擺在物理的「時間與空間」裡，而不是抽象、想像的場景裡，並且用很多種例子仔細刻劃語言的各種「岔口」，讓我們親自體驗語言何時有效，何時開始模糊掉事實與臆測的界線，何時淹沒於言之無據的臆測或翻車出軌。

譬如，人類在進行抽象思考時有一種「以一御萬，以簡馭繁」的傾向。或者說「以一御萬，以簡馭繁」就是人類從事抽象思考時預設的目的，而其第一個典型的產物就是「類」的概念。譬如，英文裡有很多種類的遊戲（game），包括棋類遊戲、撲克牌遊戲（從橋牌到賭博）、球類遊戲（比賽）、田徑比賽等。由於它們共用一個詞「遊戲」，使得抽象思考工作者往往不自禁地問：「它們之間有什麼共通性？」柏拉圖式的典型回答是：「它們都是同一個觀念的不同模本」，研究集合論的人可能會想要找到它們「共通的元素（交集）」。而且，我們越是專注於想要回答這個「深奧」的問題，就會離原本的事實越來越遠，最後甚至會忘記橋牌通常被視為需要高度智性思考的體面活動，而賭博則往往被視為不體面的惡習，兩者之間簡直是互斥的對比；而且許多遊戲純屬聯絡感情的娛樂，而足球比賽的對立情緒卻可以導致球迷的暴動與互毆。因此，維根斯坦在《哲學研究》裡提醒我們：這些「遊戲」之間實際上沒有任何「共通點」，而只有「家族性的相似」（family resemblances）。

同樣的，如果不細思，我們很可能會以為自己瞭解何謂「樹葉」。但是，如果要我們明確地在腦海裡清晰而精細地想像出「樹葉」的樣子，我們卻只能想出一大堆形狀各異的樹葉，它們甚至會在我們腦海裡飄忽不定地從一種變成另一種，瞬息萬變。也就是說，雖然我們經常自以為懂得「樹葉」所對應的概念，事實上我們腦海中並沒有一個清晰、精細、明確且固定不變的「樹葉」的概念，我們真正擁有的是一個模糊且飄忽不定的籠統意識。

同樣的，所有的椅子之間只有模糊且變化不定的「家族性的相似」，然而柏拉圖卻認定工匠所製作出來的椅子，都是根據我們腦海裡那個飄忽不定的思緒而有的「拙劣模本」。這是不是很奇怪？就像維根斯坦在《哲學研究》第七十七節說的，如果我們腦海裡有一張顏色和輪廓都很模糊的圖像，但是卻被要求在一張紙上將它精細地描繪下來，最後你一定會沮喪（或者生氣）地說：「我可以這樣畫，也同樣可以把它畫成圓形、心形或方形，反正所有的顏色也都混成一團。隨便畫什麼都是對的，也都是錯的。」或者，你試著在腦海中想像一張可以代表「**所有**精美的椅子」（而不是**某種**精美的椅子）的圖像，你會想到什麼？是不是模糊到難以辨識？就像維根斯坦說的：「如果你要針對我們的美學或倫理學概念尋找對應的定義，這將會是你的處境。」然而，柏拉圖卻以為所有「美麗的椅子」都是那個模糊而難以辨識的觀念的模本。而且，至今仍有很多人認定唯有哲學系裡的美學專家最懂得美。

事實是，我們是在跟人（師長）互動的過程中體驗一個又一個的具體美感經驗，同時體會到它們之間模糊而不斷變化的「家族性的相似」，這才學會「美」這個詞（和概念）的語言遊戲；而不是先有一個關於「美」的觀念，再藉由它去辨識出一個又一個的美感的經驗。因此，一個精通各家美學著作的哲學工作者可能畫不出任何好看的圖案，也沒有能力鑑識任何美術作品的好壞。想要認識「美」，而不去看畫、聽音樂、讀詩、親近大自然，只想埋首在歷代的美學著作裡找答案，這無異於緣木求魚、刻舟求劍。

然而我們既不滿足於一個又一個的雜多經驗，又不滿於一個模糊、籠統且飄忽不定的概念（或意識）。因此柏拉圖執意要找到一個「理想」的典型，而康德執意要找到先於一切經驗的道德法則。於是我們追隨他們的腳步，在抽象的思辨、臆測、想像中尋找「永恆的真理」和普世的道德法則；而笛卡兒則認定是上帝把「完美」的觀念注入我們心坎裡，否則我們這些不完美的人不可能靠自己去創造出「無限」與「完美」這樣的觀念。

不只哲學史上有無數類似的例子，連《邏輯哲學論》都認定只要有一個完美的語言，就可以消解哲學史上所有無意義（荒謬）的陳述。然而這種頑固的傾向卻是所有獨斷論的溫床，因此《哲學研究》第一〇一節以挖苦的口吻說：「我們想要說邏輯裡不可能有含混，理想**必然**有其現實上的基礎。與此同時，我們卻看不出來邏輯是如何免於含混，而理想又如何以現實為基礎，我們也無法瞭解那個**必然**的性質。我們以為它必然存在於現實世界裡；因為我們以為自己已經看到它在那裡了。」把「以為」當作「必然」，然後把這個虛構的必然當作事實，這就是獨斷論的典型陷阱。就像第五九九節說的：「在哲學裡我們不下結論。『但是它**必然**就像這樣！』不是一個哲學的陳述。哲學只陳述每一個人都能認同的。」也就是說，每當我們用主張和堅持取代鮮明的證據時，就墮入獨斷論的陷阱。

然而柏拉圖逃不過「理想」的蠱惑而墮入獨斷論的陷阱，康德指出前人都是獨斷論之後又掉進另一種獨斷論，連《邏輯哲學論》的作者也不能免地在指出前人的獨斷論之後，陷入自己的獨斷論裡。為什麼所有頂尖的抽象思考者都一再陷入覆轍？第一〇三節說：「當我們想起**理想**的時候，它就顯得不可動搖。你始終無法逃離它，你總是會回頭去找尋它。它沒有外界，你無法在它的外界呼吸。理想究竟從哪裡來？它就像是我們鼻梁上的眼鏡，我們透過它看世界。我們從來沒想到過要把它拿下來。」

那麼，宋明理學裡那個不食人間煙火的「天理」又是什麼？

我們經常在語言的誤導下相信海市蜃樓般的幻覺，而不自知。譬如，你可能會很篤定地相信：「**所有的**（All）棍子都有一個長度。」然而請你試著接受《哲學研究》第二五一節的邀請，在腦海裡確實地想像出「**所有**棍子的長度」，或者一個對應著「**所有**的棍子都有一個長度」這個陳述的清晰影像。你做得到嗎？維根斯坦說這是不可能的，「我只能想像**一根**棍子」，而無法想像「**所有的**棍子」。事實上，我們只能對個別的經驗事實有清晰的圖像和理解，而無法對任何與事實有關的「全稱命題」有任何清楚的概念。既然如此，我們憑什麼相信有人（譬如康德）可以在與經驗無關的「先驗觀念」中建立起適用於**所有**實際情境的道德法則？

不管是希臘形上學、中世紀神學、康德的道德哲學，或者宋明理學，人類在進行抽象思考時往往「言之無物」，卻被自己的語言所欺騙而誤以為是「言之有據」，因而掉進無解的陷阱，「哲學問題具有這樣的形式：我找不到路。」（《哲學研究》第三〇九節）解決問題的辦法是引導他們看見自己的「言之無物」，然而這有如要一隻玻璃瓶中的蒼蠅看見玻璃瓶的瓶口一樣困難（第一二三節）。

《哲學研究》示範的是一系列有助於脫困的策略，試著把所有抽象的概念轉化成腦海中的清晰影像，甚至把它們放在具體的時空情境下去想像，而不要含糊籠統（甚至空洞）地相信或堅持，這就是《哲學研究》裡所謂的語言遊戲（圖像）。譬如，《邏輯哲學論》的第一句說：「這個世界就是所有事實的總和。」但是你若試著去想像「所有事實的總和」的圖像，就會發現腦中或者一片空白，或者模糊、飄忽而捉摸不定。

奧古斯丁曾在《懺悔錄》裡說：「時間是什麼？沒被問到的時候，我很清楚那是什麼；但是一旦被問到而試著去解釋時，我突然感到困惑。」對此，《哲學研究》第八十九節反唇相譏：在自然科學裡，不可能會有「我知道，只是說不出來」的事情。

你或許可以說：「我有一種模糊的感覺，但是我一時間不知道要如何形容它。」但是所有抽象的概念都是人類透過語言建構出來的，你或者沒有清楚的概念，或者可以清楚地定義它，而不可能既有清楚的概念又說不出來。譬如，愛因斯坦會說「時間就是鐘錶上指示的時間」，而當代物理學家則會用銫原子的震盪週期來精密地定義「一秒」，使得所有懂得這些術語的專家都對「一秒」有明確的概念。

人類在使用抽象的語彙進行思考時，經常會自以為「我知道得很清楚，只是沒辦法跟你說清楚。」這種不自覺的慣性總是誤導我們說得比自己確知的多，並且把自己說的都誤以為是事實或真理。

從這個角度回頭看「天理」和「人欲」這兩個概念，它們的內涵是不是飄忽、模糊而稀薄，以至於我們只知道「天理」代表嘉許而「人欲」代表貶抑，除此之外能說的極其有限。如果我們對它們瞭解極其有限，怎麼能確知天理與人欲無法相容？會不會說，這個矛盾是像「家族性的相似」那樣從「嘉許」（肯定）與「貶抑」（否定）移植過來，有如「A不等於非A」那樣既明確又空洞？換句話說，天理與人欲的難以相容會不會純粹是文字概念虛構出來的矛盾，而與生命的事實無關？恐怕如此！

結語

從柏拉圖的觀點看，我從出生以來身高持續在變，容貌持續在變，連思想與感受的能力都在變，然而我一直是我，因此在這一切變化之後必然有一個永恆不變的「我」。柏拉圖甚至進一步說，這個我就是我的靈魂，它歷永劫而不滅，有能力洞見觀念界至真、至善、至美的永恆真理。然而從維根斯坦的角度看，前述的一切我只不過是透過「家族性的相似」而一再改變，背後不需要有任何永恆不變的實體來承載這一切的變化。

或者，假想奧古斯丁能謹守臆測跟事實的區別，因而只說出：「我可以任意移動身體的某些部分，但是無法任意駕馭某些器官，**我不知道這是何道理**。」那麼，中世紀的歐洲人或許可以免除許多沒必要的自我折磨。事實上，只要像生理學家那樣把人的肌肉分成「隨意肌」和「不隨意肌」，就可以擺脫奧古斯丁跟魔鬼的糾纏。

問題的關鍵還是在於：比起平鋪直敘的事實，「深奧」與「神秘」的可能性更能吸引我們，更讓我們神往——愛好**玄奧的真理**或靈魂的昇華者，更加如此。

那麼，難道我們要放棄一切的理想與嚮往，活在扁平的現實世界裡，甚至放棄一切的價值判斷嗎？下一章讓我們來談這個問題。

14

事實、臆測、想望與抉擇——文化、品味與獨斷論

我想，有件事情肯定是重要的，那就是終結所有關於倫理學的無聊蠢話——直覺的知識是否存在，價值是否存在，善是否可以被定義。在倫理學裡我們總企圖去說些無法被說的，說些無關乎（且不可能觸及）事物本質的事。

——維根斯坦

一切相對價值的判斷都可以表述成關於事實的單純敘述，但是任何關於事實的敘述都不會是、或隱含著絕對價值的判斷。

——維根斯坦

你無法引領人們到達善；你只能帶他到這個地點或者那個地點；善不屬於事實所構成的空間。

——維根斯坦

任何的心靈狀態，只要我們說的是一種我們能夠描述的事實，都不屬於倫理學意義上的善或者惡。

——維根斯坦

善的必然也同時是神聖的。夠奇怪的，這總結了我的倫理學。

——維根斯坦

今天，好的建築師跟壞的建築師有一個差別：壞的建築師屈服於每一個誘惑，而好的建築師抗拒它。

——維根斯坦

智慧是某種冰冷的東西，也同等程度地愚蠢。（另一方面，信仰是熱情。）我們或許也可以說：智慧只是在遮蔽你的生命。（智慧就像冰冷、暗沉的死灰，覆蓋了增長中的火苗。）

——維根斯坦

如果否定了一切的價值判斷，就會出現像薩德侯爵這樣極端的例子，只剩下弱肉強食的叢林法則，與生俱來的本能欲望，和「只要我喜歡，有什麼不可以」的任性；反之，價值判斷一旦悖逆人性的事實，淪為僵硬的意識形態，就會孕育出中國傳統社會的吃人禮教、自欺欺人，乃至於《紅樓夢》裡「真情至性受盡蹂躪，齷齪的人性倒受盡體諒」的價值倒錯。

兩次世界大戰期間，「高貴的愛國情操」竟然被利用來執行各種慘絕人寰的屠殺，更是讓知識分子既難以相信傳統的價值，也難以信任直覺中「高貴的情感」；如果又不願意陷入虛無主義、機械論與生物決定論，或者道德上的相對主義，真的會進退維谷。

對於戰後的英美思想界而言，在這窘境中唯一可以攀附的，似乎是倫理學或所謂的「規範哲學」。然而維根斯坦曾在《邏輯哲學論》明確地說：「不可能有倫理學的命題」，「倫理學是超驗的（transcendental）」，「倫理學無法被表述」。他的晚期代表作《哲學研究》又鮮少談到倫理學與美學，即便是由演講稿、書評與其他札記集結而成的《哲學時光：一九一二至一九五一》，或者學生的上課筆記裡，他也鮮少談到倫理學與美學。這是否意味著他始終認定倫理學與美學是不可能的，甚至荒唐、無意義的鬼扯？

另一方面，他的札記本《文化與價值》裡不但顯示出相當廣泛的閱讀（哲學、文學、人類學、佛洛依德、史賓格勒等），而且有許多措詞篤定的建築與音樂評論，充分顯示他有自己的評量、抉擇與堅持，絕不是一個價值上的虛無主義者或相對主義者。譬如，「一個壞時代裡的偉大建築師（范德努爾，Eduard van der Nüll），他的工作相當不同於一個好時代裡的偉大建築師。」「在布拉姆斯（Johannes Brahms）做得徹底嚴謹的地方，孟德爾頌（Felix Mendelssohn）只做到一半的嚴謹度。」「你可以毫無疑慮地說，華格納（Richard Wagner）和布拉姆斯各以他們自己的方式模仿貝多芬；但是貝多芬的宇宙卻在後兩者的音樂裡成了世俗。」「音樂中深刻情感的表現。它無法用音量的大小和節奏的速度來描述，就像一個情感深刻的臉部表情無法用臉部的空間分布來描述。」

這兩種有關價值評量的態度，表面上差異懸殊，背後其實有著非常值得深思之處。

美學、倫理學、價值哲學與獨斷論——超越時空的價值判斷？

「獨斷論」一詞源自康德，意指「以理性為工具，卻在理性沒有能力回答的問題上作出結論」。維根斯坦則在《哲學研究》一三一節說，獨斷論是「一種預設的成見，認定事實非吻合它不可。」蘇格拉底或許會說，獨斷論就是在自己不知道的事情上堅持自己的看法。在這三種說法中，獨斷論無疑都是哲學的首要敵人，而清除獨斷論則是哲學的首要任務。

不幸的是，任何人一開始試圖建立傳統意義下的美學、倫理學或價值哲學，都會立即踩到獨斷論的邊線，甚至毫不自覺地陷進去，就像維根斯坦一九二九年底一場題為「倫理學講座」的演講裡精闢的分析與警告。

維根斯坦首先分辨兩種善（價值判斷）：相對意義下的善，以及絕對意義下的善。前者僅僅只是對於事實的陳述，而不具有強制性或規範性。譬如有人跟你說「你的網球打得很糟」，你回答「是啊。可是我也沒想要打得更好」。對方只能聳聳肩或笑一笑，沒什麼好繼續說的。但是，如果你很愚蠢地對人撒謊，對方說「你的行為簡直像野獸」！而你回答「是啊。可是我也沒想要表現得更好」。對方不可能聳聳肩或笑一笑就算了，他可能會說「你必須有心表現得更好。」後面這個例子就是絕對意義下的價值判斷。

維根斯坦同時在開場白就直率指出：倫理學一向的主題都是絕對意義下的價值判斷。譬如，他引述一本倫理學教科書：「倫理學就是對於善的通盤研究。」然後列舉數個相似的陳述：「倫理學是研究可貴的事物，或者真正重要的事物。」或者「人生的意義，為什麼值得活，或者正確的人生」。

如果仔細分析，相對意義下的價值判斷都是屬於事實的陳述，有明確的衡量標準，因此「不會產生任何困難或深層的問題」。譬如有人在岔路口跟你問路，你指著其中一條說「這是**正確**的道路。」它有可能意味著「這條路是往該村落**最短**的捷徑。」至於「他是個**好**的跑者」，很可能意味著「他可以在某個時間內跑完某個距離」。而一個「**好**的鋼琴家」則可能意味「他可以演奏具有某種難度的曲子，且表現出一定的純熟度」。因此，每一個相對意義下的價值判斷都可以被改寫成關於事實的敘述，完全不涉及絕對意義的價值判斷。

他進一步說，即便是關於一場謀殺案的詳實敘述，包括所有生理與心理的層面，只要它所敘述的都是事實，就不包含任何屬於價值判斷的命題。他同意「閱讀這種描述的過程當然會引起我們的痛苦，暴怒或其他的情緒。」然而更重要的是「跟事實或命題有關的（命題或敘述），只含有相對意義的善，相對意義的對，諸如此類。」因此，「任何關於事實的敘述都不會是、也不會暗含著絕對意義下的價值判斷。」（〈倫理學講座〉）。

反之，如果你跟問路的人說「這是絕對正確的道路。」這就意味著每一個人都非走這條路不可，不走這條路的話就會感到羞愧。「類似地，假如絕對的善是可以被描述的狀態，它將會使每一個人都覺得非讓它發生不可，如果沒有讓它發生就會感到羞愧，不管這個人有什麼樣的品味或天性。」然而這樣的一種狀態實屬不可能的幻想，因為它的影響力將會超越一切有限的事實，以及有限事實所必然蘊含的相對性。

維根斯坦舉出他所有感受中最不同凡響的一個為例，說明什麼樣的善（美好）才有機會超越一切事物的有限性，讓每一個人都產生相同的感受。「這個世界的存在讓我感到驚奇。」然而這是語言的誤用。你可以說「這隻狗大得驚人」，那是因為牠遠比你所能想像的更大。然而若說「這個世界的存在讓我感到驚奇」，「這是荒謬的，因為你沒有能力想像這個世界的不存在。」類似地，一個房子頂多只會安全到不受某種程度的威脅；因此，一個人若說「不管發生什麼事我都是安全的」，那也是荒謬的。

也就是說，所有絕對意義下的價值判斷都不屬於可被陳述的事實，它們都是藉著語言和概念的模糊性，以及明喻和寓言的修辭技巧，把一個不屬於事實的敘述包裝得像是屬於事實的敘述，從而製造出「超越有限性」的錯覺。因此，「一旦我們試著丟掉明喻，單純陳述它背後的事實，我們就會發現並沒有對應著絕對價值判斷的事實。」（〈倫理學講座〉）。

一旦撥開語言的迷霧，事實就很清晰，可以被體驗的事實一定有具體的情境和脈絡，有成立的條件和前提，因而是有限的；而**一切的絕對價值判斷**都必須超越有限性，因而必須拋棄跟事實有關的情境、脈絡和前提、條件，**只能存在於真實的時間與空間之外**。因此，事實與絕對價值判斷之間存在著永遠無法化解的衝突和矛盾，就像維根斯坦在演講中說的：「我所能想像出來的陳述都無法描述我所謂的絕對價值」，「經驗或事實竟然看起來像是具有超自然的價值，這是個詭論。」

值得驚嘆和深思的，反倒是如此明白易懂的道理，為何兩千年來最傑出的思想家卻都沒想通，而一再企圖建立絕對的價值判斷（所謂的倫理學、美學與神學）？「我相信，所有曾經試圖撰述或討論倫理學或宗教的人，都是想要徒勞無功地挑戰**語言的邊界**。」「想要突破拘束我們的牆壁是徹底、絕對沒有希望的。」不過，人類這種不可自抑的天性雖然不必然值得取法，還是值得敬重。因此，維根斯坦用底下這一段話來結束這一場演講：「只要倫理學還源自於一種渴望，想要討論人生的究極意義、絕對的善、絕對的價值，它就不是科學。它的論述對於我們的知識毫無助益。不過**它是人類心靈內在傾向的一份記錄，我個人對這種傾向忍不住充滿深刻的敬意，而且我這輩子都不會去取笑它。**」（〈倫理學講座〉）。

不過，一個只有相對價值而沒有客觀（絕對）價值的世界是令人畏懼、害怕，甚至難以生存的。遠的不說，光是想想被漢娜・鄂蘭（Hannah Arendt）稱為「黑暗時代」的二十世紀前半葉，人類不只是有兩次空前絕後的大規模戰爭與屠殺，場面有如人間煉獄，而且其手段遠比野獸搏殺獵物的場面更加血腥、冷血而泯滅人性，也更令人毛骨悚然。此外，史達林的集中營、日本的南京大屠殺，以及納粹的猶太集中營，更是駭人聽聞，超越既往人類所能想像。即便是因為個人信念而始終強烈反對戰爭的美國軍人，在奧斯威辛集中營看到納粹殘留的罪行遺跡後，也不禁堅決地說：「沒有好的戰爭，但確實存在著必要的戰爭。」

在這種關鍵的歷史時刻裡，康德的絕對命令（或者任何形式的「客觀價值判斷」）特別顯得有其吸引力。然而即便接受康德的三條絕對命令，我們也只能據以否定戰爭罪行與大屠殺的正當性，而無法據以確定哪一種手段才是阻止大屠殺的「絕對正確手段」。譬如，究竟是要採取丹麥抵抗納粹的非暴力、不合作模式，或者美國參戰後的以暴止暴。

也許我們都可以同意「以最少的暴力阻止暴力，以最小的不義阻止不義」這樣的原則，但是「最少的暴力」終究還是隨著例子所處的情境脈絡而定。譬如，丹麥可以採用非暴力、不合作的模式而拒絕屠殺境內猶太人，有其特殊條件：丹麥不戰而降後，納粹急著驅兵去佔領挪威、法國、比利時、盧森堡與荷蘭，因而故作大方地尊重丹麥政治體系的獨立運作；後來東線戰爭陷入泥沼，緊接著史達林格勒戰役嚴重挫敗，即使有心也無餘力對丹麥進行有效統治；因此丹麥國王可以表面上配合，實質上則以巡遊街頭來鼓舞丹麥人的國家意識和軟性抵抗。然而這樣的條件並非其他納粹統治地區都可以任意複製的。

因此，在任何的現實時空下，我們的最後抉擇終究還是只能根據特定情境、條件而作出相對的價值判斷。甚至連康德的三個「絕對命令」，實質上也都更像是人類的「共同默契」或「協議」，只不過模仿《十誡》的故事而披上「絕對命令」的外衣罷了。譬如其中第一條近似於「己所不欲，勿施於人」，實際上它並沒有具體的內容，可以隨著時代、地域、文化等因素而變更。然而這恰恰是其好處，而非壞處。

事實上人類所能有的具體價值判斷都是針對特定的情境與脈絡，因而都是相對性的。不僅如此，我們對一個具體事件的價值判斷也會隨著我們對該事件的瞭解程度而變化。仔細閱讀過托爾斯泰名著《安娜．卡列妮娜》的人，對此應該都會有深刻的體會。

價值判斷的基礎──抽象思辨與敏銳、細膩的覺察能力

在最簡略、粗糙的描述下，《安娜．卡列妮娜》會被說成是一部關於外遇的小說。女主角拋夫棄子去跟一個嗜賭、虛榮的軍官私奔，還未婚生女；她的先生則是精明、傑出而言行不苟的政務官，普受社會的讚譽和敬重。這樣一個「姦夫淫婦」的故事似乎司空見慣而沒有任何討論、思索的價值。然而這正是托爾斯泰寫作時想要突破的刻板印象。

就像托爾斯泰的自敘：「要描述一個軍官如何跟一個婦人糾葛在一起，這有何難。這不僅沒有任何的困難，更重要的是它根本就不值得。」而這部小說之所以偉大，就是因為托爾斯泰為這故事的人物性格、思想、情感，與行為動機等添加了豐富而異質的元素，使得一個原本「善惡分明」、不值得深思的故事，變成一個具有多元視角而彼此矛盾、衝突的複雜故事，每一個視角都揭露人性

深層可貴或可悲的多樣元素，每一個視角都撩撥起我們對這故事複雜的不同評價，我們因而看見人性底層豐富、複雜的多樣性和深刻意義。

女主角安娜原本美麗、善良、活潑、開朗而極富生命力，周邊的人很容易被她感染而化解憂愁和痛苦，他哥哥那個破碎邊緣的家只因為她的到來就迅速恢復和諧和歡樂。然而她的丈夫卡列寧卻像牆角一尊東正教聖人的石膏像，在外人眼中有如言行舉止毫無瑕疵的「聖人」，實則完全沒有情感能力。他執行公務與審理法案時只有理和法，而無情到近乎冷酷；對待家人時更是只談基督徒的義務，而完全沒有任何親人間的情感互動。因此，安娜情感上的需要在家庭裡始終得不到任何回應，她豐沛的生命力在丈夫冰冷得近乎冷酷而毫無人性的氛圍裡，逐漸地枯萎、窒息。

安娜的丈夫年紀大到可以當她父親，兩人之間除了義務之外沒有任何的感情，因為這一樁婚姻純粹是長輩的安排，沒人問過安娜的意願；她的婚姻誓言也只是一場既定的儀式，無關乎她的自由意志。安娜更不是生性淫蕩的女人，她只是控制不住女性的愛美、好強與潛在的虛榮心，因而在舞會上征服了一個死心塌地的愛慕者；而使她出軌的原非情欲，純粹只是因為仰慕者那死心塌地、忠貞不二的堅定愛情；她也曾一再試圖抗拒誘惑，卻又捨不得斷然澆滅內心好不容易才被引燃的熱情；她盡量謹慎地偷嘗甜蜜的禁果，每一次的出軌都許諾自己這是最後一次，最後卻不慎懷孕了。根據俄羅斯東正教的規矩，在婚姻中出軌的人沒有資格要求離婚，更沒有機會跟第三者結婚，因此安娜只能在兩個家之間痛苦地掙扎。她愛她的兒子，願意當個忠貞的妻子；但是原來的家比紫禁城裡的冷宮更欠缺人氣，她沒辦法在那裡面活下去；她需要為自己豐沛的熱情和生命力找到一個對象、一個出口，但是她對自己這方面的人性需求瞭解得不夠徹底，因而也不知道要如何安頓這一份嚮往與渴望。最後，安娜在看不到生命前頭的亮光時，臥軌自殺而結束了一生的不幸。

同情安娜．卡列妮娜的人把她看成忠於情感，敢於活出自我的英雄，一個挑戰俄羅斯殘酷傳統的悲劇人物。他們認為安娜沒必要為了蒼白、抽象、沒有人氣和血色的「義務」、「道德」而犧牲自己的一生，一輩子活得像個行屍走肉。從這角度看，似乎卡列寧的冷酷、無情要為安娜的出軌和找不到生命出路而承擔起可觀的責任。

但是卡列寧也有他值得同情的一面。他自幼父母雙亡，孤伶伶地被送到一個孤僻、嚴厲而老邁的叔公那裡，在號稱有親人而實質上無親情的環境裡長大，因而始終不懂親情與愛的滋味，也不知道該如何跟人有情感上的互動。當他知道安娜的外遇時，最先想到的是安娜的責任和他自己的顏面，接著（近乎機械化地）想起寬宥罪人是自己這個基督徒的責任，甚至曾經考慮要原諒安娜。當安娜產下私生女的過程險些危及生命時，安娜一邊懺悔自己的過失，一邊要求卡列寧和她的情人（軍官）和解，而卡列寧也第一次情緒激動地原諒了安娜和她的情人。因此，卡列寧和安娜一樣，他們都是命運操弄下的被害人。

當然，《安娜．卡列妮娜》的故事遠比上述的「簡介」還更複雜。安娜有她人性的多樣和矛盾、糾纏，她的丈夫有他自己的多元性格、矛盾糾纏和不由自主的因素，軍官也一樣。這些複雜的人性質素在三個人物的互動裡糾葛、彼此交纏、激盪，而交織成一部充滿千百種滋味的交響曲，展現出人性底層矛盾、多元而豐富的內涵。遠遠超越康德三條道德律所能涵蓋與剖析的。於是，隨著小說情節的開展，安娜、卡列寧和軍官的個人特質逐一浮現而變得越來越豐富，而我們對於這一場「外遇」的理解、感受與評價也越來越多元、複雜而深刻，以至於我們越來越難以用「讚許」或「不恥」等抽象、單調、刻板的評價去看待安娜的出軌，或者化約其中的人性、動機與作為。

反之，如果我們把《安娜．卡列妮娜》的故事加以簡化，我們的價值判斷會立即改變。譬如，假定安娜嫁給了一個深情、溫柔、品格高尚，備受上流社會敬重的卡列寧，卻被好賭的無賴軍官誘惑而外遇並懷孕，最後進退兩難而臥軌自殺。在這個版本裡，很多人會對安娜不齒。我們還可以有第二個版本，熱情、活潑、充滿生命力的安娜嫁給了一個如同石膏像般的卡列寧，感到生命窒息而日益萎頓，因而決定跟深愛她、願意為她犧牲一切的軍官私奔，向封閉的社會體制抗爭；最後卻終於因不見容社會而臥軌自殺。在這個版本裡，很多人會責備俄國的封建社會體制，把安娜當成悲劇英雄來歌詠。

把這兩個簡化的版本拿來跟原著作比較，我們將會強烈感受到「外遇」是一個極端空洞、粗糙的概念（一個已婚的人跟婚外的伴侶有性行為），幾乎抽離了跟當事人有關的全部人性事實（外遇前是否有家暴或精神虐待，甚至危及生命，或者讓一個人在情感與精神上將近窒息等）。如果以這麼空洞的概念作為價值判斷的基礎，不只是在曲解事實，更是對人性的漠視和迫害。

此外，雨果（Victor Hugo）的《悲慘世界》也會顛覆我們傳統上僵硬的道德觀。這部小說的男主角尚萬強（Jean Valjean）原是個善良而勤奮工作的年輕人，只因為大革命前夕的法國物價暴漲而買不起麵包，臨時起意搶了麵包店，以便讓姊姊和她那些凍餒已久的孩子可以活下去；後來他越獄，是怕姊姊和孩子無人照料而餓死；結果他卻因為善良的動機和政府的無能而被判處十九年的苦牢，最後只能扼殺自己的感情和對姊姊、孩子的思念，絕情地活下去。出獄後，他無意間踩住一枚從孩子手上滑落的硬幣，卻因而被當作是搶劫，還被一位警探追蹤了一輩子。後來，這位警探發現尚萬強做過許多值得敬佩的善事，還救了這警探的性命，因此既不願意忘恩負義捉他入獄，又不願意犧牲法律的正義，只好自己投河自盡。

在這故事裡，尚萬強只不過做了三件「壞事」（搶麵包、越獄、踩住一枚硬幣），而且是被環境所迫，然而法官卻認定他是「惡性不改」的累犯。跟蹤他的便衣警探更是冤枉，他知道尚萬強是好人，法律對他的責罰早已超過他所應得的，卻執拗於「法律正義」的抽象概念而跟自己過不去。事實上，假如他可以回到生命現場，而不囿於抽象的概念和思維，大可以坦蕩蕩地放了尚萬強，假裝在大革命的激戰中失去尚萬強的蹤跡和線索，而把整個案子擱置或結案。當然，這麼做將違背康德「絕對不可以說謊」的普世法則；然而是完整的生命事實比較重要？還是康德的先驗法則比較重要？當然是前者！

問題是傳統的道德和抽象思辨往往把一個人偶犯的錯誤給人格化、本質化，好似三兩次偶犯的過錯就足以讓人有「本質性」的變化，使他從「常人」變成「惡人」。尚萬強為了避免讓甥兒餓死而搶麵包和越獄，卻被看成是本性難改的惡人。人權領袖金恩博士（Martin Luther King, Jr., 1929-1968）傳說中的外遇只不過是他行為上的偏差，卻被說成是他有人格上的問題，甚至被用來徹底否定他整個的人格，而被視同偽善者。

「人類一思索，上帝就發笑。」因為人類越是認真思索，越是遠離（且忘記）生命的事實，而陷入語言概念虛構的矛盾裡。

類似地，試想想「寡婦不改嫁」的堅持曾害死過多少無依無助的孤兒寡母，或者造成他們精神與肉體上多少沒必要的磨難；再拿這些受害人來跟俄國、納粹的集中營作比較，會不會也令人髮指？

換個角度說，我們對一個個案的具體細節瞭解得愈多，往往越能體諒當事人的不得已；即便認為個案中某些行為不足取法，也往往不忍苛責。尤其是當我們真的設身處地去考慮當事人的處境、稟賦、教養與相關的成長過程之後，更是如此。

神秘的、玄奧的、深不可測的真相——難以自抑的渴望

康德曾在《實踐理性批判》裡說：「純粹實踐理性的需要是以義務為基礎，也就是把某事物（最高的善）作為我的意志所追求的目標，從而竭盡我全部的能力去促成它；因此我必須假定它是

有可能達成的，同時也假定使它成為可能的條件是具足的，也就是上帝、自由和永生。」後人把康德的類似陳述簡化成「應該意味著能夠」，卻很少有人注意到，康德原來的陳述都是**假設語氣：假如**我認定某件事是非做到不可，就必須同時**假設**我有能力做到。

但是，假如你認為我**應該**做到某事，而它卻超乎我的能力之外，那麼那個「**應該**」不只是在強人所難，根本就是在強人所不能。這樣的倫理判斷根本就是非理性的要求，不只不屬於志在釐清真相的哲學，甚至是維根斯坦心目中的獨斷論。

至於傳統上所謂的「美學」（關於美的**客觀**判斷，或絕對意義下的價值判斷），更是問題。譬如，我們對美的感受，真的可以跟時代、文化環境、成長過程的啟發、教養無關嗎？《文化與價值》裡有幾段關於馬勒（Gustav Mahler）音樂的札記，頗具啟發性。

這些札記中有兩處肯定馬勒的音樂有傑出之處：「當馬勒親自指揮時，他的私人表現很傑出；當他沒有親自指揮時，交響樂團似乎立即癱瘓。」「在某種意義上，一張蘋果樹的畫與一棵蘋果樹的距離是無限地遙遠，遠不如一朵最小的雛菊與那棵蘋果樹的距離。在這種意義下，布魯克納（Anton Bruckner）的交響樂與英雄時代的交響樂之間的相關性，是無限大於馬勒交響樂與後者的關係。如果馬勒的音樂是一件藝術品，那是截然不同的藝術品。」

但是在另一處札記裡，他卻用假設的語氣說：「假如事實如我所相信的那樣，馬勒的音樂毫無價值，問題將會是：我認為以他的天賦他應該要完成什麼。因為，很顯明地，要產出他的糟糕音樂需要一大堆罕見的天分。譬如，他是不是應該在完成所有的交響曲之後全部加以燒掉？或者他應該自殘然後再也不寫作樂曲？還是說他應該完成所有的作品，然後認識到它們毫無價值？但是他哪有機會瞭解到自己的作品毫無價值？我能瞭解是因為我可以把他的音樂跟其他偉大作曲家的音樂作比較。但是他不可能這樣做；因為，會想要這麼做的人很可能已經先懷疑起自己作品的價值，已經毫不懷疑地看到自己不具備其他偉大作曲家的所謂天性——但是這並不意味著他會死抓著毫無價值的東西；因為他總是可以告訴自己：他是，事實上也的確是，不同於其他作曲家（雖然他仰慕他們）且在某些跟他們不同的方面有自己的傑出之處。我們或許可以說：如果你所仰慕的人都跟你不同，那麼只能推論說你之所以相信你自己的價值單純只是因為你就是你——即便是一個竭力抗拒虛榮（但沒有徹底成功）的人，也總是會自欺地相信他的作品是有價值的。」

讀到這裡，似乎維根斯坦不只否定馬勒的價值，甚至還懷疑他自欺。實則他的語氣突然逆轉：「不過最危險的似乎是拿自己的作品去跟既往時代的偉大作品作比較，先是自己去比較然後是被別人拿去比較。你根本不該心存這樣的比較。因為今天的時代情境既然如此不同於既往的時代，那就不該拿自己的作品風格去跟早期的作品風格作比較，你同樣不該拿自己作品的價值去跟它們的價值作比較。我自己經常在討論的時候犯這種錯。」

維根斯坦在好幾則札記裡把自己比喻成一個壞時代裡的好建築師，跟他所屬的時代格格不入。但是他依舊願意努力去理解他所不喜歡的文化表現，而不願意輕率作出任何意義上的價值判斷。在一則題為〈勾勒某書的序言〉的札記裡，他說：「這本書是寫給那些能與本書精神起共鳴的人。我相信這個精神不同於當下歐洲與美國文明中盛行的精神。這個文明的精神表現在今日法西斯主義和社會主義的工業、建築設計、音樂，這樣的精神是作者所陌生且感到不愉悅的。**這不是一個價值判斷**。事實上我知道今天把自己表現為建築設計的並非建築設計，我也曾懷著最大的不信任（不瞭解其語言）去接觸所謂的現代音樂，但是不能用藝術的消失來作為貶抑全部人性的充分理由。因為，在這樣的時代裡，真誠而堅強的個體會遠離藝術的場域，並且前往其他的領域，個體的價值會想辦法尋找表現的形式。可以確定的是，不會是像偉大的時代那樣的方式。文化像是一個巨大的有機體，它為每一個成員安排一個位置，讓他可以在整體的精神裡工作，而且如果把他的成就放在群體中去理解，他的能量就可以被相當公平地評量。只不過，在一個沒有文化的時代裡，各種力量會支裂而個人的能量會浪費在克服相反的力量和摩擦的阻力；它（個人的能量）或許不會表現在前進的距離，而或許是表現在克服摩擦阻力時產生的熱能。然而能量終究還是能量，而且就算這個時代所展現出來的景象可能不會成為一個偉大的文化創作（其中最佳的人才為同等偉大的目標做出貢獻），有如一群人中的佼佼者各自追求個人目標時群眾所展現出來的平凡景象，我們還是不能忘記：重要的並非外在的景象。」

就像他在演講中對傳統倫理學的評論，人類挑戰語言界線的努力注定會徒勞無功，但是其背後的宏願、熱情投入與堅持卻讓人不禁深深敬佩。同樣的，在一個壞的時代，人們的才華和努力被消耗在克服阻力而無法有宏偉的成就，然而他們想要為自己的時代和個人的生命創造出價值的那份熱情投入與堅持，絲毫不少於偉大的時代。而他們的宏願、熱情投入與堅持是比他們的外在成就更重要的——其實，每個時代皆然。

最後，維根斯坦還是明確地陳述個人的好惡（品味），來結束這一段序言：「雖然我很清楚文化的消失不等於人類價值的消失，而僅僅只意味著某種表達能力的消失，有個事實終究無法被改變，那就是我鄙視目前的歐洲文明且毫不認同，無法理解他的目標——如果有的話。所以，我實際上是在為散落於地球上某些角落的朋友們寫這一本書。」

仔細揣摩這幾段關於音樂與文化的評論，體味其視野的遼闊、深刻和轉折的細膩，或許我們該在它們的燭照下認真思索幾個關於價值評量的根本問題：一個只憑有限美感經驗，甚至對當代藝術與文學相當陌生的人，有能力靠他的抽象思辨去理解他自己那個時代的藝術與文化表現嗎？這樣的人有機會洞察不同時代裡，個體從大環境所獲得的養分有多大差異嗎？這樣的人有機會瞭解到不同時代的人，必須根據他們的現實條件去調整他們的人生目標嗎？如果一個人沒有辦法如此廣闊、深刻且細緻地掌握所有時代的異同，以及個體所面臨的機會和難題，他有機會對一個人的表現作出「客觀」的評價嗎？

休姆關於「太陽每日都會上升，不意味著它明天也將會上升」的警語，把康德從傳統的獨斷論裡驚醒，而警覺到一切的經驗知識都不具有必然性。緣此，他遁走到與經驗無關的先驗領域，想要為哲學建立起萬世不移的礎石。然而他卻沒有想到他的先驗世界等於柏拉圖的真空世界，也沒想到他對柏拉圖的批評完全適用來批評他自己（只需改幾個字而已）：「輕盈的鴿子在自由飛翔時感受到牠劃過空氣時的阻力，牠可能會認為自己在真空裡會飛得更自在。類似地，因為感官世界為人類的認知製造了太多的障礙，柏拉圖捨棄它，並且大膽乘著觀念的羽翼超越感官世界，進入純屬理念的真空世界。他沒有注意到自己雖努力而實則沒有前進，因為事實是他沒有阻力，也沒有支撐，而他需要後者的撐持，以便施力於它來將自己的認知帶離地面。可惜的是，人類的理性在從事思辨時總是陷入習慣性的宿命，躁急地盡速構築完大廈，然後才開始研究看看是否已經為它準備好合適的地基。」

就像赫爾德在《人類教育的另一種歷史哲學》中提醒我們的，人是時代的產物，從他的時代獲得教養與啟發，培養出思考與感受上的敏銳度，在時代所允許的現實條件下創造自己的生命價值，也在這些意義上既受時代滋潤，又受時代限制。我們可以提醒自己這些事實，但是我們無法超越這些事實。

我相信，能夠深體以上事實的人絕對不敢告訴別人「這才是美與善的衡量標準」，更不敢傲慢地說出「你應該」——更別說是耆言「天理」了！

結語

古典倫理學與美學原本有個善意的企圖，就是引領讀者去發現超越日常生活經驗的美與善。可惜的是，始於柏拉圖的哲學卻逐漸遁入抽象思辨的世界，而跟真實的美感經驗脫節，也跟真實的人性脫節；甚至把善變成幾何學般的公式，硬套到每個人的頭上，用狹隘、空洞、模糊而飄忽不定的抽象概念和法則去壓迫真實的生命與情感。這一段漫長而不幸的歷史軌轍再度提醒我們一句英諺：「通往地獄的道路是用善意鋪成的」。

深具反諷意味的是，如果無法引領讀者去感受美本身，只是在抽象的概念世界裡分析個人有限的美感經驗，這樣的作為根本沒有機會達成古典美學的原有企圖——以有限的美感經驗為基礎，而想要分析出具有普遍適用性的美學原則，根本就不可能！

善惡、美醜、好壞的評量必須以人性的事實為基礎，甚至於單純止於陳述事實（這是最短的路徑、這是沿途風景最優美的路徑、這是最幽靜的路徑），而不能單純仰賴空洞、模糊而飄忽不定的抽象概念（甚至偽裝成「絕對的價值判斷」）。然而要瞭解人性的事實，傑出的小說所能教我們的遠勝於倫理學、美學與欠缺人文背景的實驗心理學。事實上，小說在狄更斯（Charles Dickens）、巴爾札克（Honoré de Balzac, 1799-1850）和雨果（Victor Hugo）等作家手裡發展出宏偉的結構，成熟到可以用細緻的手法刻劃社會條件和人性之間複雜的關係；而托爾斯泰與杜斯妥也夫斯基等作家則把小說拿來刻劃人類內心情感、精神與思想，使得小說的技巧、結構足以引領我們穿透日常生活的表象，直透人心與人性的底層。

而且他們對社會觀念的影響也極其可觀，雨果的《悲慘世界》對底層社會的苦難有著震驚世人的刻劃，讓當時的中產階級對罪犯與犯罪的原因有了全新的瞭解，也促成了獄政的徹底改革（從懲罰變成教化與培養謀生能力）。托爾斯泰的《安娜．卡列妮娜》則徹底改變俄國人對於婚姻制度與外遇的看法，也對婚姻、愛與人性都有了更深刻的省思和體會。

事實上，小說之所以偉大，恰恰在於它能引領我們去感受超越日常生活的生命經驗和人性事實，讓我們有機會感受到遠比日常生活更深刻、豐富、飽滿的情感與精神，從而將豐富、細膩、深刻的人性事實注入原本蒼白、單調、抽象、刻板的概念中，同時讓原本看似理所當然、振振有詞的倫理評價變得單薄、可疑而不近人情。

至於漢娜．鄂蘭所謂的「黑暗時代」，以及維根斯坦對那個時代的厭惡，跟價值的崩解以及虛無主義的崛起有密切的關係——而且我們不只還活在其後塵裡，甚至還可能已經墮入更深層的晦暗中。

許多基督徒、理性主義的信徒和中國傳統文化的擁護者都急著想要重建價值秩序，甚至不惜用當代的語言去包裝、修飾、改良傳統的信念。然而黑暗時代與虛無主義的誕生有其複雜背景，不知其然地急切對治反而會讓我們墮入美國禁酒令時期的荒唐後果，或者柏拉圖、奧古斯丁、康德等人的獨斷論與海市蜃樓。

而且，不只冰冷無情的理性可以導致虛無，一廂情願的激情和感性也可以導致虛無——當我們最高的理想超越人類實際的能力時，就會逐漸衍化為虛無主義。

下一章讓我們先看清楚虛無主義的根源，接著才來思索因應虛無主義的策略。

15

黑暗的時代，價值的崩解——虛無主義的崛起與挑戰

重要的是瞭解我自己。重要的是去尋找對我而言是真實的真理，去尋找我可以為之生、為之死的信念。這就是我目前認為最重要的事。

——齊克果

生命不是一個需要被解決的問題，而是一個需要被體驗的事實。

——齊克果

如果我們什麼都不相信，如果一切都沒有意義而且我們無法肯定任何的價值，那麼一切都成為可能，但是也都不重要。

——卡繆

人必須停止詢問他的生命意義，而覺悟到他自己就是那被詢問的人。一句話，每個人都被生命質

問，而他只能針對自己的生命去回答；最終，他必須對自己的生命負起責任，並以此作為答覆。

——維克多．弗蘭克（Viktor Frankl, 1905-1997）

所有的理想原本只是相對性的評價——追求比既有更好的可能性；而且它原本只是人對自己的期許，頂多也只是人與人之間因為關心而有的期許，而不是絲毫不帶感情的森嚴義務或命令。然而就像大衛．希爾伯特的無窮數詭論和維根斯坦教小孩數數的例子所彰顯的，人們利用語言概念的含糊特性加以誇大以至於無極，一代一代加碼的結果，理想變成是既不可能實現的海市蜃樓，又以絕對命令和義務的形式對人施加嚴酷的迫害。

譬如，商朝倚恃天命，敬畏鬼神，而沒有屬於人間的價值秩序。周公覺悟天命不常，唯道善者得之，因而制禮作樂，企圖規範君臣關係，建立起人間的基本倫常秩序；然而周公還是在一定程度上尊重各國既有的風俗習慣。孔子讚揚管仲，只是珍惜人文的價值，而沒有天理人欲不相容的對立；在「吾未見好德如好色者」一言裡，代表人文價值的德止於期許，而非不可違抗的絕對命令，更無意否定或壓抑好色的本性。此外，孔子說：「不義而富且貴，於我如浮雲。」只是捨棄不義的富貴，並沒有要人為此犧牲性命；到了孟子，卻加碼變成「舍生而取義」；宋明理學又再加碼，變成「餓死事小，失節事大」。無限上綱的結果，當然會淪為吃人的禮教，同時助長自欺欺人的假道學和陽奉陰違、欺上瞞下，以致兩度亡國於異族——口頭上說是要繼承道統，實際上是在糟蹋、扼殺周朝的人文理想，以至於清末民初有無數文人乾脆倡議全盤西化，徹底揚棄傳統。

理想一旦跟事實脫節，就會墮入虛空而失去支撐；一旦毫無節制地壓迫人性，就會被自己的重量壓垮而土崩瓦解。至於誰是那個說出國王沒穿衣服的小孩，實在不重要。

以基督教世界的核心價值為例，它的崩解不是始於伽利略和牛頓等人的科學發現，更非始於康德的理性主義或後來的存在主義，而是始於羅馬教廷的腐化。

眾神殞落，禍起蕭牆——宗教信仰與價值體系崩解的起點

羅馬教皇自稱是使徒彼得的繼任者，掌管著通往天堂的鑰匙。在《米蘭敕令》之前，基督徒備受迫害而無俗世的權柄，信仰也不易腐化。但是在查理曼大帝（Charles the Great, 748-814）接受教宗利奧三世（Pope Leo III）的加冕後，西歐國王紛紛尋求教宗的認可和加冕，使得各級教會擁有越來越多的權柄和財富，並招惹俗世的覬覦。各國貴族紛紛介入當地主教選舉，把持教會財產。連羅馬教皇都在九到十六世紀間一再傳出醜聞，包括賄選、謀殺與迫害異己，分封情婦、私生子女與親戚，以及奢侈、浪費、買賣聖職、販賣贖罪券等。義大利的梅第奇（Medici）家族甚至一度把教皇權柄視為禁臠，將四名家族成員送上教皇寶座。

教廷的俗世化跟宗教信仰的萎靡幾乎同時發生，很難分辨其中的因果關係。聖像畫也差不多在同一時期開始改變風格——寫實的元素和臉部人性化的表情在十二和十三世紀開始滲入聖像

畫，取代原本純屬象徵性、精神性的視覺風格，預告著十四世紀人文主義和文藝復興的降臨。這個改變與其說是人文精神取代中世紀的宗教信仰，不如說是文藝復興的人文精神填補了早已空洞化、形式化而搖搖欲墜的中世紀核心價值。

文藝復興時期的人文學者洛倫佐・瓦拉（Lorenzo Valla）和伊拉斯謨（Erasmus）等在十五世紀開始呼籲教會改革，並且回到希臘文的《聖經》原典裡尋找早期教會的精神和教義。馬丁・路德在一五一七年公開質疑教會的腐敗及教皇的權柄之後，人文主義的人本與批判精神逐漸滲入新教信仰，局部取代傳統的神學。

然而天主教會的改革步調迂緩——法國大革命前夕，教會人員僅佔總人口千分之五，卻控制全國百分之十左右的土地，以及全國百分之四左右的年收入，其中有許多淪為神職人員的私產，因而成為伏爾泰（Voltaire）等人攻訐、取笑的對象。

在許多文人心裡，羅馬教會太容易被世俗的力量所滲透與操縱，而中世紀神學又在自然科學的燭照下破綻百出，因此宗教信仰與價值體系必須另覓更可靠的基礎。笛卡兒的《沉思錄》試圖把宗教建立在理性的基礎上。接著，史賓諾莎（Baruch Spinoza）也在代表作《以幾何學方法論證的倫理學》主張，必須用理智戰勝感官欲望與情感衝動，將心靈從後者的奴役中解放出來，才能獲得自由。

在這種歷史背景下，康德更是亟欲從價值體系裡排除一切的感性，以及傳統的威權、信仰。

在〈什麼是啟蒙〉一文裡他說：「啟蒙就是一個人從他咎由自取的被監管狀態中獲得自由。被監管是因為人沒有能力運用他的理解，因而需要他人的管束。這種被監管的狀態是他咎由自取的，原因並非欠缺理性，而是因為沒有運用它的決心和勇氣，所以只好仰賴他人的管束。勇於瞭解！『勇於運用你的理性！』這就是啟蒙的箴言。」

他更在完成三大批判後的六十九歲高齡出版《單純理性限度內的宗教》，並且在第一版序言裡說：「道德是植基於這樣一個觀念：人是自由的，而且他——僅僅只因為他是自由的——透過理性而自願接受絕對命令的約束。因此他不需要在觀念上有一個更高的存在，就可以認識他的義務；也不需要在觀念上有一個絕對律令之外的誘因，就可以去履踐他的義務。如果哪一個人有這個需要，那是他的錯；而且在這種狀況下，沒有任何外在於他的事物可以滿足這個需要，因為只有他自己和他的自由意志才能彌補他在道德上的匱乏。因此，道德本身不需要宗教。」他在明知無法通過宗教審查的情況下出版這本書，因而受到申誡；然而他固執地在隔年又出第二版，因而被永久禁止公開談論宗教問題。

在〈世界之神聖治理的信仰基礎〉一文中，費希特（Johann G. Fichte）把康德哲學往前推進一大步而達到一個結論：所有的宗教啟示和教義都不可以違背理性的道德法則，因為「目前這個有效扮演其角色的道德法則本身就是上帝。我們不需要別的神，也不可能找到別的神。在理性自身的範圍內沒有任何基礎可以讓我超越這個道德世界的秩序。」

弗里德里希・雅各比（Friedrich H. Jacobi）從上述結論警覺到理性對信仰的威脅，他在一七九九年以公開信指出，當一個人用理性檢視一切事物時，任何超乎理性認識範圍的事物都會一起被否定掉，其結果必然是無神論和虛無主義，「然後一切事物都會在他的一無所有中逐漸消解。人有一個選擇，而且只有這個選擇：一無所有或神。如果選擇一無所有，他就把自己變成神；也就是說，他把幽靈變成神，因為，如果沒有神，人與他周遭的一切都必然會變成幽靈。我再重複，神存在，存在於我之外，活生生地存在著，在其自身之內存在；或者我是神。沒有第三種可能。」這封信使得「虛無主義」一詞廣為人知。

弗里德里希・雅各比的指控並非杞人憂天。當《純粹理性批判》拆毀希臘形上學和中世紀神學的礎石時，它們所曾帶給歐洲人的理想和盼望也隨著幻滅。譬如，德國文學家海因里希・馮・克萊斯特（Heinrich von Kleist）就曾在一八〇一年的信裡陳述康德著作對他的影響：「我們沒有能力決定那個被我們稱為『真理』的是否確實是真理，或者它只不過是被我們當作真理。如果是後者，那麼我們今天所彙整的一切真理都會在我們死後變成一無是處，我們的一切收穫將會隨著我們被埋入墳堆而使一切的努力變得枉然——如果這個想法沒有刺穿你的心臟，請你別譏笑那些被這想法重創其存在底層最神聖處的人。我最偉大的人生目標已經讓我失望，而我沒有其他目標。」

屠格涅夫（Ivan Turgenev）也在一八六一年的《父與子》裡用「虛無主義」一詞批評年輕世代，他們不尊重傳統，不相信任何權威，「不敬重任何事物，對待任何事物都從批判的角度去檢視」，

「未經檢驗之前不接受任何原則，不管這個原則曾贏得過多少信譽。」

理性的思維是一刀兩刃，想要用它去除宗教中的迷信、獨斷和可疑的人為因素時，很難避免會同時傷到信仰的根本。偏偏理性又能破而不能立，它可以讓人洞察既往人生理想的空幻，卻無法帶給人新的信仰或行動的熱情，或者讓人在情感與精神上獲得安慰和滿足。更糟的是，理性還有可能會被誤用，當成替邪惡狡辯的工具。因此，它對傳統信仰與價值秩序的顛覆能力，讓許多十九世紀的文人不寒而慄。

理性的傲慢，道德的兩難——虛無主義的崛起

休姆曾在《人性論》說，理性只能協助我們預知行動的後果，至於願不願意接受那個後果，終究還是感性在作決定，理性無從置喙。譬如，「如果一個人因為指頭癢而想要毀滅全世界，並不會因而跟理性起衝突。」

這一句話在杜斯妥也夫斯基的《地下室手記》裡獲得淋漓盡致的闡述。這部小說傳神地刻劃各種非理性的激情如何驅策人自取其辱，自找罪受，從而讓讀者對人性中扭曲、自虐、自卑、自暴自棄的一面有了深刻的理解與同情。

緊接著，杜斯妥也夫斯基又在兩年後的一八六六年出版《罪與罰》，指出理性不但無助於阻止非理性的作為，甚至會助長人的狂妄自大，為殺人不眨眼的傲慢狡辯。故事的主人翁是個聰明絕頂

的法律系大學生拉斯柯尼科夫（Raskolnikov），卻貧窮到必須輟學並且靠典當過活，偏偏那個放高利貸的老太婆卻刻薄到近乎殘忍，就像是一隻吸食窮人血液的蝨子，貪婪地榨取每一個求助於她的窮人。有一天，拉斯柯尼科夫在小酒館裡聽到有人慨嘆：這個世界如果沒有那個放高利貸的老太婆，將會變得更加美好。回家後，他接到家信，發現他的妹妹為了接濟他而準備犧牲自己，嫁給一個人品卑劣的文官。他有兩個選擇，如果殺了放高利貸的老太婆來解決他自己的困境，這個世界會變得更好，而他妹妹也不需要被犧牲；或者，如果他讓妹妹嫁給卑劣的文官，這顯然是違背法律人所信仰的公平與正義。事實上，在這部小說裡，善良的人總是被生計逼得走投無路，女主角甚至必須冒犯東正教的戒律去偷偷賣淫來換取一家勉強的溫飽，而惡人則從來不曾受到報應。

有鑑於這個世界的不公不義，徹底違背法律人的信仰，拉斯柯尼科夫發展出一個理論：要解決這個世界的不公不義，絕不可能仰賴既存的法律和道德，而必須仰賴「超人」——他們的智慧和勇氣足以洞視這個世界的現況，也能看見比俗世道德規範更高層級的公義，這樣的人就該出來重建世界秩序，維護公義。而他恰恰是第一個發現這個原理的「超人」，剩下的問題是他有沒有足夠的勇氣去承擔這一份責任，扮演起維護公義的角色。最後，他在精心策劃後，動手殺了那個放高利貸的老太婆。

杜斯妥也夫斯基經常討論理性犯罪，在他的最後一部小說《卡拉馬助夫兄弟》裡，三兄弟都從父親繼承了邪淫的血液：老大是因為無法控制自己的欲望和衝動而差點弒父，老二根據理性的思辨推論出「如果上帝不存在，那麼一切都可笑地預先被許可了」，包括弒父。這部小說並沒有完成，但我們照樣可以感受到欠缺理性的老大頂多只能毀了自己和少數人，至於用理性發展出虛無主義和無政府主義的老二，卻可以用他的思想毀了全世界。

休姆的論點和杜斯妥也夫斯基的小說徹底質疑史賓諾莎「以理性戰勝感性」的美夢，加深許多人對於理性「破而不立」的恐懼，也讓許多歐洲人渴望回到傳統道德和宗教信仰的管束。然而理性的力量一旦被釋放，就無法回頭了。

以杜斯妥也夫斯基為例，他對理性深懷不安，然而卻再也無法回到過去單純的宗教信仰了。《白痴》是四十八歲的作品，主角的聖潔形象酷似耶穌基督，然而卻又像是個智力發展不健全的人。在《卡拉馬助夫兄弟》裡，德行高潔有如聖人的曹西瑪長老過世後，眾人預期他的屍體將如傳說般不會腐爛，然而他卻從第一天起就開始腐敗而發出罕見的惡臭；老三自幼跟隨曹西瑪長老刻苦靈修，而被稱為「聖潔的阿遼沙」，然而他卻在父親被殺後認為自己也有罪，還留著老父邪淫的血液——與其說杜斯妥也夫斯基是個狂熱的東正教徒，不如說他渴望著宗教的救贖，卻始終擺脫不了理性、懷疑主義與虛無主義的糾纏。

而叔本華（Arthur Schopenhauer, 1788-1860）的《作為意志和表象的世界》，更加深化歐洲人的悲觀，也讓虛無感更加表面化。他局部接受康德的《純粹理性批判》，同意我們對於外在世界的認識止於其表象，而無法知道外在世界的物自體。另一方面他認為物自體就是意志。每一個人的自體就是他的意志，而他的身體活動則是意志的表象；同樣的，每一種生物，乃至於無生命的物質都各有其意志，並且支配著它們的行動，盲目爭奪著各種有用、無用、需要與不需要的有限資源。即便是自稱為「萬物之靈」的我們，也只能認識意志的表象（身體的活動），而無法認識作為物自體的意志，更不可能用理性去指揮我們的意志，就像他的著名格言說的：「人的意志可以左右他的行動，卻無法左右他的意願。」

他在《作為意志和表象的世界》裡說：「意志的欲求無涯無盡，它想要的無法窮數，每一個被滿足的欲望都帶來一個新的欲望。」「一切的努力和意願都違背事理，是一條鋪滿錯誤的路徑。」因此，「人生中號稱可以為此世帶來歡樂的一切，最終只不過是徒勞，或者實屬虛幻。」「只要我們的意識被我們的意志充滿；只要我們屈服於簇擁而來的各種欲望和永無歇止的希望、恐懼；只要我們臣服於意志，我們永遠得不到持久的快樂和內心的平靜。」結果，人類每天都不斷在耗竭心力追逐各種可欲，卻永遠無法滿足其欲望，也擺脫不了悲苦，而只能「勉強維持其存在，等待死亡。」直到有一天，「一個外在的因緣或者內在的某種傾向突然將我們從無止盡的意志之流裡拉拔出來，從意志的奴役中搶救到認知，這時候我們的注意力才從意志的活動移開來，開始自由地認識事物而不受意志的羈絆。於是它開始不動心地考慮事物，不帶主觀，純粹地客觀；一切事物都被當作純粹是表象來對待，而非動機。」有這種智慧的人將會覺悟到「人間沒有任何事物值得我們的努力追求或奮鬥，一切美好的事物實際上都是虛空、轉瞬即逝，這個世界的任何角落都是破產、匱乏的，而人生則是一樁得不償失的買賣；因此，我們的意志將會拋棄它。」「就在這一瞬間，那個我們苦苦追求卻始終逃逸我們的平靜心懷，自願來到我們跟前，於是一切都獲得安頓。那是一種沒有痛苦的狀態，被伊比鳩魯稱譽為最高的善以及如神般的情境。從那個時刻開始我們才從意志的可悲壓力下解脫。」

表面上，叔本華的悲觀跟康德的樂觀恰成對比，然而尼采卻很敏銳地警覺到他們都太仰賴抽象思辨，因而忽視了太多生命的事實，尤其欠缺對於生命的熱情。他在《朝霞：關於道德偏見的思考》裡說：「他們的思想組成裡缺乏靈魂的熱情歷史，其中沒有任何高貴的成分，沒有危機、災難或死亡的場景。他們的思想同時是大腦的傳記（就康德而言），或者性格的描述與映射（就叔本華而言）……，而不是靈魂自然流露的傳記。」「當他透過思想而綻放光輝時，康德表現出誠實與可敬的最佳內涵，但是卻又不足掛齒：他欠缺廣度與力量，他的生命體驗有限，而他探究的方式使他無法在**時間**內體驗事物。」

從希臘哲學、中世紀神學到康德哲學，強調的都是永恆不變的普世真理。然而人的思考與情感都是隨著時間與際遇而變化、成長。因此一切與時間、變化無關的論斷都會跟真實的生命保持可觀的距離，甚至往往是語言和抽象思維建構出來的幻覺。如果循著這種哲學的指引去尋找生命的方向，豈不是緣木求魚？

率先提出這質問的人並非尼采，而是康德的弟子赫爾德和文豪歌德。

赫爾德有深厚的文學與藝術造詣，清楚瞭解理性思辨只是人類心靈的局部表現，不足以涵蓋人類心靈全部的情感與精神內涵，甚至不見得有觸及到人類心靈的最深處。他認為語言、風俗、詩、視覺藝術品和文化史的總體，比理性的思辨更能充分揭露人類心靈世界的奧秘。因而提出以語言學和文學為核心的詮釋學方法，企圖兼容語言、詩歌、民謠、神話和藝術的線索，去探測一個民族的內在精神，以及這個內在精神在歷史、文化中的演變。

此外，既往哲學與神學強調不變的本質（being）和「先天決定論」，認定一個貴族就是天生擁有統治者的特質，一般人再怎麼努力都學不來。然而赫爾德強調變化（becoming），以及後天的努力和發展。他把人類的歷史比喻成大樹的成長，不斷企圖攀向更高的（精神）層次。從埃及到希臘、羅馬，每一個歷史階段有它自己的發展目標，彼此不盡相同；然而每一個階段又都從既往的成果吸納必要的養分，作為追求其獨特目標的助力。而同一時代裡的異文化各有其獨特的目標和價值，不可以用外在的統一標準去衡量它們。這種強調變化與開創新猷的精神，給了歌德、尼采等人很深的影響。

赫爾德同時也開啟了德國對古希臘神話、文學與思想的獨特研究方法和興趣，並且對亞歷山大·洪保德（Alexander von Humboldt, 1769-1859）等人產生深遠的啟發，而催生了德國文化史、語言學與語言哲學、藝術史與美學，以及人類學的研究。在赫爾德的世界裡，語言、詩與多元的文化、歷史研究取代了理性與哲學的地位：「詩人創造了他所處身的國度，他讓人們看見一個世界，並且牽引著人們的靈魂到那世界裡去。」這種融思想、詩歌、文學與文化史於一爐的精神影響了歌德和狂飆運動，並且在詩人賀德林、尼采、狄爾泰等人的接續發展下，為德國建立起一個以具體生命經驗為基礎，將哲學、文學與文化史整合，並且以發展生命的全部潛能為目標的全新人文傳統，跟黑格爾（Georg W. F. Hegel, 1770-1831）、謝林（Friedrich W. J. von Schelling, 1775-1854）等人偏重抽象思辨的德國觀念論分庭抗禮。

接著，比赫爾德小五歲的歌德吸收了他的歷史觀、文化觀和生物演化的思想後，從植物型態的觀察發展出對德國人文學界影響深遠的思想和研究方法。這一套思想以對於經驗事實的嚴謹觀察為出發點，透過形態學的比較研究，而發展出生物蛻變與進化論的雛形——比達爾文的《物種起源》早七十一年。但它們不受限於經驗觀察，而進一步賦予直觀的、想像的、人文或美學的詮釋，用以啟發他對生命的總體認識——生命沒有預設的本質，而是跟環境互動、發展的結果。他在八十二歲出版的《敘說我的植物學研究》說：「我們身周有許多種植物型態，它們並非在同一個時間被創造出來，然後封鎖在固定的形貌裡。它們被賦予隨需要而變遷和塑形的能力，可以根據不同的環境條件、地點而生長和自行調適。」「因此我從感官所能辨識的形狀中覺察到一種超越感官的『原型』。任何人如果可以感受到豐富而飽滿的思想所能說的一切，他就會承認當我們的熱情被激發時，我們的精神性生命會發生一種激情的運動，而我們則參與到一個逐步演化的整體之中。」

這種態度貫穿到他的寫作，因而他晚年時曾向約翰．愛克曼（Johann P. Eckermann）說，他的作品都出自生命的具體體驗，而不只是空泛的想像或抽象的推理，「我從不曾在自己的詩集裡宣敘我未曾體驗過的」，「我只在經歷過愛情之後才開始寫情歌。」

此外，歌德強調生命的整體性與有機性，「一旦有某個焦點變成我們本性中不可或缺的一部分，我們行動的每一步都將是為了實現這個期望。如果各種條件配合得當，實現夢想的途徑將會是筆直的，否則它將會是蜿蜒、曲折的。如果一個人發現他曾有過的夢想已經有人將它實現，他的胸中將激盪著一種美妙的感受：完整的人性是人類的真實存在，而一個人唯有在鼓足勇氣去體驗他生命的全部時才會獲得真正的快樂。」事實上，歌德就是一個熱切想要活出生命所有潛在可能性的典範人物，他不僅僅是文學家，更以近乎專業的嚴肅態度研究光學、氣壓計、解剖學、地質學和植物學，還擔任過威瑪共和國的內閣閣員，積極參與政治。因此，尼采曾說歌德「對我們的啟發是整體的不可分性。」

他同時也是不滿足於既有，而勇於自我挑戰與自我突破的人。他二十五歲出版的《少年維特的煩惱》，立即成為風靡全歐的小說，拿破崙遠征埃及時隨身帶著它，歐洲青年競相模仿書中人物的衣著和小說主角維特的自殺；萊比錫、丹麥與義大利為了抑制這一股「維特熱」而相繼禁止該書。但是他卻在三十七歲時前往義大利進行為期兩年的學習，他在《義大利旅行日記》裡自述：

「雖然我預期可以在這裡有所學習，但是我從沒想過必須要從學校的最底層開始學起，而且必須忘記我曾學過的，或者有這麼多要徹底從頭學起。但是現在我覺悟到這一點且接受它，我發現自己越是放棄舊的思維習慣，就越快樂。我像是一個建築師，想要建築高塔，卻鋪設了一個糟糕的地基。」在還不嫌太晚的時候他覺察到這一點，並且自覺地把他已經建造的一切地上建物都拆毀。他試著擴大並改善他的設計，以便讓地基變得更牢固，並且快樂的期待著建造出可以耐久的建築。「但願天從人願，當我回去時，曾經居住在一個更寬廣的世界將會對我的道德產生可觀的影響，因為我已經相信我的道德感受跟我的美學都正在經歷巨大的轉變。」

歌德積極而熱情地擁抱一切可以提升生命、拓展心靈的事物。他創造了「世界文學」這個詞的德文字（Weltliteratur），也是首倡世界文學的人。他呼籲德國人要超越狹隘的國家觀念，擁抱世界文化，共同參與創造世界文化。約翰．愛克曼在《歌德談話錄》裡說歌德曾表示：「沒有愛國的藝術和愛國的科學這樣的東西。就像所有美好的事物，藝術和科學都屬於全世界，並且要仰賴當代人盡情的交流才能蓬勃發展。」他還在自己編輯的刊物《藝術與古代》裡警告：「如果不讓視野超越圍繞我們的狹小圈子，德國人就經常會太輕易陷入迂腐的自負。」他不只倡議，更身體力行。他懂希臘文、拉丁文、英文、法文和義大利文，熱愛古希臘、羅馬著作與歐洲各國名著，還閱讀中國小說，和波斯、塞爾維亞的詩。

他在晚年把這些思想和人生體驗具體化為詩劇《浮士德》，在他筆下的浮士德以不休止的熱情擁抱人生，不歇止地追求、體驗生命的一切可能性：哲學、神學、煉金術和魔法，無所禁忌地探索，甚至為了獲得生命最終的奧秘而敢於跟魔鬼交易。

在很多歐洲知識精英的心裡，這部小說是時代精神的體現。譬如，齊克果就在二十二歲的《日記》裡寫著：「對於很多人而言，恰恰是浮士德這個元素多多少少適用於每一個心智的發展，……就像過去的世代崇拜著渴望的女神，我認為浮士德代表了擬人化的懷疑精神。」一年後他又在日記裡說：「在世界的發展過程中，浮士德只有一個，就像唐璜只有一個。但是就每一個單獨的個體或每一個單獨的國家而言，在世界的發展過程中，很自然地，每一個個人和每一個國家都有一個浮士德。恰恰是這個原因，浮士德可以在某種意義下被修改，而這種修改屬於新時代的詮釋——請注意，這種詮釋並非浮士德（原有）的概念，而是這個時代的理念。」

告別永恆的真理——變化取代本質，時間取代靜止，生命取代抽象的思辨

《浮士德》是一本詩劇，側寫人生的各種可能面貌，反映那個時代的精神，因而容許多種不同角度的解讀。譬如，中世紀神學隨著法國大革命與啟蒙運動而崩解之後，所有曾經被信仰過的價值都被質疑、批判、重新檢視與評價，歐洲的人心也變得更加不知所從，而《浮士德》就是這種不安的體現。另一方面，它也標示著歐洲人對於人生意義、真理、感性與理性等核心觀念的劇烈轉變，或者所謂的「典範轉移」——譬如，曾有著名的學者說過浮士德精神代表著「對變化（becoming）

的熱愛遠勝於對存在（being）的興趣，對過程的關切遠勝過結果。」

不過，當有人問起這部詩劇背後的理念時，歌德笑著說這部詩的創作基礎並非抽象的理念，而是「想像的、感官的、充滿生命氣息的、美麗動人的、百味雜陳的，千百種的印象——生機飽滿的想像力所能賦予我的一切印象。」就像他在《歌德談話錄》裡說的：「德國人真是一個奇怪的民族。他們到處尋找深奧的思想和觀念，然後將它們投射到一切的事物，並且用它們把自己的人生變得不必要地艱難。噢，最後你終於有勇氣將自己難得一回地交付給你的印象，讓你自己被取悅，讓你自己被感動，讓你自己被引領而昇華，是的，讓你自己被教導、啟發和激勵，只不過別老是認為除了抽象的思考和理念之外，一切都是枉然。」

此劇開場時，主角浮士德已經白髮皤皤，他曾經滿懷熱情地用畢生心血去鑽研哲學、法律、醫學與神學，卻沒有因而變得更有智慧，只是枉費了他的一生和學生的青春，他因而詛咒這樣的人生。藉此，歌德把全劇的核心問題給勾勒出來：假如我們不可能透過前人的知識去換取生命的智慧，那麼人生中究竟有什麼事物值得我們用生命去換取？有什麼事物能讓我們對生命感到徹底的滿足，而禁不住說出「啊！多麼美麗的一刻！請你駐足（不要流逝）！」如果真的可以體驗一下這樣的瞬間，即便僅僅只是一霎那，也值得人用靈魂和他的永生去交換——即便因而墮入地獄也不後悔。

於是他用靈魂跟魔鬼梅菲斯特交易，並且在後者的協助下重溫青春與愛情。然而有欠深思的青春和愛情卻一再闖禍，他先是讓純潔、美麗的少女葛蕾卿（Gretchen）不慎毒死自己的母親，接著在爭執中失手殺了葛蕾卿的哥哥，最後葛蕾卿發瘋而溺死她和浮士德的孩子，因而被判死刑並入獄。第一部的最後一幕裡，浮士德看到葛蕾卿在獄中瘋狂、滿懷罪咎而痛苦難當的模樣，因而感到恐懼、顫抖、哀痛，甚至寧可自己不曾出生。

第二部一開始，魔鬼帶他離開現場，替他滌除罪惡感後，浮士德又精神抖擻地想要「向崇高的存在不斷奮起直追」。接著魔鬼梅菲斯特帶著浮士德到一個宮廷，該國遍地違法亂紀者、盜賊與擁兵自重的騎士橫行以致國庫空虛，皇帝與諸位大臣束手無策。梅菲斯特教皇帝從地下挖出金礦，同時發行貨幣，而暫時緩解了財政的困窘，並取得皇帝的信任。接著皇帝要浮士德把導致特洛伊戰爭的海倫帶來給他看，浮士德在梅菲斯特協助下喚來海倫的短暫現身，浮士德卻對海倫一見鍾情，要求梅菲斯特安排他跟海倫締結良緣。

在第二部的第三幕裡，浮士德打扮成中世紀騎士兼吟遊詩人，在贏得海倫芳心後兩人住在中世紀城堡裡，象徵著古希臘文化與中世紀哥德文化的結合。他們生下一個孩子，取名歐福里翁（Euphorion），跟希臘神話中阿基里斯和海倫生下的兒子同名。這孩子精擅文學和藝術，喜歡攀爬艱險的峭壁，從高處展望全世界，並且把危險視為生命中必要且令人極度興奮的要素。等他攀上懸崖後，卻在浪漫情懷的最高點忘神地躍下懸崖，在空中短暫停留後就墜落而亡。海倫傷心地跟浮士德說，幸福與美麗是不可能俱存的，之後就消失了。

在第二部的第四幕裡，梅菲斯特用快樂與榮耀誘拐浮士德而被拒絕。後者說，現在他只想移山填海，征服大自然，以他的智慧與能力造福蒼生。恰巧梅菲斯特與浮士德協助過的國王因為過度印行紙鈔而無法兌現，引起不滿與內戰。浮士德在梅菲斯特協助下平定內亂，而國王則賜予他一塊濱海的淹水領地。第五幕裡，浮士德開始在領地實踐他移山造海的夢想，然而海邊有一對夫妻不願意遷離，梅菲斯特放火驚嚇他們，卻不小心把他們給嚇死。

在第五幕快結束的地方，四個灰衣婦女登場，分別代表渴望、歉疚、憂愁和關切，前三者發現浮士德心靈上是富足的，因而無法靠近他，只有關切從鑰匙孔裡鑽進去。浮士德對她所說的話反映了歌德在人生終點時的個人體驗和心得總結：「我匆匆周遊這個世界，攫取各種轉瞬即逝的渴望，漠視那些無趣的，讓遙不可及的飛逝。我已經渴望，達成願望，再渴望，有如風暴般奮力地度過一生：先是劇力萬鈞，如今帶著智慧與周全的考量。塵世的一切我都已經夠熟悉，超乎塵世的永遠不可能：痴人望著天上，妄想著那裡有他的夥伴！讓他牢牢站穩並環視周遭；有為者可以在塵世裡找到具體意義，為什麼還要馳騖於永恆！且牢牢抓住真實的事物，且在塵世的歲月裡漫步，縱有鬼魂糾纏他、阻撓他，縱使每一寸流逝的光陰都無法滿足他，照樣步伐堅定地前進，尋找他的喜悅與痛苦。」然而關心女神說人的一生始終是盲目的，並且隨即讓浮士德失明。

最後，魔鬼催促著小鬼們挖掘浮士德的墳墓，浮士德卻以為是移山填海的聲音。他遙想著完工後這塊土地上的繁榮和幸福，不禁滿意地對那個遠景說：「啊！多麼美麗的一刻！請你駐足。」

就在這一刻，魔鬼贏得了賭注，而浮士德則輸掉了他的靈魂。

尼采曾在《偶像的黃昏》裡說：「在某種意義上，歌德個人所追求的也是整個十九世紀所追求的：無所不包的瞭解與肯定，不管是哪一種經歷都有能力自我修補，不顧一切地追求一切真實的事物，毫不畏縮地面對一切的真相。」

這個評價其實也適用於歌德筆下的浮士德，他不輕信書本與思辨，把「最高的幸福」看成是「如人飲水，冷暖自知」的實證問題。為了確知生命的真相，他願意承受莽撞的後果去親嚐青春與愛情，再懷著濟世的理想獻身政治而徹底失望地離去；好不容易結合文藝復興與古希臘的文化精髓後，卻在精神的最高昂處過分自信而挑戰不可能，甚至自毀。然而他不後悔、不沮喪，因為唯有親自體驗過生命所有的可能性之後，他才能夠確切（實證地）知道生命中什麼是實際可得的，什麼是超乎人性的極限，以及什麼是最高的幸福。最後，他拋除了不值得追求的和不可能成就的，評估他實際得到的部分，而篤定地說：「即便一切的幸福和滿足都會隨著時間而流逝，不可能永恆，但光是這些確實可得的部分，就已經值得我們為它們活一輩子，不需要像痴人那樣仰望高不可及的天堂，以及與人無關的永恆。」

結語

維根斯坦曾在《文化與價值》裡說：「人類最高的幸福是愛。」沒有這一份熱愛，再多的抽象思索也無法讓一個人產生行動或感到幸福。或者用齊克果的話說：「假如真理冰冷而赤裸地站在我面前，根本不關心我是否認識它，讓我因而在恐懼中顫抖，卻絲毫產生不了熱情與奉獻的信念，這樣的真理於我何益？」

「我虛無」可以直接翻譯成「我找不到熱愛且有價值的事物」。如果根據亞里斯多德的觀點，能讓你熱愛的事物必然含有某種成分的價值；因此「我虛無」等於「我所知的一切事物都激不起我的熱情」，或者「我找不到可以激起我熱情的事物」，就像羅馬教廷在中世紀晚期的腐化，不是因為失去了神學，而是因為失去了信仰的熱情。

理性可以讓我們避免飛蛾撲火的激情，也可以協助我們看穿本能欲望和語言共同虛構的海市蜃樓，以及語言和抽象思維虛構的矛盾。因此，理性確實是不可或缺的力量。然而想要用客觀真理或普世價值去拯救陷入虛無的世界，則是一種近乎怪誕的想法。

一個人會相信「活著，值得」，是因為他曾被感動而激起熱情——被大自然的美麗、莊嚴、崇高所感動，而企圖將那份情感傳寫於詩歌、繪畫或音樂裡；被托爾斯泰、杜斯妥也夫斯基或卡繆的作品所感動，因為其中的人物流露出某些可貴的情操或人性特質，或者讓我們看到動人的生命風範；被甘地、史懷哲（Albert Schweitzer）或德蕾莎修女（Mother Teresa）的言行所感動，而興起「有為者亦若是」的熱情。

當這樣的感動獲得理性的支持時，它們會變成持久的行動力，甚至可以禁得起各種的挫折與

磨難——感性不必然是粗野不文的，理性也不必然只能跟感性唱反調，當兩者各自發揮所長而相得益彰時，我們才能建立起最堅強的信念和價值，並且懷著熱情去堅持與實踐。

反之，當理性的要求孤高到遠遠超越人的實際能力，或者嚴峻到嚴重擠壓人性的喘息空間時，將會衍生出另一種虛無主義，並且導致人性的激烈反抗。

因此，唯有在理性與感性能相互節制，彼此互補與協作下，才能各自避免流於極端（感性的盲目與衝動，或者理性的凌虛蹈空）。讓我們在下一章進一步探討這個主題。

16

告別天堂與永恆，超越自欺與虛無——此世可得的幸福

儘管我不相信事物的秩序，春天裡剛萌發的油亮嫩葉還是讓我感到如此珍貴而可親，藍色的蒼穹還是讓我感到如此親切，有些人讓我覺得如此可親，甚至有時候不明所以地摯愛著，你信嗎？人類的某些行為讓我感到如此可貴，雖然其中或許有些是人們早已不再相信的，但是，源自古老的習慣，依舊讓人打從心裡感到敬佩。

——杜斯妥也夫斯基

做有用的事，說勇敢的話，默想美麗的事物。就一個人的一生而言，這些就足夠了。

——艾略特

一個人活著的目的，無非就是迂迴地透過藝術或愛或充滿熱情的作品，去重新發現那開啟他心靈的一個或兩個影像。

——卡繆

我們這些住過集中營的人還記得，有些人會走過營舍去安慰其他人，給他們自己手中的最後一片麵包。他們的數量或許很少，但是他們足以證明人類還有一樣是無法被剝奪的——人類最後的自由，即在任何遭遇的情境裡選擇自己應對的態度，選擇自己的方式。

——維克多・弗蘭克

假如有忤逆生命的罪，它或許是渴望來生，和回絕此生中不可更替的壯麗宏偉，其次才是對生命感到絕望。

——卡繆

尼采曾在《瞧！這個人》裡說：「我知道自己的命運。有一天我的名字會跟某種龐然大物的記憶連結在一起——空前絕後的一場危機，良知深處的毀滅性撞擊，刻意擘畫來反對那些曾經被相信、被需要、被神聖化的一切。我不是人，我是炸藥。」

尼采不是第一個覺察到虛無主義瀰漫著歐洲的人，但他卻是第一個徹底而全面地揭露虛無主義，並且直指其根源的人。譬如，他一針見血地戳破西方哲學與神學的許多假象與謬誤，從根本上撼動、顛覆同時代人對理性與道德的信任，因而對歐洲的精英產生難以估量的衝擊和影響，使他成為至今最具影響力的存在主義思想家之一。然而也因為他的寫作策略與主張太誇大、極端，使他成為百年來最具爭議性的作家，甚至讓人看不清他的價值。

譬如，許多人誤以為他反對一切的道德法則。事實上，他認為對道德問題的反思能力才是教育的首要任務，以及一個高度文明化社會的表徵。然而他所謂的道德教育既非不假思索地沿襲既有規範，也不是與人性事實無關的的抽象思辨，而是培養每一個人為自己進行價值評估的能力——讓每一個人都有能力以人性的事實為依據，擺脫一切成見地省思生命的價值，為自己的生命探索最好的出路，藉此創造自己的生命意義與價值。

可惜事與願違，他在〈作為教育家的叔本華〉一文裡抱怨，當時的德國學者只懂抽象的知識而不理解真實的人性，因而也就「沒有真正的教育家」，沒辦法「在當代的人物中找到道德的典範和楷模，用以具象化我們這個時代的道德。」他直率地說：「我們只是在消費前人所累積的道德資產，我們沒有能力去增進它而只會耗損它。在我們的社會裡，一個人或許不去談如何思索道德問題，或者只會在談論時顯露出不曾思索過道德問題，或不熟悉這樣的思索，因而惹人生厭。結果，學校和老師只能放棄真正的道德教育，或者得過且過地照本宣科；對老師和學生而言，美德一詞已經失去了意義。」

換句話說，表面上看起來，尼采似乎對歐洲一切既有的哲學、神學與道德體系都不滿，存心要摧毀一切既有的道德、價值和信仰，讓歐洲人淪入虛無主義的淵藪。事實恰恰相反。他只不過是在揭穿「國王的新衣」，讓歐洲人看清楚自己實質上已經失去一切曾經有過的價值和信仰，活在自欺欺人的虛無裡。

為什麼歐洲兩千年的歷史發展卻只換來虛有其表、自欺欺人的道德假象？為什麼歐洲沒有能力產出一套大家誠心信服且樂於履踐的新價值？如何才能讓歐洲人的生命力徹底獲得解放，並且以此為動力再創文明的新高峰與新的精神價值？這些才是尼采真正關切的問題，也是我們最能從他的作品中獲益之處。

形上學與神學的廢墟——太美好以至於不可能

根據尼采的《不合時宜的考察》，表面上學者還在談形上學與道德哲學，教會還在談信仰與救贖，實質上整個歐洲早已被虛無主義淹沒，而自欺欺人地活著。一度遍及全歐洲的基督教信仰實質上已經「消退得只剩下窪坑和小池裡的死水；國與國之間懷著敵意而對峙著，巴不得將對方撕得粉碎。科學在最盲目的自由精神裡追逐著，不受節制地粉碎、消解過去的堅定信仰；教育階層和政府部門都狂熱地被席捲進極其可鄙的金錢經濟裡。這個世界從不曾如此世俗化，從不曾如此缺乏愛與善意。在這一股動盪不安的俗世化激流裡，教育階層再也不是濃霧中的燈塔或避難所，他們自己日甚一日地躁動不安、缺乏思考與愛。一切都在為席捲而來的野蠻主義服務，連當代藝術和科學都不例外。」

歐洲為何會淪陷於精神上的空虛與匱乏？尼采一針見血地指出，根本原因在於追逐不可能企及的理想，而否定了實際可行的理想；用不可能實現的人生目標，否定此世確實可以完成的生命意義與價值。他在《不合時宜的考察》裡說：「基督教過去曾以崇高的理念凌駕了古典的道德體系以及其中所含的自然主義，以至於古典的自然主義變得乏味而惹人嫌惡；後來，如同我們現在已經瞭解的，當這些較優越、崇高的理念被證實為超乎人的能力所及時，不管一個人有多渴望都再也不可能重回古典時期美好與高尚的德性。」

或者，像希臘形上學那樣，用虛構的永恆實體否定感官所認識的世界，也因而否定我們實際上唯一可以掌握的世界，就像他在《權力意志》裡說的，虛無主義就是「認定這個世界不應該是它目前這個樣態，或者硬把不可能存在的狀態認為是這個世界該有的狀態。」「虛無主義意味著什麼？它意味著最高的價值被自己否定，沒有目標。」如果最高的價值是太美好以至於不可行的，而一切真實可行的目標卻又被它所否定，整個價值體系將會被架空而淪為自欺欺人的海市蜃樓，偏偏這卻是十九世紀歐洲與中國共同的厄運。

仔細審視傳統的理想與價值體系，都是建立在臆測與抽象思辨的基礎上，不顧人性的極限，甚至以此否定一切看似不夠完美的價值。然而我們越是從這種永恆、完美、普遍、客觀的標準去檢視我們的一生，就越容易否定生命的意義和價值。

譬如，托爾斯泰曾在《懺悔錄》裡說，如果你用無限的時間與空間來衡量有限的生命，就會覺得它的意義與價值渺小到可以忽略；如果你拿自己對這世界的影響去跟物理的因果律或歷史、社會、生物基因的影響作比較，就會覺得自己的一切努力都是徒勞，「你只不過是一堆原子短暫而隨機的假合。那個被你認定是『我的生命』的，只不過是這些原子間的相互作用和變化。這個假合會持續一段時間，之後這些原子之間的相互作用會終止，而你所謂的『我的生命』會跟你所有的問題一起結束。」「思辨科學意圖探索超乎因果關係的生命本質。但是當它遭遇到社會或歷史的因果現象時，照樣會被虛無感絆倒。」因此，有一段很漫長的時間，他跟叔本華一樣悲觀，並且一直有自殺的強烈衝動。

然而生命的有意義與無意義不是絕對的，而是看你拿它來跟什麼作比較：在完美、永恆與無限之前，人的有限性顯得微不足道；但是跟螻蟻或蜉蝣相比，人的有限性卻顯得無比難得而珍貴。然而這兩種比較的尺度都在誤導我們對生命的認識，因為我們在問生命的意義與價值時，原意只是想要在我們（或人類）能力所及的範圍內為自己安排出價值秩序，作為人生中取捨抉擇的參考。因此必須用人類的尺度去衡量，才不會引喻失義。

譬如，在工程觀點上，十秒跟九．八秒的差距小到只有〇．二秒，或百分之二，因此通常會被當作微不足道而忽略。然而百米短跑的世界記錄在一九六〇年才首度締造出十秒整的記錄，並且維持了三十九年之後才創造出九．八秒的記錄。這〇．二秒既代表著當時人類體能極限的突破，也代表著三十九年來短跑鞋的設計與體育科學的進步，以及教練和運動員的專業化程度，在在都是難能可貴的人類記錄。從這個例子可以看出來，唯有用人類的尺度去衡量人類的一切作為，才能適切顯示出其價值與意義。

在尼采眼中，不管是蘇格拉底與柏拉圖的「真理」，或者基督教的「靈魂救贖」與「永生」，都是「太美好以至於不可能」的海市蜃樓，最終只會導致虛無主義。然而當時歐洲的一切價值卻都是以前述願景為最終目標，沒有一個是在追求人類真實可及的目標。因此他倡議放棄一切虛幻、壓迫生命的價值體系，「重新評價一切的價值」（《偶像的黃昏》），以便「創造人類的目標，為塵世賦予意義和未來。」（《查拉圖斯特拉如是說》）。

對他而言，一旦否定真實的生命，就等於否定一切真實可及的價值，等於「最高的價值被自己否定。沒有目標。」因此，一切真實的價值都必須以「肯定生命」和「絕不自欺」為前提。緣此，他策略性地把傳統價值體系的階序顛倒過來，完美與永恆不再是最高的價值，對於生命與此世的無條件肯定才是最高的價值——不管它們有多麼不完美，有多麼不令人滿意，甚至帶給人多大的痛苦，都要無條件擁抱它們。

他用「熱愛生命」作為核心訴求，並且用拉丁文的「熱愛命運」和「永世輪迴」加以詮釋。「熱愛命運」的拉丁文是一種人生觀，它以正面的態度積極接納發生在自己身上的一切（包括痛苦與磨難），認定它們是好的，至少是必要的。尼采把這觀念重新詮釋成以極端的熱情無條件接受生命中的一切事實，絕不迴避其中的任何醜陋或痛苦，絕不粉飾昇平，不用美麗的幻覺一廂情願地自欺。他在自傳體的《瞧！這個人》裡甚至帶著誇飾的口吻、推至極端地說：「根據我的公式，人類的偉大在於**熱愛命運**，也就是說，不管是在過去、將來，或者永恆的未來裡，他都不想要改變已然發生的事實。不只是因為有其必要而忍受它，更不是隱匿它，而是愛它。」或者，「我想要一點一滴學會把一切必然發生的事都看成是美麗的；那麼我就會成為一個有能力將事物變得美麗的人。**熱愛命運**，讓它從此以後變成我的愛！我不想針對醜陋的事物發起戰爭。我不想指控，我甚至不想去指控那些指控（我）的人。不加理睬將會是我唯一的否定方式。總而言之，我希望自己有朝一日會成為對一切都說『是』的人。」（《快樂的科學》）。同樣的，這段話也帶著文學性的誇染——他的本意並非鼓勵人成為自滿、怠惰而對一切都說「是」的鄉愿；反而是堅持著人必須要無畏艱難地持續追求自我的完善（下詳）。

此外，他在《快樂的科學》裡描述「永世輪迴」這個觀念：「如果某一天或某一夜，惡魔在你孤單寂寞的時刻裡告訴你：『你此世所經歷的一切將會在未來世無休止地一再重複，不會有任何新的經歷，你此生中每一份痛苦、每一份快樂、每一段思緒、每一聲嘆息，以及每一件極其微小和巨大的事物都會逐一重返，乃至於事件的次序都完全一致——甚至包括這一隻蜘蛛和林間的月光，以及此刻和我本人。存在的永恆沙漏一再反覆流洩，連同你這顆微塵。』你會不會痛苦地把自己摔在地上，咬牙切齒地詛咒那個魔鬼？還是說，你會在這一瞬間擁有非凡的感受，因而回答祂：『你是個神祇，我從不曾聽過比這更神聖的。』如果這個想法凌駕了你，祂或許會徹底改變或粉碎你。在每一件事情裡，『你是否願意讓它無休止地一再重複？』這個問題會影響你的行動，猶如最沉重的負荷！或者，你必須變得多麼熱愛自己和生命，才能夠熱切渴望這個終極的永恆肯定——勝過其他一切可能的改變？」

尼采一再強調要正面接受各種痛苦，並非認定活著唯有苦難，而是說不管這個世界有多難以忍受，都勇於承認事實、面對事實，絕不自欺，絕不逃避到想像中的極樂世界，或者向不可知的神祇祈求安慰；寧可堅決、坦然接受生命中一切已發生和即將來臨的事實，也絕不逃避自己的命運。或者說，在尼采的道德世界裡，「你不可自欺」和「熱愛你生命中的一切」是最重要的兩條誡命，而且它們又互為表裡。

而讓一個人可以既不自欺又熱愛生命的首要關鍵，就是他的「肯定精神」，因為「不管是我們或者任何事物，都不可能是自足的。」因此，「首要的問題並非我們是否滿意自己，而是我們是否曾對任何事物滿意過。如果我們有過任何值得肯定的時刻，我們就因而肯定了自我，以及一切的存在。」「如果我們的靈魂曾經一度因為幸福而顫抖，如同豎弦般歡唱，永生的輪迴就只需要這麼一個事件——單單這麼一個肯定的時刻，就足以讓永生成為善的、救贖的、值得的，以及肯定的。」（《權力意志》）。

這樣一種價值觀的倒轉乍看很極端，有如道德觀念上的哥白尼革命；然而只要消除掉他的誇大修辭，就會看到隱藏於其中的高度啟發性。

道德觀與價值觀的哥白尼革命——從否定的精神到肯定的精神

不管是柏拉圖完美的觀念界，沙漠教父心目中聖潔無瑕的靈魂，或者宋明理學克盡人欲的天理，傳統道德都是把絕對的完美當作道德上的義務，對自我和此世進行無止無盡的挑剔和否定。這有如一種否定的精神，始終用負面的角度看待自己的本性，嚴厲地數算人的失敗和瑕疵，而罔顧人的能力有其極限，甚至把人看成懷著原罪的罪人。

在尼采的價值量尺裡，他以一無所有為結算的起點，因而生命中的一切事物都從肯定的角度去數算其中隱含的所有價值，即便有再多的瑕疵也不會減損其意義。就像浮士德，不計較失敗也不悔恨有過的嘗試，始終懷著希望去追求一切正面的可能性，珍惜一切曾經有過的美好（不管有多短暫）。就像尼采說的：「只要這一生有一個值得肯定的時刻，就足以肯定這一生和全部的存有。」

如果我們從這樣的角度去恆量金恩博士的生平，就會肯定他是偉大的人權鬥士。雖然還有一些間接證據讓史學家懷疑他有多重的婚外性伴侶，然而那只意味著他在另一場戰鬥裡表現得不出色，而不會因此減損他在人權運動上的貢獻——儘管抱著傳統道德觀的人可能會質疑他的人格瑕疵，甚至把他說成是偽善者。

不過，尼采的「肯定精神」既非鄉愿或爛好人，更不是意識形態的洗腦或一廂情願的自我催眠。而是不斷在創造中持續自我超越，並且心甘情願地接受命運的磨難和一切的批判與質疑，而絕不自欺欺人。要從事這樣的創造與自我超越，僅僅只是「善良」遠遠不夠，他必須擁有「偉大」、「高貴」的特質，就像《善惡的彼岸》裡說的：「稀有、不尋常、懷著特殊的稟賦，他們是更高階的人，有著更高的靈魂、責任、擔當，以及豐富的創造力和才華——在今天的觀念中，偉大意味著高貴、想要成為自己、有能力與眾不同、獨立自主，並且有能力忍受孤獨。」他們「清楚知道人世間還有比他的時代更高、更純粹的生命可以被發現並實踐。」（〈作為教育家的叔本華〉）。《反基督》則形容他們：「最具有精神性的人也是最勇健的人，他們在讓其他人崩潰的地方找到幸福。在迷宮裡，在對他們和其他人都顯得嚴酷的地方，在受審判的時候；他們把自我超越當享受，吃苦是他們的天性、需求、本能。他們把艱難的任務當特權，他們把壓垮其他人的重任當遊戲。」

生命的目的（價值、意義）並不是活在一個一成不變的「最高境界」，而是不斷創新和自我突破，就像《查拉圖斯特拉如是說》裡說的：「人類之所以偉大，在於他是橋梁，而非目的。」「你從蟲進化為人，但是在你之中卻還有太多蟲的成分。你曾經是猿猴，但是至今你仍舊比任何一種猿猴更像猿猴。」「我教你超人。人類是要被超越的。」進化的目的是成為精神上的貴族，並且每一代都比前一個世代體現更高貴的精神：「噢，我的兄弟，你的高貴血緣不應該在於回溯（祖先），而是前瞻！你應該自我放逐，離開祖先的土地！你應該要愛子孫的土地，這一份愛應該要成為你新的高貴血緣——跨過最遙遠的海洋的未知土地。為此，我請你啟航去尋覓，再尋覓。」

這種不休止地自我挑戰、自我超越的動力，來自於對生命與文化的熱愛。〈作為教育家的叔本華〉說：「唯有愛可以讓靈魂用一種清晰、有高度鑑別力，且自我貶抑的觀點審視自己；並且賦予靈魂一種渴望，想要極力遠眺並竭盡全力尋找一個更高的自我，一個仍舊被隱匿著的自我。」「任何人若相信文化，就等於是在說：『我看見在我之上還有某種更高的，並且比我更像人類的（境界或超人類）。讓每一個人都幫我抵達那個高度，就像我願意幫助每一個有此認識並且像我一樣受苦的人——為的是讓這樣的一個人可以出現，他感受到自己擁有完美而無邊際的知識與愛、觀念與力量，並且在他的完滿中與大自然結合為一體，成為一切事物的仲裁者與一切價值的衡量者。』」「讓年輕的靈魂懷著這個問題回顧自己的人生：什麼是你持續熱愛至今的？什麼事物曾讓你的靈魂昇華？什麼事物持續支配著你的靈魂同時又讓它充滿喜悅？把這些可敬的事物在你面前排成一列，那麼它們或許會透過它們的本性和次序而為你揭露一個規律，一個屬於你真實自我的根本規律。比較這些事物，看它們如何互補、擴充、超越、轉化彼此；看它們如何形成一個階梯，讓你可以攀登到你現在的高度。因為你的本性並非深藏在你的最內層，而是在你之上無法衡量的高處，或者至少高於你平時認定的自己。」「你的教育者必然同時是你的解放者。」

而文化的最終目標，就在於培養出精神上的天才，讓他們為自己的生命創造出更高的價值和意義，從而成為啟發其他人的榜樣。就像他在《不合時宜的考察》和《道德譜系學》裡說的：「一切文化的目標，就是促成一種持續進化的文化，以及孕育天才。」「這個未來的人，他會將我們從過去的觀念中解放出來，也讓我們擺脫那些觀念的產物，擺脫憎恨，擺脫寂滅的想望，擺脫虛無主義。」他將會以正午般的明亮照耀歐洲精神上的黑暗，「讓意志再度獲得自由，讓塵世的生命再度擁有目標（意義），讓人類再度擁有希望。」

尼采所謂的超人，首要特質是不斷鞭策自己，不斷自我超越，不斷為人類探索、創造更高的價值和意義，而非像納粹黨徒那樣不求長進卻又無視於他人的生命價值。而他所謂主人的道德也不是要奴役別人，而是不要像奴隸那樣只順從別人的命令而不曾為自己探索、創造價值。此外，「遵照自然而活」則是順從生命的意志，不畏艱難地積極創造與突破，而不再只是消極滿足最少的生理需要和避免痛苦——他在《善惡的彼岸》裡譏諷希臘斯多葛學派：「活著，不就是明確地想要成為不同於（沒有價值判斷的）自然嗎？活著，不就是評鑑、偏好、不等量對待一切、有所限制，想要有所不同嗎？」

當我們從這個角度去重新審視人類的欲望與歷史發展時，就會清晰地看到人類有兩種與生俱來的渴望。一是本能欲望的滿足，一是自我發展與自我完善化的渴望。前者催生了各種物質性的發明，以及滿足虛榮心、成就感的商業活動和戰爭，或者對於功名利祿無止盡的追逐；後者催生了藝術、音樂、科學、哲學，乃至於宗教。

在史賓格勒的術語裡，前者叫做文明（civilization），後者叫做文化（culture）。兩者的區別在於文化是有創造力的精神活動。而文明則只是前者的產物和應用（物質的、制度的、價值觀的），本身不具原創性的創造力與生命活力，只能承襲、複製與繁衍，甚至在創造力衰竭之後維繫著物質性、制度性與表象性的繁榮與進步。譬如，先秦的《詩經》是一種活潑的文化創造，而清末民初的吃人禮教則是從歷史繼承下來的遺骸，它之所以會吃人，恰恰是因為失去了精神性的創造能力。

這樣的體認把我們帶回到欲望（可欲）、文化與價值評量的源頭：人類的一切價值判斷，原本目的是作為自我成長、自我實現與自我完善化的指引，為的是體現每一個人潛在的可能性，從而體現一個人的生命意義和價值；它既不是為了壓抑人性，更非無視個人差異的統一規範。而所謂的文化、教育與涵養，原本是用來啟發、激勵個人的精神性創作，促成他的精神昇華與開展，而不是沐猴而冠或依樣畫葫蘆，或者恪守外加的規範或教條。

可惜的是，我們在歷史發展過程中走上了歧途，過度強調規範性而忽視了創造性，過度強調客觀的價值而忽視了主體的發展與差異，以至於人類最可貴的創作（文化）終於淪為人性的枷鎖（文明），甚至於虛無主義的源頭。

文化、品味與欲望的美學——開創生命的價值與意義，恢宏精神生命的格局

自從康德之後，我們應該覺悟有神論與無神論都是理性的僭越與獨斷，實際上我們不知道這個世界是否有個造物主；若有，我們也不知道祂是否在乎我們，不知道祂是否對我們有所期許和禁制。我們或許「渴望」有靈魂的永生和公義的神，然而渴望不等於事實。

此外，物質的世界沒有價值與意義可言，它們只是「在那裡」的存在。動植物的世界也沒有價值和意義可言，它們只是遵從「自然的本能」而活著。意義和價值純粹是人類精神上的產物，它們是人類的創作，也是人類生命意志的最高體現。

我們需要價值判斷，首要目的是去發現比本能欲望更值得追求的可欲，以便發揮潛能，體現

生命的意義與價值；其次是避免自欺欺人的陷阱，飛蛾撲火般自毀，和各種事後的悔恨。因此，在不傷害他人的前提下，我們最需要的是對生命的熱情，有能力敏銳地覺察精神與情感上的可欲和滿足，而不是戕害人性的教條。

就像羅素在《神秘主義與邏輯》裡說的：「想要尋找一種外在的意義來激起我們的內在反響，結果都注定會失望。所有的『意義』最終都必須根植於我們原初的渴望，當這些渴望滅絕時，沒有任何奇蹟可以重建它們所映射出來的價值世界。因此，教育的目的不可能是為那些沒教養的人創造出任何他們原初就不具備的衝動；教育的目的只可能是提升專注性思考的量與多樣性，以及展現過去歷史上各種最具持續性的滿足，從而擴充人類天性所能及的視野。」

意義與價值反映的是人類在本能、情感與精神上的渴求，因而不會是獨立於人類之外的客觀價值。不過它除了跟與生俱來的本能有關，也涉及後天的學習和精神、情感上的啟發，因而不是先於經驗的，也不具有跨時空、種族、文化的普遍性或絕對性。因此，赫爾德在《人類教育的另一種歷史哲學》裡說：「每一個民族都必然在某個時刻和某種情境下感受過最幸福的時刻，否則她就不足以構成一個民族。」但是，這些民族之間的幸福程度是無法比較的，因為「人類的本性裡並沒有哲學家所定義的那種絕對、獨立、永恆的幸福。與其相反的，她竭盡所能地到處汲取幸福：就像柔軟的黏土，她可以適應各種差異懸殊的處境、需要與鬱悶。即便是幸福的形象也隨著每一種狀況和地點而改變（因為，它除了是『滿足可欲，達成目的，溫和地解決需要』的總和之外，還能是什麼？然而前述的每一項都是隨著國度、時間與地點而改變）。那麼，所有的比較基本上都是徒勞、沒有意義的。內在的傾向一改變，幸福的內在意義就同時改變；當外在的機會和需要獲得發展時，其他的意義就獲得強化——誰有能力比較不同世界裡、不同意義下，彼此不同的滿足？」

然而沒有普世共通的唯一衡量尺度，不等於否定一切的意義和價值。就像法式、印度、中國和日本飲食各有自己追求的目標，然而它們在各自的體系裡都還是有相當清楚的評量尺度，而米其林的星等還可以用來大致區別不同飲食的大致等級——與其說這是一種價值的相對主義，不如說是價值的多元主義。

一個人的價值與意義認同會隨著他思想、情感與精神上的實際體驗和覺察能力而改變，就像一個人對各國飲食的評價會隨著飲食的經驗和旁人的提點而改變，他會根據各種實際體驗帶給自己的滿足衡量這些可欲在他心裡的價值高低。而教育的目的跟品酒師、咖啡杯測師的培養目標相仿，旨在提升受教者的思想、情感與精神能力，使他有能力領略各種「學而知之，勤習而能」的可欲和滿足；同時啟發、提升他專注思考的能力，使他在兼具精緻的感性與專注的思考能力後，可以為自己的人生作抉擇，並且透過各種創造性的行動提升自己的生命意義與價值。

如果道德確實還保有它作為文化創作的精神和價值，其首要功能應該是對受教者進行情感上的涵養、啟發與昇華，讓他有能力覺察、感受深刻、精緻的情感和可欲，並且依據自己的稟賦、際遇去發揮自己的潛能，而不是樹立普世價值和行為軌範，硬把所有的人都套到單一的價值體系和人生裡。至於「不損及他人利益」這種消極的規範，那是法律的首要功能，而非道德的首要功能。

可惜的是，在歷史的發展過程中，道德的積極意義被遺忘了，只剩下對本能欲望的管制和壓迫，而「道德的自主性」和「潛移默化」則淪為口號。

其實，如果一個人兼具了精緻的感性與專注的思考能力之後，依舊不願意選擇我們所謂的「更有價值的人生道路」，很難相信他會因為別人指示出「普世價值」，而願意改變自己。況且，人在自我探索的過程中，隨時有可能會誤入歧途（自欺欺人、迷戀海市蜃樓，或者飛蛾撲火）；而想要為自己的生命創造出意義與價值，更是最艱難的挑戰，比農民的耕耘、播種、收穫更艱辛；比婦女懷孕和生產的過程更漫長、艱苦而充滿風險。因此尼采強調要像酒神那樣冒著癲狂、自毀的風險，追求生命的昇華與狂喜（ecstacy），即便因而撕裂自己，也絕不在理性的算計下畏畏縮縮活著。不冒險，生命真有可能一再創新嗎？

尼采在精神失常前寫信給朋友，署名戴奧尼修斯（Dionysos）。在《偶像的黃昏》裡，他用酒神的精神詮釋生命意志：「我所知道的最高象徵，是希臘的象徵，酒神戴奧尼修斯的儀式象徵。在這些儀式裡，生命最深刻的本能，未來生命的本能，永恆生命的本能被當作宗教來體驗，生命的唯一方式——生育，被當作神聖的方式。」「狂野而毫無節制地釋放情緒被當作生命和能量的傾瀉，即使痛苦也被當作是一種（精神上的）激勵。」「即便在最古怪而難纏的問題上都要對生命說是。生命意志經由犧牲它的最高型態，來歡慶它自己的無窮無盡——這才是我所謂的酒神精神，我發現這才是通往悲劇詩人內心世界的橋梁。為的不是免於恐懼和悲情，也不是要透過強烈的情感釋放而淨化自己，免除危險的情緒衝動（像亞里斯多德理解的那樣）。而是超越恐懼和悲情，使自己成為『發展過程』（becoming）的永恆喜悅——這個喜悅之中也包含著毀滅的喜悅。」

他把這種兼含狂喜、痛苦與風險的生命歷程比喻成性愛的狂喜、受孕、懷胎，和分娩時的陣痛與風險：「唯有在戴奧尼修斯的神秘裡，在戴奧尼修斯情境下的心理學，希臘本能的基本事實才表現出它自己——它的『生命的意志』。希臘從這神秘裡獲得什麼？永恆的生命，永世輪迴的生命，過去所許諾且神聖化的未來；超越死亡與變化而凱旋地說是的生命，透過生育和神秘的性愛而使得人類集體的生命得以永續的真實生命。因此，對希臘人而言，性的象徵就是最高崇敬的象徵，所有古老神祇中最真實而深刻的意義。生育與懷孕過程的每一個元素都喚醒最高且最具有節慶意味的感受。在關於神秘的教導裡，痛苦被宣告為神聖的；『分娩的痛苦』使得一切的痛苦都變得神聖——所有的變化與成長，一切跟未來有關的保證都必含痛苦……為了要擁有創造的永恆喜悅，為了讓生命的意志永恆地肯定它自己，就必然永遠存在著『分娩的折磨與痛苦』。」（《偶像的黃昏》）。

因此，尼采的「權力意志」（will to power）不該被理解為想要駕馭他人的野心，而應該是「盡情活出生命」的意志與力量（will to life），或者「不斷創造與自我超越」的意志和力量——為的是用這力量去克服創造過程所必須經歷的痛苦與各種艱難的挑戰，一再攀向另一個精神世界的高峰，持續不斷地提升生命的意義與價值。

結語

表面上看起來，尼采的人生理想是不斷地自我超越的超人或酒神，亞里斯多德追求的是永恆，而歌德是永不歇止地探索生命新的可能性。事實上，最後他們所得到的都是情感與思想能力的持續增長，以及從而帶來的更高層次的生命體驗和滿足——最終，亞里斯多德沒有得到永恆，尼采沒有成為超人或酒神，實則它們都無異於歌德永不歇止地探索的成果。從這個角度看，尼采、歌德、齊克果、亞里斯多德，乃至於梭羅、華茲華斯都有著高度的相似性——他們都只是在努力發揮潛能，實現自我，企圖活出生命最好的可能。

在這個角度下，甚至連海森堡與愛因斯坦，乃至於史懷哲與德蕾莎修女也都跟他們類似——他們都是在原本沒有任何先驗價值的世界裡創造出人類所珍惜的意義與價值，從而感動世人、啟發世人，並且在這過程中體現自己的生命意義與價值。

至於科學、藝術、哲學或人道關懷與行動何者較重要，這其實是一個傻問題。如果最高的幸福和生命最終的目的是自我實現，那麼藝術、科學、宗教與各種政治、人道關懷的活動都有機會體現一個人的生命意義與價值，不必然要拘泥於任何特定的領域。譬如，史懷哲在三十歲以前研究神學與管風琴音樂，藉此滿足自己的愛好，同時提升自己的宗教情懷和信仰；然後在三十歲以後開始學醫，並在學成之後去非洲行醫，把餘生奉獻給最需要他的人——仿效耶穌在三十多歲時上了十字架，為世人獻出他的生命。塞尚終身從事藝術創作，在繪畫的過程中領略、捕捉大自然的莊嚴、神聖、偉大，並且印證人類的尊嚴與價值。海森堡有傑出的音樂天賦，愛好哲學和文學，卻選擇了物理學，因為他認為歐洲剛經歷的音樂革命即將結束，而物理學的革命正要開始，「哪裡有革命我就到哪裡去，這樣才能對人類做出最大的貢獻」。

即便是絕大多數既欠缺創造力也欠缺偉大情懷或行動能力的文青而言，光是打開胸懷，嘗試著去感受、領略人類在歷史舞台上曾經展現過的各種偉大情感、抱負或精神上的昇華，就已經有助於自我提升與自我發展，同時也在充實個人的生命價值與意義。

因此，重要的不是你選擇哪一種形式的活動或行業，而是你實質上究竟有沒有發揮自我的潛能與生命的價值，並且在這過程中領略、感受情感與精神上的富饒與滿足。

而且，想要在今天找到進入心靈世界的門徑，窺探生命的消息，遠比王陽明的時代更容易千百倍。一方面，康德以迄於維根斯坦的許多哲學家，已經幫我們把抽象思考和語言裡的各種陷阱標示出來，讓我們可以避免重新陷入各種輕信的陷阱和海市蜃樓的願景。另一方面，過去五百年來許多傑出的文學家、藝術家，在作品中精彩展現他們生命中最巔峰的情感經驗與精神狀態，使得幽微難察的人性事實變成鮮明而激盪人心——人類的心靈世界已經不是像十九世紀那樣罕為人知的非洲黑暗大陸，而是有著一本又一本的導覽手冊，我們可以一邊閱讀、揣摩，一邊在它們的燭照下親自探索心靈的各個角落。

在這個網路數位典藏無比豐富，行動運算又無遠弗屆的時代裡，要想提升自己情感與精神上的敏感度甚至還比兩百年前的梭羅容易。梭羅在一八六二年過世時，杜斯妥也夫斯基還沒發表《地下室手記》、《罪與罰》與《卡拉馬助夫兄弟》等代表作，托爾斯泰也還沒發表《戰爭與和平》和《安娜．卡列尼娜》等代表作——小說還沒有能力鉅細靡遺地刻劃人類內心的情感與精神狀態；那時齊克果的作品還沒被翻譯成英文，海德格（Martin Heidegger, 1889-1976）、雅斯培（Karl Jaspers）、卡繆、卡夫卡（Franz Kafka）等存在主義的作家和思想家還沒誕生，二十世紀各種刻劃人類內心的豐富文體、技巧也都還沒誕生；至於達文西、林布蘭、塞尚作品裡的精神與情感世界，更非梭羅所能眼見目睹的。

可惜的是，至今絕大多數人仍舊在聲色犬馬、功名利祿的世界裡追逐著「生而知之，不學而能」的滿足，而不知道還有一個「學而知之，勤習而能」的精神與情感世界。此外，還有許多熱情的文青依舊埋首在五百年前的宋明理學裡，想要從中獲得生命的消息，而完全不知道過去五百年來歐洲的人文世界已經破除多少迷障，累積了多麼豐富、深刻的資源。

下一部，就讓我們來談談如何利用這些豐富的文化資產來窺探心靈的世界，以及精神與情感的昇華管道。

第三部

人文的底蘊，心靈世界的門徑

17

活出生命最好的可能——自我實現與自我的美學

你不可能靠施壓或遊說而把一個人的幸福強加給另一個人，或任何一個人，它會變成負擔。那些被點綴在自由的花環上的玫瑰必須要用自己的手去採擷，而且必須是從自己的需要、自己的渴望與愛好裡愉悅地生長出來。

——赫爾德

教育必須提供自我實現的機會。最理想的情況下，教育可以提供豐富而具挑戰的環境，讓每個人以他自己的方式去探索。

——喬姆斯基（Noam Chomsky, 1928-）

所有的宗教、藝術和科學都是同一棵大樹的不同枝幹。它們的立意都是要讓生命變得更高貴，讓它昇華而超越單純的物質性，並且引領人們走向自由。

——愛因斯坦

讓我感到震驚的是，在我們的社會裡藝術已經變成是只跟物件有關，而與個人或生命無關。藝術已經變成是專屬於藝術家這樣的專業人士和他們專屬的活動。但是，難道不可能讓每一個人的生命都變成是藝術創作的成果嗎？為什麼只有燈具和房屋可以是藝術的對象，而我們的生命卻不可以？

——傅柯

（人類的）進步是以體驗的豐富性和強烈度來衡量的——越來越廣泛、深刻地體認到人類這種存在的價值和浩瀚。

——赫伯特．里德

人文心理學家馬斯洛在《動機與人格》裡把人的需要描述成一種有高低層級與緩急先後的階序：人必須先滿足飲食男女的基本生理需要，繼而確保它們可以無虞匱乏，然後才會渴求情感關係上的滿足，以及滿足自尊心和贏取他人的尊重。當前面這些需要一一獲得適度的滿足後，他還會渴望實現自我，因為「若要跟自己達成終極的和諧，音樂家必須譜曲，畫家必須作畫，詩人必須寫作。他必須實現自己潛在的可能性，他必須忠於自己的天性。這個需要我們可以稱之為自我實現。」

跟傳統的幸福學或道德學比起來，這個理論有一個鮮明的優點，它讓人的價值抉擇不再恆定不變，而是隨著現實的條件改變。當一個人連活下去都有困難時，活下去比自尊心更重要；當一個人終生衣食無憂時，自尊心與情感關係比一輩子用不到的財富更重要。相較之下，程頤和朱熹的價值是絕對的，且一成不變地僵固在概念世界裡，不會隨著當事人的現實情境而調整，以至於陷入「餓死事極小，失節事極大」的殘忍結論。

不過，馬斯洛的理論有著太美麗而不真實的童話色彩：每個人的低階需要獲得越多的滿足，他追求高階需要的動力就會越強，這是一種與生俱來的本能。然而相反的事實卻到處可見，譬如貧窮國度裡的人雖然不時飢寒交迫，卻往往比富裕社會的人更重視情感關係。由此可見，高階的需要也跟文化薰陶或教養有關，不盡然來自於本能。

此外，當馬斯洛說「畫家注定要畫畫，音樂家注定要譜曲」時，很容易讓人把「自我」理解為與生俱來的先天傾向，無法改變，就像一顆種子，「種瓜得瓜，種豆得豆」。這種接近基因決定論的觀點，嚴重偏離完整的事實。塞尚和梵谷都有強烈的繪畫衝動，吻合馬斯洛的理論；然而海森堡選擇物理而捨棄音樂，卻是時代因素使然。史懷哲是一個更有趣的例子，他很早就打算要在三十歲以後去非洲當傳教士，並且為此而取得神學博士學位和傳道的資格；他又刻意保持獨身，以便可以隨時成行。接近三十歲時，他打算用六個月的時間學習基本的護理知識，以利於在非洲生活。後來他又轉念想花兩年學習基本的醫療技能，以便在沒有醫療資源的情境下長期生活；最後，他瞭解到只花兩年時間學醫會遺漏太多必備的醫療知識，於是決定花六年時間完成醫學院七年的正規教育，在取得醫師執照後去非洲行醫，而傳教則退居次要工作。

人的適應性有可能比馬斯洛所預期的高，而科學家、藝術家、醫生或傳教士可能只是遷就個人擅長與現實條件的角色扮演，跟我們的人生意義、價值有關，然而並不相等。

事實上，馬斯洛晚年也懷疑起早期關於「自我實現」的想法。他在《人性所能達成的更高境地》裡說：「當一個徹底發展（且非常幸運）的人在最佳狀態下工作時，動機往往是超越自我的某些價值。」「如果你研究這些人，詢問激勵他們的動力，你會發現自己進入另外一個領域。」他把這個領域稱為「超人性的」或「自我超越」，因為當這些人處於巔峰經驗，或者被問到「什麼樣的獎賞時刻會讓你覺得自己的工作和人生是值得的」時，答案通常是超乎個人得失的精神性或情感性滿足。譬如，「真、善、美，諸如此類的。」因此，「自我認同（自我實現）這個目標似乎既是一個最終目標，卻又同時是個過渡性的目標，一個歷程中的儀式，沿著一條超越自我認同的路徑上邁出的一大步。這就像是說，它的功能是消除它自己。」（〈作為強烈自我認同經驗的巔峰經驗〉）。

不過傅柯很明確地反對「忠於自我」這個概念。他在晚年的訪談記錄裡說：「根據『自我並非給定的』這個觀念，我認為只有一個務實的推論『我們必須創造出自我，就像在創作一件藝術品。』」（〈關於倫理學的系譜學：概述進行中的作品〉）。

這些貌似牴觸的觀點背後，可能隱藏著一個共通的事實：人類社會有過許多種美好的情感、精神狀態與言行，能感受到它們的人往往會被吸引與激勵。然而每一個人的稟賦、成長過程與現實條件都不盡相同，必須根據自己的條件去詮釋這些價值，進而表現為具有個人特色的言行、思想與創作，如此才能獲得自我肯定與滿足。在這個個體化的認識、認同與詮釋的過程中，我們的情感、思想與言行能力也持續在擴張、深化，有如持續不斷的自我成長與演化——它既是一個創造自我的過程，同時也是一個奔赴某些超越個體性價值的過程。

地球只有一個，然而每個人所擁有的世界卻都不一樣——思想與情感所能及的世界

馬斯洛拿到博士學位後遇到兩位讓他景仰、儒慕的學者，因為想深入瞭解他們的人格特質，他開始研究「自我實現」這概念。後來陸陸續續研究愛因斯坦、史懷哲、梭羅等歷史人物，終於在《動機與人格》裡彙整出十五項自我實現的人格特質，包括比常人更能洞察事實，而不受成見、偏見與意識形態的影響；能如實地接受自己、他人和大自然，而不會有「壓倒性的罪惡感，癱瘓性的羞愧感，以及極端或嚴重的焦慮」；「行為上相對地較自發，而內在的生活、思想與動力則比行為更加自發」；以問題為中心而不以自我為中心，他們「有人生的使命，有任務要完成」，這些問題「消耗著他們大量的精力」；不只是生活在現實世界裡，同時也「活在存有的領域：詩的、美感的、象徵的、超越的、神秘的、個人的、不屬於宗教組織的『宗教』領域」，並且在其中體驗到強烈的情感或「巔峰經驗」。

卡爾．羅哲斯（Carl Rogers, 1902-1987）也提出「功能無礙的人」（fully functioning person），作為理想的人格特質與人生的追求目標。他說：「美好的人生是一個過程，而不是一個（靜止不變）的

狀態。它是一個方向，而不是一個目的地。」在朝這方向發展的過程中，「他一再領略到以前沒有能力覺察的各種感受和態度，他以往不曾擁有，不曾屬於他的一部分。」「他越來越能聽到自己內在的聲音，越來越能覺察自己內在的體驗和變化。他越來越能坦然接受自己的恐懼、挫折和痛苦。」他相信「下一刻我會怎樣，會做什麼，由下一刻決定，不是我個人或其他任何人可以事先預料的。」因而能坦然面對各種不確定性，積極活在當下而不憂慮未來。這些態度意味著「最大的調適能力，在經歷的過程中發現結構，持續處於流動與變化中的自我結構和人格。」（《成為一個人：一個治療者對心理治療的觀點》）。

馬斯洛和卡爾．羅哲斯的理想人格與人生目標，都暗合著尼采所揭櫫的自我超越與尊重生命意志：「人類之所以偉大，在於他是橋梁，而非目的。」「唯有愛可以賦予靈魂一種渴望，想要極力遠眺並竭盡全力尋找一個更高的自我，一個仍舊被隱匿著的自我。」「讓意志再度獲得自由，讓塵世的生命再度擁有目標（意義），讓人類再度擁有希望。」此外，在思想、情感與精神能力上持續成長，不斷自我超越，恰恰也是梭羅最核心的呼籲，「在你的內在世界裡扮演一個發現新大陸的哥倫布」。

事實上，一個人所擁有的世界，恰恰等於他思想上所能理解，或者情感、精神上可以起共鳴的一切事物的總和。有些人一輩子沒看過柏拉圖的書，在他們的世界裡，柏拉圖如同不曾存在；有的人從不在乎塞尚的畫，就算塞尚的畫全部被焚毀，對他們所擁有的世界不會有任何衝擊。此外，一個人能否以有益於自己和他人的方式跟外在世界互動，也往往取決他思想、情感與精神上的成熟度與深刻度。對人性一無所知的人，可能會以巨額的餽贈傷害受助者的尊嚴，或者強化他們的貪念、物欲與怠惰，甚至用愛心鋪滿通往地獄的道路。

因此，雖然自我成長與自我實現不等於生命意義與價值的完成，但卻是它們最關鍵的支柱，而且在自我探索過程中所體驗到的巔峰經驗，更往往是生命中最高的喜悅與滿足。

可惜的是，不管是忠於自我、不斷自我超越，或者是在有生之年持續不斷地提升自己思想、情感與精神的層次，都是極端艱難而稀有的。許多人從來未曾被啟發，因而一輩子被貪婪、虛榮的本能驅策，以聲色犬馬和功名利祿來取悅自己、肯定自己，結果所謂的「忠於自我」往往只是把社會的主流價值（成見）內化為自己的價值而不自知，而隱藏在「自發性動機」背後的往往是強烈的虛榮心。

即便是熱情激昂的文青，進入青壯年後也往往陷入不自覺的窠臼，日日重複自己既有的感受與覺察能力，僅只閱歷與專業的能力有所增長，卻難以開拓情感、思想與精神的廣度和深度，更遑論巔峰經驗或情感與精神上的昇華。之所以如此，根本難題是找不到進入心靈世界的門徑，找不到提升思想、情感與精神層次的法門，就像王陽明說的：「苦於眾說之紛撓疲薾，茫無可入。」一再挫折之後，熱情難以為繼，就很容易被好逸惡勞的本能所攫獲。

在五百年前的科舉時代裡，批判性思考與文學、藝術都不夠發達，找不到人文與心靈世界的門徑是很可理解的。然而在今天這個網路無遠弗屆的時代裡，宗教、哲學、文學與藝術的數位典藏極其富饒，質與量都遠超乎百年前所能想像，甚至還不乏高品質的二手論述，為何絕大多數文青還是跟五百年前的王陽明一樣，「苦於眾說之紛撓疲薾，茫無可入」？

最重要的關鍵是，今天的專業教育雖然遠較五百年前發達，然而與就業無關的人文教育鮮少進步，**絕大多數人提升思想、情感與精神能力的方法還是跟五百年前沒有太大的差別，因而無法從歐洲過去五百年來思想與藝術的發展、累積受惠**，甚至還一再重蹈早已有人清楚闡明過的陷阱，甚至連人文與藝術領域的專業工作者，也往往沒能逃出這些陷阱。

譬如，近代邏輯、數學的詭論與近代物理（相對論與量子力學）已經闡明人類不可能擁有真理，而且抽象思辨與直覺裡隱藏著許多「想當然爾」的謬誤，和純屬虛構的矛盾與對立。然而許多人還是企圖靠抽象思辨與「致良知」掌握普世法則或天理。休姆與維根斯坦的著作已經有力地闡述：抽象思辨的主要職能在於揭露思考的盲點，避免盲目的衝動，而無助於提升情感與精神上的感受能力，無助於啟迪本能欲望之外的可欲和滿足；而赫爾德、歌德與尼采所開啟的德國浪漫主義文學與思想則清楚揭示：在本能欲望之外，人類另有一個更高層次的情感與精神世界，它並非抽象思辨所能觸及，唯有透過詩歌、文學、藝術與相關的歷史才能進入那個世界。然而至今所謂的倫理學、價值哲學或關於人生意義的探討，還是以概念分析和抽象思辨為主，而鮮少深入探索人性的事實，並且嚴重欠缺精神與情感的高度、深刻度、敏銳度。許多學者依舊像歌德筆下的浮士德，誤以為皓首窮經與抽象思考可以洞燭生命的真諦，而不需要透過文學與藝術去探索人類情感與精神的未知領域。

其次，中國傳統的文學與思想固有其特色，尤其容易吸引華文地區的文青，然而終究囿於言簡意賅，參證困難，甚至很容易被用來鞏固個人的偏見，或想當然爾的妄想。對比之下，歐洲過去數百年來文學、藝術與思想上不只是有長足的發展，且在文字上的鋪陳遠比中國的傳統經典詳盡、細膩，如果能兩相參照，絕對比自囿於傳統經典更能有助於個人成長。

譬如，純粹只從中國思想史的脈絡看，朱熹對儒學經典的梳理以及在理論體系上的強化確實貢獻卓著，而他的格物之說也比法蘭西斯．培根的《新工具》早四、五百年。然而「格物」之說在中國始終只是扼要簡略的概念，不但沒有發展成近代意義下的嚴謹實證科學，也沒有警覺到實證科學也有其盲點與隱藏的陷阱。黃仁宇因而說：「理學家或道學家所談及的很多事物，只能美術化的彼此印證，不能用數目字證明。」「其結果則有如李約瑟所說，朱熹在沒有產生一個牛頓型的宇宙觀之前，先已產生了一個愛因斯坦型的宇宙觀。」

另一方面，瑞士當代學者耿寧（Iso Kern, 1937-）說王陽明的致良知與現象學有許多可以相互發明之處。然而王陽明的學說言簡意賅，雖有以治朱學破碎之弊，卻也因而容易被曲解誤會。結果王陽明死後，門人立即陷入門派之爭，到了晚明甚至淪為「禪不成禪，而儒亦不成儒」的「無忌憚之儒」或「狂禪」。對比之下，胡塞爾的現象學不僅汲取了現代數學的精華，以及笛卡兒和康德的先驗分析，同時深知實證科學之蔽，還見證了十九世紀與兩次世界大戰中各種思想與價值崩解的危機，其思想之深刻、細膩與完整，當然遠逾五百年前的陽明學。此外，現象學歷經海德格、梅洛龐蒂等人的進一步發展，又吸納了十九世紀以來文學與藝術的精粹，因而對今人可以有的啟發，更非明清或當代陽明學所能比擬。

另類的凝視與觀看——從現象學到歷史

胡塞爾原本是在兩位現代數學大師的指導下攻讀數學博士，然而非歐幾何與集合論中各種詭論的相繼出現，徹底動搖了數學界既往的信心，同時也引起激烈的爭論——包括數學的基礎是邏輯或直覺，幾何學的直觀是否可靠，以及可不可以在數學裡引入無窮數與無窮集合。這些爭論還波及更廣的領域，包括是否可能有客觀知識，是否可能有先驗知識等。有些人甚至極端到否定一切跟實證科學無關的人類知識，典型的代表就是邏輯實證論，他們要求哲學界仿照實證科學，對於無法在經驗上加以檢證的命題一概保持緘默。

在《現象學與哲學的危機》裡，胡塞爾把未經徹底批判與反思的素樸實證主義稱為「自然主義」，並且對它的普遍流行表達了深刻的憂慮，「有一種普遍的潮流，把實證科學視為唯一的嚴格科學，並且把科學化的哲學視為以此為基礎的唯一科學。」他更憂心的是，把實證科學的方法直接拿來研究人的內心世界，而無視於實證科學一個根本的疑點：「一切自然科學的出發點都太天真。

它們以為大自然單單純純地在那裡等待著被研究。」

就像笛卡兒說的，出現在我們意識中的現象有可能是夢境或錯覺，也可能夾雜著各種不自覺的成見、臆測與武斷的推論，不必然都是事實。因此，胡塞爾主張我們必須先徹底分析人類意識的內涵與結構，釐清意識、先驗的直觀與先驗法則，以及經驗知識的形成過程，藉以建立起客觀知識與偽知識的判準和方法論基礎，這才是一切經驗科學確鑿不移的哲學基礎。也唯有這樣的現象學分析，才能使哲學成為「嚴格的科學」。

為了達成這目標，他仿照笛卡兒的《沉思錄》，暫時擱置一切的判斷，對出現在意識中的一切現象都予以「存而不論」（epochē），藉此隔離一切不自覺的成見、臆測與推論，並且避免把意識中的現象不加分辨地視同「事實」或「真理」。接著，把關注的焦點從外在世界轉回到意識本身，進行意識結構的分析，或所謂的現象學還原（Phenomenological reduction）。

以數學為例，如果我們先存而不論，再有技巧地變化意識的內容（譬如，想像各種三角形，或者想像各種數的加成），在其中尋找具有普遍性的意識結構，就會發現諸如「過線外一點，有且只有一條平行線」和「2+2=4」的直觀洞見；它們既非從經驗中歸納出來的，也不是邏輯演繹出來的，而是先於經驗與邏輯演繹，卻又是使經驗知識成為可能的先決要件。胡塞爾稱它們為「本質直觀」（eidetic intuition），它們就是客觀知識的基礎。

類似地，在《歐洲科學與超驗現象學的危機》這本未完成的遺作裡，胡塞爾把一切有關人類心智的研究統稱為「心理學」，並且指出我們必須先對一切跟人類心智有關的現象進行現象學的還原，從相關的本質直觀建立起與人類心智現象有關的超驗哲學，作為一切實證心理學的先驗基礎，之後才可以在這基礎上發展出確切可靠的實證心理學。他說：「純粹的心理學本身就等於是超驗哲學，就是超驗主體性的科學。」在進行純粹心理學的現象學還原時，「我是個超驗現象學家或者純粹現象學家，我毫無例外地處於超驗的自我意識之中，而且我作為超驗的自我，毫無例外地是我自己的主體質料。」「這裡頭完全沒有嚴格意義的客體性，在這裡，客體性、物體、世界，和世界的科學（包括所有實證的科學和哲學）都只是我這個超驗自我的現象。」等到有關人類心智的超驗哲學完成之後，真正可信的實證心理學「必須在它的一切實際心理學知識裡求助於超驗哲學，藉由它的先驗性結構概念來進行實證的研究，而超驗哲學則扮演著先驗科學的角色。」

他同時在前述遺作中提出現象學的最終願景：透過現象學的超驗還原，生活世界被還原成「超驗現象的世界」，能思的我被還原成超驗的主體性，並且被包含在前者之中，既是能思的主體又同時是所思的客體。在這個還原的過程中，現象學家「絲毫不曾減損他自己與外在世界的存有，它們的客觀事實，他的**世界．人生**中一切的精神性所有，以及整體歷史性共同生命的精神性所有。他單純地就是不允許有這種減損。」而且超驗現象的世界和它所包含的超驗主體性都是「自明的，不是被發明或神秘地被建構的。」而主體性則「在其超驗的自覺生活中，以獨特的方式展延成隱形的底層土壤，使得這個世界還原出它的本體意涵。」

理論上，「超驗哲學的成功最終仰賴著自省的極致清晰度」，而且這種超驗還原的過程永無終止。可惜的是，這兩個條件都不是人類的有限性所能達成的。因此，在實際的人生裡，我們必須一邊進行現象學的還原，一邊懷著高度的自覺去生活（去愛、去抉擇、去行動），盡可能「把自己從不自覺的幼稚、輕信中解放出來」，「確知自己會犯錯，同時知道這些知識可以被改善。」（《歐洲科學與超驗現象學的危機》）。

梅洛龐蒂的現象學深受海德格存在哲學的影響，他在《知覺現象學》序言裡強調：「現象學的還原程序絕非一種觀念論的哲學，它屬於存在主義。」「現象學是關於本質的研究」，「然而它也同時將本質放回到存在」。此外，他特別強調人跟世界的互動，「我們跟這世界的關係，是超驗還原的驅動力量。」「世界並非我思考的對象，我在其中生活並經歷各種體驗。我向這個世界開放，我不懷疑自己跟它之間存在著某種溝通，然而我不曾完整地擁有它；它是無法窮盡的。」「這個世界是我的思想以及我一切明確知覺的天然場景和領域。」「人存在於世界之中，並且唯有在世界之中他才能認識自己。」他並且引述康德在《純粹理性批判》的論證來支持自己的觀點：「如果沒有外在的知覺就不可能有內在的知覺」，「透過這個世界的連續現象我才能夠作為意識而存在。」因此，他把現象學的焦點從意識的結構分析轉到人跟世界的互動，以及相關的知覺分析。

此外，梅洛龐蒂認為文學家與藝術家對心靈世界的探索有其獨到之處，其深刻度與重要性絕不下於現象學家。他在《知覺現象學》的序言裡說：「現象學跟巴爾扎克、普魯斯特、瓦樂希

（Paul Valéry）、塞尚的作品一樣費盡苦心——透過同樣的專注與渴求瞭解，需要相同程度的自覺，以及從世界和歷史的始生狀態掌握其意義的意願（意志）。」在〈眼睛與心靈〉裡，他更進一步說：「藝術，尤其是繪畫，它從這個未經處理的原生構造中汲取意義，那些操作主義者寧可忽略的意義。藝術，且唯有藝術，可以徹底純真地從事這樣的工作。恰成對比的是，我們只想從作家和哲學家那裡得到想法和建議。我們不允許他們（作家和哲學家）對世界存而不論，我們要求他們採取立場。（然而）人類一開口說話就無法擺脫分辨是非與優劣的責任。」

塞尚的畫作尤其吸引他的關注，他在〈塞尚的疑惑〉裡特別指出：「我們生活在人造的物品之間，被工具、房屋、街道環繞，而大部分的時候我們僅只透過人類利用它們的方式來看待它們。我們逐漸習慣於認為這一切的存在都是必然且不可動搖的。塞尚的畫作中止了我們這些思考習慣，並且揭露了人類用以安置自己的，不屬於人類的基礎。」「僅只描繪一條（物體的）輪廓會犧牲掉深度——也就是那個向度，於其中事物向我們呈展有如充滿內在性而無窮無盡的實體，而不是只有鋪展開來的表層。」在塞尚的作品裡，「物體不再被光線的反射所遮蔽，也不會消失於它跟周圍空氣、物體的關係當中。它似乎是精微地從內在照亮，光線從內部發散出來，其結果是一種堅固和物質性實體的印象。」（《理解與非理解》）。無怪乎梅洛龐蒂為塞尚的作品著迷，一再從中汲取現象學的靈感，並且在〈眼睛與心靈〉裡說：「塞尚在尋找的是存有的爆炸性燃燒。」尤其是在塞尚一系列的〈聖維克多山〉（Mont Sainte-Victoire）寫生裡，兼容著「本質與存在、想像與真實、可見與不可見——繪畫跨越我們一切的範疇，把它那肉體的本質所構成的夢想宇宙，具象化的潛能，以及沉默的意義給鋪展在我們的眼前。」不只塞尚的作品如此，許多現代繪畫都讓我們體認到：「凡俗肉眼認定為看不見的，被它賦予可視的存在；因為它，我們不需仰賴『強大的感受』就可以擁有這個世界的龐大量體。」

不只塞尚的作品如此，印象派以後的許多畫家都已經不是傳統畫工、畫匠所能比擬。他們有強烈的獨立自主性，不再滿足於「寫真」的技術性目標或取悅貴族的膚淺之「美」。他們把繪畫當作個人一生的志業，追問繪畫的終極意義和價值，以及視覺藝術的各種可能表現，想要透過藝術創作來滿足他們情感與精神上的渴望，以及藉此體現生命的意義與價值。

同樣的，十九世紀以後的文學也有了深刻的發展，不但能曲盡人性的幽微，而且不乏莊嚴、崇高的情懷，早已不是十七、十八世紀文人的雕鑿藻飾所能比擬。尤其是文學家而兼具哲學、宗教素養者，或者畫家而兼具文學、哲學素養者，乃至於科學家而兼哲學、文學涵養者，所在多有，使得他們個人的心靈深度與廣度遠非五百年前所能想像，更遠非兩千五百年前的亞里斯多德所能想像。

文字概念之前的世界，超越思辨的美學——文學與藝術的獨特價值

自從柏拉圖以來，哲學總自以為是一切真理的源頭，和一切價值的最高指導者。牛頓力學與

孟克，〈吶喊〉

保羅．克利，〈魚的魔術〉

起以後，自然科學變成物質世界的最高代言人。然而當文學與藝術在十九世紀徹底獲得解放之後，文學與藝術的世界在人性視野的廣度、情感的深度與精神的高度上都遠遠超越了哲學家所能想像，成為自己的最高指導者，再也不受哲學界的「美學」所支配。

譬如，孟克（Edvard Munch）的名作〈吶喊〉，呈現的是內心極度緊繃的焦慮，以及瀕於失控卻喊不出聲音的尖銳精神壓力。再如保羅．克利（Paul Klee, 1879-1940）的作品〈魚的魔術〉，花卉和魚的造型，以及整張畫的布局充滿童趣；然而在略帶墨綠色調的黝暗背景襯托下，又充滿神秘的氣氛；此外畫面中央以纖細線條勾勒的幾何形物件像是當代的抽象符號，又像是遠古文明的象形文字或神秘符號，使得整體畫面交雜著童真的趣味，遠古的傳奇色彩，以及原始與當代的複雜交錯——這已經遠離任何涵義下的「美」，而是在潛意識中探索童真夢想與成人英雄傳奇背後共通的情感（嚮往與憧憬），以及當代與遠古文明交會處的神秘感情。

這些作品所呈現的情感內涵和人性的底蘊，已經不是亞里斯多德、康德或黑格爾所能想像，當然也不是他們的美學所能涵蓋；這些畫作中的情感與精神高度直追經典的文學作品，卻有著文學作品所難以取代的特質，可以引導我們去窺探文字所難以觸及的心靈世界。

事實上，我們的抽象思辨與日常生活的語言裡經常浸染著各種虛構的矛盾、難以跨越、融通的範疇概念，在我們思想、情感與精神上任意地碎裂、支解它們的整體性與活潑性，並且往往被庸俗的成見混淆以致雅俗難辨。這些特性都局限了抽象思辨與日常語言所能及的領域，甚至使它們不利於深入和表達超越日常生活層次的感受。

相對於文字概念的這些特性，繪畫的語言直接訴諸我們文字概念前的直觀感受，不需透過文字的仲介，也不受文字概念的扭曲、支裂或化約，因而往往更能穿透語言的困境，傳達「言語道斷」、「如人飲水，冷暖自知，不可向人說」的精神、情感狀態。我們甚至可以說，傑出的畫作往往就是因為它可以把「難以言傳」的感受呈現得極其鮮明且細緻，譬如，很多人著魔般地被奧賽美術館裡那張梵谷一八八九年的〈自畫像〉所吸引，卻又充滿困惑說不出心裡複雜的感受，有些人因而自以為「不懂」這一張畫。其實真正的原因在於這一張畫所傳達的精神、情感遠遠超越我們的日常生活經驗，也遠遠超越日常語言所能描述。

此外，音樂帶給人的感受也是徹底直觀的，甚至比繪畫更難以形容，也更難以附會，因而經常被認為「抽象」。其實，「抽象」是文字概念專屬的特質，它從我們的意識內容萃取出某些人為的概念或直觀，也同時使我們的感受變得稀薄，乃至於貧瘠、蒼白。然而在音樂裡，我們經常可以感受到難以言喻，卻又同時強烈、複雜且細膩的感受，甚至原本認定不可能並存的矛盾感受。譬如，在我們的概念裡，感傷、喜悅、痛苦、寧靜與感恩是四種彼此沒有交集、不可能並存的範疇。然而在貝多芬晚期的《第十五號弦樂四重奏》裡，這四種情懷卻在第三樂章裡緊密交錯，而在許多樂段裡同時並存，因而營造出極其多變而難以形容的複雜感受，卻又同時讓人鮮明地感受到貝多芬晚年克服耳聾後的心境。

貝多芬在三十二歲那年寫下遺書時，可能已經有百分之六十的聲音聽不到了；四十八歲以後就完全聽不到，只能透過紙筆跟人溝通。然而他卻靠著堅強的意志，以及對於樂曲、樂器特性的記憶，創作出不巧的第九號交響樂《合唱》，並且在五十四歲那年首演。之後他的身體狀況日益惡化，在失聰之後又罹患眼疾和腸胃病，五十五歲那年一度大病而自以為必死。後來他幸運地逐漸康復，並且完成病前開始創作的一首 A 小調弦樂四重奏，其中最讓人印象深刻的第三樂章標示著「痊癒中的病人獻給上帝的感恩聖歌」。從第三樂章所呈現的精神與情感內涵來看，所謂的疾病與痊癒三分是生理性的，七分是精神性的——貝多芬已經克服一切生理上的折磨和打擊，從痛苦與絕望的深淵裡重新站起來，相信自己可以仰賴日益成熟的內在情感與精神，而在完全失聰的情況下創作出比往昔更具深刻度、更原創、更莊嚴神聖的音樂。或者說，他生理上的殘缺絲毫阻擋不了他情感與精神生命的日益壯大、昇華。

在這種複雜的生理、精神與情感背景下，第三樂章用非常緩慢的慢板開場，在F調聖詠曲的旋律下傾訴沉重而陰鬱的心情，然後在近乎祈禱的心情裡逐漸獲得一種支撐的力量，而淡化了痛苦與陰鬱的成分，甚至逐漸顯示一種內斂而堅決的力量；在將滿四分鐘的時候，F調聖詠曲的旋律被較輕快的D大調行板旋律所取代，樂譜上寫著「感受到新的力量」，細膩優雅而愉悅的旋律不時從強音的合聲裡獲得支撐的力量，然後在時而憂傷、時而祝禱的短暫插曲中反覆變奏，並且在重複變奏中凝聚出越來越堅強的精神能量。過了約莫兩分鐘之後，旋律重回F調聖詠曲，然後再由D大調行板旋律接續，最後回到F調聖詠曲裡直到結束，而形成ABABA的曲式結構。兩次重回F調聖詠曲時，痛苦與沉鬱的心情逐漸淡去，在淡淡的憂傷裡有著堅決而祥和的力量，有如被D大調行板旋律的力量所滲透一般。在第三樂章即將結束時，F調聖詠曲裡的凝重與陰鬱變得越來越寧靜、堅決有力而莊嚴，憂傷的心情也淡到不易察覺，最終在平靜的心情裡音量越來越小，而結束於無言的餘韻。

我們可以用「百感交集」來形容這個樂章，但是該樂章裡所呈現的精神與情感之豐富、深刻、崇高卻遠非這四個字所能道盡，甚至恐怕連千言萬語都訴說不盡這個樂章內的情感。如果不去用心聆聽這音樂，僅僅只憑「百感交集」這四個字去揣摩，恐怕只會有空洞、蒼白、貧乏的想像。

至於說貝多芬在三十二歲那年寫完遺書後為何沒有自殺，最佳的答案恐怕就是第十五號弦樂四重奏和第九號交響樂《合唱》——唯有見證過這些音樂在精神和情感上的豐盈、深刻、偉大，你才能想像貝多芬的內在精神世界有多麼可貴，以及他為何必須把這些罕見的情感與精神都譜成曲才甘心——如同一樁無人可以替代的使命。而這樣深刻、偉大的情懷，既非康德與黑格爾所能想像，也不是胡塞爾所能想像。

結語：欲望的美學與自我的美學

胡塞爾的現象學從傳統哲學的概念分析與思辨，回到意識的結構分析與直觀，理論上有機會完整保留思想、情感與精神上的潛在可能性，也避免受習慣、成見和意識形態的箝制或扭曲。實際上，胡塞爾的最終理想比較像是一種人類不可能實現的憧憬。對比之下，傑出的文學家和藝術家各有其關於人性、人類情感與精神上的獨特洞見，並非現象學所能徹底取代的。

十九世紀以來，現象學、存在哲學、文學與繪畫、音樂所呈展的人類思想、情感、精神空間之遼闊、淵深，乃至於莊嚴、崇高，絕非任何人一輩子所能窮盡。任何人只要願意從這些龐大的精神遺產中汲取養分，他的潛在成長空間絕非有生之年可以窮盡的。因此，與其奢談「自我實現」，不如具體談如何從歷史汲取養分來維持不斷的自我超越與成長。

即便只聚焦在最精粹的哲學、文學與藝術作品，從中窺探兩百年來人類思想、情感、精神的巔峰經驗，都有可能讓我們感受到人性的尊嚴，與莊嚴、崇高、神聖的情感，並且因而領略（肯定）生命的意義與價值。這種讓人感動、昇華的精神、情感經驗，才能真的讓人突破本能欲望的囿限，在潛移默化中讓他產出自發的價值序列與抉擇。這樣的精神、情感經驗，才是一切價值抉擇（含美學與道德）的真正基礎，以及自我實現和自我美學的基礎。

「孔子登東山而小魯，登泰山而小天下。」一個人的眼界變寬了，他的價值抉擇自然會改變。徐霞客說：「登黃山，天下無山，觀止矣！」後人引申為「五嶽歸來不看山，黃山歸來不看岳。」只要能感受到比本能欲望更吸引人的可欲和滿足，自然就不被本能欲望所左右。因此，真正的價值抉擇應該以個人生命體驗的開拓（深化、昇華）為基礎，而不是由一個知性的天才為眾生製作出普世適用的道德法則——傳統思辨哲學的這種高傲態度，毋寧是對於蘇格拉底名言「我一無所知」的挑釁，以及對於他人生命意志的蔑視。

同樣，「美學」原本應該是研究一切「美好的感受」（「美感經驗」），尤其是最值得人珍惜的情感、精神或生命體驗（譬如馬斯洛的「巔峰經驗」），而不該自限於日常經驗的、外表的、膚淺的「美」。而且，這些值得珍惜（令人嚮往）的生命體驗必須是人類實際上曾經有過的真實經驗，或者至少把想像與事實清楚地區隔開來，以免誤導人以不可能的空想（海市蜃樓）去否定值得珍惜而實際上可得的生命體驗。

可惜的是，康德一輩子未曾離開過科尼斯堡，對音樂和繪畫的認識有限，更難以想像當代文學、音樂與繪畫如何呈現人性與生命的深層事實，以及深刻、細膩、崇高的情感；而華茲華斯的崇高之美更超乎他的生命經驗和想像，因此他對「崇高之美」的理解集中在「令人畏懼」的力量。無怪乎他認為文學或藝術的價值僅止於把不容易被感受的理念變成容易被感受。而音樂無助於傳遞理念，因此價值最低；黑格爾雖然曾接觸過較多樣的文學、繪畫和音樂，然而他堅持藝術的最終目的與價值都是為了體現理性的絕對精神。而絕對精神的徹底解放體現在人類的哲學思維中，因此他認定藝術的最高表現是古希臘雕刻中的神祇與英雄，他們是一切藝術表現中最接近人類理性精神的視覺化。

這種美學理論的情感與人性基礎既貧乏、薄弱而藝術的視野又極其狹隘，基本上是在為預設的意識形態（理性至上）服務，而自絕於深層、崇高的情感經驗與人性事實。無怪乎精通音樂、文學與存在主義哲學的當代美學家阿多諾（Theodor W. Adorno, 1903-1969）在他的《美學理論》裡譏刺黑格爾和康德：「有能力寫下重要的美學著作，卻對藝術一無所知。」

哲學史的研究者往往認為赫爾德對黑格爾有廣泛而深刻的影響，然而赫爾德在《人類教育的另一種歷史哲學》裡一再告誡讀者：每一個時代、每一個文化都有它自己獨特的內在精神和價值，不可以掉入思辨哲學的陷阱而忽視不同文化間內在精神的差異，更不可以用單一的價值體系去衡量不同的文化，虛構出「歷史進步論」的假象。偏偏直線進化的歷史觀恰恰是黑格爾歷史哲學的核心。

光憑這一個例子，就足以彰顯從歷史取法有多困難。下一章讓我們來談談這個難題的成因，以及如何突破或緩解。

18

人性的舞台，心靈的視窗——歷史裡的人文瞭望

認識自己意味著知道你能做什麼；但是我們必須先試過才會知道自己能做什麼，因而關於人類可以做什麼的唯一線索就是他已完成的。緣此，歷史的價值就在於告訴我們人類已完成的，從而告訴我們人是什麼。

——柯靈烏（R. G. Collingwood, 1889-1943）

歷史是在詮釋過去對我們所具有的意義。

——赫伊津哈（Johan Huizinga, 1872-1945）

要成為外在的、肉眼可見的世界的優秀史家，一個人必須同時考慮到常人看不見的、私下的人生；另一方面，要成為這種內在生命的優秀史家，一個人必須同時考慮到相關的外在事件。這是兩個種類的事實，彼此相互映照，它們始終彼此相連，它們不時地激發另一者。

——雨果

歷史不是記憶的負擔，而是心靈世界的照明。

——阿克頓勳爵（Lord Acton, 1834-1902）

若不知道過去已發生的事，就會始終是孩童。若不能利用既往時代努力的成果，這個世界將永遠停留在知識的嬰兒期。

——西塞羅（Marcus T. Cicero, BC106-BC43）

歷史有很多不同的層面，使得每一個探索歷史的人都像是在瞎子摸象，甚至自己前後矛盾。金恩博士為有色人種爭得平等地位，改變美國人權史，然而他卻曾說過：「我們不曾創造歷史，我們是歷史的產物。」率先探討「崇高之美」的思想家艾德蒙．伯克曾說：「不知道歷史的人注定要重蹈覆轍。」帶領英國打贏二戰的邱吉爾酷愛閱讀史書，他說：「你能看見的過去越悠久，你能看到的未來很可能就會越遙遠。」然而《美麗新世界》的作者赫胥黎卻說：「人類鮮少從歷史學到教訓，這是我們從歷史所能學到的首要教訓。」

連黑格爾都在《歷史哲學》的序言裡說：「然而經驗和歷史告訴我們的是這個——人民和政府都不曾從歷史學到任何事，或者根據歷史推斷出來的法則行事。每一個時代都牽涉到如此獨特的客觀環境，其中事物所具有的條件展現出如此嚴格的特殊性，因而它的作為必須根據與它相關的，且僅限於與它相關的考量來調整。」「回到過去的類似情境是沒有用的。」「在法國革命期間一再重複地以希臘和羅馬的例子為訴求，再也沒有比這更膚淺的了。那些國家的天才跟我們這個時代的天才差異如此懸殊，根本就無可比擬。」

假如連外在事件的規律都很難以史為鑑，想要從歷史汲取心靈的養分，促成思想、情感與精神的成長、突破或昇華，會不會是更加緣木求魚？

然而科學史卻讓我們清楚看到歷史的重要性。牛頓說：「假如我看得比別人更遠，那是因為我站在巨人的肩膀上。」這是事實，而非謙詞。比他早生七十八年的伽利略完成自由落體運動的實驗和運動定律；比他早生七十一年的克卜勒則完成了行星運動的軌道定律；只要用牛頓發明的微積分對前面兩個運動定律加以微分，就會得到牛頓力學核心的運動方程式「力量等於質量乘以加速度」。假如沒有伽利略與克卜勒的研究成果，完全只靠牛頓個人的天分，恐怕他一輩子也不可能完成三大運動定律。

這個故事告訴我們：如果每一代人都只能靠自己的智慧去解決問題，人類恐怕至今仍舊停留在石器時代或陶器時代——除非人類可以每一代都遠比前一代聰明。

然而這個觀察也同時引進一個撲朔迷離的重要問題：科學的知識與智慧可以跨時代、跨文化、跨種族地溝通與累積，為何人文與藝術卻似乎不是這樣？事實會不會是，人文與藝術也有跨時代累積的特質，但是只有少數人能從歷史與前人受惠？

科學與人文到底有沒有根本的不同處？它們各自究竟藏著什麼樣的訣竅？讓我們從六十年前劍橋一場著名的演講和它所激發的爭論談起。

以一御萬與以偏概全——質性的分辨與科學的化約主義

劍橋大學在一九五九年邀請著名小說家史諾（Charles P. Snow）返回母校演講，以「兩種文化」為題，談人文學界與科學界的對立和彼此歧視；該演講稿出版為《兩種文化與科學革命》一書，結果引發歐洲各國精英有關「兩種文化的戰爭」的激烈爭辯，至今不衰。

史諾曾在劍橋取得物理學博士，不過他的小說寫作似乎更出色，他曾獲得英國著名的詹姆斯・泰特・布萊克紀念獎，而該獎的得獎者中有四位後來獲得諾貝爾文學獎。因此，史諾以兼擅物理的小說家自許，指出人文社群與科學社群長久以來的隔閡造成雙方許多的誤解、不信任，乃至於對立，並且建議在基礎教育中增加科學的份量，以促進對科學的理解。

然而許多人文學者都聽得出來，史諾的演講對科技與物質文明的重要性過分強調，而嚴重漠視人類可能會為之付出的代價。同時他對「文化」一詞的理解又太膚淺，根本沒有掌握到人文精神的核心價值與獨特性。尤其是他把熱力學第二定律的重要性跟莎士比亞相比擬，更是讓任教於劍橋大學的文學評論家法蘭克・李維斯（Frank R. Leavis, 1895-1978）勃然大怒。

法蘭克・李維斯是文學批評理論中「新評論」（New Criticism）學派的代表人，他在一九六二年的演講裡厲詞駁斥史諾。他說，熱力學的重要性僅限於那些工作上用得著它的人，跟絕大多數人的生活無關，也跟人生的意義無關；而莎士比亞的著作是在探討人生的終極意義和核心價值，以及人類精神上的處境（困境），它攸關「人之所以為人」，以及「我應為何而活，為何而死」的根本問題，如果不先回答這些問題，人類的心靈將無法獲得安頓；如果不先釐清這些問題，我們將無法確定物質生活的改善是否有意義，以及它的代價會不會高到得不償失；因此，熱力學第二定律跟莎士比亞是無法完全比擬的。

李維斯更深的焦慮是，許多人誤把通俗文化（譬如以消遣為主的小說）跟嚴肅的人文、藝術混為一談，誤把物質文明跟精神文明等量齊觀——前者旨在放鬆神經、打發時間，沒有嚴肅的精神意涵也無助於心靈的成長；後者旨在釐清人生的終極意義跟價值，甚至創造、增益生命的價值。李維斯一再表示他尊重科學家，肯定科技的價值，也不反對以消遣、娛樂為主的通俗文化。但是他堅持反對**不分精麤**地把科技、通俗文化，以及嚴肅的人文與藝術混為一談，以及盲目發展科技而不願意去理解它的代價。這些混淆將會把人性的尊嚴與生命的價值貶抑為消遣和娛樂，甚至更進一步地把人性的尊嚴與生命的價值貶抑為純物質的，僅僅只是為了「更健康（無病痛），更長壽，更多的休閒娛樂，更好的物質享受」。

緣此，李維斯堅持「文學必須要有深刻、嚴肅的人性關懷」。然而史諾的小說只是膚淺地刻劃學術社群的生態和行為模式，欠缺對人性與生命的深刻關懷，因此李維斯質疑他根本不懂文學的核心價值。

然而詹姆斯・泰特・布萊克紀念獎的遴選委員都是英國文學系的教授，他們對史諾的評價卻跟李維斯差異如此懸殊，此外英國文壇也曾對華茲華斯有過各種惡評。這些事實是否意味著人文領域的見解與評價非常主觀，對於不同的人很難有嚴肅的參考價值，因而也不值得我們費心去追溯人文的歷史，或妄想從中汲取思想、情感與精神上的養分？

上述的懷疑在社會上相當普遍，甚至讓許多人文領域的學者也汲汲於建立個別學門的「客觀基礎」，而沒有去深思所謂的「客觀」跟人文、藝術領域的核心價值能否共容。

然而若深入分析，就會發現自然科學之所以能跨時代、文化、種族地溝通和累積，根本原因在於它的每一個術語都只有一種涵義（同名同指），不同的人理解上不會有歧異，因而便於溝通和累積。然而人文領域的術語和它的涵義卻會隨個人的理解而變化（同名異指），甚至差異懸殊。因此不利於溝通，更遑論跨時代、文化、種族的溝通和累積。

有些人以為自然科學的前述特徵得利於它給予每一個術語精確的定義，甚至是與儀器結合的操作性定義。因此人文領域也開始流行起各種操作性定義的術語。然而這是皮毛之見，完全沒看到自然科學為了達成「同名同指」所付出的代價。

「同名同指」的前提，是將語言所要表述的內涵局限於任何人都能感受到的事物，並且摒除一切需要細膩、敏銳地感受才能覺察的內涵。以一盆插花為例，花材的選擇、剪裁、布局、花器，乃至於打光（照明）與背景都會影響到它給人的感受。然而物理與數學只在乎可以透過儀器測量的量（花數、質量、體積、顏色等）；生物學家可能會在乎花材的品種，至於一盆花的姿態是蕪雜凌亂，或者高雅而韻味悠長，則不是他們所關心的。

也就是說，「同名同指」的前提是泯滅質性的差異，然而人文與藝術的核心價值卻恰恰是要突顯質性的差異——當李維斯批判史諾的小說時，他計較的就是小說內涵的質性差異。因此，表面上看來，人文與藝術領域似乎可以經由操作性定義來統一術語的理解（內涵），實際上在統一術語的解釋時也必然會伴隨著泯滅一切質性的差異，也就是說，必然要犧牲人文與藝術的核心價值。更不幸的是，通常所謂的「客觀」就意味著所有人（至少是所有專家）的意見一致，而「主觀」則意味著意見的分歧，結果「客觀」往往是以泯滅個人的差異為前提，而且，人類最極致的精神與情感（巔峰經驗）往往也是最先被割除的。

緣此，我們必須清楚認識到自然科學可以捨棄一切儀器無法量度的質性差異，來建立起共識。然而質感的分辨乃是詩、文學、繪畫與音樂的核心，以及一切價值判斷與品味的基礎。如果拋棄質感的分辨，或者捨棄一切可能導致意見分歧的質性內涵，人文與藝術將會失去它們最稀有（也最珍貴）的內涵而徹底庸俗化，只剩下「不學而能」的欲望或膚淺情緒，完全與個人後天的教養與發展無關，也完全斷絕了情感與精神昇華的管道。

不幸的是，啟蒙運動以來的社會主流價值恰恰是在遷就「客觀精神」，也因而越來越雅俗不分與庸俗化。有鑑於此，赫爾德一再抨擊啟蒙運動的理性主義太耽溺於貧乏、抽象的概念世界裡，甚至誤把抽象概念當成比真實世界更真實、更精粹，因而導致人類精神與情感的空洞化。然而聽懂這些呼籲的人在德國不見得是多數，在英、美更是少數。

歷史的中生命意志、精神與情感——另外一種文化史

赫爾德說《人類教育的另一種歷史哲學》既是他的歷史哲學濃縮版，同時也是一本宣傳小冊。他要宣揚的是跟人性、大自然、情感緊密連結的人文精神，是多元體系下每一個民族、文化的獨特價值。而他所要對抗的，是以伏爾泰與法國啟蒙思想為代表的理性主義、普世價值和進步思想，以及單一觀點、單一體系的抽象價值。

他認定每個文化都必須從民族的特性（母語）與自然環境汲取精神與情感上的養分，並表現出它獨有的精神與文化。如果從外部硬生生移植跟她沒有情感連帶的、抽象的普世價值，就會淪為蒼白失血、精神上空洞的文明。因此，他說教育的永恆基礎是「智慧而非科學、信仰而非智慧，以及對於雙親、配偶、子女的愛，而非風趣的對話與奢侈糜爛的生活」。

譬如，最早為人類留下歷史與文化遺跡的遊牧民族，他們就是按照神話與先民的啟發，在族長的引領下滿足本然的需要，以及歡樂的時刻。在這個歷史的嬰兒期，人類就是大自然的一部分——他的情感、思想與行為都源自本性與生命意志，且充分融入周圍的自然環境。「在這個族長的世界裡，一切的行為準則都是根據天性，毫不勉強地形成的：他沒有固定的生活目標，沒有想過要有片刻的舒適或奮勉。」「這種民族性的形成條件是根據最簡單、最需要、最快樂的本性！」這

些特質是「最強韌，永恆而近乎神聖的特質」，同時也是後來人類一切精神文明的礎石與種子。在他們純真的心靈裡，一切都被加上「神聖的威權」的封印，「族長根據信仰、正義、秩序和快樂來治理。」「人類的精神獲得了智慧與美德的初始形式：簡樸、強勁、威嚴。」表面上這是威權社會，實際上每一個人都被親族情感聯繫在一起，也都僅僅只是「男人、女人、父親、母親、兒子、後裔、神祇的祭司、家中的主人和統治者。」然而當啟蒙時期的哲人用抽象的思維去評價他們時，根本感受不到自己內心的悸動與遠古的深情，「我們如此欠缺理解他們的能力，再也無法感受他們，更別說是從中感到喜悅——我們嘲弄、否定、曲解他們。」

赫爾德為兩河流域的宗教與神話辯護：「很自然地，所有國度裡最早的哲學和治理方式都一定是源自於信仰！人必須先感到讚嘆之後才會開始觀看。唯有透過驚嘆，他那有關真理與美的觀念才會被照亮；唯有透過順從與屈服他才能學會擁有善德。」「這種精緻的本性欠缺知識，因此渴望一切；易於相信，因而可以開放地接受一切的印象；信任且順從，因此有被引導向善的傾向。」「在他那纖細敏感的心靈裡，唯有信仰、愛與希望是瞭解、偏好與幸福的種子。」如果用啟蒙時期的自然神論、抽象思辨出來的美德，以及普愛眾人的高調去取代他們的信仰、愛與希望，只會把他們變成「世界上最駭人的怪物——三歲的老叟」。

至於埃及，「沒有草原與遊牧的生活，人類第一棟帳篷內的族長精神就失去了。」取而代之的是適合尼羅河下游氾濫平原的農業生活，「居所固定了，土地上的財產形成了。土地必須被分割、分給每一個人成為他的私產，受到嚴密的保護。」「公共安全、司法判決、社會秩序、法律執行」等在遊牧時代既不可能，也無需要，這不是因為遊牧民族比較愚蠢，埃及人比較聰明、先進。然而定居的代價卻是本性開始被法律束縛，城市文明取代人跟大自然的親密關係。人開始疏離自己的本性，以及大自然所啟發的偉大精神與情感（神話與宗教），被人為的法律與社會規範緊緊束縛著。

羅馬是歐洲土地上第一個充滿男人氣概的成年文化，以他的軍事、政治、法律、水利工程與遍及整個帝國的道路建設自豪。在羅馬人眼中，希臘是尚未成熟的青年期，而北方異族則是粗糲不文的野蠻人，都欠缺「男性的正義、知性、規劃、決策、執行上的完善性。」羅馬也是歐洲第一個實現國際化與「普世精神」的帝國，並且為「普世基督教」奠下現實基礎。然而他又是歐洲文化史上第一個精神與情感的廢墟：「羅馬的人民是在多麼高的位置上統御世界，他們在這高度上所建立的萬神殿是多麼巨大！他們的政治與戰爭體系，他們的計畫與執行手段有如龐然巨物般聳立在世界上！」「跟希臘、腓尼基、埃及與東方的競爭，從來都不是羅馬的主要關切。但是他們以男性風格來利用一切既有的累積，創造出多麼驚人的世界！他的名字將一切的種族和地域給統一起來，而這些種族和地域可從來不曾聽說過彼此。」然而這也埋下了盛極而衰的伏筆：「國與國之間的高牆被拆毀，這是銷毀一切國家性格的第一步，所有的人都被丟到『羅馬人』這一個模子裡去。」

當歐洲人都被統一到單一的文化性格後，就失去了傳統文化與自然環境的滋養，曾經有過的精神與情感也被連根拔起而枯萎凋零：「希臘人對於青春的崇尚以及對自由的熱愛到哪裡去了？古埃及的精神——當希臘與羅馬侵入他們的土地時，它們到哪裡去了？有什麼能取代它們？不是哲學，它已經退化成十足的詭辯、鬥嘴的技藝、兜售者的破爛意見，乏力而不確定；用舊布遮蓋起來的木頭機器，沒有能力激勵人心，更別說是有能力改善一個廢墟的時代，一個廢墟的世界。」「羅馬精良的法律與洞察力無法取代已經消失的力量，也無法在長期感受不到生命的活力之後重建起勇氣，或者復甦早已耗竭的驅動力，因而死亡——躺在血泊裡的一個枯槁屍體！」在羅馬帝國的最後幾個世紀裡，他們依舊是歐洲最文明的世界，然而「一切都是精疲力竭、怯懦、破碎的：被人們遺棄，住滿懦弱的人，淹沒在毫無節制、墮落、無秩序、特權、冷酷無情的軍人傲氣裡。」

北方民族在中世紀為歐洲帶來新的生命力，並且跟歐洲既有的歷史奇異地結合，而產出哥德精神與騎士精神。這些精神在許多方面貌似歷史早期各個民族與時代已然展現過的特質，然而核心的精神與主要的驅動力卻已然不同。「這個時代的精神將各種最異質的性格編織在一起——勇氣與修道院，冒險與武士精神，暴政與寬宏大量。」「『北方武士的榮譽感』這種精神酷似希臘的英雄時代」，然而「我仍舊認為這種精神恰恰是『世界上獨一無二的情況』。無法拿來跟在它之前的任何情況相比較，確實是建立在既有歷史的基礎上，但是有它自己的優點與缺點，就像任何事物那樣不斷變化並努力邁向——偉大！」

然而伏爾泰等啟蒙時代的思想家只看到他們的黑暗面，而沒有能力**覺察**中世紀精神特質上的優點：「對於榮譽與自由，愛與勇氣，儒雅風範與信守誓言的愛好和實踐，這一切如今何在？」不僅如此，啟蒙時代的思想家對自己的理性和知識沾沾自喜，而沒有警覺到自己跟土地、人類本性嚴重的疏離，也警覺不到時代的危機。「隨著武器的發明，身體技能、靈魂的力量和戰場上展現過的勇氣有哪一樣不是鬆弛、退步了？在各種特殊情境下曾經展現過的勇氣、忠貞，以及舊世界曾經有過的榮譽感都成為絕響！軍隊變成像牲畜一般的機器，沒有思想、力量與意志，任由一個人指揮的大腦，只是被細線牽動的木偶，被買來發射子彈和承受子彈的一堵牆。事實上，一個羅馬人或斯巴達人可能會說，他們心靈最深處的品德已經都成了灰燼。」而印刷術的發達則使得兒童不再從自己的本性、周圍的大自然，以及生活周遭的歷史累積去學習，而是從書本上機械化地學習：「兒童成為偉大的哲學家。學過算數之後，開始學習三段論法、圖表和儀器，他經常可以成功展示三段論法、實驗結果和它們所導致的所謂發現——人類精神的果實、榮耀、塔尖！透過機械化的遊戲！」

在赫爾德眼中「現代哲學的精神在許多方面都是機械化的。」「在既往時代裡，哲學的精神絕對不是為了自己的目的而存在，而是始於實際的需要並且奔赴實踐的需要，因此只有一個目的，就是創造完整、健康而活躍的靈魂。但是自從它獨立自存並且成為一種行業之後，它就變成僅僅只是一個職業。」「我們的驅動力毫無例外地完全仰賴恐懼和金錢。完全不仰賴宗教的需要（孩童時期的驅動力量！）或榮譽、靈魂的自由，以及人類幸福等需要。」歐洲成了世界所有族群仰慕的對象，不是因為高貴、偉大的情感、精神與文化，而是因為令人垂涎的物質文明——「還有哪裡沒有歐洲的殖民地，未來有哪裡能不被歐洲殖民？」「到處都有野蠻人被吸引而想要親近我們的文化，尤其是酒精和奢侈品。」

文化史、人性史、生命史與人性的極限——人文的實證美學

赫爾德在《人類教育的另一種歷史哲學》強調：「所有的教育都誕生於最具體的個別需要，且總是要回到那裡——生活中如此多的經驗、行動和應用都是誕生在最明確的情境下。」就像啟蒙運動之前的時代裡，「智慧總是狹隘、地域性的，因而可以觸及較深的層次且較有力地吸引人。」「因此，在某種意義上，人的完善化是地域性的，入世（而非出世）的，而且極端詳盡地審視（而非抽象、概括的），個別化的。任何人的發展都必然是針對特定的時間、氣候、需要、世界、命運所給予的時機。」因此，哲學與理性若要有益於靈魂，就必須扮演情感、生命意志與精神性渴望的輔臣，協助它們釐清事實、避免飛蛾撲火，而不是宰制（凌駕）它們，任意裁決、否定、閹割它們。此外，哲學與理性必須緊密地扎根於生活世界和周遭的生活環境，從中汲取養分，而不能跟它們脫節，乃至於蒼白、失血。

然而啟蒙運動時期的理性主義卻追求著超個人、超地域的普世「真理」，沒有警覺到抽象思維與書本知識會跟生命意志與生命情境脫節，既無助於精神與情感的昇華，還可能會導致精神與情感的空洞化。因此他在《人類教育的另一種歷史哲學》裡譏刺百科全書派思想家「接著是最後的——

榮耀的發明！哲學淪為回憶錄與參考書，每一個人都可以浸淫其中，想讀什麼就讀什麼，愛讀多少就讀多少，於是接著有了一切發明中最榮耀的——無可比擬的字典，一切科學與人文的百科全書。」「讓所有的書，藝術與科學有朝一日悉數毀於水火」，因為百科全書已經囊括一切知識，雖然它們有可能跟你的生活、生命脫節。

人確實是需要學習與發展，「沒有人是在他的時代裡與世隔絕的。他所建造的是以過去為基礎，並且成為且想要成為未來的基礎。」然而這個學習的過程必須發自個人內在的本性，並且緊扣著具體的（獨特的）生命情境與需要，因此他呼籲：「不要再談進步的共通點！不要紙上的文化或機構，行動吧！」

換句話說，我們跟歷史對話的目的是為生命與心靈汲取養分，讓情感與精神得以茁壯而昇華，讓生命更有活力（行動力）；而不是要在歷史中尋找普世的價值與真理，讓它們宰制自己，更不能在跟歷史對話的過程中疏離了自己的生命意志、情感與本性。

歷史的對話始於去感受不同的情感世界、不同的精神生命，從而擴張、深化我們的情感經驗與生命經驗，藉此照亮日常生活經驗裡不容易觸及（覺察）的心靈角落（底層），而不是始於思索或論證——後者只是用來協助我們整理這些感受，協助我們揣測歷史某些遺失的斷片的可能內涵，以及歷史缺口可能的連結方式；它是輔助工具與後處理，既不可以取代我們的感受，也不可以超越我們的感受。

如果科學與技術代表著物質文明，那麼人類的非物質文明（人文精神）還必須再細分為兩種：在跟情感、生命意志無關的課題上，可以用理性思辨的方法去追求跨時空、跨族群、跨文化的「客觀」知識，其過程將會泯滅質性的差異，只有抽象的（物質性的）理解；但是在跟情感、人性以及生命意志有關的課題上，必須對內在情感、精神狀態的質性差異擁有敏銳的覺察與分辨，才能觸及心靈深處幽微難察的角落，從而促成情感、精神與心靈的成長與昇華。同樣的，價值判斷也必須分為知性面和感性面，後者實質上是對於情感、可欲或精神狀態的質性分辨與評價（品味），因而是廣義的美學——文學、音樂與繪畫的美學，情感與欲望的美學，人性與自我的美學，價值與道德判斷的美學。

然而自從啟蒙運動以來，人文與價值判斷的美學面（情感面、感性面）逐漸被淡忘，連美術史、音樂史與文學史都為了追求「客觀精神」而淡化或泯滅質性差異的分辨。結果，我們從課堂與書籍上所能得到的文學史與藝術史只剩知識，而無助於提升質性分辨的能力，也使得情感與精神得不到成長所需的滋養，更遑論情感與精神的昇華。

值得提醒的是，自然科學是靠著儀器把看不見的現象轉化為看得見的，才使它得以持續不斷擴張到前所未知的領域。類似地，想要促進我們對情感、心靈與精神的瞭解，就必須鍛鍊心靈的敏感度，使它可以覺察與分辨的精神、情感世界持續擴張、細緻化並深入幽微難察的心靈底層。很顯然，這種心靈敏銳度的培養完全不適用科學的實證方法，也與抽象的思辨理性無關。唯有藉由各民族在歷史過程中發展、累積下來的多元詩歌、文學、藝術作品，細心跟它們對話，才能讓我們的心靈獲得最多元、豐富的情感與精神刺激，開啟它各種深層、細緻、崇高的感受，並且在用心的品味過程中提升質性分辨的能力。

赫爾德呼籲讀者，面對歷史與異文化時最重要的是去**感受**：「一個人首先必須設身處地去同感一個國家，仔細地逐一感受它的每一個傾向和行為，再去感受它們的整體，（然後才在這基礎上）去尋找一個（合適的）形容詞，去思索它們整體的豐富性。要不然的話，你只會讀到一個（抽象的、空洞的）字。」當一個人有足夠的感受能力時，就會發現：「一個人的獨特性是如何難以描述；要清晰界定一個人的感受與生命如何不同於其他人，是多麼困難；在他的肉眼觀察，靈魂衡量，內心覺察之後，所有的事物變得多麼不同且獨特——即便只是一個國家，它的性格也可以是如此深奧，即便一個人已經感受到且經常為它感到驚嘆，還是如此持續地無以形容它。而那種感受一旦訴諸言詞，就讓任何人都辨識不出那是什麼感覺，也無法瞭解或產生共鳴。」因此，要描述一個國家的性格，「就如同要單憑一瞥、一種感覺或一個字去掌握整個民族、時代、國家的浩瀚汪洋。」

然而這並不是要鼓舞狹隘的民族主義。相反的，赫爾德希望讀者先從自己的民族精神與情感汲取養分，繼而擴大視野去感受不同歷史階段、不同自然環境下，各民族獨特的文化、精神與情感——不是用黑格爾式的抽象概念去空洞地理解，也不是記流水帳似地止於事件史、文獻史的表層理解，而是深入他們的內心，感受他們精神與情感上的豐富性和獨特性。唯有透過這樣的瞭解，才能脫除對異文化的偏見與狹隘的民族主義，而看見人類和自己潛在的豐富可能性。「你，作為一個獨立的人類，擁有你自己的天性、能力和貢獻。你是什麼？你的完美意味著在每一個層面上都達到極致（那樣的完美會是什麼）？」「我俗世觀點的有限性，我目光的盲點，我受挫的意圖，我如迷般的本性和可欲，一再被整體打敗的個人力量……這一切都在向我保證我什麼也不是。」然而這只是事實的一部分，最表淺的那一部分。就更深層的事實而言，我們雖然都很微小，卻又是全體人類中的一分子，在潛能上無限接近整體人類所擁有的全部可能性，不分時代、地域。「在每一個個體中，都存在著無法被徹底分割的**一體性**，唯有它可以揭露自己並且指向整體。」

也就是說，自我實現雖然不等於實現人類全部的潛能，認識自我也不等於認識整體人類的全部可能性，但是兩者無限地接近——至少前者始終指向後者。此外，假如我們用心去認識每一個民族精神與情感上的獨特性、豐富性，就會見證人類潛在的可能性是多麼豐富——每一個民族，在它特殊的自然環境、民族性與歷史階段裡，都只展現了這龐大潛能中的一小部分；然而與其中任何一個小部分比起來，抽象思辨都顯得太蒼白、貧乏與空洞。

如同本章篇首的柯靈烏名言所云，唯有透過歷史，我們才能知道人類在各種不同情境下最崇高、偉大，與最卑劣、軟弱、不得以的表現，並且藉此勾勒出人性較完整的面貌，以及人性的可能與不可能。唯有在這基礎上，我們才能對人的情感、可欲、嚮往、作為作出合理的評價——康德很可能忽略了一個事實，在不瞭解人性的可能與不可能之前，僅憑著抽象思辨就去評價一個人的言行、思想與情感，這根本是獨斷論！

私人語言——溝通的可能與不可能

跟文化史對話的過程，表面上是要瞭解他者的文化、情感與精神上的嚮往；其實我們對他人生命中最巔峰的情感、精神體驗感受得愈深刻、多元而寬廣，我們自己內在的思想、情感與精神世界也就越深刻、豐富、崇高。或者說，跟文化史的對話旨在將我們拉拔出一再重複而了無新意的日常生活，藉著前人生命經驗的精粹來照亮我們心靈世界裡最高曠、深刻、隱微難察的每一個角落，以促成持續的成長與自我超越。

然而我們是否真有可能洞見別人內在的情感、精神與感受？歷史之所以淪為只談事件與文件的記錄，而罕言一個民族的內在精神，不就是因為我們很難窺見別人的內在感受？奧古斯丁也在《懺悔錄》裡說過：「我想讓某些人瞭解我的願望，因為他們或許能滿足它。然而這是不可能做到的，因為我的願望在我心裡，別人則在我外面，而他們沒有能力穿透我的心靈。」「我的感受只有我知道，他人無法瞭解，我也無以言傳。」這似乎是我們常有的困境，然而就像維根斯坦《哲學研究》所提示的，這個說法根本違背許多日常生活的明顯事實。

譬如，嬰兒只靠單調的哭聲就可以讓大人猜到他是飢餓、尿布濕了，或者腹部脹氣而感到痛苦；我們也可以透過語言陳述、肢體語言和表情讓別人瞭解我們的牙齒在痛，或者在內心傷痛時得到別人的情感支持和安慰。這些事實意味著，我們多多少少可以讓別人瞭解到我們**內在**的痛苦與需要。

奧古斯丁的迷思在於，他狹隘地以為我們跟別人的溝通完全是靠語詞，而語詞的意義來自於「指物定義」。有人指著磚頭重複跟你說「磚頭」，於是你知道何謂「磚頭」；有人指著椅子重複跟你說「椅子」，於是你知道何謂「椅子」；然而奧古斯丁沒有辦法指著他內在的感受對旁人說「這是憂傷」，因此他以為沒有人可以瞭解他的憂傷。然而從前一段的例子我們知道，人與人的溝通不只是仰賴口說的語言，也包括我們的表情和肢體動作，以及對方的猜測和我們的確認（或否認。譬如，你幫嬰兒換完尿布，他還繼續大聲哭，那就意味著問題不在尿布）。

也就是說，語言的表意功能是用很複雜的方式在豐富的情境脈絡下進行的，它包含口語、表情、肢體動作，對話者共有的社會、文化背景，以及相互的揣摩、猜測和彼此確認。因此維根斯坦的《哲學研究》把人跟人之間的溝通理解為一場「語言遊戲」，「**說**一種語言乃是一個活動的一部分，或者一種生活的形式。」（二三節）「一個語詞的意義就在於它在語言（遊戲）中被**使用的方式**。」所謂的「方式」包括表情、肢體動作等，也包括對話者共有的社會、文化背景，所以第二部三二七節說：「如果獅子會說話，我們還是無法瞭解牠。」因為我們不解牠們的表情、身體語言和文化。同樣的「唯有當某種生物的外在表現（表情、肢體語言、行為模式）跟人類相似時，我們才可以說牠們感到痛苦。因為我們必須說那是身體的痛苦，或者，如果你喜歡，某個身體內部的心靈所感到的痛苦。」奧古斯丁顯然忽略了一個事實，「人類的身體就是他靈魂的最佳圖像。」（第二部二五節）

假如我們把「語言」的涵義當作最廣義的「語言遊戲」來理解，就可以發現我們確實經常可以多多少少瞭解別人的內在感受——尤其是當我們所提供的線索越豐富，彼此推敲得越用心、仔細的時候。

一個人的內在感受可能同時包含著可以用語言表達以及無法用語言表達的部分，就像維根斯坦在《文化與價值》裡說的：「無法被表達的部分（我覺得神秘而無法表達的部分）或許為我所能表達的部分提供背景，並且讓我所表達的部分獲得意義。」他以音樂的主題為例說明，「一個音樂的主題跟一張臉一樣擁有表情。」你可以說「他在這個主題中體驗到強烈的感受。當他聆聽時內心有些事情發生了。」然而那是什麼意思？是不是說這個主題指向它自身之外的某種事物？「噢，是的！然而這意味著——這主題帶給我的印象跟它的背景緊密連結著。譬如，跟德語以及德語音調的存在有關。然而這也意味著我們的語言遊戲的全部場景。」「而且除了音樂的主題之外還有別的範例，也就是我們語言的韻律，我們思考和感覺的韻律。還有，音樂的主題成為我們語言遊戲的一個新的部分，它變成融入其中；我們學會一種新的表情。」

然而透過廣義的語言遊戲去「瞭解」他人的感受，這跟親身的感受還是有個距離，就像我們的感受跟我們的思想（可以形諸語言的部分）的距離。因此，《文化與價值》說：「音樂的主題跟語言互動。在思想中播種是一回事，在思想中成熟是另外一回事。」我們從音樂所獲得的感受會激發我們的思考，有如在思想中播下種子；但是唯有當這種感受清晰到足以被語言表達時，它才會成為成熟的思想。

類似地，我們在閱讀一個人的作品時會試著去揣摩（推敲）作者內在的感受，但是這並不等於企圖「複製」作者的感受。《文化與價值》裡說：「托爾斯泰認為文藝作品會傳達感覺，我們可以從這個錯誤的理論學到很多。」「你可以說瞭解該作品的人對它有多少『共鳴』就有多少回響。」但是，如果你說「這個作品只想傳達它自己，而不想傳達其他的任何一切」那你就錯了。這就好像是說「如果我去訪問某人，我不會只是想要在他的心裡引發如此如此的感覺。最重要的是，我在訪問他的時候當然想要他好好款待我。」然而你根本無法預測他當天的心情和對待你的態度，更無法控制他的心情。同樣的，「如果說，作家希望讀者閱讀時的感受恰是他寫作時的感受，這種說法實在是荒唐的。譬如，當我以為自己懂一篇詩時，我對它的瞭解大概會是作者所希望的那樣。然而他寫作時有什麼感覺，跟我一點關聯都沒有。」

從這觀點看，我們跟文化史的對話就像一場線索極其豐富、複雜的語言遊戲（或填字遊戲）。我們一邊彙整各種可能的線索，一邊根據自己的經驗去進行推測和詮釋。這個推測和詮釋的過程不會是百分之百在複製歷史上曾有過的情感、精神與內在感受，甚至也不需要百分之百的精確解讀。

我們跟歷史對話的首要目的其實是藉此刺激我們自己的內在反應，並藉此探索、拓寬我們的內心世界，提升我們精神與情感的敏銳覺察和分辨能力；至於我們的揣測有多少準確度，則是次要的。

這樣的對話可以是透過音樂與繪畫而展開，也可以透過哲學或文學著作而展開。不過，我們最熟悉的「語言」終究還是文字語言，因此下一章讓我們先來談談如何透過文學作品去揣測（感受）別人的內在感受（情感、思想與精神），用以提升、豐富我們自己的精神與情感世界。

19

靈性與詩情，品味與覺察
——文學世界裡的生命消息

詩能讓我們不時地覺察到較深層而無名的感受，那是我們鮮少穿透的生命基底；因為我們的生活絕大部分是在逃避自我。

——艾略特

小說是謊言，我們透過它訴說事實。

——卡繆

要禁得起時間的考驗，小說必須有深刻的理念。經驗與思想的隱密融合，生命與生命意義的反思不著痕跡地互攝，是它們成就了偉大的小說家。

——卡繆

藝術家的工作是記錄和保存他認為最值得分享的經驗。……心靈的成長透過他而展現自己。

——法蘭克・李維斯

文學是一種至高無上的手段，你透過它更新自己的感官生活與情感生命，並且學習一種新的覺察。

——法蘭克・李維斯

對於小說家而言，一個特定的歷史情境就是一座人類學的實驗室，他在那裡面探索一個基本問題：什麼是人類的（生命）經驗？

——米蘭・昆德拉

偉大小說的時代裡所散發出來的光芒永遠不會黯淡，因為人們一再忘記人類的存在，所以小說家的發現再怎麼古老都能持續地讓人感到震驚。

——米蘭・昆德拉

很多人問：如果想瞭解人性，為什麼不去認識身邊的真實人物，而要在虛構的小說人物裡摸索？《印度之旅》的作者 E. M.・佛斯特（E. M. Forster, 1879-1970）在《小說面面觀》裡這麼說：「在日常生活裡我們從來不曾相互瞭解，不曾徹底洞悉或徹底坦白。透過外在的訊號，我們大致上彼此瞭解，這已經夠滿足社會關係的基礎，乃至於維繫親密關係。但是，如果作者有心，讀者可以徹底瞭解小說中的人物；他們的內在生命與外在生活都可以被揭露。」

然而並非所有文學史上著名的小說都值得我們費心去研讀。法蘭克・李維斯在《偉大的傳統》裡指出：「具有文學史上的重要性不必然就成為具有重大價值的極少數。」要想躋身「偉大的小說家」，必備的要件是「他們不只改變了作家和讀者心目中小說藝術的可能性，他們的重要性也表現在能夠促進人性的覺醒，覺察到生命的可能性。」他們「強烈聚焦在對於人生非比尋常的關懷」，具有「生機勃勃的體驗能力和感受，在生命之前擁有令人欽佩的開放性，以及醒目的道德強度。」因此他認定「除了珍・奧斯汀（Jane Austen, 1775-1817）、喬治・艾略特（George Eliot）和康拉德（Joseph Conrad）之外，英國的小說家都不值得閱讀。」

李維斯對「道德關懷」的重視，似乎跟米蘭・昆德拉成對比，他在《被背叛的遺囑》裡援引現象學的「擱置」：「將道德判斷擱置起來並非小說的不道德，這恰恰是它的道德所在。這種道德抗拒著人類根深柢固的惡習，毫不遲緩、永無休止地對每一個人下（道德）判斷。在進行瞭解之前，在毫無瞭解的狀態下作出判決。從小說的智慧這個角度看，那種隨時都準備好要下道德判斷的激情是最可憎的愚蠢，最惡性重大的敗德。」

我們該如何理解這兩種看似矛盾的主張？小說真的有助於我們瞭解人性的底層，洞察生命的消息嗎？如果能，那是怎麼達到的？

超越於是非與善惡之外，人性與生命的深層消息

米蘭・昆德拉在《被背叛的遺囑》裡說：「創造出一個將道德判斷擱置的想像世界，是一個意義非凡的舉措。只有在那個領土裡，小說人物才能發展——意思是說，個體並非被看成是某些既

存真理運作的結果，或者善與惡的樣板，或者代表某些相互衝突的客觀規律。他們是自主的存在，立足於自己的道德，存在於自己的法則之中。西方社會習慣於把它自己表述為人的權利所構成的社會。但是在一個人可以擁有權利之前，他必須先讓自己成為獨立的個體，如此看待他自己且被如此地看待。然而若沒有歐洲藝術長期的發展經驗，這些都是不可能的，尤其是小說的藝術。它教讀者對他人懷抱著好奇心，並且嘗試著去理解跟他的真理不同的真理。」「並不是說小說家徹底否定道德判斷的合法性，而是說他根本拒絕讓道德在小說裡有立足之地。」我們作出道德判斷時，就同時終止了對人性與存在本身的好奇與關心，不再去探問、瞭解人性更深層的事實，甚至陷入獨斷論的抽象思辨。

以托爾斯泰的《安娜．卡列妮娜》為例，每一個重要的角色都兼具善與惡的複雜質素，沒有人是百分之百的善，也沒有人是百分之百的惡；而且，他們的言行深受成長背景、教養過程與外在際遇的影響，沒有人能為自己的言行負起完全的責任。相較之下，理性的思維與傳統的道德判斷都顯得太簡略、太公式化，既不足以反應人性的複雜、多元而糾結難分，更遺漏了太多生命中重要的線索。就像米蘭．昆德拉在《小說的藝術》裡說的：「小說的精神就是複雜的精神。每一部小說都在對讀者說『事情並非如你所想的那麼單純。』」

譬如，女主角安娜優雅、大方、美麗，充滿女性的智慧、溫柔與善良，她輕易就化解哥哥和嫂嫂的婚姻危機，一到舞會現場就立即征服所有的男人。連一向嚴肅、深思、認真而道德形象完美的列文，都在婚後的偶遇裡對她動心（動情），覺得她「處於美的巔峰」，「活著的人不可能有她這樣的美」，而且說話「自然、聰明」，卻不以為自己聰明而聽得出別人每一句話裡隱含的價值，而且「除了聰慧、賢淑優雅、美麗之外，還有著真誠的稟賦」。然而這一切的優點卻成為她所有不幸的起點，使她注定要在婚後吸引到難以抗拒的仰慕者，因而紅杏出牆且懷孕，最後找不到出路而自殺。而安娜性格中的缺點，只不過是女人都難以抗拒的小小虛榮心，以及仰慕者那種像狗一般忠誠而柔順的眼神，和死心塌地、終生不渝的愛情。就事實而論事實，天下有多少女人比她更善良，又有幾人比她更想抗拒外遇的誘惑？

誘拐她紅杏出牆的佛倫斯基是英俊挺拔的時髦貴族軍官，擅長上流社會的應對和討好女人，家產豐渥而前途似錦，如同金塊般閃亮；僅有的缺點是沒有內心的深度、思想與核心價值，熱衷於賽馬和追求涉世未深的少女。然而佛倫斯基願意為了對安娜的「愛」而去做一切可以討她歡心的事，包括離開他熱愛的軍團與同袍，放下高傲的自尊向安娜的丈夫卡列寧求取諒解，以及在安娜自殺後自願前往死傷慘烈的戰場，準備以死終結對安娜的懷念與愧疚。這種對「愛」的忠誠與執著，豈不是每個女人都渴望而所有男人都難以做到的？

然而當讀者有能力擱置狹隘的道德評價時，卻還是不能不凜然驚覺這種「愛」的可怕與毀滅性——除了強烈的執著與迷戀之外，沒有任何可以彼此共享的深刻精神內涵，無法因為「愛」而讓自己或所愛的人得到精神和生命的提升，反而在彼此的耽溺、佔有與嫉妒中消耗激情，而逐漸墜入死巷，找不到任何可能的出路。這些事實撼動許多人夢想中的完美情侶與愛情，讓人不得不進一步去思索愛情的本意，以及愛情、婚姻與生命的關係。

許多評論說安娜是忠於自我的悲劇英雄，敢於向命運和不合理的社會體制挑戰；而佛倫斯基則是托爾斯泰心目中敗德的典型，用來影射彼得堡社交圈內對歐洲時尚的迷戀，以及對俄羅斯傳統道德價值的輕視。持這種觀點的人，或許該仔細讀一讀《被背叛的遺囑》裡的一段話：「並不是說小說家徹底否定道德判斷的合法性，而是說他根本拒絕讓道德在小說裡有立足之地。如果你喜歡，你可以指控拉伯雷（François Rabelais）《巨人傳》裡的班紐許太懦弱，譴責《包法利夫人》的女主角，批判巴爾扎克《人間喜劇》裡的拉斯蒂涅——那是你的事，跟小說作者沒有絲毫關係。」

事實上，安娜的悲劇真的都是外部因素所造成的嗎？仔細揣摩，她雖然不能跟佛倫斯基結婚，但是兩人的同居生活與已婚者無異；她無法再跟兒子見面，但是可以把她的愛轉移給跟佛倫斯基生下來的女兒；上流社會拒絕跟他們交往，但他們可以去義大利旅行，可以在鄉下廣闊的莊園和豪華的居所裡追求自己心目中的理想生活——蓋孤兒院、辦小學、發揮她的藝術天分去學畫與創作，跟列文這樣有深度而不拘於狹隘道德觀的人暢談文學與藝術。最重要的是，她的生命在卡列寧家被壓抑而逐漸枯萎、窒息，然而佛倫斯基對她百依百順、有求必應，把她當作整個世界的中心；當安娜的大嫂去訪問他們時，甚至羨慕起安娜的自由和她所擁有的一切。然而安娜有旺盛的生命力和豐沛的熱情，有創造幸福所必要的許多條件，卻在擁有自由之後找不到衷心熱愛的「重要事情」，因而空有難得的稟賦卻無處發揮。

把安娜拿來跟列文對比，社交圈的是否接納益加顯得無關緊要。列文也是不受社交圈歡迎，他甚至根本就厭惡社交圈的輕浮、虛偽、無所事事，形同浪費時間與生命。列文一向如同隱居般的住在鄉下，他的幸福不只是因為有一個賢妻，更因為他擁有對土地和農民的深刻情感，還有許多理想讓他可以投注一切熱情與生命力。他為理想所做的嘗試也一再挫折甚至失敗，但是卻可以不灰心地一再尋求新的可能性。對比之下，安娜空有佛倫斯基優渥的經濟條件和無條件的支持，可以在鄉下的莊園任意揮灑，卻只因為欠缺對於土地、大自然和農民、女兒的愛，也不曾被啟迪過任何人生的理想，因而無法為她的情感與生命力找到有意義的出路——這才是她所有悲劇的真正根源。

活著，為了什麼？什麼樣的人生才是值得追求的？這些才是托爾斯泰在創作《安娜．卡列妮娜》時最關切的核心問題。譬如，吉蒂幾經波折後嫁給樸實、誠懇的列文，然後努力扮演賢妻良母的角色，過著恬靜、滿足的生活。然而這就叫做幸福嗎？如果一個女人完全不曾有過屬於自己的人生目標，不曾為之奮鬥、追求過，這樣的人生又真的值得嗎？

即便回到狹隘的道德判斷裡去，一個人又能夠對他的一切行為、動機與後果負起多少責任？卡列寧以他的冰冷和公式化扼殺安娜的熱情和生命，但那並非他所要的——卡列寧的性格是命運的安排，他該為此負責嗎？佛倫斯基也不是一無可取，他曾一再找機會接近純真的吉蒂，只因為親近吉蒂時會讓他覺得自己變得更好、更純潔，甚至變成一個有真情的人；他珍惜跟吉蒂之間那種隱密而又篤定、強烈的精神聯繫，甚至覺得應該要做點什麼事，只是想不出來該做的是什麼。他最大的缺欠或錯誤是沒有內在的深度，然而這是由他的稟賦和教養所造成的，並非他出於自由意志的選擇，那麼佛倫斯基該為這些缺欠負起道德責任嗎？

一個人的行為也許有所謂的善惡和好壞，絕大多數人卻同時兼有善的可能性與惡的可能性，而命運的偶然則讓本性相近的兩人有了差異懸殊的言行和人生。如果安娜一開始就嫁給列文，並且在他的啟發、薰陶下找到熱情與生命力的出路，後來的外遇和悲劇就不會發生。如果安娜沒有一時轉念去參加吉蒂的生日舞會，也許她會回到卡列寧的家，而佛倫斯基最後會向吉蒂求婚——雖然沒有人能預知他跟吉蒂的婚姻會不會幸福，也沒有人知道安娜會在卡列寧家窒息，或者設法找到生命的出路。

《安娜．卡列妮娜》與托爾斯泰其他小說之所以偉大，是因為托爾斯泰的核心問題超越了狹隘的道德判斷，深入探問更根本的人生意義和生命的價值——怎樣的人生才值得追求，又不至於淪為自欺欺人？就因為他對人性、生命與人生的思索夠深刻、細膩而豐富，才能引人入勝地帶我們去探索生命底層豐厚的可能性。就像一位傳記作家說的，「托爾斯泰之所以能永垂於世人深刻的記憶中，一個重要的因素就是他對於存在本身具有超乎常人的自覺。」「我們都知道有個東西叫『人生』，我們都知道自己活著，也都知道有一個充滿各種聲音和景象的世界。但是，當我們第一次讀托爾斯泰的時候，卻會覺得我們以前好像都是透過布滿灰塵的窗戶在看這世界。」

李維斯也在〈安娜．卡列妮娜〉一文裡讚譽《安娜．卡列妮娜》是「我們這個現代文明中的偉大小說」，因為它反應了托爾斯泰「極端全面性且深刻地與生命的互動」，而且「在衡量自己作品的重要性時，他所關切的是以強烈且焦點明確的方式展現自己在日常生活中對於人生意義的追求，尤其是那些最足以代表他個人特質的部分。」因此這部小說所展現出來的人性深度與廣度罕有作家能及，而且「這部以人性為中心的小說，讓我們看見現代人。托爾斯泰的本質性問題，道德的以及精神性的，也是我們的問題。」

此外，他認定珍．奧斯汀是英國「第一個真正偉大的作家」，不只是因為她的作品具有原創性，更因為「她作品中組織的原則和發展的原則，是她對自己的生命所懷抱的強烈道德關懷，那種關懷最初是全神貫注於某些人生強加給她的個人性問題。她在內心奮力地覺察、釐清她的道德焦慮時，她的智慧和認真足以讓她在這過程中學會該如何面對它們。假若沒有她那濃烈的道德性專注，她將無法成為偉大的小說家。」表面上看起來，珍．奧斯汀的小說老是圍繞著愛情與婚姻的主題，然而在她的時代裡，婚姻的抉擇幾乎就是女性一生所有抉擇的核心，它牽涉到如何從一個男人的外在言行去推測他內在的人格特質和核心價值，也牽涉到一個女性要用自己的一生去換取什麼，可以為它捨棄什麼？犧牲什麼？

這些問題顯然遠遠超越了傳統道德判斷的狹隘視野，深入人性與生命最深層的事實與核心價值。相對於這些問題，「行為的對錯」等狹隘的道德判斷只不過是次要的問題。然而重要的並非

「道德教訓」或灌輸讀者人生重大抉擇時必須恪守的「規範」，而是盡可能完整、深刻地向讀者展現這些抉擇所涉及的人性事實與生命內涵，引導他們去認識人性與生命的豐富性、多元性與複雜性，使得他們在進行抉擇時可以照顧到人性較深刻、可貴的層面。

不過，生命的複雜性有很多種不同的刻劃角度，因此有助於我們認識人性、生命與人生意義的小說也就不只一種。諾貝爾獎委員會在一九五七年頒獎給卡繆，因為「他重要的文學作品中包含著富有洞察力的熱忱，照亮我們這個時代人類良知所遭遇到的難題。」易言之，人類的良知有多少種難題，偉大的小說就會有多少種主題，而且，我們對於這些難題的瞭解越多樣、越深刻、越豐富，我們的心靈就越寬廣而深刻。

想像與非邏輯的救贖，小說與意識形態的鬥爭——另一種反思的可能

米蘭．昆德拉在《笑忘書》裡說：「人類的愚昧來自於對每一件事情都有一個答案。小說的智慧來自於對每一件事情都有一個問題。」「小說教導讀者把這個世界理解為一個問題。在這種態度裡有著智慧與容忍。如果有一個世界是建立在神聖而不可侵犯的確定性之上，在那個世界裡小說將會死亡。極權主義的世界是一個只有答案而沒有問題的世界，不管它是建立在馬克斯、伊斯蘭，或其他任何主義、信仰之上，小說都沒有立足之處。」

有趣的是，對於同樣的事情，不同的小說作者提出了不同的問題，以及探索該問題的不同角

度。譬如，小說要如何刻劃人物？如何在有限的篇幅裡讓讀者栩栩如生地感受到他或她的存在？《被背叛的遺囑》從小說創作者的角度指出「所有的小說都嘗試著要回答這些問題。要如何精確地定義自我？一個角色該如何定義他自己？」「什麼是一個個體？他的身分特徵寓居於何所？」各種可能的解決方案都有它的得與失。「根據他的行動？但是小說人物的行動會逃離作者，幾乎總是對作者不滿。那麼，根據他的精神生活？根據他的思想，他難以覺察的感受？但是一個人有能力瞭解他自己嗎？他那隱密的思想會不會是他的身分的關鍵？或者，一個人是不是該用他對世界的遠見、他的理念、他的世界觀來界定？」

不同的作者採取不同的策略，反應他們對人的存在與人性的見解，也反應他們想要藉著小說呈現出什麼。他們的提問與線索全部彙整起來，豐富、加深了我們對於人性的認識。

托爾斯泰喜歡把人物的個性複雜化，杜斯妥也夫斯基恰恰相反，他喜歡把人物的性格單純化、特徵化，甚至極端化，不擇手段地誇大小說人物的關鍵特質，藉此將隱微難察的人性質素淋漓盡致地呈現出來。因此，他筆下的每一個角色都會讓我們清晰辨識出自己內在難以覺察的某種可能性。極端的典型如《地下室手記》裡的男主角，像顯微鏡般展現出人的偏執、非理性層面，以及潛藏其中的某種病態的快感與蠱惑，讓我們無可逃避地面對自己亟欲逃避、生怕隨時會失控的人性「陰暗面」。再如《罪與罰》裡的女主角宋妮雅，她為了讓家人活下去而出賣身體，然而杜斯妥也夫斯基卻讓我們看到這個「妓女」肉體上的墮落絲毫無損於她內心的純潔、溫柔、善良、虔誠與信仰的堅貞，也讓男主角拉斯科尼科夫更加堅信貧窮（以及對於窮人的剝削）才是人間最大的罪惡；而男主角那種超乎常人的抽象思辨能力和近乎歇斯底里的神經質結合起來，讓我們看到抽象的思辨多麼容易把複雜的人心與價值判斷化約為簡單的律則和邏輯，也多麼容易淪為血腥屠殺的冷血策劃者、教唆者、執行者；而宋妮雅的爸爸不可自拔地耽溺於酒癮，同時又椎心刺骨地痛恨自己不負責任讓女兒不得不跳入火坑，讓我們看到人性中各種矛盾的質素如何並存於一個人的心靈裡，從而感受到人性的複雜，和理性思辨的蒼白、空洞、單調（過度化約）、扭曲。尼采因而讚嘆：「杜斯妥也夫斯基，唯一對我有所教益的心理學家。」

有趣的是，據說卡繆也曾模仿尼采的口吻，讚譽尼采：「他是所有作者中，唯一對我產生過影響的人。」尼采對卡繆的影響至少包括對一切既有價值、信仰的質疑，寧願喪失一切價值與信仰也絕對不自欺，洞見理性思考的狹隘、不足以及對於生命本身的扭曲、壓迫，並且在這些基礎上尋找（建立）新的價值。

卡繆的《異鄉人》尖銳地揭露理性思維的狹隘與荒謬，以及理性思維如何悖逆、扭曲生命的事實。書中主角莫梭不擅長跟母親互動，因而把她送進養老院，希望她可以在那裡找到談得來的朋友，因而過得比較快樂；而母親的葬禮上也確實有個跟她互動密切的男性院友，表現出極端的悲傷與難過。葬禮後他在海邊遇到心儀已久的昔日女同事，兩人愉悅地談起往事並一起戲水，他因而無意間一再碰觸到她柔軟的胸部；後來兩人一起去看電影，晚上同床並做愛。數天後，他幫一個鄰居解決一樁情感糾紛，因而受邀跟這鄰居去海邊度假屋玩，不意在海灘上碰到這鄰居的宿敵，還被對方亮刀恐嚇。後來莫梭獨自在海灘上漫步時，空氣蒸熱到頭昏腦脹，卻碰到剛剛恐嚇他鄰居的人，在耀眼的陽光下似乎拔刀要殺他，他下意識地拔出槍來自衛，之後又沒理由地朝屍體開了幾槍。

然而他的一切作為都在法庭上被理性地狹窄化解讀，就好像人類跟機器人一樣，一切言行都必然吻合特定的理性法則，沒有第二種解讀的可能性，也不需要考慮理性之外的其他可能因素或解釋：他曾在母親死後突然強烈地懷念起她，但是他把母親送進養老院卻被解釋成不孝；他沒有在葬禮上哭，被解釋成冷血，就好像親情的表現只有一種形式，沒有其他可能性；他在守靈時靈堂的工人跟他一起抽菸，還請他喝咖啡，他因而以為那是院內被許可的慣例，卻在法庭上被解釋成不尊重亡靈；他在葬禮次日跟女朋友做愛，被進一步解釋不把母親的死放在心裡（彷彿獨身的男人跟心愛的女人在一起，數度碰到她胸部，照樣不會激起任何情欲似的）；而他在死者倒下之後還開了數槍，則被解釋成是冷酷到毫無人性，就好像空氣再怎麼熱都不會讓人心煩氣躁，不會引起任何無以形容的情緒、懊惱。

簡言之，他在法庭上被剝除了生理的、感官的、情緒的、潛意識的一切存在，只剩下幾條冰冷、狹隘、空洞的理性法則，以至於他在法庭上如同一個無法融入現場的局外人。同時這也突顯出狹隘的理性主義有多麼荒謬（但不可笑，反而讓人有毛骨悚然的悲涼）！

然而隨著小說主題、寫作技巧與風格的多元化，閱讀小說所需要的態度與技巧也越來越多元，甚至不易捉摸。譬如，《瘟疫》的背景是一座黑死病大流行下的城市，表面上它在描述封城之後各種人物的抉擇與行動，很像新冠肺炎下的武漢或任何一個歐洲城市。然而對卡繆有起碼認識的讀者都知道，該書雖取材自阿爾及利亞第二大城在一八四七年的一場霍亂，然而所謂的「瘟疫」另有所指。許多書評以為它是指納粹席捲歐陸所帶來的災難，而書中人物的行動則暗喻著卡繆參與過的法國地下反抗行動。然而卡繆早已在《異鄉人》表達過荒謬感，以及對於既有價值信仰的疏離感：在此五年前出版過《薛西佛斯的神話》，討論在「意義的缺席」下如何用人的意志和行動去創造意義；在此四年後出版的《反抗者》裡，他指出荒謬感本身含有著自我否定的內在矛盾，我們可以藉此否定荒謬感，重建「你不可殺人」的信念。一個如此持續關心人類存在處境的人，很難相信《瘟疫》的寓意跟它前後的幾本書沒有密切關係。因此我們必須仔細爬梳小說裡的關鍵線索，尋找其他可能的寓意。

卡繆一開始就給了我們一個重要的線索，「認識一個城市最簡單的方法，或許是去確認人們如何工作、如何愛、如何死亡。」「我們的居民賣力工作，但只是為了致富這個目標。」他們唯一的愛好是「買賣」，而人生的唯一目標是「做生意」，然而這樣的生活秩序與人生目標在瘟疫流行與封城之後，突然變得毫無意義。《瘟疫》的場景是一座意義與價值徹底崩解的城市，絕大多數人除了恐懼之外，只剩下「我倆沒有明天」的狂歡（絕望與虛無感的另一種表達方式）。如果所愛的人在遠方，努力活下去或許還有一點點意義和價值，然而那種遙遠而不必然會實現的夢想，既不足以成為圍城解禁前的行動力來源，甚至如同來世的許諾般帶著高度的不確定性。而且，瘟疫就像虛無感一樣，是一種會彼此傳染的致死疾病，前者導致身體的死亡，後者導致精神、情感的死亡。鼠疫的徵兆是頭痛、發冷、發燒、疲倦以及淋巴結的腫脹和疼痛，而絕望與虛無感的病徵是疏離、冷感、孤獨，喪失一切積極行動的意志和目標。對抗鼠疫和虛無感的方法類似，是集體的力量：夥伴的情誼足以克服孤寂，也同時是否定虛無的起點——夥伴情誼使我們關心彼此的生死，也終結了我們對這個世界和生死的冷感、漠不關心；而集體對抗死亡與虛無的威脅這個行動本身更是在進一步地創造意義，即便最後終歸死亡，但是行動所創造出來的價值不會被死亡抹除。

當小說家想要鋪陳的故事無法靠日常生活中的經驗去理解時，他不得不仰賴各種隱喻、借喻、略喻的手段，表面上說的是一個較接近日常生活經驗的故事，實際上是在訴說另一個距離日常生活經驗較遙遠（而難以直接刻劃）的故事。因此，讀者必須根據作者所提供的線索和自己的生命經驗，去想像出這部小說沒說出來的那個故事——就像在玩中英文報紙常有的填字遊戲一般，我們必須借助被說出來的謎題，去猜測沒被說出來的謎底。也就是說，閱讀這種小說的時候，心得一部分來自於作者所提供的線索，一部分來自於讀者的想像和他原有的生命累積。當小說隱喻的故事距離讀者的生命經驗太遙遠，或者當讀者不夠聚精會神地去想像、揣測與比對小說中的線索時，他就會覺得太晦澀難懂，或不知所云。

小說跟詩詞一樣，作者想說的往往是「弦外之音，言外之意」；而報紙與一般的社會評論通常是用淺白、直述的方式在敘說可以靠日常生活經驗去理解的事實或思想。因此我們無法從閱讀報紙和消遣性讀物去培養出閱讀小說的能力，必須從培養詩詞欣賞的能力作為起點，去培養出閱讀小說的能力——因為詩詞跟小說一樣，利用日常語言傳達超乎日常生活經驗的情感與精神，而其結構遠比小說簡練而容易掌握。

弦外之音，言外之意——詩的語言與曖昧的張力

很多人覺得社會新聞的報導很容易懂，而數學或工程的專業文獻和詩則很難懂，但是鮮少有人去深究背後的原因，更少人警覺到新聞報導、專業文獻和詩基本上是三種語言。

新聞報導所要傳遞的訊息或意思通常是屬於日常生活經驗的範疇，可以透過日常生活經驗去理解，而且所要傳達的訊息止於字面，無須勞神揣摩背後含意，因而是日常語言最直接、淺白的運用。

數學與理工的文件所要傳述的是人為抽象建構的概念與思想，跟我們的日常生活經驗有著遙遠的距離；然而其定義清晰，結構嚴謹而論述條理明確，意圖藉此摒除一切與讀者個人生命經驗有關的解讀，最終目的在於建立起一種不受時間、空間、文化與種族差異所影響的客觀敘述和解讀。因此，這類文獻閱讀上的困難純屬抽象思考上的難度，而不涉及讀者個人內在的精神、情感與生命經驗的累積。

然而詩的目的截然不同於前兩者，它企圖穿透日常生活經驗的表層，傳遞比日常生活經驗更深刻的情感經驗、內心活動，或者生命底層的消息。因此詩的語言必須刻意跟日常語言形成一種疏離、隔閡，避免讀者用日常經驗去附會；同時，它必須藉由讀者的生命經驗和內省來豐富詩的內涵，以及跨越日常語言跟作者內在生命之間的鴻溝。因此，詩的語言表面上看起來會比日常語言更跳躍、不連貫，但是卻又更具有凝聚性與穿透力，而其穿透的能力一部分來自於讀者的貢獻或共鳴（透過讀者的生命經驗與揣摩、想像）。或者說，詩所要傳達的情感往往不在字面，而是言外之意，需要仰賴讀者根據自己的情感經驗去揣摩字面沒有表白的弦外之音——而且，詩的意境越是深遠，越是仰賴讀者去搜索自己最深層的情感經驗來相互啟發、交融，從而藉此穿透日常生活經驗的表層，碰觸內心較深層的感受。

譬如李清照的〈如夢令〉：「昨夜雨疏風驟，濃睡不消殘酒。試問捲簾人，卻道海棠依舊。知否！知否！應是綠肥紅瘦。」「綠肥紅瘦」是指海棠的綠葉依舊繁茂而花卉卻已稀疏，其中「肥」字與「瘦」字的含意與日常用語大相徑庭，卻活潑生動而令人拍案叫絕。同樣的，「濃睡」與「殘酒」中的「濃」字與「殘」字也都用得極其巧妙，把原本不容易用日常語言說清楚的情境給說得生活鮮明起來。然而若要充分掌握這闕詞的情趣和意境，我們還必須認真去揣摩字裡行間的暗示和言外之意。譬如，詞中人昨夜到底喝到多麼醉，為何一夜的濃睡之後還消除不了殘留的酒意？他（她）又是為何如此大醉？此外，雖然昨夜狂風大作，有可能會讓海棠的花卉墜落滿地，但是捲起簾子來看著窗外的人才會知道事實如何，為何詞中人卻偏要跟他爭辯說海棠不可能依舊完好無損？

如果我們用心去揣摩詞中的線索，並且參照自己的生命經驗去推敲，就會覺察到詞中人很可能整夜都在借酒澆愁，捲簾人進房來時他（她）還酒意難消地癱臥在床；而且這個捲簾人跟他（她）的關係極其親密，若非配偶就是貼身丫鬟，才能在他（她）臥床而未曾梳妝時進到房內。若然，則「知否！知否！應是綠肥紅瘦」一語很可能是在跟這個關係親密的捲簾人使性子、嘔氣、鬧彆扭，氣他（她）如此親近卻還覺察不到自己心情不好。至於這個愁緒與莫名的怨氣從何而來？因為海棠花開在四、五月期間，因此愁緒可能來詞中人自覺或不自覺的傷春，同時也可能是傷感於韶光易逝或華年易逝——這也同時回答了詞中人為何一夜的濃睡仍不能消除殘酒。彙整這些線索與詮釋之後，再重讀整闕詞，則一個少婦的傷春愁緒躍然紙上，同時也維妙維肖地勾勒出她跟捲簾人那種既親密又彆扭地使性子的嬌態，以及捲簾人那憨直到近乎魯鈍的性情（因而有人說這捲簾人應是她配偶）。

前後二十六字，道盡數百字記敘文也難以言傳的主僕（夫妻）性情與互動，以及莫名的傷春愁緒和複雜、微妙的情緒變化。之所以能如此，不僅僅是因為創作者的巧思與文字渲染，也仰賴讀者的用心解讀。無怪乎華茲華斯要說：「就詩而言，它是借助語言來感染（讀者的）心，而語言的意涵卻面臨不止盡的擾動和任意的聯想。即便詩人的天才足以將這些因素融化來為自己所用，但是讀者若沒有能力在自己的心靈裡鼓起情感昇華所需要的能量，詩的語言在他心裡將維持著未被詩人融化前的原有形狀和性質。」

李清照的詞用字淺白，很容易明瞭表層的大意；然而唯有用心揣摩，融入個人的生命經驗與情感，才能穿透表面上的敘事，而領略它的深層情感，從而體會到她遣詞用字的巧妙與新意，以及聲韻的感人處。她的〈聲聲慢〉就是另一個典型的例子，和千古激賞的絕唱：

尋尋，覓覓，冷冷，清清，淒淒，慘慘，戚戚。乍暖還寒時候，最難將息。三杯兩盞淡酒，怎敵他晚來風急。雁過也，正傷心，卻是舊時相識。滿地黃花堆積。憔悴損，如今有誰堪摘。守著窗兒，獨自怎生得黑。梧桐更兼細雨，到黃昏點點滴滴。這次第，怎一個愁字了得！

詩詞忌諱使用相同的字，如果相同的字前後相銜就叫疊字，更是奇險而忌諱。然而〈聲聲慢〉一開始就使用了十四個疊字「尋尋，覓覓，冷冷，清清，淒淒，慘慘，戚戚」，卻換來文壇千古賞譽。譬如，宋朝羅大經說：「起頭連疊七字。以一婦人，乃能創意出奇如此。」張端義也讚嘆：「此乃公孫大娘舞劍手。本朝非無能詞之士，未曾有一下十四疊字者。」明朝茅映也說：「這用十四疊字，後又四疊字（點點滴滴），情景婉絕，真是絕唱。後人效顰，便覺不妥。」至於整闕詞的用字、意境、情懷，更是佳評如潮。

若仔細揣摩，這十四個字看似重疊，實則每個字的情懷都不盡相同，始於似有若無的感觸而一層層地加深，由外而內，細膩勾勒出孤單、寂寥、落寞、傷感與悲泣的情感變化。譬如，「尋」字本是不帶焦慮與執意地試著找找看，「覓」字是非找到不可的固執與仔細查索，因此「尋尋，覓覓」四個字連起來其實是展現了四個層次的不同情緒：第一個「尋」字是臨時起意，不帶情緒地找；找不到之後情緒開始起變化，在失落感與不願意失落的情緒下更認真地再找一次；接著情緒上更加的焦慮，帶著非找到不可的執意而仔細查索了一遍又一遍，找不到的確定性越來越強，而內心的失落感也逐層地上升；到第二個「覓」字結束時，已然死心塌地的認定再也找不到，因而情緒上轉為「冷冷，清清」的孤單與寂寥。

所以，前後兩個「尋」字的情緒強度有著顯著的差異，必須是尋而又尋，才會在心情上轉為覓而又覓；同樣，前後兩個「覓」字背後的焦慮強度不同，第一個「覓」字還沒放棄找到的期待，第二個「覓」字結束時已經不得不死心。從這個體會來看，「尋尋，覓覓」的疊字有其必要性，必須是尋而又尋才會逐漸累積出焦慮與失落感的強度，又必須歷經覓而又覓的失落，才會死心塌地的轉為「冷冷，清清」的孤單與寂寥。於是，疊字不再是同一個字的刻板重複，而是前後不同的情緒變化——情緒變了，表面上重疊的兩個字也就在字意上起了微妙的變化，而有了實質內涵上的差異，以及綿密地刻劃情感變化的必要性。原本是詩詞上所忌諱的疊字，卻變成鬼斧神工的手法，能不令人拍案叫絕，誠心佩服？

類似地，「冷冷，清清」也不是單純的疊字，而是在刻劃心情的漸層變化。冷是對周遭環境的描述，說的是失去所愛（人、事、物、時）後環境顯得冰冷而有所隔閡，難以寄託情感；清指的是那種情感無所寄託之後逐漸萌發的孤單、寂寥感受，由外而內地漸層變化。同樣，「凄凄」是從孤單、寂寥而逐漸加深的傷感，「慘慘」是傷感漸深而越來越難以承擔的苦楚，「戚戚」則是「腸痛心碎，伏枕而泣矣」。因此就像傅庚生在《中國文學欣賞舉隅》裡說的：「此十四字之妙，妙在疊字，一也；妙在有層次，二也；妙在曲盡思婦之情，三也。」這種情緒的變化有其內在的邏輯，並非任意率性之作，「故覓覓不可改在尋尋之上，冷冷不可移植清清之下，而戚戚又必居最末也。」傅庚生接下來的評語更有趣，「此等心情，惟女兒能有之；此等筆墨，惟女兒能出之。設使其征人（離家的人）為女，居者為男，吾知其破題兒便已確信伊人之不在邇也，當無尋尋覓覓之事，男兒之心粗故也。」男人不必然都粗心、憨直，但是確實絕少李清照筆下那種千迴百轉、糾葛難斷的細膩糾結。

相較之下，南宋進士喬夢符的「鶯鶯燕燕，春春花花，柳柳真真事事。風風韻韻，嬌嬌嫩嫩，停停當當人人。」就顯得矯揉造作，毫無疊字的必要與意趣，而成為後世笑柄。

王國維曾在《人間詞話》裡說：「大家之作，其言情也必沁人心脾。其寫景也必豁人耳目。其辭脫口而出，無矯揉妝束之態。以其所見者真，所知者深也。詩詞皆然，持此以衡古今之作者，可無大誤矣。」李清照的許多作品都絕對堪當這個形容。

的確，文學與藝術若要對人產生「潛移默化」、「陶冶性情」的功效，就必須先能引領我們穿透日常生活經驗的表層，去領略更深刻也更值得珍惜的情感與精神，從而為我們的生命打開更高遠、廣闊的空間，也從而培養出我們對生命較高的品味與抉擇，以及對於質感的細膩分辨能力。譬如，領略〈聲聲慢〉中十四個字的微細情緒與情感變化，甚至前後兩個疊字背後的情緒（情感）差異。

結語

哲學與文學原本是同根而互補的，就像理性與藝術中細緻的感性一樣。但是很多人已經忘記柏拉圖既是哲學家，同時也是富於文學氣息的詩人。在中世紀和啟蒙運動時期，理性的思辨與藝術的感性長期分家，許多哲學家只認識粗鄙的感性而不認識藝術的精神性與深刻面，直到尼采與齊克果的筆下，理性的清徹與情感的豐厚、深刻才再度結合，而展現出文學的豐富精神性與高度。

米蘭・昆德拉顯然是立志要繼承並發揚這樣的文學傳統，用以矯正抽象思辨對人性的化簡、宰制與扭曲，甚至有跟現象學、存在哲學一較長短的意味。他在《小說的藝術》裡說：「海德格在《存在與時間》裡分析過的有關存在的重大主題——那些他認為已經被既往歐洲哲學忽視的——都已經在四個世紀的小說裡被除去遮蔽、展現、闡明。」在這四個世紀裡，「小說以它獨有的方式和邏輯逐一發現了存在的各種層面。」「自從現代肇始以來，小說一直不間斷且忠誠地陪伴著人類。

胡塞爾認為『知的熱情』是歐洲精神性的本質，而小說一直都在這種精神的牢牢掌握與引導下仔細審查人類具體的生命（人生），並且保護他免於『對存在的遺忘』，在永恆的光線下掌握『生活世界』。」

在他心裡，小說的天職是「發現唯有小說才能發現的。小說如果不曾發現過任何既往未知的某個存在的片段，就是不道德。認知（事實）是小說唯一的道德性。」相對的，所有的意識形態都是企圖在瞭解事實之前就急於下判斷，因此小說的首要天職就是對抗（瓦解、穿透）各種型態的意識形態，尤其是那種對於「善與惡涇渭分明的世界」的本能渴望——他的小說代表作《生命中不可承受之輕》就是其中力作，一九八〇年代的歐洲文化圈裡幾乎人手一冊；而《小說的藝術》和《被背叛的遺囑》則很像是「小說藝術獨立宣言」，一邊剖析現代小說的特色，一邊突顯現代小說跟哲學的對比（三本都是不可多得的好書）。

然而可以促進人類對自身的認識，突破抽象思辨的蒼白與貧乏，以及各種意識形態的箝制的，不是只有詩和小說。詩人赫伯特．里德後來以藝術史和藝術批評著名，他曾在《透過藝術的教育》裡說：「在人類的演化過程中，各種型態的符號溝通曾經具有不可或缺的重要性——那些具體表現在手勢、儀式、舞蹈、音樂、神話，以及詩的隱喻裡的溝通。這些型態的所有表達構成了感覺的語言，一種不屬於論證型態的思想，是我們的個人發展與社會生活的連結中絕對不可或缺的。然而現代世界已經嚴重遺忘這個重要性，而教育的體系則漠視這個重要性。」

的確，人類有許多種表現內在精神、情感的方式，它們的功能都迥異於我們所熟知的日常語言和抽象語言。詩詞與小說只是其中一種，此外還有音樂、繪畫、電影、雕刻與建築。詩詞與小說的閱讀需要獨特的閱讀（互動）技巧，迥異於閱讀報紙、社會評論或其他偏向知性的專業文獻，然而我們卻鮮少（甚至不曾）學習詩詞與小說的閱讀技巧（態度），因而也喪失了透過詩詞與小說去深入瞭解人類精神與情感層面的機會。

同樣的，繪畫與音樂也有它們自己的語言和語法結構，並非有能力讀詩詞與小說就同時也能懂繪畫和音樂。下一章讓我們來探索繪畫世界和語言世界（詩詞與小說）的異同。

20

心靈的顏色，畫家的慧眼——生命的另一種洞見

我相信，藝術將我們安置於一種恩寵的情境，於其中我們體驗到有如宗教般的普遍情感，然而它又同時是一種徹底自然的方式。廣泛的和諧，如同我們在顏色中所感受到的，遍布於我們身周。

——塞尚

美麗的事物源自內在的需要，從靈魂中湧現。

——康丁斯基（Wassily Kandinsky, 1866-1944）

藝術並非複製我們所看見的，它讓我們看見原本看不見的。

——保羅．克利

藝術家必須訓練他的眼睛，也必須訓練他的靈魂。

——康丁斯基

音樂表現的是那些無法訴諸言語，卻又無法保持沉默的。

——雨果

藝術從來不曾，也永遠不會從屬於道德的價值。道德的價值是社會性的，審美的價值是人性的。道德企圖節制感覺，藝術企圖將感覺外顯，賦予它們有意義的形式，使它們獲得確切的意義。道德只有一個目標——觀念上的善。藝術擁有截然不同的目標——客觀的真實。

——赫伯特．里德

追求幸福的第一步，就是要先徹底瞭解自己最深層的可欲和滿足。然而我們的日常生活卻經常渾渾噩噩度過。赫爾德說：「心靈中最美好的力量需要啟發，才能從休眠中甦醒。我們內在的燃料，需要火花的點燃。」文學與藝術的首要功能，就是以尖銳或細膩的手法呈現我們內心的活動，以及幽微難察的人性與情感，讓我們更容易覺察、認識到人性寬廣、深層的底蘊，乃至於如詩般優美、神聖的生命，以及情感與精神的昇華，或者像艾略特所說的「深層而無名的感受」，「我們鮮少穿透的生命基底。」

所謂「情感與精神的昇華」不必然是優美、崇高的，也不盡然是甜美、喜劇的。譬如，索福克里斯（Sophocles, BC497-BC406）的悲劇《伊底帕斯王》三部曲，它們引領我們超越個人的悲苦際遇，宏觀地凝視人類整體在命運捉弄下的無助與悲哀，並且逐步發展出坦然面對命運的自處之道，從而超越（transcend）無助與悲哀。這樣的精神與情感狀態，迥異於小確幸的溫馨、甜美，卻能帶給人更深刻且堅強有力的滿足與尊嚴，讓我們更能感受到生命的意義與價值，也更能承受命運的磨難。此外，在傑克梅第（Alberto Giacometti, 1901-1966）的雕塑裡，人的形象總是瘦骨嶙峋，似乎剝盡皮骨血肉，只剩下一縷孤單、寂寞的靈魂，在世紀末莊嚴地佇立或堅毅地緩步邁進。然而這些形象卻深刻打動我們的心靈，喚醒我們生命的尊嚴，也讓我們感受到生命中某種如詩般的優美、莊嚴與神聖。

小說與戲劇之所以能具有這種功能，是因為它以豐富的情節、線索和剔透的刻劃引導我們突破刻板、貧乏的想像，以及繁瑣、重複的日常生活經驗。然而，繪畫的語言不同於文學，它們各自從不同的角度揭露人性與心靈底層的消息，彼此相通而無法彼此取代。

可惜的是，一般人不僅未曾學習過如何閱讀詩詞與小說，更不曾瞭解到視覺藝術的獨特語言和語法，因而很難從藝術品的接觸經驗裡體會到超乎日常生活經驗的感受。尤其是印象派以來的繪畫，早已徹底脫離傳統的寫實風格和主題，高度仰賴觀賞者對色彩、線條和構圖的敏銳感受，和覺察、分辨的能力。對於繪畫語言的陌生，經常使一般人無法進入那一個精神與情感的世界。

這一章我們將借用梵谷和塞尚的畫為例，扼要說明繪畫欣賞的幾個盲點與要點。

難以言傳的鮮明感受，色彩與線條的精神世界——繪畫的語言與奧秘

小說、戲劇、雕刻與繪畫之所以能深刻地感動人，是因為它們都有能力用自己的語言傳遞創作者內心世界裡的情感和生命經驗。因為這個事實，有時候我們會發現畫家的內心世界跟文學家的內心世界有高度的交集。

譬如，梵谷給他弟弟的信就充滿文學性，「而且，我還擁有大自然、藝術與詩，如果這還不夠，什麼叫做夠？」「我把自己的心和靈魂都注入到作品裡去，同時在這過程中失去了理智。」「在我的人生與我的畫作裡我可以不需要上帝，但是在我如此受苦時我不能沒有某種比我更偉大的東西，它是我的生命——創造的能力。」「在多數人的眼裡我是什麼——無名小卒、怪異的，或一個令人不快的人——某個沒有社會地位且永遠不會有的人。簡言之，最卑微者中的最卑微者。好吧，那麼，就算那是絕對的事實，我希望有一天可以用我的作品讓世人看到這個怪異的、無名之輩的心裡有什麼。這是我的野心，先不管別的，與其說是基於怨恨不如說是基於愛，與其說因為激情不如說是因為寧靜的感覺。雖然我經常處於悲慘的深淵，我的內心裡還是不時有著平靜、純粹的和諧，以及樂音。我在最窮困潦倒的村舍裡和最骯髒的角落裡看見繪畫和素描。而我的心被無法抗拒的動力推向這些事物。」此外，他在日記裡寫著：「我要用我的作品感動人們。我要他們說『他的感受很深刻，他的感受很溫柔。』」

這些話的口吻，多麼酷似熱情而敏感的詩人？無怪乎德國表現主義的詩人格奧爾格．海姆（Georg Heym）說：「讀著他的信，我一再說：天啊，這不就是詩的寫法嗎。」

然而繪畫跟詩終究還是有一個重大的差異：文字往往比繪畫更加容易欺騙人。想像一個人濫情地背誦從網路上抄來的話，「如果你真的愛大自然，就會在所有的地方都看見美。」我們無從知道他是否真有能力在所有的地方都看見美，然而當梵谷在信裡寫下這一句話後，他卻可以用畫作印證這是一句真心誠意的話。就像塞尚說的：「文學家以抽象的方式表現他自己，然而一個畫家必須透過線條和色彩為他的感受和知覺賦予具體的形象。」

其次，當印象派畫家大膽地擺脫寫實傳統時，他們就只能仰賴自己的感覺來引導他的畫筆，而無法再仰賴物體的形象來引導他的創作。因此，塞尚說：「在大自然中寫生並非抄襲外界的物體，而是將感覺具體化。」而一個畫家的內心感受往往比常人更敏銳，同時又不同於其他的畫家。這種感受的獨特性，才是他那原創性的源頭，就像梵谷說的：「畫作有它們自己的生命，那是全然源自於畫家的靈魂。」

譬如，梵谷對夜晚的感覺就迥異於常人。他在給弟弟的信裡說：「我經常覺得夜晚比白天更加生氣勃勃，也更豐富多彩，有著最鮮豔的紫色、藍色和綠色調性。如果你仔細觀察它，就會發現有些星星帶著檸檬黃的色調，有些帶著粉紅色、綠色、藍色和勿忘我的光輝。」這樣的描述跟我們對夜景的視覺經驗似乎有著很大的距離，譬如，很難想像星星會帶著綠色的光輝，更難想像夜間會比白天更豐富多彩。

但是他在一八八九年畫下著名的〈星夜〉，讓我們在第一眼裡就感受到豐富的色彩，生氣勃勃的氣氛，很像是個令人精神奕奕且興高采烈的夏夜。這一幅畫絕不是要再現夜間某一個特定時刻的視覺現象，而是揉合了不同時刻的夜景所給予他的感受，有如夜間各種美好情感的有機總匯，甚至可能還加上他詩意的想像。慢慢地瀏覽畫面的各個角落，情緒會隨著色彩、筆觸和構圖而在歡欣、雀躍和寧靜、祥和的滿足感之間流轉。

根據梵谷給弟弟的信，他曾在某日破曉前看見一顆極其耀眼的晨星。而畫面左邊那棵龍柏樹的樹端緊貼著一顆金黃色的星星，也許就是那顆晨星所留下來的記憶。這顆晨星下方那波浪狀、藍白間雜的筆觸有可能是銀河，也有人從它聯想起日本浮世繪大師葛飾北齋〈神奈川沖浪裡〉那座吞噬富士山與漁船的巨浪。然而跟北齋那滔天巨浪的毀滅性力量比起來，〈星夜〉裡波浪狀的銀河卻顯露出活潑而溫柔的律動，絲毫不帶任何威脅意味。

整幅〈星夜〉布滿弧狀的粗短筆觸，然而這些筆觸的感覺卻隨著顏色的變化而異。最上面的藍天深邃而美麗，在星光下顯得微微地激動；山坡上的線條短而直，在白色與鮮亮的鈷藍、海軍藍和靛藍色調下，顯得寧靜而美麗；介於銀河與山坡之間的白色筆觸間雜著美麗的藍色，是畫面上最溫柔的情懷；而山坡下的樹叢和村落則顯得極其寧謐、安靜，有如人聲俱寂的深夜。對比強烈的是，相對於天空鮮亮而美麗的藍白色筆觸而言，龍柏的墨綠與鐵鏽般的咖啡色極其黯沉而凝重，讓人心情抑鬱；尤其是龍柏裡的暗綠色調與暗咖啡色形成不協調的強烈對比，刺激著我們的眼睛和情緒，有如聽到叉子刮碗盤的不和諧音調，極為刺耳、不安。然而龍柏樹上強勁的長弧線有力地扭動著，好像一股掙騰著要奔向天空的頑強意志和渴望；偏偏在黝暗色調的襯托下，又流露著沉重而難以遂願的艱辛與苦楚。

這是一幅情緒複雜而情感豐富的畫，既有著寧靜與祥和，也有著激情的嚮往與難以遂願的困苦、辛酸；它時而歡欣雀躍，時而溫馨、祥和而滿足，時而流露神經質的不安。畫這幅畫的時候，梵谷已經情緒激動地割下右耳，然而他的神智依然清醒。這幅畫像是在綜述他一生的心願和苦難，就像他在這一時期給弟弟的信裡說的：「星星裡有著希望。」「強烈地需要，我是不是該說——宗教——所以我在夜裡出去畫星星。」也許〈星夜〉裡的每一顆星星，象徵著一個終生奮鬥而終於昇華的靈魂。

在文字敘述裡，「宗教」是個飄忽不定的概念，可以是迷信，可以是原始崇拜，也可以是教義迥然不同的基督教或佛教。然而在〈星夜〉的畫面裡，我們很清楚它跟所有的宗教組織無關，也跟死後的審判或懲罰無關，是純粹的祥和、喜悅、美麗和滿足——再度突顯文字概念的抽象、貧乏，與繪畫內涵的飽滿、豐盈。

所以，面對一張畫，最重要的是去覺察、感受它在你內心所撩撥起的各種情緒，而不要去管那畫面有多麼矛盾，多麼不近常理，或者是有多麼難以形容、捉摸、理解——繪畫原本就是要刻

劃超乎日常生活經驗的感受，它往往是多種生命經驗的異質拼貼、對比或揉合，藉此激發你內心全新的感受和體驗，因而超乎日常語言的描述範圍。而且，繪畫作品所要挑起的情愫往往非常纖細、幽微而不易掌握。你一開始試圖去釐清那些感覺，就會立刻陷入詞窮語拙的困窘與膠著裡；而且因為一心二用，使得原本就很難掌握的感覺變得更難掌握，最後終於被你的困思所扼殺。

所以，看畫時絕不可以一心二用，要專注於你對色彩、筆觸、線條、構圖的感覺，眼光在畫面上四處逡巡，探索你內心被撩撥起來的各種感覺，耐性地等內心靜下來，讓這些感覺慢慢浸透你，使得你的感覺從模糊籠統而逐漸清晰起來。你時而聚焦於細部，去探索對應於它的情感細節；時而宏觀地看著整張畫，試圖咀嚼各種情愫揉合在一起的複雜感覺。就像抽象繪畫大師康丁斯基在《藝術的精神性》裡說的：「色彩直接影響你的心靈。色彩像鍵盤，眼睛像琴槌，心靈是有著許多根弦的鋼琴。藝術家就是彈奏鋼琴的手，有意識地彈觸某一個琴鍵或另一個琴鍵，藉此觸發心靈的振動。」或者像他在〈抽象繪畫的價值〉裡說的：「把你的耳朵交給音樂，把你的眼睛向畫作敞開，同時……**停止思考！**只問你自己這幅畫作是否讓你能夠在『巡遊』中進入一個前所未知的世界。如果答案是肯定的，那你還要求什麼？」

很多人沒有警覺到，感受一張畫（中止思考，任隨畫面上的色彩、線條、筆觸、構圖撩撥你的心弦）跟形容（理解）自己對一張畫的感覺，這是兩件距離遙遠的事，而且是兩件同等吃力的事。傑出的畫作之所以傑出，往往就是因為它在我們心裡引起深刻、豐富而難以言傳的感受，而且這些感受往往是既陌生且幽微而不易覺察的，要充分感受、體察它們一點都不容易。此外，要把這些感受都轉譯成文字語言，則是另一件艱難的工作，需要有很高的文字造詣，甚至根本就不可能。如果一邊試圖感受、分辨一張畫在我們內心撩撥起的所有情緒，又一邊試圖將各種感受轉譯成文字語言，那是比一心二用還更艱難的工作。

因此，我們必須先中止思考，任隨那張畫在內心撩撥起各種情緒，同時專注於探索、品味、分辨這些複雜的感受，以及這些感受跟畫面上各種元素的關係，直到我們對這一張畫的感受已經飽滿，無法再增加，才開始試著將這些感受轉譯成文字敘述。此外，在我們試圖將感受轉譯時，可以參考創作者的背景，來增加轉譯時的可信度與信心。譬如，根據古希臘的傳說，人死後有可能會成為晨星，羅馬人則相信唯有傑出的人士死後才會成為天上的星星；而梵谷的信裡也提到過：「我們必須經由死亡才能到達星星。」因此我們可以推測，梵谷可能利用這個故事當隱喻，表達著期望自己一生的努力可以換來靈魂的昇華（與不朽）——畫面上緊貼著龍柏樹端右方的那顆黃色晨星，說不定就是寓意著梵谷昇華後的靈魂。

然而在轉譯你的感受並進一步詮釋之前，必須先確認自己對畫面的感受已經飽滿才行。如果感受還很模糊、粗糙、籠統就開始勉強進行轉譯和詮釋，很容易淪為跟畫面情緒脫節的牽強附會。譬如，著名的藝術史家梅爾·夏皮洛（Meyer Schapiro）說〈星夜〉是描繪世界末日前的景象，因為畫面的右上方似乎是月亮與太陽重疊，且天上又有十一顆星，吻合《啟示錄》第十二章一開頭描述的異象：「有一個婦人身披日頭，腳踏月亮，頭戴十二星的冠冕，她懷了孕，在生產的艱難中疼痛呼叫。」然而這種聯想跟畫面所傳遞的氛圍、情感相去太遠，顯得證據薄弱而牽強附會。後來的學術研究也顯示這幅畫跟《啟示錄》無關。

赫伯特．里德在一九五四年有一個題為「藝術與人類意識的發展」的紐約演講，他說：「在人類的生涯裡，有兩種截然不同的能力：智力始於觀察自然，進而記憶並分類事實，同時建立起被適切地稱為科學的知識大廈。另一方面，感性是直接針對事物的另一類獨特本性起反應，它始於對色彩、畫面肌理和形狀的關係進行感性的領會。而且如果我們努力組織這些元素，我們的想法並不是要增加心智的知識，而是為了要增強愉悅的感覺。」藝術所關切的是情感和感覺，不一定得是愉悅的，但一定不是為了增加知識。

然而視覺藝術並非一向都擅長用色彩、線條、筆觸（肌理）、構圖等造型元素去表達創作者內在的情感與精神——這是印象派（尤其是塞尚）為後世畫家掙來的特權。

昇華與沉淪——心靈的內在掙騰與運動，繪畫與視覺藝術的精神渴望

其實，古希臘與羅馬的繪畫與雕刻裡，寫實的元素原本就扮演著關鍵的角色。早期基督教為了避免偶像崇拜的禁忌而予以壓抑，甚至曾經一度加以禁止；在這氛圍下，聖像畫刻意壓抑寫實的要素，而代之以耶穌赦免的權柄和聖母的悲憫等精神性要素。然而宗教情感在中世紀逐漸淡化後，

聖像畫的精神性也逐漸消失，而淪為刻板、拙劣的模仿和複製。

中世紀宗教信仰與情感的逐漸淡薄跟羅馬教廷的腐化互為表裡，文藝復興的崛起可以被看成是在填補信仰衰竭後的精神空虛。從聖像畫中解放出來的文藝復興繪畫重拾對寫實的關注，先後發展出空間透視（近大遠小，地面上所有平行線交於遠方的一個點）、空氣透視（近景清晰且色彩鮮明，遠景模糊且色彩淡薄），和卡拉瓦喬（Caravaggio）的光影透視法（利用物體明亮面與陰影的明暗對比來強化空間深度）。

印象派崛起之前，寫實的要素是繪畫的核心，環境的氣氛與觀賞者的情緒則處於陪襯的地位，畫家的內在情感與精神更是被壓抑的——達文西和林布蘭是兩個重要的例外。因此康丁斯基把這個寫實主義的傳統稱為「物質主義」的傳統，他們關心的是事物的外貌。

一九一〇年出版的《藝術的精神性》既是抽象繪畫的獨立宣言，也是在批判寫實主義的傳統。其中描述的畫廊寫照有如今天的羅浮宮——一座龐大的宮殿裡塞滿各種動物、人物與風景的寫實與寫生，觀眾人手一冊地拿著展覽目錄，他們「從一堵牆走到另一堵牆，翻著書頁，讀著人名和作品名稱。然後他們離開，不比來的時候更充實，也不更貧乏。」「觀眾以冷淡的眼光和漠不關心的心態看待作品，鑑賞家欽佩『技巧』如同欽佩馬戲團裡走鋼絲的人，享受『畫作的品質』有如在享受一道糕點。然而飢渴的靈魂依然飢渴地離開。」簡言之，畫家與鑑賞家關心的是技法的純熟與作品所帶來的名利，觀眾只有好奇與附庸風雅的虛榮，誰也不曾碰觸到自己內在真實的情感、精神與生命。他反諷地引述托爾斯泰來形容寫實主義：「畫家是這樣的人，他什麼都可以畫。」同時引述舒曼（Robert Schumann）的話來揭示藝術的本務：「把光線送進人心的暗處——這是藝術的職責。」

十九世紀末的印象派畫家是第一批從寫實的桎梏中徹底解放出來的藝術家，他們以自辦退選沙龍來對抗當時新古典主義衍生的官方畫院教條。從此以後，歐洲美術歷經印象派與後印象派而逐漸發展成抽象繪畫，繪畫的核心也從對外部世界的瞬間印象，逐漸往內深化為畫家的獨特情感、精神與人格。如同《藝術的精神性》裡描述的，過去倚附於寫實主義的人物表情如恐懼、快樂與憂傷等，以及倚附於風景寫生的浪漫氛圍「再也無法帶給藝術家強大的滿足。他會努力想要喚醒更精微的、至今未曾被命名的情感。」

於是塞尚開始根據自己內在的情感需要去畫畫，他在〈水浴圖〉裡扭曲人體的比例，用以突顯自己內在一種向上昇華的情感要求。他畫的蘋果一顆顆像岩石般堅實，不是只有一層色彩鮮豔的果皮，為的是吻合自己對於物體那種「堅實且經得起時間考驗」的感覺；他讓塞尚夫人的身體膨脹起來，用以刻劃人類內在的尊嚴；他用自然景物中不存在的色彩，去捕捉聖維克多山與天空的對話。繼他之後，梵谷與高更（Paul Gauguin）等後期印象派畫家在構圖、用色與筆觸上更加大膽，也更加無畏地去探索個人內心深處的精神與情感狀態。梵谷繪於一八八九年的〈自畫像〉就是典型的代表之一。

這幅畫乍看仍帶有寫實的成分，然而臉部的綠色則顯得很不「寫實」，背後漩渦狀的線條一點都不寫實，乍看之下很難理解畫家的用意。仔細端詳緊繃的臉部，雙眉緊鎖而兩眼凝視前方，像是怒目而視，又像是倔傲不屈，還帶點緊張與焦慮；不過，在堅強的下顎和緊抿著的嘴唇襯托下，明顯突顯出倔傲不屈的意志，甚至連筆觸強勁的頭髮和鬍鬚都似乎在強化精神上的倔傲不屈。如果我們在想像中把臉部的綠色線條換成額頭上方接近髮根處的淺皮膚色，臉部的表情會頓時柔和下來；對比之下，臉部的綠色實際帶來一種近乎神經質的高度不安，尤其是雙眉之間的那塊綠色，以及介於鼻梁根部與兩眼眼頭下方的兩塊綠色，最是鮮明。看清這張臉部的緊繃與不安之後，背景裡藍、綠夾雜的漩渦狀線條似乎也感染了這股緊張、焦慮的氣息，猶如〈星夜〉裡的龍柏那樣帶著往上竄升的蒸騰意志；只不過〈自畫像〉裡的粉藍、粉綠的色調比較柔和輕盈而略帶著不安，不像〈星夜〉裡龍柏的色調那麼黝黑沉重而執拗——大約在完成這張畫後的十個月，梵谷開槍自殺，這張畫變成他最後的內心寫照，而且遠比寫實主義的繪畫更能表現出他內心的真實狀態。

可惜的是很多觀賞者仍舊被寫實的慣性所綑綁，無法從畫面的色彩、線條與構圖感受到這張畫所傳達的強烈情緒。就像《藝術的精神性》說的：「觀賞者太過急切於尋找畫作的意義，也就是畫面不同部分的外在連結。」「他不讓畫作的內在價值發揮作用」，一心牽掛著「跟實物相近的程度」或畫面的調性、特殊的技法等表層特徵，以至於「他的眼睛沒有偵測到內在意義的外顯特徵，因而無法觸及畫作的內在意義。」然而就像我們跟人的對話一樣，畫作的表層特徵有如一個人談話

時的措詞與表情、手勢，這些確實「有趣且重要，但不是攸關精神的升揚與沉淪的主要事物，我們真正的關切是意義和理念。」

康丁斯基把美術史理解為藝術的精神性與寫實的物質性之間的角力，畫家的內在情感與精神一再企圖掙脫寫實的物質性束縛，有如一個企圖往上昇華的三角形。「繪畫是藝術，而藝術並非曖昧的產物，或轉瞬即逝的孤立事件，它是一種力量，它必須被導向人類靈魂的改善和細緻化——事實上，被導向精神性三角形的升揚。」「藝術家必須有能力正確衡量他所在的位置，必須瞭解到他對藝術和自己都有責任，瞭解到他不是城堡裡的國王而是為高貴的目的服務，這是很重要的。他必須探索自己心靈的深處，發展它並照料它，以便他的藝術有值得裝扮的內涵，而不是一隻空洞的手套。」「如果藝術家是美的祭司，照樣必須根據內在需求的原則去找尋美，而且只能根據該需要的量與強烈度去衡量美。真正的美是那些內在需求的產物，那些從靈魂湧現的。」「藝術家以神奇且奧秘的方式讓藝術作品誕生。它從他那裡獲得生命與存在。……它存在且有能力創造精神的氛圍。根據這個內在的立足點我們可以判斷那是一件好的或壞的作品。如果它的『形式』是壞的，那意味著這個形式所含有的意義太微弱，不足以引起相對應的靈魂共鳴。」「如同身體，精神可以透過經常的鍛鍊而獲得發展與強化。如同身體，疏於鍛鍊的精神會日益衰弱而終於無能，所以疏於照料的精神最後會消失。為了這個原因，畫家必須知道一個鍛鍊精神的起點，這個起點就是研究色彩和它對於人的影響。」（《藝術的精神性》）。

康丁斯基相信跟寫實因素無關的純色彩會挑動我們內心的琴弦，而顏色的對比如同聲音的對比，可以是和諧（靜謐、祥和、溫暖、甜美）或不和諧（尖銳、刺耳、不安、焦慮）；搭配上形狀、線條、構圖、筆觸（肌理）後，可以表現出人類內心各種的精神與情感狀態。

他羨慕音樂家始終不曾被物質性（寫實的因素）桎梏，始終是純粹精神性的；然而他忽略了音樂也可以非常膚淺、無聊，純屬淺薄情緒的撥弄。他期待著抽象繪畫徹底掙脫寫實的拘束後會像音樂那樣邁向純粹的精神領域，卻忘記了唯有偉大的心靈才能透過藝術創作而激起觀賞者內心的偉大情感，空洞的心靈一旦被剝除了物質性的外衣之後只會暴露出內在的空虛。很不幸地，蘇西・嘉柏利克（Suzi Gablik）的《現代主義失敗了嗎？》就是在檢討當代藝術的空洞化。

相對於當代藝術的空洞化，益發突顯塞尚繪畫世界的崇高與偉大。

莊嚴、神秘、崇高的大自然之美，鍥而不捨的朝聖者——塞尚的心靈世界

塞尚晚年的繪畫世界洋溢著大自然莊嚴、神秘、崇高的情懷，他的靜物畫洋溢著精神與情感昇華後的幸福；而他的人像畫則滿溢著人類不可褻玩的尊嚴；至於〈水浴圖〉，則是企圖呈現人與大自然結合後的那股向上昇華的精神力量。

然而除非看畫的人對色彩、線條與構圖有高度的敏感性，而且對自己內心的感受也有高度的自覺能力，否則上述形容有如空洞的溢美之詞。我不敢奢望用這一章剩下的篇幅去引導讀者充分感

受塞尚晚年的繪畫世界，只盼能藉此讓讀者一瞥塞尚對大自然的情懷。

塞尚留下許多書信，他的經紀商佛拉（Ambroise Vollard）寫過回憶錄，詩人兼藝評家嘉斯凱特（Joachim Gasquet）的《塞尚：訪談回憶錄》更有許多參考價值較高的記載，包括塞尚的心境、作畫方式和想法。

塞尚曾說：「我想要呈現的是非常神秘的，它盤根錯節地根植於存有本身，來自泉湧不止的情感源頭。」「我可以毫不歇止地畫上一百年、一千年，卻仍舊覺得自己似乎一無所知。」他說，在大自然面前寫生時，「畫家揭露了那未曾被描述過的，將它轉譯成繪畫的絕對語言，也就是說不同於實物的某種存在。」「畫家擁有兩件東西：眼睛和心靈；任何一個都需要另一個的協助，他必須在兩者的協同發展中工作。他的眼睛注視著大自然，同時他的心靈有條理地組織他的感覺來產出表現的方法。這確實已經不只是膚淺的模仿了。」「在大自然裡寫生並不是去畫眼前的物體，而是去表現你的感受。」這些話恰恰對應著本章篇首康丁斯基與保羅・克利的三則引言，然而情感上卻又比他們更深刻，因為塞尚從大自然所體會到的崇高情感是康丁斯基與保羅・克利所沒有的。

塞尚曾受印象派的啟發，然而他不想停留在表層的印象和轉眼即逝的情緒，他想要探索事物更深層的本質，以及更深刻、永恆且崇高、偉大的情感。他說：「畫作必須讓我們品嘗到大自然那永恆的滋味。毫無任何保留。」「我想要把印象派變成扎實而持久，就像博物館裡的藝術品。」對他而言，繪畫是跟大自然結合的管道，也是精神與情感昇華的管道。他曾對嘉斯凱特說：「我相信藝術將我們引領到一種優美的情境，我們在其中感受到一種遍布的情感，有如宗教卻又同時是一種完全自然的方式。我們周身充滿了普遍的和諧，如同我們在色彩中所發現的一般。」他甚至是懷著朝聖者的崇高情懷在作畫，他在六十四歲時寫信給經紀商佛拉：「我堅持不懈地作畫，偶爾會窺見神所許諾的土地。我會不會像希伯來的偉大領袖（摩西）那樣，有一天會真的抵達那裡？……我有些進展。噢！為何如此迂緩而艱苦？難不成藝術一定要像僧侶的修行，要求信仰者把身體和靈魂都交給它。」在給一個年輕畫家的信裡，他說：「我已經老了、病了，但是我發誓要一直畫到死亡的那一刻，而不是被威脅著老年的惡劣的墮落所淹沒，有如那些被變質的熱情所掌控的老人。」

這種近乎宗教般的情感不是教會裡養成的習慣或文學的誇飾，而是來自於他跟大自然在精神與情感上的神秘連結：「在細雨中我呼吸著這個世界的純真。我感受到色彩微細的無窮變化。在這瞬間，我跟我的畫變成一體。我們是混沌未開的斑爛虹彩。……陽光悄無聲息地穿透了我，猶如遠方的朋友在激勵慵懶、乏力的我，給我養分。我們一起創造了生命。」（《塞尚：訪談回憶錄》）因此，他幾乎每天到戶外去寫生，以便日益深刻、細緻地咀嚼、玩味大自然的神秘、莊嚴與神聖感，同時嘗試著把它們給轉譯到畫布上。

這個轉譯的過程極為耗費心力，必須跟模仿的慣性（純屬表層現象的寫生）對抗，必須跟大腦中各種先入為主的成見對抗，還必須把自己內心的敏銳度不斷提升來深化對大自然與內心情感的覺察。他對嘉斯凱特說：「藝術有著對應於大自然的和諧。白癡才會跟你說藝術家總是不如大自然。藝術家必須保持跟大自然平行，當然唯有在他刻意介入時例外。他的所有目標必須是靜默。他必須讓心裡的一切成見靜默無聲，他必須忘記一切，忘記，沉默，成為大自然完美的回聲。然後整個大自然的景觀會把自己蝕刻在他心靈的敏感銅版上。然後，他必須使用自己的技巧將蝕刻在他心靈裡的景色給固定在畫布上，讓它外顯出來。然而這個技巧本身也必須順服而忠誠地自動將文件轉譯，他必須熟知原文和譯本的兩種語言。眼中所見的大自然和內心所感受到的大自然，大自然本身和我們心靈裡的大自然，兩者必須融為一體而具有恆久性，成為半人半神聖的生命，這就是藝術的生命，或者說是神祇的生命。風景在我心裡反映、人性化、合理化。我再將它對象化，投射出去，固定在我的畫布上。……當你的感覺深化時你也同時抵達真實。你感受到一種反映真實的健康渴望。基本上我在作畫時什麼也不想。我看到各種色彩。我懷著喜悅努力將它們轉移到我的畫布上，恰如我所見。它們根據自己的選擇自行排列，任何一種古老的方式。有時候這就成為一幅畫。**我是一個沒有大腦的動物**。我很滿足於成為這個樣子。」（《塞尚：訪談回憶錄》）。

對於他而言，唯有當內心可以感受到大自然最深刻、崇高的情感，同時又成功地將這種情感轉化成畫布上的色彩與構圖時，才算達成目標。然而他對畫商佛拉說：「我的進展十分緩慢，因為大自然以極為複雜的形式對我展現；而這個進展永遠沒有盡頭。我必須面對著模特兒（大自然），準確無誤地感受它；同時把自己的感受有力而毫不含糊地表現出來。」「我必須追求作品的完整度，為的只是懂得更多且更接近真實時的那種愉悅、滿足。」「我必須繼續嘗試，為的不是在畫面上完成最後一筆——那只會讓蠢人欽佩。」

塞尚跟康德都是典型的大器晚成——康德在五十五歲才出版第一本代表作《純粹理性批判》，塞尚在三十一歲以前完全不知道要如何作畫，畫面經常覆滿黝暗色調，被稱為「黑色時期」；後來跟畢沙羅（Camille Pissarro）一起寫生八年，才逐漸開始掌握光影和色彩之間的關係。三十九歲那年他返回故鄉，繼續摸索自己的感覺、意圖與風格。這時候他已經體認到自然界的物體並沒有任何明確的邊界或線條，因此企圖完全只靠色彩的變化與諧調來創造出透視法所無法表現的空間深度，他說：「我希望可以抄襲大自然。我做不到。但是我感到滿足，譬如，當我發現陽光是無法被抄襲的，我們必須用其他的東西來呈現它——用色彩。」「我想要完全只靠色彩來呈現空間的深度。」

四十歲那年他畫出〈曼西的橋〉，在尋常的觀賞距離下，整張畫似乎是完全平塗而沒有深度感，而且筆觸鮮明且粗糙。但是當觀賞的距離遠到看不清筆觸而河面顯得平滑如鏡時，不同筆觸的色塊終於在人眼中充分融合，使得畫面下半部（石橋及其下方）的空間開始呈現出極為驚人的深度感，遠遠超乎傳統透視技法的表現。同樣，這時期的靜物畫若在很遠的距離觀賞，也會顯露出驚人的空間深度，而水果則堅實得有如岩石（你可以清楚感受到它的堅實，絕不只是一層皮）——或許塞尚的作品就是要在比較遠的觀賞距離，讓粗糙的筆觸與不同色塊能在眼中充分進行色光混合後，才會顯露出這些作品真正的「神情」。

塞尚終於完成第一個目標：在畫布上呈現出物體的存在感（堅實，佔有空間，而不只是一層表皮），以及空間的深度感。然而這只是他的基礎研究，而不是最終目標。

他真正想要呈現的，是大自然的神秘、崇高、莊嚴而近乎神聖的情感。他說：「大自然在深度而不在表層，色彩是在平面（畫布）上表現這種深度的手段；這些顏色從世界的根部浮現，它們是大自然的生命，也是藝術觀念的生命。」然而繪畫史上從來沒有人表現過這樣的情感，他必須突破傳統，自己去尋找表現的方式，而這過程中必須一再克服一切妨礙感受與表現的成見，因此備嘗艱辛。他說：「繪畫不是盲目地抄襲，而是先掌握住相關聯事物間的和諧，然後再根據一個新穎、原創的法則把它們轉移到畫布上。」「顏色有它自己的邏輯。畫家該服從的僅僅只是顏色的邏輯，而不是大腦的邏輯。」他對年輕畫家伯納德（Emile Bernard）說：「線條和色彩根本是無法彼此分離的，當你著色時你也在勾勒形狀；當色彩達到最和諧的時候，形狀也達到最高的正確性。當色彩達到最高的豐富性時，形狀也達到最高的完整度。色調的對比和關聯——這裡頭蘊藏著繪畫與造型的秘密。」「對於我們這些人類而言，大自然與其說是在表層，不如說它在深度裡，因此有必要加入光線的振動，用紅色和黃色來表現，以及足夠的藍色調來呈現空氣的感覺。」

然而直到五十五歲前後，他才終於在一系列樹林與岩石的寫生裡呈現出莊嚴、神秘而幽深、美麗的情感，譬如一九八〇年代中期完成的〈樹林中的岩石〉。這一幅畫一樣要在相當遠的距離觀賞時才會呈現出較明顯的深度感——雖然不像〈曼西的橋〉的下半部那麼深邃。稀疏的樹林中有許多岩塊，首先吸引人目光的是岩塊上深淺不一的紫色，從淡紫、丁香、紫籐色、紺紫色到紫草色

與黛紫，層次細膩且豐富，間雜著橙色系、黃色系與藍、綠色系的多樣顏色，表現出既神秘、端莊又幽深、細膩的美感；樹幹和樹枝有著纖細、優美的弧線，如同舞蹈般帶來一種輕盈、隱微的律動；而樹葉的灰紫色、褐色與綠色皴擦肌理則表現出更加難以言喻的細緻、深邃與神秘感，有如一種形上的或宗教性的暗示。

假如說樹林是一座大自然的教堂，裡頭的光影與色彩是形上的、精神性的，或宗教性的諭示，那麼它的視覺或許就像這一張畫？持續凝視著它，非常耐看而不會讓你厭煩，凝視越久心裡越靜謐、幽深，同時又有一種輕盈的光影律動，而且這種律動一點都不會擾亂你心靈裡深邃的靜謐，只是帶給它一種耐人咀嚼的細緻和活潑、喜悅。此後他又畫了許多張樹林與岩石的畫，每一張都透露出不一樣的神秘感與深邃感，都帶著形上的或精神性的暗示。

他曾向嘉斯凱特敘述自己作畫（寫生）的過程：「我用同一種精神把四處散落的感受給整合在一起。我們眼睛所看到的一切逐漸地擴散並且消失。不是嗎？大自然是永恆不變的，但是我們眼睛所能看到的外觀卻永遠在變化。當畫家感受到大自然的永恆時，他必須把這份感受跟大自然裡所有變化中的元素、外觀一起呈現，他必須要讓觀眾感受到大自然的永恆。在這一切的背後到底是什麼？也許空無一物，也許什麼都有，你懂嗎？所以我也跟大自然那隻變化莫測的手一樣，從左邊取一點（要素），從右邊取一點，這裡取一點，那裡取一點，從所有的角度萃取色調、顏色、彩度。我把它們給安置在畫面上，把它們整合起來。它們自己形成線條，變成物體、石頭、樹——

而**我完全沒有在思考**。它們擁有量體，它們擁有明度。如果在我的感覺中這些畫布上面的量體與明度恰恰對應著我眼前的色塊與色面，非常好！我的畫布跟我的手是協調一致的，它們（作品及其帶給觀賞者的感受）將會是穩定的，不會顯得太高調或太低調。它們是真實的，充實飽滿的。但是，如果我稍微有點分心，或者略為力不從心，尤其是當我過度詮釋的時候，如果我今天被一種理論吸引而它又剛好跟前一天的理論衝突，如果我在畫畫時用大腦去思考，去介入，那麼一切都完了。」（《塞尚：訪談回憶錄》）。因此，這一系列的樹林與岩石應該是塞尚綜合一個場景在各種天候、季節、光影下給予他的情感和精神性啟發，而不是特定場址、特定時刻的照相寫實。

不過，塞尚最艱難的挑戰是聖維克多山，他一直到死前都還經常在畫這主題。根據《塞尚：訪談回憶錄》，塞尚曾形容聖維克多山給他的感覺：「我們的大腦跟宇宙在色彩裡相遇。對於真正的畫家而言，這個原因讓色彩顯得徹底戲劇化。你認真看那邊的聖維克多山，看它如何往上攀升，看它如何肆無忌憚地渴望著太陽。……我有一段很長的時間根本沒有能力畫聖維克多山，我簡直完全不知道要如何下筆，因為就像其他凝視過它的人一樣，我把陰影面想像成是凹陷的，而實際上它卻是凸起的，它從中心往四面八方擴散出去。它不是在累積，而是在蒸發，變得流動，帶著藍色調，跟著周邊的空氣一起運動。就如同『國王的權杖』那顆巨岩上面，你可以看到相反的效應，明亮面輕微地來回搖動，如同淚光般閃爍著光芒——就像海。」

如果靜下心來端詳他過世前幾年所畫的一系列〈聖維克多山〉，你或許會相信他臨終前比絕大多數人都更接近他內心的聖地。專研塞尚的學者西奧多・瑞夫（Theodore Reff）說：「他的繪畫方式越來越熱情，而作品的內容則越來越充滿靈性。有一股力量從較暗的山谷湧向山峰，竭力想要奔向明亮的天空，而那天空則讓我們感受到塞尚宗教性的靈感；於此同時，聖維克多山的造型又似乎

融化了山谷裡充滿能量的筆觸，而跟天空強勁有力的類似筆觸融和在一起。」而馬諦斯（Henri Matisse）則說塞尚是「某種繪畫的神祇」。

以現藏於費城美術館的這一張〈聖維克多山〉為例，它創作於一九〇二至一九〇四年，塞尚時年已近六十五歲。這幅畫上方約莫三分之一的畫面是聖維克多山和天空，下面三分之二左右是樹林、農田和零星房舍所構成的大地。在大地的中心偏左有一塊邊界黝黑的綠色系三角形，此外橙黃色系色塊與綠色系（淺綠到墨綠）色塊的邊界往往有如直線，有些從四方指向畫面中心，有些直接指向聖維克多山在畫面中央的山腳（參見上圖中的紅線）。如果你把感覺集中在由這些線條所構成的甬道，它

們似乎在暗示著一種舒緩而略微散漫的色塊運動，直接或間接地匯向聖維克多山在畫面中央的山腳。然而這個運動感不像傳統單點透視法那麼生硬、刻板，由於畫筆皴擦方向不一，再加上橙色系和綠色系明暗色彩的間雜交替，而顯現出一種韻律，時而前進時而停頓，既活潑又悠緩。

而畫面上方的聖維克多山也像是一個斜斜指向右上方的三角形，在左側山脈稜線的強化下益顯得明顯；右邊的山脈輪廓線明顯地鼓出來，加上山腹的色彩、筆觸變化，使得整座山的山腹有一種膨脹感，似乎有一股力量要從這座山湧向右上方的天空。以紫籐色、蓮藕紫和淡紫色為主的紫色系色塊布滿了聖維克多山，間雜著綠色系與褐色系的零星色塊，讓聖維克多山顯得莊嚴、幽美中有一絲淡淡的神秘感。天空的色調基本上反應著聖維克多山的紫色和大地的綠色，跟地面零星的紫色相呼應，有如山巒與天空的對話。

整張畫看起來，似乎大地在悠閒、散漫的豐富色彩裡有一股隱約向聖維克多山匯聚的能量，然後這股能量在聖維克多山裡膨脹並且從右上方的山巔湧向天空，使得大地跟天空透過聖維克多山的媒介而結合成一體。它像是一場天空與大地的婚禮，莊嚴、美麗而略帶著神秘；此外，大地上的橙色系讓人在安祥、活潑的心情裡略帶著喜悅，而綠色系的色塊則讓人有深邃、靜謐的感覺。如果借用米蘭・昆德拉的詞彙，這些感覺綜合起來，大概就是塞尚精神上「許諾之地」的一種「存在的姿態」？

然而即便是這一張〈聖維克多山〉，對塞尚而言仍舊只是「許諾之地」的一瞥。他還希望可以

看得更清晰，在畫面上呈現得更精準、飽滿。因此，他繼續奮力探討自己跟大自然在精神與情感上的關係，始終不懈。在他將滿六十七歲的某個仲秋，因為寫生時遭遇暴雨而不肯停筆，他在堅持約兩小時後昏倒，被路過的司機送回家，最後發展成肺炎而病逝——不幸應驗了他曾說過的「我寧可在創作時過世」。

他在晚年曾感慨地說：「我已經有一些進展。噢！為何如此緩慢且如此艱苦？藝術一定要像苦修的僧侶那樣，把全部的身體和靈魂都虔誠地奉獻給它嗎？」在他去世前一年感慨地對長期往來的畫商說：「唉！我的記憶已被歲月的深淵吞噬。我現在是形孤影隻了。我無論如何都不可能放棄人類的自我追尋。現在它們變成了盜竊、空想、迷戀，變成了掠奪、沒收一個人的產品。但是大自然非常地美麗，它們無法從我身上把它奪走。」臨終前幾個月，他寫信給兒子保羅：「身為畫家，我開始清晰看見自己該如何以大自然為起點去繪畫。但是，相對於那呈現在我眼前的大自然，我的表現還是太微弱了。」而他給兒子的最後一封信則說：「我仍舊艱難地創作著，不過我還是持續有進展。對我而言這是一件重要的事。我想，我的作品是根植於不朽的情感。此外，我正在根除那個你所知道的邪靈，它一直隱藏在我身後並且驅使我去『模仿』——它再也無法對我構成危險了。」「我必須跟你說，身為畫家，我在大自然之前，眼光越來越清晰、銳利，但是要把我的感受給畫出來始終是非常艱難的。我沒有能力呈現我內心的那種強烈感受。大自然有著魔法般的豐富色彩來讓自己生機盎然，而我沒有那麼豐富的色彩可以用。」

他不只是畫家，而是精神世界的朝聖者與俗世裡的偉大靈魂。他向我們揭露的不是藝術的偉大，而是大自然和人類心靈世界的偉大——畢竟，唯有偉大的心靈才能感受到大自然的偉大；而且，我們也必然分享了他心靈中的偉大，才能感受到他畫面的偉大情懷。

很多人問過我為什麼非得要懂塞尚的畫不可？這是我的回答：因為那裡頭有一條精神與情感昇華的道路，因為它們見證著靈魂的偉大與人性的莊嚴；因為它們讓我確信「活著，值得！」

結語

赫伯特・里德親身經歷第一次世界大戰的殘酷、血腥與泯滅人性，使他後來成為無政府主義者，並且在二戰期間堅決反戰。他親自見證了人類的理性思辨如何成為誤導激情的宣傳工具，並且充分體認到任何人類的情感與精神活動，不管是詩或藝術創作，其精髓都在於覺察、分辨質感（情感、可欲）的好壞。而這種質感分辨的能力，又恰恰是破解各種意識形態的利器，也是人類一切價值判斷最可靠而不可或缺的基礎。因此，他在《藝術的意義》裡說：「美是道德上的善，這是一個簡單的事實。唯一的惡是醜陋，如果我們以自己全部的存在去相信這道理，就不需要再去憂慮其餘的任何人類精神活動。因此，我相信藝術比經濟學或哲學都更重要。它是人類精神性遠見的直接衡量指標。」

他所謂的「美」與「醜」已經不是膚淺的表層之美，或任何時代狹隘的美感觀念，而是涵蓋無數的傑出藝術表現，從希臘悲劇到傑克梅第的雕塑，以及它們背後深刻的人性、情感與精神。這種美感的判斷是源自人類本性或心靈深處的一種直觀，它既不受任何思辨性美學理論的指導，也不受任何道德或文化成見的規範；然而它們也不是「生而知之，不學而能」的那種直觀，而是透過文學與藝術的涵養而培養出來的深刻、細緻的覺察與分辨能力。

這種能力的養成確實是道德與一切價值判斷不可或缺的基礎，以及自我實現所不可或缺的要素。它是人文涵養的核心，唯有透過這種涵養，我們才能學會聆聽內心最深處的聲音。然而理性也非一無是處，可以徹底置之不顧的。

讓我們在下一章談談這個問題。

21

聆聽內心的聲音，走出當代的困境
——心靈底蘊與自我覺察

一個人可以一如既往活得相當好，看起來像個人，忙著各種瞬間即逝的事務，結婚、生子、被人崇敬與尊重——很可能不會有人發覺，在更深層的意義上，這個人沒有自我。

——齊克果

個體必須始終竭力避免被族群淹沒。如果你努力以赴，往往會感到孤單，有時候甚至會感到害怕。然而擁有自己乃是特權，為它付出的代價都是值得的。

——尼采

在人類一生中各種華麗的展演裡，我認為真正有價值的事物並非國家，而是那些有創造力，有感覺的個體、人格。它創造了高貴與崇高的事物，而群眾則有如牲畜般仍舊保持著思想上的魯鈍和感覺的麻木。

——愛因斯坦

當身為獨立個體的人們認為自己是無足輕重的時候，他們作為人的責任感也會同時被侵損。

——羅洛．梅（Rollo May, 1909-1994）

精神的活動、教育、文明、文化，這些都是太含糊的觀念、飄忽不定的概念。在它們的旗幟下可以很方便地運用意義更加模糊的語言，因而可以輕易地將它們置入任何的理論裡。

——托爾斯泰

當一個文化緊貼著大自然和土地時，她才能表現出對於美的強烈感受或覺察。道德是抽象的、概念的，是可以用來殺人的學問。

——赫伯特．里德

齊克果在《非此即彼》裡說：「每一個人，不管他的天分有多微不足道，不管他在人生中所扮演的角色有多卑微，都有一種自然的需要：想形塑自己的人生觀，一個關於人生意義或人生目的的概念。」可惜的是，絕大多數人太容易從眾，直接把社會上的主流價值當成自己的價值，盲目地跟從；或者太輕信，總以為曾經有過一些睿智的先哲，乃至於聖潔偉大的靈魂或先知，他們已經找到通往永生之路或人生最高境界的捷徑，只要照他們的法門去行即可，不需要枉費精力去自己嘗試錯誤；或者太軟弱、太貪圖安逸、太禁不起挫折，青春期的熱情一消失，就再也不相信有所謂的精神與情感的昇華，任隨本能欲望驅策。

康德誤以為唯有理性能對抗本能欲望的誘惑，又擔心群眾沒有能力充分運用他們自己的理性，因而亟欲為群眾精煉出涵蓋普世價值的道德律令。殊不知，納粹的猶太大屠殺和日軍的南京大屠殺都恰恰是源自群眾對精英階層的盲目服從。

不管是從眾或服從精英，都是放棄自己的價值判斷，徹底放棄自己的自由意志（不管它有多不完美、脆弱），徹底逃避探索自我——也就是放棄自我。

因此，佛洛姆在一九四一年出版《逃避自由》，把納粹黨徒與法西斯主義定性為「逃避自由的人」，因為沒有能力承受獨立思考與獨立判斷時的孤單無助，而放棄自我和自由，融入集體和威權崇拜。他說，人需要為自己的生命找到意義和歸屬，「除非他可以找到歸屬，除非他的生命有意義和方向，他會覺得自己有如微塵，而被自己的無關緊要所壓垮。」然而這個意義感不可以是從他人處借來套用，而必須是憑自己的能力、為自己開發出來的，因為「人不只是生而平等，而且生而彼此不同。」人唯有透過自我探索與實現自我，才能解除一切外來的壓迫，獲得真正「積極意義的自由，它意味著徹底肯定每一個個體的唯一性、獨特性。」可惜的是，「絕大多數人都還沒成熟到可以獨立自主、理性且客觀。事實上，人必須承擔他自己而無法倚附他人，除了自己之外沒有任何威權可以讓他們的生命具有意義；然而他們無法忍受這些事實，因此需要神話和偶像。」

現代人把自由看成是與生俱來的權利，而忽略了它也是一種仰賴後天發展的能力。「我們忘記，儘管言論的自由是對抗古老束縛的戰爭中一場重要的勝利，現代人仍舊處於一種狀態，他所想的和說的就是別人在想的、在說的，他還沒有獲得原創性思考的能力——也就是為自己思索。唯獨具有這個能力之後，當他宣告說沒有人可以妨害他表達他的思想時，這個宣告才有意義。」更精準地說，一切型態的自由都不只是一種權利，它更是後天發展出來的能力。如果沒有這些能力，自由將變得難以承擔地沉重，而急於把它擺脫，「受驚嚇的個人想要把自己給綁緊在某個人身上或某件事物上頭；他再也無法忍受他的獨立自我，為了重新獲得安全感，他發狂似地想要擺脫它，想要消除這個重荷——自我。」

然而真正的自由與自我實現不只需要獨立思考的能力，還更加仰賴自我覺察和「聆聽內心的聲音」的能力。尤其是兩次世界大戰以來，人類深陷「科技蓬勃發展，價值全面瓦解」的精神危機，這樣的危機顯然不是因為理性思考能力的不足，而是因為沒有能力聽見自己內心的聲音，更沒有能力覺察別人的痛苦。

這一章我們將從這個角度出發，探索當代精神困境與自我覺察能力之間的關係，以及理性與感性所扮演的角色。

逃避自由與逃避自我——富裕社會中的弔詭與精神困境

很多人自以為多少瞭解自己的需要，然而佛洛姆卻在《逃避自由》裡一針見血地指出：「現代人活在一種幻覺裡，以為他知道『他要的是什麼』，事實上他要的只是別人認為他應該要的。要承認這個事實，我們必須先體認到：要知道一個人真正想要的是什麼，並非像絕大多數人所認為的那麼容易，而這也是每一個人都必須要去解決的最困難的問題之一。為了發狂般地想要迴避這個任務，我們會接受現成的目標，好似它們真的是屬於我們自己的。」

對於佛洛姆而言，自由與成熟的人格（自我）都表現在言行與價值觀上的自發性——發自內心的需要和渴望，而形諸於外；不是由外而內的意識形態洗腦，或者社會規範與教條的箝制、壓迫或內化。「自發性的活動是一種自我的自由活動，心理上它名副其實地意味著拉丁文『sponte』這個字尾的涵義：一個人的自由意志。」「自發性有一個前提要件，那就是完整接納自己的人格，並且消除『理性』和『本性』的分裂。因為唯有在一個人不壓迫自我不可或缺的部分，唯有當他變得對自己是透明的，且唯有在生命的不同成分達到一種根本的整合時，自發性的活動才是可能的。」只要一個人還無法接納他自我中的任何不可變更的部分，他就無法誠實無欺地活出自己。（《逃避自由》）。

然而要達成這種誠實無欺的自我整合是相當不容易的，他必須面對幾個挑戰。首先，他對自己的內心活動、感受要有高度的自覺能力，否則他既聽不到自己內在的聲音，甚至還會活在自欺裡而絲毫沒有覺察。其次，他必須要擁有社會主流價值之外的可欲和滿足，並且從中體認到更高的生命意義和價值——如果與眾不同的結果是減損生命的意義和價值，那樣的自我不值得追求，也難以維繫。因此，他必須在社會主流價值之外為自己創造出吻合本性的價值——在這個意義下，他必須是個生命的藝術家；或者說，「活出自我」本身就是一種充滿未知的探險和創造，而不是粗鄙、廉價的「只要我喜歡，有什麼不可以」。

因此，《逃避自由》說：「首先，我們知道有些個體是，或者已經是自發的，他們的思考、感覺和行動都表現出自我，而不是一個被社會制約的機器人。我們所知道的這種人絕大多數是藝術家。事實上，藝術家可以被定義為有能力自發地表現自我的人。」「如果用這種方式定義藝術家——巴爾扎克就是這樣定義藝術家的，那麼有些哲學家和科學家也必須被稱為藝術家。而其他人跟他們的差異則有如守舊的照相師和創造性的畫家之間的差異。」這樣的探索與創造過程是艱難、辛苦的，但是在觸及自我的深層，或者當最深層的自我獲得表現而解放的時候，我們會感到一種最深層的愉悅和滿足。「唯有透過自發性的活動，人才可以克服孤獨感的恐懼，卻又不需要犧牲自我的完整性。因為在自發性被體現的時候，人得以重新跟世界結合——跟其他人、大自然，以及自己結合。」而且，「他自覺到自己是一個主動的、具有創造性的個體。」

這種自發性並非少數精英的特權，「大多數人都曾在某些時刻感受到他的自發性，並且在那個時刻感受到真實的快樂。不管那是面對大自然時清新而自發的感受，或者在自己的思考過程中發現某些事實，或者感官的新穎愉悅，或者對於他人自然流露的愛……在這些時刻裡我們都瞭解到自發性的行為是什麼，然而這樣的經驗太稀有而不易涵養，否則我們或許會對人生擁有某些願景。」

「積極的自由乃是全部、整合的人格的自發性活動。」也就是說，「重要的是具有自發性的活動和過程，而不是它們所產出的結果。」可惜的是，工業革命與自由貿易所帶來的龐大財富和令人目眩的各種商品、娛樂提供了太多當下的滿足，因而在世界大戰之後「我們的文化強調的恰恰是相反。」「我們覺得任何物質性與非物質性的事物都可以透過交易而取得，因此我們不需要透過任何創造性的努力就可以讓它們成為我們所擁有的。」結果，我們跟自己的關係徹底被改變，我們不再去探索自我與發展自我，不試圖從各種意識形態和主流價值掙脫，不試圖擁有真正的自由與自發性，而是追逐著一切可以用來交換的財富、權力、地位，並且用我們所擁有的功名利祿來彰顯與衡量自我——自我被徹底外在化與物化，而形成人跟自我的疏離，或者馬克斯所謂的「異化」。

不過，馬克斯用階級鬥爭（壓迫）來理解「異化」時，他只掌握到事實的一部分，而忽略了事實的另一部分。《逃避自由》指出，當現代人從傳統社會的各種成見、價值、束縛中解脫（escape from）時，他只獲得消極意義的自由，而沒有獲得積極意義的自由。因為，當他脫離傳統的束縛時，「也同時脫離了傳統束縛給予他的安全感與限制，卻還沒有獲得積極意義的自由：實現他獨立的自我，也就是充分展現智性的、情感的、感覺的潛能。雖然自由帶給他獨立性和理性，但是也讓他陷入孤立，以及從而滋生的焦慮和無力感。這種孤立感是無法忍受的，而他只有兩種選擇，逃離自由所帶給他的重荷而進入新的倚附和服從，或者繼續前進而全面性地實現積極性的自由——後者是以每一個人的獨特性和個體性為基礎的。」

他在晚年把他對人的信念寫成二十九則〈信條〉，收錄於《論作為人》。第一條就說「人類作為一個整體，他跟其他生命的區別源自於一個事實，就是他乃有所自覺的生命。人類對他自己有所自覺，他自覺於未來的必然死亡、他的渺小、他的無能，他覺察到他人乃是他人。」他相信人既可以往好的方向發展，也可以選擇往壞的方向發展，包括「創造性與破壞性的暴力、事實與幻覺、客觀與欠缺容忍」等，而他的抉擇將會促成自我的演化——可能是成長，也可能是退化。「我相信愛是人類開啟『成長』之門的鑰匙。愛某人或自身之外的某事物，並與之結合，這種結合讓一個人跟他者發生關係，感受到一種自己和他者的連結，卻又不會限縮他的自我統整感或獨立感。」這種愛並非自私的佔有欲，而是創造性的動力，它包含著「對於結合的對象擁有關懷、責任、尊重與瞭解。」此外，他相信人類需要「創造、建設與瞭解等自由，以便能夠成為一個自由、主動而負責的人。」然而這種自由並非與生俱來的禮物，而是透過個人的努力和抉擇而爭取來的，是《逃避自由》裡所謂的「新形態的自由，使我們得以實現個人自我的那種自由，使我們能相信自我和生命的那種自由。」

要擁有這樣的自由，一個人必須對自己的內心活動和各種可欲擁有高度的自覺，有能力聽見自己內心的聲音，根據各種可欲所帶來的愉悅和滿足敏銳地分辨它們的價值、意義與先後高低，並且在客觀條件的許可下創造性地進行屬於自己的抉擇。

另一方面，存在主義心理學家羅洛．梅也在《創造的勇氣》裡說：「橡實成為一棵橡樹是透過自動的成長，不需要價值的抉擇與認同。類似地，幼貓成長為成貓也是基於本能。對於這一類的生物而言，本性和存在是同一件事。然而男人和女人成為一個完整發展的人是基於他或她的抉擇，以及他或她的認同與獻身。人類是透過他日復一日的無數抉擇而贏得他的價值與尊嚴。」這些抉擇並非全然的自由，它們局部地受制於本能、個人的稟賦和外部的現實條件。然而在這些限制之外他還保有一些選擇的自由。只不過忠於自我的抉擇必須始於傾聽自己內心的聲音，而後者則仰賴高度自我覺察的能力，「人類的自由涉及到我們在刺激與反應之間暫時停頓的能力，在這暫停的時間裡我們選擇自己想要全身投入的行動。自我創造的能力就是基於這種自由，它跟意識的覺醒或自我覺察是分不開的。」

可惜的是，他在《心理學與人類困境》裡指出，「由於過度強調培根學說中知識即力量這個信條，以及伴隨而來想要擁有控制自然和自我的力量，我們把自己當作是要被操縱的客體，而不是企圖擴張有意義的存活狀態的人類。其結果是我們用外在的評價標準來認可自己——實際上這麼做等於是在廢棄自己。這種作為很容易導致個人意識的萎縮，阻斷他的自覺，產生不具建設性的焦慮。」事實上，跟人工智慧或自動化機械比起來，「人類做的是遠比前者更重要的事：他可以覺察事物的重要性，並且發現意義。」因此，他建議教育的目標不該再是強調「知識即力量」，而「必須是恰恰相反，也就是說，擴展與加深意識與覺察。到達這樣一種程度，使得教育可以幫助人發展敏感度、感覺的深刻度，尤其重要的是有能力在他的研習中覺察到有意義的形式，在這過程中，學生也能同時發展出建設性地應對焦慮的能力。」也就是，即便面對著機器與人工智慧在生產線上逐漸取代人類的威脅，他仍舊可以篤定確信「他的價值超過他所面對的威脅，因而足以對抗焦慮。」

偏偏當代的教育環境極不利於這些能力的養成。結果，絕大多數人聽不到自己內心的聲音，甚至成為跟自己內心徹底脫節的「空洞的靈魂」。

於是，當代富裕社會裡最弔詭的現象是：經濟的發達與社會的富裕本應讓人擁有越來越多的選擇和自由，然而人們卻在徹底分工的社會裡失去了自我覺察和選擇的能力，而只剩下本能欲望和高度發展而極端狹隘的職場工作能力，因而失去了佛洛姆所謂的「積極的自由」，陷入他所謂的「新的倚附和服從」，甚至像盧梭在《社會契約論》裡描述的：「人生而自由，然而他卻無處不是被鎖鏈綑綁著。一個人自以為是其他人的主人，實則比他們更像是奴隸。」雖然現在的鎖鏈不同於封建社會的鎖鏈，然而卻不會因而變得更自由。

深入審視這個弔詭而荒謬的發展過程，根本的問題或許就出在我們只有知性的教育，和形同虛設的「美感教育」，而始終不知道要如何提升自我覺察的能力。我們甚至搞不清楚抽象思辨、理性、多愁善感、感情用事，藝術的審美能力和自我覺察之間的關係，因而粗劣地把心靈的作用分為二元對立的理性與感性，使得人的身心靈再也整合不起來。

剛剛鐘聲敲了幾響？——聆聽內心的聲音，一切價值判斷的起點

我們對於自己的瞭解，來自於自我覺察的能力。然而學生時代我們忙著把知識塞進腦袋裡，就業後忙著蒐集市場資訊，分析、算計、思索、籌劃、執行，累了就放空大腦。如此活著，別說是覺察內心的活動和感受，連周遭足以「振聾發聵」的聲音都往往聽不到。

尼采在《道德系譜學》的序文裡就用揶揄蘇格拉底的口吻說：「我們自詡為有能力認知的人，卻不曾認識自己——而且有很好的理由。我們從來不曾尋找自我，我們怎麼可能會有機會找到自己？」蜜蜂在天性的驅迫下終日忙著採集花粉去製造蜂蜜，尼采借用《馬太福音》第六章的比喻說：「我們珍愛的寶藏就在我們那個知識的蜂巢裡，我們在天性的驅迫下不停地製造知識，就像精神世界裡的蜜蜂，振著翅膀終日忙著採集精神的花粉。我們打從心底只關心一件事——『帶著知識回家』。人生除了知識之外，至少還有所謂的『體驗』——我們之中誰能足夠認真地看待它們？或者投入足夠的時間？恐怕目前的經驗所顯示的是我們的『心不在焉』，我們無法把心交給它，甚至連耳朵都不願意！」

緊接著他很生動地描述我們的「心不在焉」，「當一個人入定般全神貫注並沉浸於自己時，教堂的鐘開始使盡全力敲擊正午的十二響，並且把嗡嗡作響的鐘聲送進他的耳朵裡，使他突然警覺而自問：『到底是什麼東西在響？』偶爾我們會像這樣在事後掏耳傾聽，並且極端驚訝而不安地自

問：『我剛剛的感覺到底是什麼？』甚至還進一步問：『我們到底誰？』而且，就像剛剛說過的，事後才開始數算我們經驗、生命、存在中那顫慄般的十二響鐘聲——然而可嘆地，卻漏掉了好幾響！所以，我們當然必定是自己的陌生人，我們不瞭解自己，我們必然要誤解自己，對於我們而言，『離每一個人最遠的就是他自己』乃是永恆的定律——就我們對自己的認識而言，我們絕非『有能力認知的人』。」

尼采的這一番話尖銳地突顯了從希臘以迄於啟蒙運動時期所有哲學家和理性主義的荒謬與盲點，他們想要透過理性思維去認識自我，卻因而整天沉浸於冥想與思辨之中，而鮮少去體驗、覺察自己內心的活動。想要透過這種方式去認識自己，猶如希臘哲學與中世紀神學那樣想要純粹只靠抽象思辨去認識世界——根本就是緣木求魚。

事實上，我們對於外部世界的確切知識都始於精確、敏銳的觀察和體驗。而科學儀器存在的目的和功能，就是擴展我們的經驗領域——顯微鏡讓我們看見微生物的世界，之後我們才有可能發展出微生物學；電子顯微鏡讓我們看見原子和電子的世界，之後我們才能發展出豐富的半導體知識。同樣的，一個人若是自幼失聰，他就無法瞭解音樂的世界；一個人若是自幼失明，就無法領略視覺藝術的世界。

然而如果只有五官，而沒有對自己內心活動（感受）的敏銳覺察能力，我們對於這個世界和自己的認識仍將極其有限，而且膚淺、粗劣。吳寶春在拜師陳撫洸之前，所能認識（覺察）的味覺極其有限，因而只想做沒有特色的麵包。拜師之後他的味蕾沒有改變，但是他的味覺經驗豐富了，也學會了敏銳的自我覺察和分辨，因而懂得追求精緻的品味。同樣，品酒師和咖啡杯測師的培養過程中，改變的並非他們的感官特性，而是自我覺察的能力——就像品茶與喝茶，兩者的生理反應沒有差別，主要差別在後者沒有用心去覺察舌尖與舌根的感受（生理反應）；前者則是用心地覺察、分辨舌尖與舌根的各種感受（生理反應）。

飲食如此，精神與情感上的價值判斷更是如此。一個人想要認識自己較深層的可欲，或者精神與情感上的需要，就必須先培養出對自己內心活動的敏銳覺察與分辨能力，否則他對自己的認識就會停留在膚淺、粗鄙的表層——飲食男女的渴望與功名利祿等「生而知之，不學而能」的可欲和誘惑，並且在這些膚淺的可欲間尋找幸福和生命的價值。

可惜的是，許多人刻苦鍛鍊思考能力，拚命吞噬知識和資訊，汲汲營營追逐功名利祿，以為這樣就可以換來幸福和滿足。然而一個人的心靈之所以得不到滿足，並非因為擁有的太少，而是因為覺察的能力不足，因而本能欲望早已厭足，精神與情感的需要卻始終得不到滿足。這樣的人，外在的表現是貪得無厭，甚至不擇手段。然而他需要的並非康德的道德哲學，而是精神與情感上的敏銳覺察能力，以便突破精神與情感上的嚴重匱乏。

事實上還不僅止於此，一個人對自我與心靈世界的瞭解有多少，取決於他自我覺察的能力有多敏銳。譬如，一個人想要感受文學、音樂與繪畫世界裡的精神與情感昇華，就必須先對文學、音樂與繪畫的語彙有足夠的敏銳感受、覺察與分辨能力。同時對自己內心被激發出來的感受有敏銳的自我覺察和分辨能力——就像微生物學必須仰賴顯微鏡，半導體科技必須仰賴電子顯微鏡。反之，一個人若沒有自我覺察的能力，就會變成完全受本能欲望的驅策，根本談不上任何人文與藝術涵養，更不可能認識自我，或者有屬於自己的價值判斷！

甚至可以說，在人文與藝術領域裡，自我覺察的能力等於是科技領域裡的儀器——自我覺察的能力覆蓋範圍有多寬廣、深刻、細膩，我們對人文、藝術與自我的認識就有多寬廣、深刻、細膩。在這個涵義下，自我覺察的能力乃是人文、藝術與自我實現的基礎。

從這個角度看，過去兩百年來科技的發展突飛猛進，跟儀器的不斷進步有密切關係；反觀人文、藝術與哲學的領域成長極其遲緩，甚至迂迴不前，根本問題在於我們始終未曾積極發展自我覺察的能力，甚至老是以為只要有精確的語言定義和發達的理性思辨，就可以促成人文、藝術與哲學領域的迅速發展。

此外，品酒師與咖啡杯測師在評價酒與咖啡時，主要是仰賴他們敏感的味覺與嗅覺，以及對於自己感官反應的高度自覺，而完全不需要仰賴概念分析或理性思辨。同樣，當一個人對自己內心的可欲、衝動、情緒、情感與憧憬、嚮往等有足夠敏銳的覺察與分辨能力，就會像品酒師與咖啡杯測師那樣，對自己內在的各種心靈狀態與可欲產出高低的評價。

譬如，像塞尚這種具有心靈深度與成熟度的畫家，以及真正具有心靈深度與成熟度的鋼琴家，都是根據這種自我覺察能力在評價自己的創作和演奏，以及摸索著自我提升的可能路徑——當塞尚跟梵谷說「你畫得像個瘋子」時，他的判斷依據與理性思維無關，全然是出乎他對梵谷畫中所流露的強烈（近乎失控的）情緒（情感）的敏銳覺察。

換句話說，發展成熟的感性有它自己的評價依據和法則，並據此產出價值的抉擇（等同於自我管理），而基本上無須理性的介入。而且，也唯有基於這種自我覺察的評價與抉擇，才能徹底擺脫意識形態的灌輸，和群性的道德，而成為真正出乎自由意志的價值抉擇——真正有助於自我成長與昇華，而不是迫害、箝制自我的道德教條。

事實上，跟羅素一起創立分析哲學的摩爾（G. E. Moore, 1873-1958）就已經警覺到好壞的評價最終是訴諸直觀的體察，無法被進一步分析、解釋；如果企圖用功利主義的「快樂與痛苦」或希臘、中世紀的形上學去解釋，反而是用更複雜而可疑的概念在解釋一個簡單而明晰的概念——這種作為恰恰是在開哲學的倒車，因為哲學原本的作為應該是用簡單、明晰而確鑿的概念去剖析複雜、曖昧而可疑的概念。他在《倫理學原理》一書的第六節第二段說：「如果有人問我，什麼是善？我的回答是：善就是善。而這就是問答的終點；或者如果有人問我，善要如何定義？我的回答是：善無法被定義。而我對這問題所能說的全部就止於此。這些回答看起來很令人失望，然而它們卻擁有最終的重要性。對於熟悉哲學術語的讀者而言，我可以用以下的陳述來表述它們的重要性：那些有關於善的陳述，都是合成的，而非解析的。」他在第七節進一步說明：「善是一個簡單的概念，就像黃色是一個簡單的概念。如果一個人不知道什麼是黃色，你不管用什麼方法去解釋都不可能讓他明白什麼是黃色；同樣你也無法進一步解釋什麼是善。」

維根斯坦曾在《文化與價值》裡說：「你無法引領人們到達善，你只能帶他到這個地點或者那個地點。善不屬於事實所構成的世界。」意思是你只能引導一個人從各種層面去感受（覺察）一個事物（事件）所包含的各種事實，之後他要如何評價是你無法左右的，你不可能硬要他接受你對該事物（事件）的評價。以音樂的評論（價值評量）為例，他說：「『這個重複是必要的。』在那一種角度下它是必要的？嗯，唱唱看，你就會知道一定要如此重複才能賦予它巨大的力量。……或者，難道我要毫無意義地說『有了重複它會顯得較美』？（順便說一句，在這裡你可以看到『美麗』一詞在美學上扮演著毫無意義的角色。）」如果一個人試唱之後可以感覺到重複的必要性，「美麗」一詞根本就是沒必要的贅詞；如果他試唱之後沒辦法感覺到重複的必要性，「美麗」一詞仍舊是無法產生任何作用的空洞形容詞。也就是說，「美麗」是一個飄忽不定，甚至空洞的詞彙，除非它被指向一種清晰而確切的感受。若沒有這些感受作基礎，一切價值判斷的詞彙都是空洞、毫無意義的贅詞。

不管是從以上這些角度中的哪一個去考察，我們都必須說一切價值判斷的首要基礎在於對內心各種可欲、感受的敏銳自我覺察能力，沒有了它一切價值判斷（美學的、倫理的）都是一種威權與意識形態的洗腦，都是對於自由意志和自我的欺壓、宰制、剝奪。

然而這個意思並不是說理性完全沒有置喙的餘地，它在許多價值判斷中時而扮演著輔助性的、次要的角色，時而扮演著更重要且具主導性的角色——這是下一節的主題。

牲畜的道德，集體主義的邪靈——惡的平庸性與價值判斷的基礎

兩次世界大戰裡慘絕人寰的血腥屠殺，納粹集中營裡令人髮指的滅族行為，以及蘇聯古拉格勞改營裡泯滅人性的酷刑折磨，都讓人不禁懷疑起人類的靈魂裡是否真的有良知，是否真的有蘇俄傳統民間信仰裡所謂的「靈魂裡的黃金」。

這一段歷史折磨著許多人的良知，使得他們亟欲找到這段黑暗歷史的確實原因，以及杜絕歷史重演的確切辦法。赫伯特．里德、卡繆、佛洛姆和漢娜．鄂蘭只不過是其中較著名的少數人。

卡繆的作品一直深受尼采的影響，他在《異鄉人》裡拒絕宗教的安慰，突顯理性思維的貧乏與荒謬，同時肯定當下的一切感覺：正午的陽光、海水的沁涼、蒸騰的熱空氣所引起的煩躁，以及傍晚涼風習習的舒暢，對他而言，這一切都比任何理性的道德判斷更真實而可信。在《薛西弗斯的神話》裡，他面對尼采的問題：假如人生只是毫無意義的一再重複，你能不能照樣積極而肯定地向生命說「是！」他回答：意義不是客觀的、外界給予的，而是透過自己的抉擇和行動創造出來的。在《瘟疫》裡，他用共同對抗死亡與虛無的夥伴情誼來突破孤寂，用集體的行動來創造意義。在《反抗者》裡，它把對於荒謬感的反叛視為「形上的反叛」，並且以清晰的條理和思緒重新建立

起「你不可以殺人」這個命題。在《墮落》裡，小說的主角沒有搶救投水的自殺者，因而內疚一輩子——意味著我們對他人的痛苦與無助不忍心，並因而產生責任感。乍看之下這似乎是回歸傳統，但其實是千辛萬苦地穿透荒謬感，重新挖掘出被理性主義和傳統道德封存已久的良知。

在這個漫長的摸索過程中，卡繆的問題意識來自於敏銳的自我覺察，和不向荒謬感屈服的意志，他對荒謬感的突破也往往以敏銳的自我覺察為主導的動力；而理性思維只扮演著協助釐清思緒與概念的關鍵角色——就像他在《薛西佛斯神話》裡說的：「荒謬的感情並非荒謬的概念，前者奠定了後者，如此而已。」值得注意的是，即便是在最具有形上學意味的《反抗者》裡，卡繆始終抗拒一切超乎人類實質體驗（存在）的事物，尤其是那些企圖跨出人類的有限性而向無限偷渡的事物——不管那是誕生於激情的宗教信仰，或者黑格爾觀念論的抽象理念（歷史宿命），乃至於尼采的激情（超人類），都被卡繆認定是人類良知的最大敵人，以及納粹、法西斯和俄國集中營裡各種大屠殺的首要辯護者。

從這角度看，人類最大的罪行並非出於理性的缺席，而是在抽象思辨或無節制的激情誤導下，忘記（不再覺察）自己的有限性。

羅洛．梅則從另一個角度說：「這是很顯明的，事實上幾乎是個規則，那就是，道德勇氣的根源在於透過自己的敏銳覺察而對其他人的痛苦感同身受。」（《創造的勇氣》）。

赫伯特．里德原本是個思路清晰的詩人和文學批評家，而不是激狂的浪漫主義者。然而兩次世界大戰之後，他相信問題出在人對自己的存在欠缺深層的體認，無法感受（肯定）自己和他人身而為人的意義與價值，因此很容易屈從於領袖和群體，而成為沒有價值判斷能力的牲畜。他針對這個體認提出兩個對策，一是加強藝術教育，二是強烈反對任何形式的集體主義。他在《無政府主義的哲學》裡說：「進步應該用體驗的豐富程度和強度來衡量，它體現在對於人類存在的重要性和廣度有越來寬廣而深刻的體認。」「如果個人只是群眾集合體中的一個組成單位，他的生命不只是野蠻而短暫的，更是乏味而機械化的。」但是，如果每一個人都是獨立的單元，「至少他可以擴展和表現自己」，並且「進行個體的差異化，成為跟母體差異分明且獨立自主的個體。」唯有透過這種差異化發展，一個社會才可以將人類的存在領域（高度、深度與廣度）擴展到極致。因此，「一個社會的進步程度，可以用個體的差異化來衡量。」「事實上這是所有史學家和哲學家自覺或不自覺的衡量準據。一個文明或文化的價值，不是用它的物質性財富或軍事力量來衡量的，而是用它的代表性個體的素質和成就來衡量——它的哲學家，它的詩人，它的藝術家。」

漢娜．鄂蘭也警覺到兩次世界大戰以來各種令人瞠目結舌的罪行，關鍵都在於個人隱匿於群體之中，藉此痲痺掉自己的感覺，並藉此規避掉個人的抉擇與責任。她在《論暴力》中說：「當所有的人都有罪時，沒有人有罪；為集體的罪行懺悔，是保護罪魁禍首使他不被發現的最佳手段。」在《邪惡的平庸性：艾希曼耶路撒冷大審紀實》一書中她指出：「納粹罪犯的困境恰恰在於他們自願地放棄所有身為個體的質素，就好似沒有人需要被懲罰或原諒。他們一再抗議著說，他們從來不曾自主地做出任何事，他們從來沒有意圖要做任何事，他們僅僅只是奉命行事。換句話說，這個最為重大的邪惡罪行，乃是一個沒有任何人想要讓它發生的罪行，也就是說，犯下這罪行的乃是拒絕成為個人的人類。」

艾希曼（Adolf Eichmann, 1906-1962）是猶太滅絕計畫的關鍵執行人之一，當他受審時，新聞媒體和公眾認定他是「喪心病狂」的「魔頭」。漢娜．鄂蘭卻獨排眾議地指出：「艾希曼讓人頭痛的地方恰恰在於太多人像他，而這些跟他相似的人既非精神上的變態，也非虐待狂，他們過去是，現在依然是，非常正常、恐怖的正常。從我們法律制度的觀點和我們道德上的評斷標準來看，這種正常性其實比一切兇惡、殘暴的總和還更讓人毛骨悚然。」「以色列法庭的精神學家在檢查他之後發現他『經我檢查，是一個完全正常的人，至少是比我還正常。』這意味著，人的正常狀態可以跟毫無底線的殘酷共存。」其次，她特地突顯艾希曼思考能力的嚴重不足：「你越是聽他說話，這個事實就變得越鮮明。他表達上的無能，緊密連結著他思考上的無能——沒有能力從其他人的角度去思考。」「艾希曼的性格裡有一個更具體、也更具決定性的缺陷，他幾乎不曾有任何能力去從別人的角度看任何事情。」她的結論是：「邪惡來自於沒有能力思考。當我們試圖去思索、探究邪惡的底蘊，想要檢視它的前提和原理時，卻發現邪惡排拒一切的思索。這就是邪惡的平庸性。」（《邪惡的平庸性：艾希曼耶路撒冷大審紀實》）。

然而我們可以追問，假如艾希曼可以充分感受到被害人的痛苦，他還有能力冷血地貫徹大屠殺的指令嗎？或者，假如艾希曼精通康德的道德哲學，他就必然會因而拒絕規劃與執行猶太的大屠殺嗎？

一個人的冷血，是因為沒有能力用思考拒絕邪惡？還是因為沒有能力感受到被害人的痛苦，還是兩者共同作用的結果？

漢娜．鄂蘭曾在更早出版的《極權主義的起源》裡說：「極權主義的最佳臣民並非納粹的信眾或共產主義的信眾，而是那些抹除事實與虛構的界線（亦即經驗的真實性）以及真實與虛假的界線（亦即思想的準則）的人。」——不管是因為被抽象思考誤導而脫離事實，或者因為失控的激情。或許這才是完整的答案。

一個人若覺察不到自己的痛苦與羞辱，就不可能推己及人地感受到他人的痛苦與羞辱，並且可以因而若無其事地折磨他人，羞辱他人。在這個意義下，自我覺察的能力是一個人抗拒邪惡的關鍵力量。

一個人若是認定政治、宗教或道德的領袖有他所無法企及的睿智或神秘的洞見，因而決定漠視自己的感受和判斷，同樣會有能力以殘酷的手段對待他人，同時若無其事般淡然而冷漠——直到他有足夠的自我覺察能力和自信，敢於仰賴自己的自我覺察去分辨事實與虛構的界線，才有可能走出政治、宗教或道德的神秘假象。在這意義下，自我覺察的能力是一個人對抗意識形態洗腦的關鍵力量——就像科學的實驗與觀察，是破除古典形上學與經院哲學裡各種迷思的關鍵手段。

然而若是過度仰賴當下的自我覺察，往往會昧惑於當下的情境，而忘了過去的教訓，甚至飛蛾撲火。因此，我們還需要透過理性與回憶去爬梳、彙整過去累積下來的各種感受與經驗，以便在進行抉擇時能瞻前顧後，讓行動的後果盡可能接近我們真正的期待。只不過這裡所謂的「理性」並非狹隘的邏輯演繹或者與事實無關的抽象思辨，而是更接近人文與藝術領域內的「理性」。譬如，托爾斯泰在構思與創作小說時對人性的觀察、彙整與剖析；或者塞尚對於大自然、色彩與內心感受的彙整、思索與轉化，都更接近梅洛龐蒂的知覺現象學，而非無關乎內心感受的思辨哲學。

最後，我們還是必須對康德與笛卡兒所謂的「理性」或批判性的反思給予充分的肯定，它們確實精擅於戳破一廂情願的願景、想當然爾的輕信、以及各種自欺欺人的妄想。從歷史事實來看，歐洲之所以能徹底摧毀政治、宗教與道德的各種神秘假象，走出意識形態的洗腦，笛卡兒、康德與英國的分析哲學確實居功厥偉。

結語

佛洛姆在晚年寫的〈信條〉中說：「我相信自由乃是一種能力，它讓個體有能力聽從理性與知識的聲音，抗拒非理性激情的聲音；自由乃是一種解放，它讓人掙脫非理性的衝動，把他安置在通往運用自主理性的道路，讓他客觀理解這個世界，以及他在其中的角色。」這樣的觀點過分高估理性的能耐，且嚴重忽視自我覺察能力所帶來的自我評價能力。

事實上，人文與藝術領域內的成熟感性既不激情，也不必然需要理性的節制與管理。譬如，孟克的〈吶喊〉雖然是在呈現內心極度緊繃的焦慮，然而他作畫的過程卻必須處於極端專注、鎮靜而絕不激情、焦慮的狀態。同樣，音樂演奏家與樂評家也必須保持極端專注、寧靜的心境，才有辦法鉅細靡遺地感受貝多芬《第九號交響曲》裡最激情高亢的〈歡樂頌〉，感受到其中的百感交集，也感受到其中的豐富、複雜與細膩，從而感受到音樂中堅強、龐大的支撐力量，而不至於淪為浮濫、粗暴、鄙野的情緒。

不過，佛洛姆的另外兩個信條確實值得我們警惕：「我相信『竭力爭取自由』在過去通常都單獨意味著竭力對抗那些壓倒個人意志的外部威權。今天，『竭力爭取自由』必須意味著單獨以及集體地從我們『自願』服從的『威權』中解放出來；由於沒有能力忍受自由，我們把這種服從變成一種強迫性的需要，而自由則意味著把我們自己從那種內在的驅迫力量中解放出來。」「我相信自由並非一種不變的性質——『我們擁有』或者『我們沒有』。事實或許只有一個，透過不斷選擇的過程而解放自我的那個行動。」

換句話說，自由既不是與生俱來的，也不是一旦擁有就再也不會失去，而是從我們不斷運用它來進行抉擇的行動上——不斷運用自我覺察的能力去分辨事實，評價可能的選項和可欲，並且在不斷的抉擇過程中表現出我們作為獨立自主個體的自由意志與價值選擇。而**這種自由與抉擇所反**

映的，恰恰是一個人的欲望美學，也是他的自我美學，或者生命的品味（他所認可、覺察且因而確信的意義與價值）。

22

羚羊掛角，無跡可尋
——通往心靈世界的門徑

一個人絕不可能因為你代替他作抉擇而因此被「拯救」。要幫助他，你可以指出可能的替代選項，懷著真誠與愛，排除情緒化與想當然爾的錯覺。

——佛洛姆

我們只能用短暫的每一天去證實自己成長的目標及其理由。我們只能靠著自己去回答自己的存在，因此我們都想要為自己的存在掌舵，而不容許自己的存在變成未經深思的意外。

——尼采

尋找真實的東西並不等於尋找渴望的東西。

——卡繆

歷史是人類活動的記錄，它包含兩個層面。其中之一是罪行和荒謬，另一個是對於文明的貢獻——文明是一種持續的發展，它讓每個世代都帶著比前一世代更豐富的遺產往前邁進。

人類心靈世界的遼闊與淵深，足以涵蓋過去五千年來中西文化的總體表現，也容得下歷史上所有偉大的心靈：范寬、塞尚、林布蘭、達文西、貝多芬、巴哈的管風琴音樂、托爾斯泰、杜斯妥也夫斯基、卡繆、尼采、齊克果、柏拉圖、康德、梭羅等。

而且這些偉大的心靈也在他們的作品中展現出各種如詩般莊嚴、崇高而近乎神聖的精神與情感，見證著人性的尊嚴與生命的價值。另一方面，他們也見證著人類的有限性與軟弱，以及在這些軟弱與無奈時刻裡惹人憐惜與值得體諒之處。透過這些偉大心靈的作品、事蹟與言行，我們可以概略勾勒出人性的大致面貌，為人性的可能與不可能描繪出粗略的極限——遠比單純靠理性思辨，或者毫無邊際的激情、想像更具體、更確實、更不容易陷入「太美好以至於不可能」的海市蜃樓，以及「才過便至於殘忍」的吃人禮教裡。

只要用心去認識這些生命，我們可以清楚看見人生確實有許多種精神與情感上的可欲和滿足，遠比聲色犬馬、功名利祿更值得追求。另一方面，他們也指示出人類在追求情感與精神的昇華時的各種陷阱，引導我們避開想當然爾的輕信，和一廂情願的幻覺。

事實上，只要能深入認識這些偉大心靈中的三兩位，窺見他們心靈世界的峰巔與生命的風采，就足以告慰此生——不論是就此生的意義與價值而言，或者所獲得的喜悅與滿足。

——威爾·杜蘭（Will Durant, 1885-1981）

然而許多人跟王陽明一樣，面對歷史時感到「苦於眾說之紛撓疲薾，茫無可入。」因而忍不住質問：既然人性的一切事實俱足於我們自己的心靈內，反求諸己豈不是遠勝於在支離破碎的歷史文獻裡皓首窮經、茫然不知何所下箸？甚至還進一步質問：既然在人文與藝術的領域昔不必然勝今，今也不必然勝昔，我們如何能從歷史獲益——或者，人類真的曾經從歷史獲益過嗎？

這一章，讓我們來探索這兩個問題，作為全書的尾聲。

自我、良知與本來面目——晚明狂禪的流弊，簡易直截的迷思

面對人生的各種可欲，一般人最常墮入的陷阱是耽溺於「生而知之，不學而能」的本能欲望，看不到（覺察不到）飲食男女、聲色犬馬與功名利祿之外的可欲，而辜負了潛藏於生命中更高的可欲、價值與意義。然而只要學會跟歷史上偉大的心靈對話，從他們汲取精神與情感的養分，就可以輕易避開這個陷阱。

歷史上另一個常見的陷阱是，人一開始追求精神與情感的昇華，就很容易被激情、想像與飄忽不定的語言概念所慫恿和迷惑，而從清晰、確鑿的體驗與覺察逐漸滑向臆測、想像與一廂情願的幻覺裡；從確知的、有限的領域偷渡到抽象、虛構、無限的領域。這種誘惑讓柏拉圖否定感官與肉體，斷言靈魂的不朽；讓亞里斯多德誤以為自己擁有永恆事物的真理，因而是希臘史上最幸福的人；也讓康德奢想著與經驗無關的、先驗的普世道德法則。

所幸，歐洲歷經笛卡兒以來的各種自我批判，已經為我們清楚標示出許多的陷阱和不該逾越的界線，只要充分汲取這些教訓，就可以免於重蹈歷史的覆轍。

譬如，康德的《純粹理性批判》為理性劃下了一條不該逾越的界線；維根斯坦的著作進一步標示出語言與抽象思考內的各種可能陷阱；而尼采則一針見血地指出虛無主義的根源在於用不可能的美好願景否定真實的生命。只要認真吸收他們的智慧，就足以避開希臘哲學、中世紀經院哲學、啟蒙時代的理性主義與浪漫主義所曾陷溺過的無數陷阱，乃至於兩次世界大戰裡泯滅人性的各種殘酷殺戮與集體主義。

概括這些陷阱的最大共同特徵，它們通常始於渴望著超越生命的有限性，因而在語言的曖昧遮掩下誤以為找到通往真理和無限的秘密管道；接著在後人一廂情願的輕信下，把「太美好以至於不可能」的妄想描繪成超乎常人智慧所能及的奧秘，進而廢除每一個人為自己進行抉擇與價值判斷的責任和意願；最後，傳說中的聖人、超人與先知們一個個被用來鞏固集體主義和牲畜的道德，也被用來為吃人的禮教和滅族的罪行辯護。

有鑑於這些歷史教訓，我們必須牢記：恪守我們自己的有限性，以我們所確知的一切作為任何價值判斷與抉擇的基礎；絕不企圖跨越我們的有限性，以臆測或假借先知的名義做出違背我們已知範圍內的不道德。但是也不要跨越自己的有限性，硬把自己的價值判斷強套到別人頭上。

事實上，堅守自己覺察能力範圍內所知道的事實是個人的抉擇與判斷，自願服從某個權威、先知或聖賢也同樣是個人的抉擇與判斷；如果因為自覺無知而選擇後者（自願服從），這個抉擇、判斷不會比前者更可靠，然而卻讓我們更容易掉入輕信與虛無的陷阱。

面對個人的有限性，唯一有效的積極作為是提升自我覺察與批判性思考的能力，而不是附從先知，妄想著他們有一條通往幸福與真理的密徑，無須費力就可以輕易便捷地到達。

自我覺察的能力並非盡屬生而知之，它的深度、高度與細膩度都仰賴後天的涵養與發展，譬如，文學與藝術的薰陶、大自然的啟發，以及文化史裡的靈感與養分。

然而再偉大的心靈都難免有其盲點。因此歷史的對話只能是汲取靈感與養分，藉以擴大心靈的視野，培養思考與自我覺察的敏銳度。最後，我們終究只能靠自己的親身體驗與自我覺察的能力，去辨識各種願景（理想）中所隱藏的誇大、輕信、一廂情願與自欺欺人。

歐洲可以走出希臘形上學和中世紀經院哲學的迷思，仰賴的是以實驗和觀察作為分辨事實與虛構的最終依據。同樣的，面對宗教與東西哲學中的各種神秘主義，以及心靈世界的各種學說、信念與傳說，如果我們不願意用自己的親身體驗作為分辨事實與虛構的最終依據，隨時就會掉入各種延續千百年的輕信與一廂情願的妄想，或者先哲自欺欺人的信念裡。

更有甚者，一個人寧願輕信先哲的許諾而不相信自己的親身體驗時，就已經開始背棄自己，也隨時可能會陷入自欺欺人的假象、牲畜般的群性「道德」，乃至於漢娜．鄂蘭所警告的那種「邪惡的平庸性」。

自我覺察能力的提升，是自我成長與自我實現的關鍵核心——自我既非一成不變，也不像種子那樣有著一成不變的方向發展；它隨著一個人理性、感性與自我覺察能力的持續發展而不斷演化。既沒有一個與生俱來的「本來面目」，也沒有一成不變的「良知」。

然而宋明理學過分強調天理與良知，讓後世學者妄想著有一條「頓悟」的捷徑，可以直通天理與良知，而不需要跟歷史對話、從歷史借鏡。為了突顯這種信念中隱藏的巨大風險，讓我們先用幾何學發展史作為具體考察的例子，以免在飄忽不定的抽象概念裡糾纏不休。

幾何學都是與經驗無關的先驗知識，理論上不需要格物也不需要任何人生歷練，只要靠內省（良知）就可以參悟出全部的定理。我們甚至無法否定一種可能性：假如有一個偉大的幾何學天才，他或許能憑一己的智慧和有限的歲月，從無至有發展出全部的平面幾何。

然而事實卻是：埃及人從五千年前就開始零零星星地記載了許多關於平面幾何的知識，希臘人大約在西元前六世紀開始有系統地整理他們從埃及與近東學到的幾何學知識，歐幾里德（Euclid）卻要到西元前三世紀才完成《幾何原本》——這個事實跟前述理論上的假想相去不可以道里計，然而王陽明的心學和朱熹的理學裡經常忽略理論與事實的距離。

此外，一個精通幾何學的人當然可以說幾何學的核心只不過是系統性的邏輯演繹，跟幾何學的知識無關，更不在於枝枝節節的定理和繁瑣的證明過程。問題是，所有的人都必須先學會一堆枝枝節節的定理和繁瑣的證明過程，才能再繼而去領略（參證）幾何學知識背後的系統性的邏輯演繹精神——這也是心學與良知說裡經常忽略的事實。

這個精通幾何學的人當然可以跟一個七、八歲的小孩說，任何人都可以懂幾何學，它具足於心，不假外求。然而若因而誤把精通幾何學的人跟未曾學過幾何學的人混為一談，當然是極其荒謬；或者，如果誤以為可以用臨濟宗的棒打、嚇喊來讓人懂幾何學，那當然也是荒誕至極。事實上，只要嘗試過較艱難的幾何學證明題，就會發現證明的次序和輔助線的設計是重要的訣竅，而這些訣竅都是長期浸淫於幾何學證明才能磨練出來的「洞見」——它們與外部世界的經驗知識無關，卻需要長期學習所培養出來的經驗。

連幾何學這種純屬邏輯的先驗知識都不可能有所謂的「頓悟」，那麼遠比幾何學更複雜的人心與人性事實，有可能靠棒嚇與頓悟去具體認識嗎？

另一個值得注意的事實是，雖然古希臘歷經三個世紀的努力才產出《幾何原本》，現在的中學生卻只需要認真上過一個學期的幾何學，就可以掌握到歐式幾何的精要——等於在半年內吸納了幾何學數千年的發展史與無數天才的智慧。從這個例子就可以清楚看見，找到跟歷史對話的訣竅，才是通往心靈世界的捷徑，而且還可以省去無數冤枉路。

反之，如果一個人認定幾何學只不過是「良知」在幾何圖形上的體現，因而堅持要靠自己的「良知」去參悟出一整本平面幾何學的所有定理，他將要犯多少錯、走多少冤枉路？我們同樣可以用具體的事實來回答這個問題。

出生於印度的拉馬努金（Srinivasa Ramanujan, 1887-1920）被譽為史上罕見的數學天才，足以跟十八世紀的歐拉（Leonhard Euler）和十九世紀的雅可比（Carl Jacobi）鼎足而立。他只受過印度的高中教育，並以素人身分構想出許多數論與特殊函數的高深定理，然而卻不知道它們需要嚴謹的證明。他把自己的發現寄給許多著名的數學家，其中前三個數學家都沒看到其中含有獨特的數學天分；劍橋大學著名的數學家哈代（G. H. Hardy）雖然看見其中含有罕見的天分，卻無法馬上確知這些等式是否正確。當拉馬努金在哈代及其友人奔走下抵達劍橋大學後，哈代發現拉馬努金行前寄給他的一百二十個定理中有些是錯的，有些早已被發現，還有一些是新穎、原創的。哈代同時也發現，拉馬努金所犯的錯誤多半是因為不懂得嚴謹證明程序及其重要性，以及欠缺相關的數學知識——若持續欠缺這兩大支柱，他的天才將會無法充分開展，而且還會繼續犯錯。

這個具體的故事告訴我們，「良知」是一種未經發展的潛能，「真知」是一種發展完成的能力，兩者之間相去不可以道里計；而且有效地跟歷史對話是開發個人潛能最有效的捷徑，通常會遠比靠自己摸索走得更遠，也免除了數不盡的冤枉路。

可惜的是，五百年前的王陽明不知道這些具體的故事和道理。結果，因為過分強調與生俱來的「良知」和禪宗六祖的「本來面目」，使王陽明的心學在三傳之後淪為儒釋不分的「頓教」和狂禪。被梁啟超在《論中國學術思想變遷之大勢》中批評：「晚明學風之敝，流為狂禪，滿街皆是聖人，酒色財氣不礙菩提路，猖幻至此，勢固不得不有所因革。」

王陽明強調孟子的性善說，又受到《六祖壇經》裡「本來面目」的影響，因此曾在答覆歐陽崇的信裡說：「知是心之本體，心**自然**會知。見父**自然**知孝，見兄**自然**知弟。見孺子入井，**自然**知惻隱，此便是良知，不假外求。」晚年他又把自己的學說摘要為四句，「無善無惡心之體，有善有惡意之動，知善知惡是良知，為善去惡是格物。」（《傳習錄》）。

然而他的弟子王畿（龍溪）卻把這四句改為：「上根之人，悟得無善無惡之體，便從無處立根基，意與知物，皆從無生，一了百當，即本體便是工夫，**易簡直截**，更無剩欠，**頓悟之學**也。」從此陽明學逐漸淪為禪宗的頓教。此外，越是「簡易直截」的學問也越容易被曲解、附會，結果晚明的王學與禪宗都淪為狂禪，盡失原有精髓。清初擔任過兩朝帝師的理學家熊賜履因而指責晚明狂禪：「昔之佛老，猶是門庭之寇，今之狂禪，則為堂奧之賊矣。昔之佛老，猶是膚骨之疾，今之狂禪，遂成心髓之毒矣。」

另一方面，王陽明曾在詩作〈別諸生〉中說：「不離日用常行內，直造**先天**未畫前。」他的弟子王艮（心齋）據此自創泰州學派，強調聖人與凡夫走卒的共通處，「聖人之道，無異於百姓日用，凡有異者，皆謂之異端。」以及「聖人不曾高，眾人不曾低」、「滿街都是聖人」。結果，因為他的道理簡單易行又接近常民的見識，因而受教者遍及販夫走卒，趨之者若鶩。而其流弊則是相信「先天」具足的良知，不重視格物與修身，甚至風迷「不學不慮」、「不思不勉」的「**現成良知**」，以致王學最後失傳。

黃宗羲曾在《明儒學案》中評價陽明學嫡傳的泰州與龍溪學派，「陽明先生之學，有泰州、龍溪而風行天下，亦因泰州、龍溪而漸失其傳。泰州、龍溪時時不滿其師說，益啟瞿曇（佛學）之秘而歸之師，蓋躋陽明而為禪矣。然龍溪之後，力量無過於龍溪者，又得江右（江右學派）為之救正，故不至十分決裂。泰州之後，其人多能**赤手以搏龍蛇**，傳至顏山農、何心隱一派，遂復非名教之所能羈絡矣。」

前面這一段話中，即便是對泰州王艮與王龍溪的評價，都已經是貶多於褒（陽明學失傳是貶，風行天下則是以俗亂雅，照樣貶多於譽）；至於王艮與王龍溪以下的再傳弟子，其實盡是貶抑——以「赤手以搏龍蛇」一語為例，赤手以縛六尺之蛇，已經不容易；赤手以搏巨蟒，根本就是妄信妄言的神話；至於「赤手以搏龍蛇」，更是信口開河的無稽之談。

陸九淵說堯、舜之前無書可讀，故一切學問皆出乎一心，必須掌握「心即理」的要領，學問才不會支離破碎。他在鵝湖會上吟詩表達核心思想時說：「**易簡**工夫終久大，支離事業竟浮沉。」前一句是肯定「心即理」的**易簡**，後一句是批判朱熹格物致知的支離破碎。

王陽明繼而在〈象山先生文集序〉裡說：「聖人之學，心學也。堯舜禹之相授受，曰：『人心惟危，道心惟為微，惟精惟一，允執厥中。』此心學之源也。」「自是而後，析心與理而為二，而精一之學亡。世儒之支離，外索於形名器數之末，以求明其所謂物理者，而不知吾心即物理，初無假於外也。」「至宋周程二子，始復追尋孔顏之宗。」「自是而後，有象山陸氏，雖其純粹和平若不逮於二子，而**簡易直截**真有以接孟子之傳。」

此後「**簡易直截**」成為陽明心學與禪宗頓教風迷人心的關鍵。明末陸世儀（桴亭）批評晚明心學流弊時說：「陽明之意主於**簡易直捷**，以救支離之失，故聰明者喜從之。而一聞簡易直捷之說，則每厭窮理讀書之繁，動云一切放下，直下承當，心粗膽大，祇為斷送一敬字。」明末高僧蕅益智旭大師稱頌《阿彌陀經》是：「至**直捷**、至圓頓」，「至**簡易**、至穩當」。印順法師在《中國禪宗史》的自序裡說：「慧能引向**簡易直捷**，簡易直捷是容易通俗普及的，南方宗旨也就這樣的興盛起來了。」然而他又緊接著警惕讀者：「禪者重自心體驗，憑一句『教外別傳』，『師心不師古』，對如來經教的本義、自己體驗的內容，也就越來越晦昧不明了！」我們很可以說，心學與禪宗頓教興於簡易直捷，也毀於簡易直捷。

托爾斯泰曾說：「精神的活動、教育、文明、文化，這些都是太含糊的觀念，飄忽不定的概念，在它們的旗幟下可以很方便地運用意義更加模糊的語言，因而可以輕易將它們置入任何理論裡。」同樣，良知、天理、心體、本性這些語詞、概念也是飄忽不定，可以在它們的旗幟下任意納入任何荒誕的想像與臆測，以及各種一廂情願、想當然爾的附會。

以分析哲學聞名的摩爾曾經在《倫理學原理》中警告，歐洲哲學因為語言含混所造成的羈絆，兩千年內近乎裹足不前。值得警惕的是，心學與禪學的語言概念飄忽不定，容得下士大夫與販夫走卒的任意附會，所以趨之者眾；然而也因為它們的飄忽不定，所以自認為得正法眼藏的人中，不乏濫竽充數和自欺欺人者。《傳燈錄》記載，黃蘗希運大師曾說：「馬大師下有八十八人坐道場，得馬師正眼者，止三二人。」至於今日，藏身於心學與禪學中的江湖術士與神棍，更不知有幾。

心靈世界的門徑，歷史的鑑照與傳承——人文世界的鋪展、傳承與累積

歐洲的科技得以在工業革命以後加速發展，關鍵在於他們發展出一套讓知識可以跨世代傳承、累積的辦法。其背後除了有制度與文化因素之外，更重要的是他們發展出一套客觀而精確的術語、結合歸納與演繹的系統知識架構，以及檢證知識真偽的判準，使得每一個世代都可以免除冤枉路，循著前人已經開闢的道路前進，繼續往前突破、累積。

事實上，假如每一個世代都只能仰賴自己的智慧去解決科技或人生的問題，那麼人類的科技與精神文明將會停駐在石器時代、銅器時代，或者頂多是鐵器時代——我們很難想像人類可以每一個世代都比上一個世代更聰明、更有智慧，並以此作為進步的唯一動力。

表面上看起來，歐洲的人文與藝術領域似乎欠缺這樣的跨世代傳承機制，實際上這個機制還是存在，只不過不像科技領域那麼顯明而成效卓著。

自然科學的跨世代傳承與累積，仰賴一套鑑別知識可信度的方法和制度，而這一套方法和制度則仰賴精密可靠的儀器。儀器設備可以將看不見、捉摸不定、人云云殊的現象轉化成每一個人都

可以看到，且每一個人所見皆同的視覺現象——實證科學和儀器設備是以視覺為中心，而不是以觸覺、聽覺、嗅覺、味覺為中心，就是因為視覺現象最不容易因人而異。以這種「不因人而異」的視覺現象為基礎，才有辦法進一步發展出「不因人而異」的術語定義和理解。當所有的術語都只有唯一的解釋（同名同指）之後，跨時代、跨地域、跨文化與跨族群的傳承、累積才成為可能。

如果用維根斯坦所謂「語言遊戲」的觀點去理解，那麼自然科學是利用儀器、術語和學術團體的教學、審查制度建立起一套迥異於日常生活用語的「語言遊戲」。

然而人文與藝術領域所要探討的，是心靈內部「看不見、摸不著」的感受和活動，而非每一個人都看得見的視覺現象。它的溝通完全要仰賴不易準確解讀的表情、身體語言和共同的文化背景，以及在這基礎上建構起來的有限語言。因此，同一個語言的理解因人而異，同一句話的理解也因人而異（同名異指），甚至差異懸殊。在這樣的前提下，人文世界的傳承與累積遠比自然科學更困難，更容易在溝通與揣測的過程中出現誤解、曲解和附會，也同時使得鑑別真偽的困難度巨幅提升。

一個鮮明的對比是，理工學院已經沒有人在讀牛頓《原理》一書的原典，而是把牛頓以降所有關於力學的研究成果彙整成一本自成體系、調理井然的教科書；然而至今哲學系的學者、學生還在讀柏拉圖、康德的原著。

這個現象背後隱藏的事實是，自然科學有能力分辨知識的可靠度，有共通的數學語言和概念架構，因而可以將不同作者的術語、研究成果融入單一的知識體系，消除其中的重複和表達形式的歧異，使知識的傳遞與吸收極為有效。對比之下，同一個術語在柏拉圖與康德的著作中涵義差異懸殊，因而他們的每一個術語都必須放在原典的脈絡下解讀。此外，同一本原著中的同一段話，每個專家的解讀都可能不盡相同，因此在原典的脈絡下解讀就變得更加有其必要。

結果，機械系的學生只需要不到四年的時間就可以吸收十七、十八世紀所有古典力學的精華和無數力學天才的智慧，而一個舉世聞名的康德專家卻可能把一生的主要精力都用來鑽研康德的原典，難以精研其他哲學家的著作。兩相比較，歷史借鏡的效益相去甚遠。

我們很可以說，自然科學領域裡的語言遊戲，截然不同於人文領域裡的語言遊戲，而且前兩者也截然不同於日常生活裡的語言遊戲。然而這些事實的存在只是造成跨世代傳承、累積的困難，而不足以徹底泯滅人文與藝術領域跨世代傳承、累積的可能性。

如果我們把唐詩、宋詞、元朝戲曲、《紅樓夢》章回小說與清朝的對聯拿來比較，很容易發現文學作品的形式規範越嚴格，篇幅越短（譬如對聯），其情感上的表現就越是言簡意賅，且越是需要仰賴典故和讀者的用心解讀；反之，文學作品的形式規範越寬鬆，篇幅越長且結構越複雜（譬如《紅樓夢》），作者越是能夠淋漓盡致表現他的內在感受，而專家對於不同角度的解讀也越容易達成共識並相互啟發。

也就是說，越是言簡意賅的表現形式，越容易造成同名異指的混淆，以及各種的曲解和附會；同時也越是仰賴讀者的解讀，因而相對地，對讀者欠缺啟發與提攜的功能。反之，表現形式的結構越發達且表現形式越自由，對讀者提供的線索越充分、完整，就越容易避免同名異指的混淆和曲解，也越能對讀者產生啟發與提攜的作用。

就像一個較艱深的平面幾何定理，要從給定條件自己推導出該定理並加以證明，可能很艱難。若有人把該定理的證明過程和輔助線仔細地逐步闡述，要看懂會容易許多。

所以，〈關雎〉對兩情相悅到終成眷屬的過程描繪得言簡意賅，容許各種不同的解讀，而不同的解讀之間不容易取得共識。但是珍．奧斯汀的《理性與感性》、《傲慢與偏見》和《愛瑪》等小說中，對於兩情相悅前後可能涉及的複雜人性事實，以及男女結縭所必須考慮到的各種因素與層面，鋪陳得遠比〈關雎〉更淋漓盡致，也對讀者更容易產生啟發和提攜的作用。此外，雖然不同讀者對於小說人物的最終抉擇可能會有不同的評價，但是對於小說人物在抉擇過程所牽涉到的內心活動應該會有相當接近的解讀。

如果把詩詞、小說的閱讀看成人類語言遊戲的一部分，文學形式的發展確實讓人類對彼此的內心活動和感受有越來越寬廣、深刻的認識——文學家不但獲得越來越足以表現內在情感與精神活動的工具，也從既往著作的引導和啟發而對人性與心靈有較寬廣、深刻的體認，並且可以在這基礎上進一步發展自己的體驗與心得，透過他們的作品進一步豐富、提升讀者的閱讀感受。在這個角度下，人文領域確實有表現出跨世代的傳承與累積。

跟文學作品相較，繪畫與音樂是更直接地把內心活動與感受予以視覺化或聽覺化，用以呈現作者的內心世界，以及他們生命中最可貴、最值得跟他人分享的情感與精神。譬如，塞尚的寫生就是企圖把內心對大自然的感受視覺化，讓每一個人都看見。

事實上每個人在塞尚原作前所看見的都一樣，只不過個人對色彩、線條、筆觸、構圖的感受有不同的敏銳度，對於這些感受的自我覺察能力又相去甚遠，因而最後自覺的感受差異懸殊。然而根據康丁斯基《藝術的精神性》的理論，只要觀賞者對色彩、線條、筆觸、構圖的感受夠敏銳，而創作者的技巧也夠成熟，則一件美術品在作者和觀賞者內心所激起的感受將會非常接近。在這個涵義下，透過美術品去瞭解塞尚的內心世界，遠比用功能性磁共振影像去掃描他的大腦更直接，也更容易避免在解讀磁共振影像時的各種曲解和附會。

一個具體的佐證是，范寬的絹本〈谿山行旅圖〉可以歷經千年的戰火而被保存至今，這顯然是因為歷代負責宮廷典藏的人都高度珍惜這一張畫。此外，塞尚的早期作品一直不受好評，連童年到壯年的至交左拉（Émile Zola）也在小說中醜化他，因而導致兩人在四十七歲左右絕交；然而最終塞尚還是獲得舉世肯定。這些事實說明，在那些對於繪畫有足夠敏感度與鑑賞力的人之間，他們對於一件藝術品的價值還是有著相當高程度的共識——儘管他們欣賞的理由和角度可能不同，詮釋與理解時也可能存在著歧異。

類似於文學發展史，美術史裡也存在著某些繼承與累積的現象。譬如，文藝復興以降的畫家積極開發各種寫實的技巧，為此耗竭他們絕大部分的精力，因而印象派之前的畫家很少有機會解放（探索）自己的內在精神與情感——達文西和林布蘭是兩個最重要的例外。然而當寫實的技巧不再是難事之後，十九世紀前半頁的巴比松畫派與浪漫主義畫家，開始把注意力轉向個人的內在感受；十九世紀後半頁的印象派進一步從院派的各種意識形態中解放出來，開始無拘無束在畫布上探索各種色彩、筆觸與個人的內心世界。歷經這個漫長的累積過程，畫家才終於突破技巧與意識形態的束縛，可以在畫布上自由地探索（表現）自己的內心世界，因而有了塞尚、梵谷、高更等充滿個人色彩的繪畫世界，以及後來各種探索個人內在世界的美術作品。

文學與美術領域的累積和傳承，主要是表現在語言、結構、技法的發展，以及意識形態的突破，使得後代的文學家與畫家可以比既往世代更自由地探索與呈現自己的內心世界。然而這個原屬表現形式與工具的累積，也使得後來的創作者可以在作品中更充分地揭露自己的內心世界和心路歷程，從而使得更晚出的創作者可以從他們的心路歷程與晚年心境裡得到啟發，省去許多自己摸索的冤枉路。可惜的是，雖然文學家與藝術家有機會感受到前輩的精神與情感世界，但是卻不必然可以創作出比前一代更偉大的作品——這是人文與藝術領域跟自然科學的一個重大差異。

在自然科學領域裡，一旦量子力學與相對論被整理成書，許多天分遠不如愛因斯坦、普朗克、海森堡的人都可以完全讀懂他們的理論，並且利用他們的理論往前推進，而真的「站在巨人的肩膀上」。可惜的是，天分遠不如托爾斯泰、塞尚的人或許可以從他們的作品獲得精神與情感的提升，卻不必然能完全領略他們心靈世界的全部——人文與藝術的領域最後還是要仰賴個人自我覺察的能力，而科學世界則是在排除個人因素後進行傳承和累積。此外，天分不如托爾斯泰、塞尚的人，就算可以充分感受到他們的內心世界，也往往沒有能力創作出可以跟他們相比擬的作品——科學的革命靠天才，但是科技的進步只需要適度的天分，而且勤能補拙；文學與藝術的創作靠偉大的心靈和原創的才華，勤不能補拙。結果，科技可以像「不退轉法輪」那樣持續進步，人文與藝術的領域卻只能靠偉大的心靈來推動進步。

所幸，只要有心，許多人都能從偉大的文學與藝術中汲取情感和精神的養分。此外，對於絕大多數的文青而言，文學與藝術領域的既有累積足夠作為他們一輩子的養分和靈感來源，足以支持他們一輩子不間斷的成長——也算是一種「不退轉法輪」，以及遠比小確幸更值得追求的幸福。

文學與藝術的發展，主要在於鋪陳（鋪展）創作者內在的心靈世界，從而為社會注入情感和精神的養分。另一方面，笛卡兒以降的歐洲思想界長於自我批判，一再揭露既往信念中的輕信與一廂情願和意識形態，而且其成果可以相當有效地跨世代傳承與累積。

笛卡兒在一六四一年出版《沉思錄》，詳盡指出人類各種輕信、自欺與想當然爾的思考模式，並首倡「擱置一切判斷，重新尋找確鑿不移的哲學起點」，從此開啟批判哲學的先河。休姆在一七四八年發表《人類理解研究》，以更發人深省的方式揭露人類不自覺的輕信與浮誇：太陽每天早上都從東邊升起，不必然意味著明天它還必然會從東邊升起，然而我們卻很難拋棄這個頑強的信念。接著，康德在一七八一年出版《純粹理性批判》，指控希臘形上學與中世紀哲學是獨斷主義，一再超越理性思辨的極限而妄下結論。對於許多歐洲讀者而言，這本書終結了關於靈魂不滅、自由意志、物自體和神的存在的辯論，也同時徹底撼動既往的各種信念和核心價值。這種嚴厲、無情的自我批判，使得歐洲的傳統信念和價值危如累卵，卻也將歐洲人從各種自欺欺人的假象中解放出來，得以去追求更真實而不自欺的人生。

另一方面，休姆在一七三九年出版《人性論》，指出理性只是協助人判斷行為的可能後果，至於一個人是否願意接受該後果，終究是取決於感性的判斷。他也同時指出傳統的倫理學把客觀的事實與主觀的價值判斷混為一談。劍橋大學的摩爾在一九〇三年出版《倫理學原理》，指出另一個關鍵事實：價值判斷最終是以某些無法進一步分析的概念為基礎，而這些概念的意涵只能訴諸直觀的理解。接著，維根斯坦在一九二九年的演講和死後發表的《文化與價值》裡指出，絕對的價值判斷超乎人類所能，而所有的相對性價值判斷實質上都是對於事實的陳述——最終，我們只能提醒一個人關於某個行為抉擇可能牽涉到的各種事實層面和可能後果，而不該以「理性的絕對命令」為由，強迫他接受我們的價值判斷。

這些批判哲學與分析哲學所指出來的事實，恰足以支持赫爾德、歌德、尼采與存在主義的主張：價值並非絕對的、先於人類意識的客觀存在，它仰賴人類對自身各種內在感受的敏銳覺察與分辨，並且在這基礎上進行的抉擇與創作。在這個抉擇與創作的過程中，即便沒有思辨理性的參與，也不必然會淪為盲目衝動或粗暴、野蠻——因為敏銳而成熟的感性有它自己的品味與評價法則，就像精於品酒、品茗、藝術鑑賞的人或樂評家，他們是在極其冷靜、專注的心境下進行品味和評鑑的。

這些關於各種可欲的品味與評價法則，既跟人類與生俱來的各種本性有關，也跟個人精神與情感上的後天涵養有關。我們很可以說，一個人發自內心的真誠抉擇，反映的是他的自我覺察能力，以及他內在情感與精神體驗的廣度、深度與高度，而不只是沐猴而冠的外在模仿——前者才是真正可以「變化氣質」的人文涵養、自我美學，以及道德抉擇的真實基礎；而沒有自我覺察能力相伴的沐猴而冠，則只不過是附庸風雅的外在模仿，或者畏於人言的群性道德（牲畜的道德）。

可惜的是，在《秀異：品味判斷的社會批判》一書裡，布迪厄（Pierre Bourdieu, 1930-2002）把精英階層的品味視為被少數人壟斷的社會模仿，以及精英階層合理化其社會地位的機制。這樣的見解把附庸風雅的沐猴而冠跟具有自我覺察能力的人文品味混為一談，雖然在社會科學裡有其參考價值，卻也不幸遮蔽了人文與藝術的真正內涵和價值。

結語：無可代勞的自我成長與抉擇

尼采也在〈作為教育家的叔本華〉裡說，一個人究竟可以用他的一生換取到什麼？他該如何取捨，為的是什麼？沒有人能給你答案。「沒有人可以在生命之河上為你搭橋，讓你走過——除了你自己之外，沒有任何人。是的，你可以經由數不盡的路徑或橋梁度過這一條河，甚至讓神話裡半人半神的英雄把你扛過去，但是其代價都是你的生命；你終究必須拿自己當質押，並且失去它。你只能選擇其中一條路，這條路除了你自己之外沒有別人走得過去。這條路通往哪裡？別問，儘管沿著它走下去。」因為「當一個人不知道前方的道路還可以將他引走向何處時，他才瀕於能力的極限。」

不過，我們的處境與前景絕對不像尼采所理解的那麼艱險與充滿苦難。尼采最重要的導師是厭世的叔本華，因而他最終不得不全憑自己的力量，摸著石頭過河。然而我們的前面有許多偉大的心靈，用他們的作品指出前方各種心靈世界的勝境與勝景，以及各種可能的幻覺與陷阱。只要懂得從歷史汲取養分與教訓，就可以避免許多沒必要的自我折磨和冤枉路。

譬如，傳統的思維經常落入虛構的二元對立，硬是把人的作為分成天理與人欲，甚至把人給本質化分成善人與惡人、上進與墮落，而無視於一個事實：人既有追求情感昇華的渴望，也有怠惰、軟弱的時刻；前者的存在無法徹底剷除後者，後者的偶然出現也不該被用來否定人有求好的渴望。

就像巴斯卡在《沉思錄》裡說的：「這個人，他的出生是為了要瞭解宇宙，探究所有的因果，統御整個國家，卻突然整個人全神貫注於捕獵野兔這件事，而無暇他顧。**他如果完全不曾把自己降低到這種程度**，企圖把自己繃緊，他將變得益加愚蠢，**因為他將企圖把自己抬高到超乎人性的極**

限；說到頭來，他只不過是個人，也就是說能力時大時小，時而全能時而一無所能；**他既非天使也不是野獸，他只是個人。**」

這種忽高忽低的能力和心願，原本就是人的常態與事實，然而我們經常忘記它，而把人想像成靜態的、扁平（沒有高低變化）的存在。因此，如果有證據顯示金恩博士曾經有過婚外性行為，就好似可以用這一個單獨的事件否定他為黑人爭取平等權力的真誠。然而巴斯卡卻在《沉思錄》裡提醒我們，人的自愛並不足以讓他剷除一切的軟弱與怠惰：「他想要成為偉大的人，卻看到自己的渺小；他想要快樂，卻發現自己愁苦；他想要讓自己完美，卻看到自己充滿瑕疵。」這些想望與事實的差距讓他愧窘，因此「他想要徹底抹除它，但是無法從實質上消滅它，於是他盡可能從自己和他人的認知中把它消滅。也就是說，他傾盡全力對自己和他人掩藏他的過錯，他無法忍受別人向他指出那些過錯，也無法忍受被人看見他的過錯。」這種舉止叫做什麼？「文過飾非」、「自欺欺人」、「偽善」嗎？其實它們也可能有另外一個稱呼：「隱私」。

「文過飾非」是自己錯了，不肯在人前承認，也不肯私下對自己承認，硬要狡辯到底。「隱私」是自己錯了，私下對自己承認，但是不敢讓別人知道。其實，隱私就已經是一種求好的表現，而人的能力也往往止於求好而不必然能無過——假如一個人確實求好，同時無法免於偶爾犯錯，而且又已經對自己的過錯感到羞愧，你還能用道德教訓讓他表現得更好嗎？

面對自己和他人的各種可欲與言行，別忘了求好，但也別忘了巴斯卡的警言：「他既非天使，也不是野獸，他只是個人。」

重要參考書目與名畫中英文對照

本書目僅含與本書關係較密切之參考文獻，這些參考文獻的英文版本絕大部分可以從網路上免費下載。以下書目次序係按各參考文獻在本書各章中出現之次序排列。斜體英文代表書名，非斜體英文代表單篇文章或獨立之詩篇。

名畫的數位與印刷複製品，很容易因為掃描時的照明與印刷（或顯示板）的色差而跟原畫有很大的出入，且不同來源的複製品色調差異極大。因此附上典藏單位官網上的數位影像網址，以便讀者參考。

1

梭羅：《湖濱散記》（*Walden*）

伊比鳩魯：〈致梅瑙凱〉（Letter to Menoeceus）

卡繆：《薛西佛斯的神話》（*The Myth of Sisyphus*）

尼采：《悲劇的誕生》（*The Birth of Tragedy*）

柏拉圖：《饗宴》（*Symposium*）

大衛・休姆：《人性論》（*A Treatise of Human Nature*）

2

佛洛姆：《逃避自由》（*Escape from Freedom*）

艾略特：〈空洞的人〉（The Hollow Men）

席勒：《論優雅與尊嚴》（*On Grace and Dignity*）

席勒：《美育書簡》（*Letters on the Aesthetic Education of Man*）

康德：《實踐理性批判》（*Critique of Practical Reason*）

3

彌爾：《效益主義》（*Utilitarianism*）

貝多芬：〈海利根施塔特遺書〉（Heiligenstadt Testament）

邊沁：《政府片論》（*A Fragment on Government*）

邊沁：《道德與立法原理導論》（*An Introduction to the Principles of Morals and Legislation*）

彌爾：〈論邊沁〉（Essay on Bentham）

彌爾：《效益主義》（Utilitarianism）

彌爾：《彌爾自傳》（*Autobiography*）

華茲華斯：〈頌：童年回憶中不朽的暗示〉（Ode: Intimations of Immortality from Recollec-tions of Early Childhood）

4

華茲華斯：〈亭潭修道院〉（Tintern Abbey）

華茲華斯：《序曲》（*Prelude*）

華茲華斯：《抒情歌謠集》（*Lyrical Ballads*）

華茲華斯：〈水仙〉（Daffodils，又名I wandered lonely as a cloud）

華茲華斯：〈崇高與美麗〉（The Sublime and the Beautiful）

華茲華斯：《詩兩卷》（*Poems, in Two Volumes*）

華茲華斯：〈漫遊〉（Excursion）

華茲華斯：〈附屬於序言的短文〉（Essay, Supplementary to the Preface, in *Poems*）

5

亞里斯多德：《尼各馬科倫理學》（*Nicomachean Ethics*）

6

米歇爾・傅柯：〈主體性與事實〉（Subjectivity and truth收錄於*Subjectivity and Truth*）

米歇爾・傅柯：《性意識史》（*The History of Sexuality*）

史賓格勒：《西方的沒落》（*The Decline of the West*）

柏拉圖：《理想國》（*The Republic*）

米歇爾・傅柯：〈自我關照的倫理：作為自由的履踐〉（The Ethic of Care for the Self as a Practice of Freedom: An Interview with Michel Foucault on January 20, 1984）

米歇爾・傅柯：〈論倫理學的系譜學：總覽進行中的作品〉（On the Genealogy of Ethics: An Overview of the Work in Progress）

奧古斯丁：《懺悔錄》（*Confessions*）

7

史賓格勒：《西方的沒落》（*The Decline of the West*）

佚名：《沙漠教父言行錄》（*Sayings of the Desert Fathers*）

9

柏拉圖：《答辯篇》（*Apology*）

康德：《純粹理性批判》（*Critique of Pure Reason*）

笛卡兒：《沉思錄》（*Meditations on First Philosophy*）

10

大衛．休姆：《人類理智研究》（*An Enquiry Concerning Human Understanding*）

康德：《道德形上學的基礎》（*Groundwork of the Metaphysics of Morals*）

康德：〈論基於善意而說謊的假想權利〉（On a Supposed Right to Lie from Philanthropy）

尼采：《偶像的黃昏》（*Twilight of the Idols*）

尼采：《權力意志》（*The Will to Power*）

11

康德：《單純理性限度內的宗教》（*Religion within the Bounds of Bare Reason*）

梅洛龐蒂：〈眼睛與心靈〉（Eye and Mind）

維科：《新科學》（*The New Science*）

12

維根斯坦：《邏輯哲學論》（*Tractatus Logico-Philosophicus*）

維根斯坦：《哲學研究》（*Philosophical Investigations*）

托爾斯泰：《四福音書簡要本》（*The Gospel in Brief*）

杜斯妥也夫斯基：《卡拉馬助夫兄弟們》（*The Brothers Karamazov*）

13

維根斯坦：《文化與價值》（*Culture and Value*）

維根斯坦：《哲學時光：一九一二至一九五一》（*Philosophical Occasions*: 1912-1951）

維根斯坦：〈評論弗雷澤的《金枝》〉（Remarks on Frazer's Golden Bough），收錄於《哲學時光：

一九一二至一九五一》

14

維根斯坦：〈倫理學講座〉（收錄於《哲學時光：一九一二至一九五一》）

維根斯坦：〈勾勒某書的序言〉（Sketch for a Foreword）收錄於《文化與價值》

赫爾德：《人類教育的另一種歷史哲學》（*Another Philosophy of History for the Education of Mankind*，或譯為 *This Too a Philosophy of History for the Formation of Humanity*）

15

史賓諾莎：《以幾何學方法論證的倫理學》（*Ethics: Proved in Geometrical Order*）

康德：〈什麼是啟蒙〉（What is Enlightenment）

杜斯妥也夫斯基：《地下室手記》（*Notes from Underground*）

杜斯妥也夫斯基：《罪與罰》（*Crime and Punishment*）

杜斯妥也夫斯基：《卡拉馬助夫兄弟》（*The Brothers Karamazov*）

杜斯妥也夫斯基：《白痴》（*The Idiot*）

叔本華：《作為意志和表象的世界》（*The World as Will and Representation*）

尼采：《朝霞：關於道德偏見的思考》（*Daybreak: Thoughts on the Prejudices of Morality*）

歌德：《敘說我的植物學研究》（*Story of My Botanical Studies*）

歌德：《義大利旅行日記》（*Italian Journey*, 1786-1788）

歌德：《浮士德》（*Faust: Parts One and Two*）

約翰・艾克曼：《歌德談話錄》（*Conversations with Goethe*）

16

尼采：《瞧！這個人》（*Ecce Homo*）

尼采：〈作為教育家的叔本華〉（Schopenhauer as Educator）收錄於《不合時宜的考察》

尼采：《不合時宜的考察》（*Untimely Meditation*）

尼采：《權力意志》（*The will to power*）

托爾斯泰：《懺悔錄》（*A Confession*）

尼采：《偶像的黃昏》（*Twilight of the Idols*）

尼采：《查拉圖斯特拉如是說》（*Thus Spoke Zarathustra*）

尼采：《快樂的科學》（*The Gay Science*）

尼采：《反基督》（*The Antichrist*）

尼采：《道德譜系學》（*On the Genealogy of Morality*）

尼采：《善惡的彼岸》（*Beyond Good and Evil*）

托爾斯泰：《戰爭與和平》（*War and Peace*）

17

馬斯洛：《動機與人格》（*Motivation and personality*）

馬斯洛：〈人性所能達成的更高境地〉（The Farther Reaches of Human Nature）

馬斯洛：〈作為強烈自我認同經驗的巔峰經驗〉（Peak-experiences as acute identity experi-ences）

卡爾・羅哲斯：《成為一個人：一個治療者對心理治療的觀點》（*On Becoming a Person: A Therapist' s View of Psychotherapy*）

胡塞爾：《現象學與哲學的危機》（*Phenomenology and the Crisis of Philosophy*）

胡塞爾：《歐洲科學與超驗現象學的危機》（*The Crisis of European Sciences and Transcen-dental Phenomenology*）

梅洛龐蒂：《知覺現象學》（*Phenomenology of Perception*）

梅洛龐蒂：〈眼睛與心靈〉（Eye and Mind）

梅洛龐蒂：〈塞尚的疑惑〉（Cézanne's Doubt）

梅洛龐蒂：《理解與非理解》（*Sense and Non-sense*）

孟克：〈吶喊〉（*The Scream*）

保羅・克利：〈魚的魔術〉（*Fish Magic*）

阿多諾：《美學理論》（*Aesthetic Theory*）

18

黑格爾：《歷史》（*The Philosophy of History*）

史諾：《兩種文化與科學革命》（*The Two Cultures and the Scientific Revolution*）

19

法蘭克・李維斯：《偉大的傳統》（*The Great Tradition*）

米蘭・昆德拉：《被背叛的遺囑》（*Testaments Betrayed*）

米蘭・昆德拉：《小說的藝術》（*The Art of the Novel*）

米蘭・昆德拉：《笑忘書》（*The Book of Laughter and Forgetting*）

卡繆：《異鄉人》（*The Stranger*）

卡繆：《瘟疫》（*The Plague*）

卡繆：《反抗者》（又譯《反叛者》）（*The Rebel*）

米蘭・昆德拉：《生命中不可承受之輕》（*The Unbearable Lightness of Being*）

赫伯特・里德：《透過藝術的教育》（*Education Through Art*）

20

康丁斯基：《藝術的精神性》（*Concerning the Spiritual in Art*）

康丁斯基：〈抽象繪畫的價值〉（The Value of a Concrete Work）

蘇西・嘉柏利克：《現代主義失敗了嗎？》（*Has Modernism Failed?*）

儒亞金・嘉斯凱特：《塞尚：訪談回憶錄》（*Cézanne: A Memoir with Conversations*）

赫伯特・里德：《藝術的意義》（*The Meaning of Art*）

梵谷：〈星夜〉（*Starry Night*，典藏於紐約現代美術館），現代美術館數位影像網址：https://www.moma.org/collection/works/79802

梵谷：〈自畫像〉（*Self Portrait*，典藏於巴黎奧賽美術館），搜尋「van Gogh Self Portrait-Musée d' Orsay」可以找到奧賽美術館官網上的數位影像

塞尚：〈曼西的橋〉（*Pont de Maincy*，典藏於巴黎奧賽美術館），搜尋「Paul Cézanne Maincy Bridge - Musée d' Orsay」可以找到奧賽美術館官網上的數位影像

塞尚：〈樹林中的岩石〉（*Rocks in the Forest*，藏於紐約大都會藝術博物館），大都會美術館的數位影像網址：https://www.metmuseum.org/art/collection/search/435880

塞尚：〈聖維克多山〉（*Mont Sainte-Victoire*，典藏於費城美術館），美術館的數位影像網址：https://www.philamuseum.org/collections/permanent/102997.html

21

齊克果：《非此即彼》（*Either/Or*）

佛洛姆：《逃避自由》（*Escape from Freedom*）

佛洛姆：《論作為人》（*On Being Human*）

羅洛·梅：《創造的勇氣》（*The Courage to Create*）

羅洛·梅：《心理學與人類困境》（*Psychology and the Human Dilemma*）

盧梭：《社會契約論》（*The Social Contract*）

尼采：《道德系譜學》（*On the Genealogy of Morality: A Polemic*）

摩爾：《倫理學原理》（*Principia Ethica*）

赫伯特·里德：《無政府主義的哲學》（*The Philosophy of Anarchism*）

漢娜·鄂蘭：《論暴力》（*On Violence*）

漢娜・鄂蘭：《邪惡的平庸性：艾希曼耶路撒冷大審紀實》（*Eichmann in Jerusalem: A Report on the Banality of Evil*）

漢娜・鄂蘭：《極權主義的起源》（*The Origins of Totalitarianism*）

彭明輝作品集

欲望的美學：心靈世界的陷阱與門徑

2020年10月初版　　定價：新臺幣550元

著者	彭明輝
叢書主編	林芳瑜
特約編輯	林銘遠
內文排版	立全電腦
封面設計	兒日

出版者	聯經出版事業股份有限公司
地址	新北市汐止區大同路一段369號1樓
叢書主編電話	(02)86925588轉5318
台北聯經書房	台北市新生南路三段94號
電話	(02)23620308
台中分公司	台中市北區崇德路一段198號
暨門市電話	(04)22312023
台中電子信箱	e-mail：linking2@ms42.hinet.net
郵政劃撥帳戶	第0100559-3號
郵撥電話	(02)23620308
印刷者	文聯彩色製版有限公司
總經銷	聯合發行股份有限公司
發行所	新北市新店區寶橋路235巷6弄6號2樓
電話	(02)29178022

副總編輯	陳逸華
總編輯	涂豐恩
總經理	陳芝宇
社長	羅國俊
發行人	林載爵

行政院新聞局出版事業登記證局版臺業字第0130號

本書如有缺頁，破損，倒裝請寄回台北聯經書房更換。　ISBN 978-957-08-5627-9 (平裝)
聯經網址：www.linkingbooks.com.tw
電子信箱：linking@udngroup.com

達志影像/提供授權
〈魚的魔術〉，頁 360
〈自畫像〉，頁 427
〈樹林中的岩石〉，頁 434-435 之間
〈聖維克多山〉，頁 438-439 之間

數位影像來源：維基百科公共財圖庫
〈吶喊〉，頁 359
〈星夜〉，頁 420-421 之間
〈聖維克多山〉，頁 437

國家圖書館出版品預行編目資料

欲望的美學：心靈世界的陷阱與門徑/彭明輝著．初版．
新北市．聯經．2020年10月．504面．15.5×22公分（彭明輝作品集）
ISBN 978-957-08-5627-9（平裝）

1.彭明輝 2.學術思想 2.哲學

128.99 109014779